Beschlussmängelstreitigkeiten der Kapitalgesellschaft im Schiedsverfahren

Europäische Hochschulschriften
Publications Universitaires Européennes
European University Studies

Reihe II
Rechtswissenschaft

Série II Series II
Droit
Law

Bd./Vol. 3954

PETER LANG
Frankfurt am Main · Berlin · Bern · Bruxelles · New York · Oxford · Wien

Matthias Korff

Beschlussmängelstreitigkeiten der Kapitalgesellschaft im Schiedsverfahren

PETER LANG
Europäischer Verlag der Wissenschaften

Bibliografische Information Der Deutschen Bibliothek
Die Deutsche Bibliothek verzeichnet diese Publikation in der Deutschen Nationalbibliografie; detaillierte bibliografische Daten sind im Internet über <http://dnb.ddb.de> abrufbar.

Zugl.: Leipzig, Univ., Diss., 2004

15
ISSN 0531-7312
ISBN 3-631-52747-0

www.peterlang.de

Vorwort

Diese Arbeit ist die überarbeitete Fassung meiner Dissertation, die im Wintersemester 2003/04 von der Juristenfakultät der Universität Leipzig angenommen wurde. Die Arbeit entstand in den Jahren 2000 bis 2001.

Ich bedanke mich ganz herzlich bei Herrn Prof. Dr. Christian Berger für die unkomplizierte Betreuung und die zügige Erstellung des Erstgutachtens. Weiterhin danke ich Herrn Prof. Dr. Drygala und Herrn Prof. Dr. Lüke für die Zweit- und Drittbegutachtung.

Drüber hinaus möchte ich mich bei allen bedanken, die mich bei der Anfertigung der Arbeit unterstützten. Dies gilt vor allem für meine Eltern.

Mein Dank gebührt schließlich der Konrad-Adenauer-Stiftung (Begabtenförderung) für die Gewährung einer Promotionsförderung.

Düsseldorf im März 2004 — Matthias Korff

Inhaltsverzeichnis

Erster Teil Einleitung

A. Problemaufriss

Die Schiedsgerichtsbarkeit wird von der ZPO in den §§ 1025 ff. ZPO geregelt und kann allgemein als eine privatautonom legitimierte, nichtstaatliche Gerichtsbarkeit in privatrechtlichen Angelegenheiten beschrieben werden. Im Vergleich zu einem Verfahren vor den ordentlichen Gerichten zeichnet sich ein Schiedsverfahren insbesondere durch die damit regelmäßig verbundene Zeitersparnis, die durch die fehlende Öffentlichkeit gewährleistete Diskretion, die Möglichkeit zur Bestellung eines sachkundigen Schiedsrichtergremiums sowie insgesamt durch eine liberale und flexible Verfahrensausgestaltung aus. Angesichts dieser Vorteile verwundert die verbreitete Akzeptanz von Schiedsklauseln daher keineswegs. So ist die Vereinbarung eines Schiedsgerichts vor allem auch im Bereich des Gesellschaftsrechts überaus beliebt.[1]

Einen besonderen Platz nehmen in diesem Zusammenhang die kapitalgesellschaftlichen Beschlussmängelklagen – namentlich die Anfechtungs-, Nichtigkeits- und positive Beschlussfeststellungsklage – ein, was nicht zuletzt an ihrer großen Praxisrelevanz liegt. Hierunter werden üblicherweise Rechtsstreitigkeiten zwischen einem Gesellschafter und der Gesellschaft verstanden, bei denen die Nichtigkeit bzw. Wirksamkeit eines Gesellschafterbeschlusses geltend gemacht wird. Sowohl in materieller als auch in prozessrechtlicher Hinsicht sind als einschlägige Vorschriften die §§ 241 ff. AktG zu nennen, welche nach herrschender Ansicht auf die GmbH analog anzuwenden sind.[2] Anders als etwa bei dem Informationsanspruch nach §§ 51a, 51b GmbHG[3] oder den Ausgleichs- und Abfindungsansprüchen[4] wird die Frage, inwieweit ein schiedsrechtliches Verfahren über die Wirksamkeit von Gesellschafts- bzw. Hauptversammlungsbeschlüssen rechtlich zulässig ist, seit jeher kontrovers diskutiert. So wurde bis

---

[1] Vgl. etwa Bork, ZZP 100 (1987), 249, 258; Günther, EWiR § 45 GmbHG 1/87, 371, 372; Kornmeier, Vergleichsbefugnis und Schiedsfähigkeit, S. 4 ff.; Schick, Schiedsfähigkeit, S. 2; Schmidt, DB 1989, 2115, 2317; Schröder, Schiedsgerichtliche Konfliktbeilegung, S. 1; Timm, FS Fleck, S. 365; Trittmann, ZGR 1999, 340; H. Westermann, FS Fischer, S. 853; Wieczorek/Schütze – Schütze, GK-ZPO, § 1025 Rn 22.

[2] Statt aller: BGH DB 1979, 1550; Scholz – Schmidt, GmbHG, § 45 Rn 42. Für eine Analogie zum Personengesellschaftsrecht plädieren etwa Baumbach/Hueck – Zöllner, GmbHG, Anh. § 47 Rn 3; Timm, FS Fleck, S. 368; Wiedemann, Gesellschaftsrecht, S. 466.

[3] Baumbach/Hueck – Zöllner, GmbHG, § 51b Rn 2; BayObLGZ 1978, 294, 298 f. (zu § 166 III HGB); OLG Koblenz WM 1990, 1992; OLG Hamm GmbHR 2000, 676; Scholz – Schmidt, GmbHG, § 51b Rn 5; Stein/Jonas – Schlosser, ZPO, Vor § 1025 Rn 19.

[4] BayObLG DB 1978, 2405; Bork, ZZP 100 (1987), 249, 264; Kornmeier, ZZP 94 (1981), 27, 41 f.; Trittmann, ZGR 1999, 340, 450; Wagner, Prozessverträge, S. 587 f.

Mitte der Neunziger Jahre die Schiedsfähigkeit diesbezüglicher Klagen von der Rechtsprechung und großen Teilen des Schrifttums abgelehnt.[5] Dabei stützte man sich überwiegend auf das Fehlen der objektiven und subjektiven Vergleichsfähigkeit als Voraussetzung des § 1025 I ZPO a.F. Ferner leitete man aus den gesellschaftsrechtlichen Besonderheiten ein staatliches Rechtsprechungsmonopol ab. Aufgeführt wurde dabei die in § 246 III S. 1 AktG statuierte ausschließliche Zuständigkeit des Landgerichts, aber auch die im § 248 I S.1 AktG normierte erweiterte Rechtskrafterstreckung eines der Beschlussklage stattgebenden Urteils.

Neu belebt wurde die Debatte um das ‚ausdiskutierte' Problem[6] zum einen durch das höchstrichterliche Urteil des Jahres 1996, welches zur Frage nach der Zulässigkeit einer satzungsmäßigen Schiedsklausel einer GmbH erging,[7] sowie zum anderen durch die zwei Jahre später vorgenommene Novellierung des 10. Buches der ZPO.[8] Die Neufassung des § 1025 I ZPO a.F. antizipierend verwarf der II. Zivilsenat die herkömmlichen Bedenken zur objektiven und subjektiven Schiedsfähigkeit der Gesellschafterbeschlüsse; auch § 246 III S. 1 AktG sollte der privatautonomen Konfliktbeilegung nicht mehr im Wege stehen. Stattdessen wurde ausschließlich die Übertragung der in § 248 I S. 1 AktG angeordneten Rechtskrafterstreckung problematisiert. Angesichts ‚unterschiedlicher Bedingungen' beider Gerichtsbarkeiten hat der BGH die Rechtsverbindlichkeit der Schiedsklausel des konkreten Falles letztlich verneint.

In der Tat wurde die Bedeutung des Kriteriums der Vergleichsfähigkeit als Wirksamkeitsvoraussetzung einer Schiedsvereinbarung erheblich reduziert. Gemäß § 1030 I S. 1 ZPO sind nunmehr vermögensrechtliche Ansprüche prinzipiell schiedsfähig, während sich nach § 1030 I S. 2 ZPO allein die Schiedsfähigkeit der übrigen – nichtvermögensrechtlichen – Ansprüche wie gehabt nach der Vergleichsbefugnis richten soll.

Diese zweispurige Rechtsentwicklung ist ohne Zweifel als wichtiger Schritt hin zu einer staatlichen Akzeptanz der schiedsgerichtlichen Rechtsfindung (auch) auf dem Gebiet der gesellschaftsrechtlichen Beschlussmängelklagen zu werten. Unsicherheit erzeugt indessen die reservierte Behandlung der Problematik um die erweiterte Rechtskrafterstreckung. Sowohl die Rechtsprechung als

---

[5] Für die Rechtsprechung vgl. etwa BGH GmbHR 1951, 145; BGH WM 1966, 1132; BGH NJW 1979, 2567; OLG Hamm ZIP 1987, 780; OLG Hamm GmbHR 1992, 759. Für das Schrifttum vgl. Baumbach/Lauterbach/Albers/Hartmann – Albers, ZPO, 55. Auflage, § 1025 Rn 31, 36; Lüke/Wax - Maier, MüKo-ZPO, 1. Auflage, § 1025 Rn 5; Thomas/Putzo, ZPO, 19. Auflage, § 1025 Rn 4; Wieczorek/Schütze – Schütze, GK-ZPO, § 1025 Rn 38.

[6] So Roth, FS Nagel, S. 819, trotz seiner Zweifel an der vermeintlichen Schiedsunfähigkeit.

[7] BGH ZIP 1996, 830.

[8] Gesetz zur Neuregelung des Schiedsverfahrensrechts vom 22.12.1997, BGBl I/1997, S. 3224.

auch der Gesetzgeber bemängeln ein insoweit bestehendes Forschungsdefizit,[9] welches sie ganz offensichtlich davon abgehalten hat, den letzten Schritt zu gehen, der zur ‚Privatisierung' der Beschlussmängelklagen nötig ist.

B. Gegenstand der Untersuchung

Die in dem vorangegangenen Abschnitt angedeuteten Entwicklungen werden die beiden Schwerpunkte dieser Bearbeitung darstellen. Es geht also zum einen um die Auswirkungen der richtungsweisenden Neufassung des 10. Buches der ZPO und dabei speziell um § 1030 I ZPO, sowie zum anderen um das Verhältnis der in § 248 I S. 1 AktG angeordneten Rechtskrafterweiterung zur Schiedsgerichtsbarkeit.

Hinsichtlich des ersten Aspekts soll – nach einer kurzen Darstellung des auf § 1025 I ZPO a.F. bezogenen Meinungsstreits zur objektiven Schiedsfähigkeit – der Frage nachgegangen werden, ob sich tatsächlich sämtliche gesellschaftsrechtlichen Beschlussstreitigkeiten pauschal unter § 1030 I S. 1 ZPO subsumieren lassen, bzw. ob zumindest gewisse Bereiche generell als vermögensrechtlich eingestuft werden können. Die ehemals verbreitete schiedsgerichtsfeindliche Haltung lässt des Weiteren eine immanente Beschränkung der objektiven Schiedsfähigkeit vermögensrechtlicher Streitigkeiten als nicht von vornherein ausgeschlossen erscheinen, demzufolge besteht auch in dieser Hinsicht Klärungsbedarf. Sofern sich herausstellt, dass auch nichtvermögensrechtliche Streitigkeiten aus gesellschaftsrechtlichen Beschlüssen resultieren können, ist auch auf § 1030 I S. 2 ZPO näher einzugehen. Klärungsbedürftig ist im Übrigen, ob das Kriterium der subjektiven Schiedsfähigkeit im neuen Recht eine Rolle spielt und – falls dies zu bejahen ist – inwieweit sich hieraus Probleme ergeben.

Was den Fragekomplex um § 248 I S. 1 AktG anbelangt, so findet anfangs eine Abgrenzung der erweiterten Rechtskrafterstreckung von der Gestaltungswirkung statt. Anschließend werden die besonderen Aspekte beim Abschluss einer Schiedsvereinbarung – wie etwa das Zustimmungserfordernis und die Formbedüftigkeit – behandelt. Die Besonderheiten des Aktienrechts machen einen Exkurs hinsichtlich der konkreten Auswirkungen des § 23 V AktG erforderlich. Im Weiteren wird die Entscheidung des BGH auf ihre Richtigkeit zu überprüfen sein; zu diesem Zwecke wird die Vergleichbarkeit des staatlichen mit dem privaten Gerichtsverfahren untersucht. Sofern sich tatsächlich bestimmte Defizite auf Seiten der Schiedsgerichtsbarkeit ergeben, stellt sich schließlich die Frage, ob und wie diesen mittels entsprechender Ausgestaltung der Schiedsvereinbarung wirksam begegnet werden kann. Auszugehen ist dabei in erster Linie von den Legitimationsvoraussetzungen für § 248 I S. 1 AktG, allerdings wird sich zeigen, dass ein weiterer Schwerpunkt bei dem Verfahren

---

[9] BGH ZIP 1996, 830, 834; BegRegE, BT-Drucks. 13/5274, S. 35.

zeigen, dass ein weiterer Schwerpunkt bei dem Verfahren für die Zusammensetzung des Schiedsrichtergremiums zu setzen ist.

Durch den Umstand, dass das Beschlussmängelrecht sowohl bei der GmbH als auch der AG identisch ist sowie die Tatsache, dass beide Gesellschaftsformen kapitalistisch strukturiert sind und mithin auch insofern eine große Übereinstimmung besteht, bezieht sich die Bearbeitung auf die Schiedsfähigkeit von Beschlussstreitigkeiten beider Gesellschaften. Soweit es erforderlich ist, wird an gegebener Stelle in entsprechender Weise differenziert.[10]

[10] Wenn im Weiteren also von ‚Gesellschafter', ‚Anteilseigener', etc. die Rede ist, wird sich gleichermaßen auf die GmbH wie auch die AG bezogen. Diesbezügliche Abweichungen ergeben sich im Übrigen aus dem konkreten Zusammenhang.

Zweiter Teil Schiedsfähigkeit des Streitgegenstands

Bevor eine Streitigkeit einem Schiedsgericht zugewiesen werden kann, bedarf es der Prüfung, ob eine private Gerichtsbarkeit hierüber und somit die Ausklammerung der ordentlichen Gerichte überhaupt zulässig ist. Ein Schiedsgericht kann nicht auf allen Rechtsgebieten eingesetzt werden. Vielmehr existiert ein in § 1025 ZPO a.F. bzw. § 1030 ZPO zum Ausdruck kommender Vorbehalt, der bestimmte Streitigkeiten ausschließlich der staatlichen Gerichtsbarkeit belässt. An dem Kriterium der objektiven Schiedsfähigkeit, um das es sich hierbei handelt, wird deutlich, dass die Schiedsgerichtsbarkeit das staatliche Verfahren insgesamt nicht zu verdrängen vermag, auch wenn objektiv schiedsunfähige Streitgegenstände einen verhältnismäßig geringen Teil aller denkbaren Streitgegenstände darstellen.

Als zweiter Aspekt ist in diesem Zusammenhang die subjektive Schiedsfähigkeit zu nennen, die zwar – anders als die objektive Schiedsfähigkeit – eine Rechtsstreitigkeit nicht generell von einer schiedsgerichtlichen Konfliktbeilegung ausschließen kann, aber zumindest insoweit, als ihren jeweiligen Parteien der Gang zu einem Privatgericht versperrt wird, sofern diesen die hierzu erforderliche Verfügungsbefugnis fehlt.

Es ist daher im Rahmen der Schiedsfähigkeit des Streitgegenstands einerseits zwischen der objektiven und subjektiven Schiedsfähigkeit und andererseits aber auch zwischen ihrer rechtlichen Ausgestaltung in § 1025 ZPO a.F. bzw. § 1030 ZPO zu unterscheiden.

A. Objektive Schiedsfähigkeit

I. Die objektive Schiedsfähigkeit gemäß § 1025 I ZPO a.F.

Vor der Novellierung des Schiedsrechts in der ZPO bestimmte § 1025 I ZPO a.F. bis Ende 1997 für die Zulässigkeit eines Schiedsvertrags, dass dieser nur insoweit rechtliche Wirkung hat, als die Parteien berechtigt sind, über den Gegenstand des Streits einen Vergleich zu schließen. Dies wurde als entscheidende Voraussetzung angesehen, von der es abhing, ob Anfechtungs- und Nichtigkeitsklage der Entscheidungsgewalt der staatlichen Gerichte entzogen werden konnten und damit eine schiedsgerichtliche Streiterledigung möglich war.[11]

Die Frage, welche Gegenstände objektiv einem Vergleich unterliegen, wurde vom Gesetz indessen nicht positiv beantwortet. Dieser Umstand diente als Nährboden für zahlreiche dogmatische Abhandlungen und Interpretationen mit teilweise ganz verschiedenen Ansätzen. Die Ursache hierfür lag nicht zuletzt in dem unterschiedlichen Verständnis von der Schiedsgerichtsbarkeit sowie der rechtlichen Einordnung der Schiedsgerichtsvereinbarung.[12] Die objektive Schiedsfähigkeit wurde als Folge dessen im Wesentlichen mit Hilfe drei verschiedener Anknüpfungspunkte ermittelt: anhand der materiell-rechtlichen Befugnis zum Vergleichsschluss, der prozessualen Verfügungsbefugnis sowie anhand der objektiven Verfügbarkeit des streitigen Rechtsverhältnisses.

1. Materiell-rechtlicher Vergleichsbegriff

Nach der ursprünglich als herrschend bezeichneten Ansicht[13] kam es für die Unterscheidung zwischen schiedsfähigen und nicht schiedsfähigen Streitgegenständen auf das materielle bürgerliche Recht, namentlich den Vergleichsbegriff des § 779 BGB, an. Damit wurde § 1025 I ZPO a.F. in der Weise ausgelegt, dass entscheidend sein sollte, ob ein Vergleich über den Streitgegenstand – mit dem vom Schiedsgericht begehrten Inhalt – *insgesamt* wirksam war, d.h. alle Wirksamkeitsvoraussetzungen eines Vergleichs sollten auch die eines Schiedsver-

[11] Timm, FS Fleck, S. 377, sah den Einwand, dass die objektive Vergleichbefugnis fehle, als das ‚wohl stärkste Argument des BGH zur Ablehnung der Schiedsfähigkeit von Anfechtungsklagen' an; vgl. auch Schick, Schiedsfähigkeit, S. 54 m.w.N. (Fn 257).

[12] Schick, Schiedsfähigkeit, S. 55.

[13] Vgl. Bork, ZZP 100 (1987), 249, 254; Kornmeier, Vergleichsbefugnis und Schiedsfähigkeit, S. 52; Schick, Schiedsfähigkeit, S. 56 f. m.w.N. (Fn 263); Schröder, Schiedsgerichtliche Konfliktbeilegung, S. 46; Schulze, Grenzen der objektiven Schiedsfähigkeit, S. 31; Schwab/Walter, Schiedsgerichtsbarkeit, 5. Auflage, S. 31 f.; Zöller – Geimer, ZPO, 18. Auflage, § 1025 Rn 36; allerdings nahmen die Vertreter der Theorie der objektiven Verfügbarkeit im Laufe der Zeit derart zu, dass der Status dieser Meinung als ‚herrschend' bereits Mitte der neunziger Jahre eher zweifelhaft war. In jüngster Zeit wird sie etwa von Holzner, Immaterialgüterrechtsstreitigkeiten, S. 48 f., – im Rahmen des § 1030 I S. 1 ZPO – vertreten.

trags sein. Ein Schiedsvertrag war danach nur dann wirksam, sofern ein dem konkreten Schiedsspruch inhaltlich entsprechender (hypothetischer) Vergleich materiell-rechtlich rechtlich zulässig gewesen wäre, ihm also insbesonders keine zwingenden Normen entgegenstanden.[14] Unwirksamkeit hätte demgegenüber vorgelegen, wenn bei einer Streitentscheidung zwingendes Recht anzuwenden gewesen wäre, über das sich die Parteien im Wege eines Vergleichs nicht hinwegsetzen konnten;[15] oder das streitige Rechtsverhältnis war gemäß §§ 134, 138 BGB nichtig, und ein Vergleich konnte aus diesem Grund nicht wirksam geschlossen werden.[16]

Hinsichtlich der kapitalgesellschaftlichen Anfechtungs- und Nichtigkeitsklage wurde innerhalb dieser Meinung – wenn auch mit z.T. unterschiedlicher Begründung – die materiell-rechtliche Befugnis zum Vergleichs- und damit Schiedsvertragsabschluss verneint. So wurde stellenweise allgemein konstatiert, dass insofern zwingendes Recht berührt sei, an dessen Einhaltung ein besonderes öffentliches Interesse bestehe.[17] Daneben wurden Bedenken im Hinblick auf den notwendigen individuellen Rechtsschutz der Gesellschafter geäußert, der nur bei einer Entscheidung durch ein staatliches Gericht gewährleistet sei.[18]

Vor allem innerhalb der Rechtsprechung war man der Ansicht, dass der Gegenstand eines Anfechtungsprozesses objektiv nicht vergleichsfähig und deshalb der Kompetenz eines Schiedsgerichts entzogen sei.[19] Es handele sich beim Anfechtungsprozess um ein Verfahren, in dem der angegriffene Beschluss rein objektiv auf seine Rechtmäßigkeit kontrolliert werde.[20] Ein gegenseitiges Nachgeben komme hier nicht in Frage, weil über die Gesetzes- oder Satzungsmäßigkeit keine Kompromisse geschlossen werden könnten. Vielmehr sei die Entscheidung dahin festgelegt, dass der Beschluss entweder rechtmäßig oder rechtswidrig sei; ein Spielraum für wechselseitiges Nachgeben bestünde unterdessen nicht.[21]

---

[14] Bork, ZZP 100 (1987), 249 f.; Schick, Schiedsfähigkeit, S. 57; Schröder, Schiedsgerichtliche Konfliktbeilegung, S. 46 m.w.N. (Fn 175); Schwab, FS Henckel, S. 815.

[15] So z.B. §§ 311b IV, V, 1614 BGB, 89 b IV HGB, 50 AktG.

[16] Siehe zu den verschiedenen materiell-rechtlichen Hindernissen Bork, ZZP 100 (1987), 249, 254 (Fn 18).

[17] Vgl. Vollmer, ZGR 1982, 15, 27.

[18] Nußbaum, JW 1927, 1111, 1112.

[19] Hüffer, AktG, 2. Auflage, § 246 Rn 18 f.; OLG Hamm DB 1987, 680, 681; OLG Hamm GmbHR 1992, 759, 760; vgl. auch Petermann, BB 1996, 277, 280 m.w.N. (Fn 50).

[20] OLG Hamm DB 1987, 680, 681.

[21] OLG Hamm DB 1987, 680, 681; kritisch dazu Schmidt, ZGR 1988, 521, 528, der von einer ‚Verkennung des Problems' spricht.

Der Gleichsetzung der Wirksamkeitsvoraussetzungen eines Vergleichs mit denen eines Schiedsvertrags wurde jedoch vorgeworfen, Rechtsunsicherheit zur Folge zu haben, da die Zuständigkeit des staatlichen Gerichts etwa im Rahmen des § 138 II BGB allein davon abhängen würde, welcher konkrete Zinssatz – sei es der wucherische oder der gesetzlich zulässige – der Kläger geltend mache.[22] Auch sei das Nebeneinander der Aufhebungsgründe in § 1041 I Nr. 1 und 2 ZPO a.F. nicht erklärbar. Vielmehr wäre nach diesem Ansatz § 1041 I Nr. 2 ZPO a.F. überflüssig, da bei Unvereinbarkeit mit den wesentlichen Grundsätzen des deutschen Rechts die objektive Schiedsfähigkeit und damit bereits ein wirksamer Schiedsvertrag fehlen würde.[23]

Des Weiteren wurde aufgezeigt, dass die Parteien – im Gegensatz zu einem echten Vergleich – durch die Schiedsvereinbarung nicht oder zumindest nicht unmittelbar – über das betreffende materielle Rechtsverhältnis verfügen. Es würde lediglich eine andere Art der prozessualen Streiterledigung verabredet werden.[24] Allenfalls liege hierin eine mittelbare Verfügung, welche zwar die Gefahr einer schiedsrichterlichen Billigkeitsentscheidung berge, dies jedoch bei Abschluss der Schiedsgerichtsvereinbarung nicht vorhersehbar sei; letztlich wurde aber eben diese Möglichkeit vom Gesetzgeber gesehen, der gleichwohl an der Systematik der §§ 1025, 1040, 1041 ZPO a.F. festgehalten hat.[25]

Aufgrund dieser Ungereimtheiten mutmaßte man schließlich, dass hinter den engen Voraussetzungen die unterschwellige Befürchtung stand, dass das Schiedsgericht zwingendes Recht verkennt und damit ein Ergebnis herbeiführt, welches die Parteien vergleichsweise nicht wirksam vereinbaren können.[26]

2. Rechtsprechungsmonopol

Die offensichtlichen Schwächen des materiell-rechtlichen Vergleichsbegriffs gaben dem weiteren Schrifttum Anlass, nach einer alternativen Interpretation der objektiven Schiedsfähigkeit zu suchen. So wurde alsbald darauf abgestellt, ob einer schiedsgerichtlichen Lösung des konkreten Konflikts ein staatliches Recht-

[22] Bork, ZZP 100 (1987), 249, 256.

[23] BGH ZIP 1996, 830, 832; Bork, ZZP 100 (1987), 249, 256 f.; Ebenroth/Müller, DB 1992, 361, 363; Kornmeier, Vergleichsbefugnis und Schiedsfähigkeit, S. 46; Petermann, BB 1996, 277, 281; Schick, Schiedsfähigkeit, S. 63; Schwab/Walter, Schiedsgerichtsbarkeit, 5. Auflage, S. 32. Gegen dieses Argument wendet sich im neuen Recht indes Holzner, Immaterialgüterrechtsstreitigkeiten, S. 48 f.

[24] Kornmeier, Vergleichsbefugnis und Schiedsfähigkeit, S. 55 f.; Schick, Schiedsfähigkeit, S. 58 f.; Vollmer, ZGR 1982, 15, 29.

[25] Vgl. Bork, ZZP 100 (1987), 249, 258, 263; Kornmeier, Vergleichsbefugnis und Schiedsfähigkeit, S. 44 f.; Schick, Schiedsfähigkeit, S. 59 ff.

[26] Bork, ZZP 100 (1987), 249, 257; Kornmeier, Vergleichbefugnis und Schiedsfähigkeit, S. 44 ff.

sprechungsmonopol in dem Sinne entgegensteht, dass niemand außer dem staatlichen Richter in der Lage sein sollte, den angestrebten Rechtszustand herbeizuführen.

Da bereits der materiell-rechtliche Ansatz der staatlichen Rechtsprechung ein Monopol zuwies, nämlich überall dort, wo den Parteien die materiell-rechtliche Befugnis fehlt, einen Vergleichs- bzw. Schiedsvertrag abzuschließen, ist dieser Oberbegriff in diesem Zusammenhang missverständlich. Dennoch heben sich die folgenden Ansätze von dem materiell-rechtlichen Anknüpfungspunkt ab: So wurde sich bemüht, der grundsätzlichen Anerkennung der Schiedsgerichtsbarkeit durch festgelegte Ausnahmen Rechnung zu tragen, welche ihre Rechtfertigung ausschließlich in dem speziellen Verhältnis des staatlichen Richters zu dem privaten Schiedsrichter finden. Eine restriktive Handhabung des Merkmals der objektiven Schiedsfähigkeit wurde dadurch jedenfalls vermieden.

a. Prozessualer Ansatz

Kornmeier nahm an, dass durch die Bezugnahme auf das Vergleichsrecht in § 1025 I ZPO a.F. ein Rechtsprechungsmonopol des Staates gesichert werden sollte, welches dieser aber nicht umfassend beanspruchte.[27] Entscheidend sei vielmehr, ob ein verfahrensrechtlich motiviertes staatliches Interesse an einer Streiterledigung vor den eigenen Gerichten bestehe.[28] Dies sei immer dann der Fall, wenn die prozessuale Untersuchungs- oder Offizialmaxime gelte, der Streitgegenstand sonst ein von Amts wegen einzuleitendes oder durchzuführendes Verfahren berühre oder wenn es um die Beseitigung eines Hoheitsakts bzw. die diesbezügliche Einwirkung gehe.[29]

Bei der Prüfung der objektiven Schiedsfähigkeit von Anfechtungs- und Nichtigkeitsklage unterschied *Kornmeier* zwischen Gesellschafterbeschlüssen, die an einem formellen Mangel leiden sowie Beschlüssen, welche gegen das materielle Recht verstoßen.[30] Beschlussmängelklagen gegen solche Beschlüsse, die von der ersten Fehlergruppe betroffen sind, hielt er ausnahmslos für schiedsfähig, da – sofern überhaupt zwingendes Recht betroffen ist – im Einzelfall eine abweichende Vereinbarung zwischen der Gesellschaft und einem Gesellschafter zuzulassen bzw. ein öffentliches Bedürfnis zur staatlichen Mitwirkung nicht ersicht-

---

[27] Kornmeier, Vergleichsbefugnis und Schiedsfähigkeit, S. 49 ff.; ders., ZZP 94 (1981), 27, 38 f.

[28] Kornmeier, Vergleichsbefugnis und Schiedsfähigkeit, S. 64 ff.; ders., ZZP 94 (1981), 27, 38 ff.; ähnlich Baumbach/Lauterbach/Albers/Hartmann – Albers, ZPO, 66. Auflage, § 1025 Rn 29.

[29] Kornmeier, Vergleichsbefugnis und Schiedsfähigkeit, S. 40 ff., 50; ders., ZZP 94 (1981), 27, 39 ff., 45.

[30] Kornmeier, Vergleichsbefugnis und Schiedsfähigkeit, S. 63 ff.

lich sei.[31] Innerhalb der zweiten Fehlergruppe gelangte *Kornmeier* nur für den Beschluss, mit dem der Jahresabschluss festgestellt wird, zur Vergleichs- und Schiedsunfähigkeit.[32] Dies begründete er mit den Vorschriften über die – mit staatlichen Zwangsmitteln durchsetzbaren – Publizitätspflicht hinsichtlich des Jahresabschlusses.[33] Die damit verbundene Zielsetzung der Erreichung eines größtmöglichen Publikums sei mit der ‚diskreten Wahrheitsfindung auf schiedsgerichtlicher Ebene' nicht in Einklang zu bringen.[34] Im Übrigen erkannte er in dem steuerrechtlichen Maßgeblichkeitsprinzip ein gesteigertes staatliches Interesse an der Aufklärung steuerlich relevanter Sachverhalte bzw. an der Prüfung der Einhaltung zwingender handels- und bilanzrechtlicher Vorschriften, so dass auch insoweit ein staatliches Rechtsprechungsmonopol zu bejahen gewesen sei.[35]

Allerdings konnte sich dieser Ansatz nicht durchsetzen. Die hierzu ergangene Kritik besagt, dass er keine ausreichende Stütze im Gesetz finde[36] und auch nicht dem Willen des historischen Gesetzgebers entspreche.[37] Weiterhin bedeute die Geltung prozessualer Untersuchungs- bzw. Offizialmaxime nicht notwendigerweise, dass der Staat sich auf diese Weise einen kontrollierenden Einfluss erhalten und absichern wolle, sondern könne auch allein aus Gründen der Zweckmäßigkeit und der Verfahrensökonomie erfolgen.[38] Als Beispiel käme das sogenannte echte Streitverfahren auf dem Gebiet der freiwilligen Gerichtsbarkeit in Betracht, welches nach ganz herrschender Meinung einem Schiedsgericht zur Erledigung überantwortet werden könnte, obwohl insoweit gemäß § 12 FGG die Offizialmaxime gelte.[39] Umgekehrt gäbe es objektiv schiedsunfähige Bereiche trotz bestehender prozessualer Dispositionsbefugnis.[40] Schließlich beruhe die Betrachtungsweise *Kornmeiers* auf einer Verkennung des Rangverhältnisses zwischen materiellem Recht und Prozessrecht. Letzteres könne immer nur Ausfluss und symptomatischer Ausdruck der bereits durch das materielle Recht ge-

---

[31] Kornmeier, Vergleichsbefugnis und Schiedsfähigkeit, S. 64 ff., 66, 68.

[32] Kornmeier, Vergleichsbefugnis und Schiedsfähigkeit, S. 82.

[33] Vgl. §§ 5 I, 6 I, 9 I, 10 I PublG.

[34] Kornmeier, Vergleichsbefugnis und Schiedsfähigkeit, S. 77.

[35] Kornmeier, Vergleichsbefugnis und Schiedsfähigkeit, S. 78.

[36] OLG Karlsruhe WM 1995, 666, 668; Petermann, BB 1996, 277, 281.

[37] Bork, ZZP 100 (1987), 249, 251; Schick, Schiedsfähigkeit, S. 70.

[38] Bork, ZZP 100 (1987), 249, 252 f.; Schick, Schiedsfähigkeit, S. 71 f.; Vollmer, ZGR 1982, 15, 37 f.

[39] Bork, ZZP 100 (1987), 249, 252 f.; Papmehl, Schiedsfähigkeit, S. 31; Petermann, BB 1996, 277, 281; Schick, Schiedsfähigkeit, S. 70 ff.; Schwab, FS Henckel, S. 808 f.; H. P. Westermann, Schiedsfähigkeit, S. 35.

[40] Stein/Jonas – Schlosser, ZPO (21. Auflage), § 1025 Rn 27.

troffenen Wertungen und Grundentscheidungen sein, nicht jedoch umgekehrt; es erfülle dem materiellen Recht gegenüber vielmehr eine ‚dienende Funktion'.[41]

b. Theorie der objektiven Verfügbarkeit

(1) Grundsatz

Zuspruch fand kurz vor der Schiedsrechtsreform allein die sogenannte ‚Theorie der objektiven Verfügbarkeit', welche erstmalig von *Bork*[42] formuliert wurde.[43] Ebenso wie der Ansatz *Kornmeiers*, kam es für die Abgrenzung von schiedsfähigen und nicht schiedsfähigen Streitgegenständen entscheidend darauf an, ob der Staat sich im Hinblick auf den jeweiligen Streitgegenstand ein Rechtsprechungsmonopol vorbehalten hat.[44] Allerdings wurde der Verweis auf die Vergleichsbefugnis in § 1025 I ZPO a.F. materiell-rechtlich und nicht prozessual verstanden.[45] Ausgangspunkt war ein Verständnis der Formulierung in § 1025 I ZPO a.F. dergestalt, dass das betroffene Rechtsverhältnis überhaupt durch einen Vergleichsvertrag beigelegt werden kann.[46] Hintergrund hierfür war u.a. die Anerkennung der Schiedsgerichtsbarkeit als Ausprägung und Folge der Privatautonomie innerhalb der verfassungsrechtlichen Grenzen.[47] Folglich kam es zu einer Entfernung von der wesentlich engeren materiell-rechtlichen Theorie, welche sämtliche Wirksamkeitsvoraussetzungen eines Vergleichs auch zu denen einer Schiedsabrede erhob. Der Unterschied wurde etwa in solchen Fällen deutlich, in denen vom Schiedsgericht etwas begehrt wird, das als Inhalt eines Vergleichsvertrags zu dessen Nichtigkeit führen würde. So wäre etwa das Begehren, den Beklagten zur Zahlung wucherischer Zinsen auf ein Darlehen zu verurteilen, nach der materiell-rechtlichen Theorie wegen § 138 II BGB unzulässig und mithin schiedsunfähig. Da jedoch Zinsansprüche für sich genommen objektiv ver-

---

[41] Vgl. Bork, ZZP 100 (1987), 249, 251 f.; Papmehl, Schiedsfähigkeit, S. 31; Petermann, BB 1996, 277, 281; Schick, Schiedsfähigkeit, S. 67 ff.; Schwab, FS Henckel, S. 808 f.

[42] Bork, ZZP 100 (1987), 249, 258 ff.

[43] Hachenburg – Raiser, GmbHG, 8. Auflage, Anh. § 47 Rn 205; Henze, ZGR 160 (1996), 542, 557; ders., Aktienrecht, Rn 1014 f.; Lüke/Blenske, ZGR 1996, 253, 262; Papmehl, Schiedsfähigkeit, S. 31 f.; Petermann, BB 1996, 277, 280; Schick, Schiedsfähigkeit, S. 76; Schmidt, ZGR 1988, 525, 528 f.; Schröder, Schiedsgerichtliche Konfliktbeilegung, S. 50; Schwab/Walter, Schiedsgerichtsbarkeit, 5. Auflage, S. 33; Zöller – Geimer, ZPO, 18. Auflage, § 1025 Rn 35, 37; kritisch dagegen: Wagner, Prozessverträge, S. 584.

[44] Vgl. etwa Bork, ZZP 100 (1987), 249, 258 ff.; Schmidt, ZGR 1988, 525, 528 f.; Schwab/Walter, Schiedsgerichtsbarkeit, 5. Auflage, S. 33.

[45] Vgl. auch Böcker, Objektive Schiedsfähigkeit, S. 45; Schwab, FS Henckel, S. 804 ff.

[46] Bork, ZZP 100 (1987), 249 f.

[47] Vgl. Kornmeier, Vergleichsbefugnis und Schiedsfähigkeit, S. 50; Schick, Schiedsfähigkeit, S. 72, 79; Stober, NJW 1979, 2001 f., 2005 f.

fügbar sind, ergab die Theorie der objektiven Verfügbarkeit demgemäß die Schiedsfähigkeit des Anspruchs.[48] Entsprechendes galt weiterhin für den Antrag einer GmbH, ihren Gesellschafter gemäß § 9a GmbHG zu Schadensersatz zu verurteilen, da diese Schadensersatzforderung nach § 9b GmbHG Gegenstand eines Vergleichs (lediglich) dann nicht sein kann, soweit der Ersatz zur Befriedigung der Gläubiger der Gesellschaft erforderlich ist.[49]

Die objektive Vergleichs- und somit Schiedsfähigkeit sollte dagegen dann fehlen, wenn der Streitgegenstand ‚materiell nicht verfügbar' ist; dann also, wenn sich der Staat bei besonders schutzwürdigen, der Verfügungsmacht privater Personen entzogenen Rechtsgütern ein Rechtsprechungsmonopol in dem Sinne vorbehalten hat, dass allein der staatliche Richter – und nicht etwa die Parteien bzw. das Schiedsgericht – in der Lage sein soll, durch seine Entscheidung den angestrebten Rechtszustand herbei zu führen.[50] Dies richte sich jedoch – wie bereits gezeigt – nicht nach der Relevanz zwingenden Rechts im konkreten Fall. Vielmehr sei allein maßgebend, ob das Rechtsverhältnis, über das ein Schiedsgericht entscheiden soll, überhaupt vertraglicher bzw. rechtsgeschäftlicher Verfügung unterliege und somit materiell-rechtlich durch privatautonomes Verhalten der Parteien herbeigeführt werden könne.[51] Weitergehende Anforderungen seien an die objektive Schiedsfähigkeit nicht zu stellen, denn es werde keinesfalls schon durch den Abschluss der Schiedsvereinbarung über den betreffenden Streitgegenstand verfügt.[52] Eine *mögliche* Beeinträchtigung zwingenden Rechts rechtfertige dagegen für sich allein keine restriktive Auslegung des Merkmals der objektiven Schiedsfähigkeit. Insoweit konnte nämlich auf die Möglichkeit verwiesen werden, gemäß § 1041 I Nr. 2 ZPO a.F. zu prüfen, ob der Schiedsspruch seinem Inhalt nach mit wesentlichen Grundsätzen des deutschen Rechts offensichtlich unvereinbar ist.[53]

---

[48] Vgl. Bork, ZZP 100 (1987), 249, 250.

[49] Vgl. i.Ü. Bork, ZZP 100 (249), 250, 264 ff. Weiterhin stehen auch die Verzichtverbote gemäß §§ 276 III, 1614 BGB, 89b IV HGB, 51a III GmbHG der Schiedsfähigkeit nicht mehr entgegen; Bork, ZZP 100 (1987), 249, 260 ff.

[50] BGH NJW 1991, 2215, 2216; BGH NJW ZIP 1996, 830, 832; Bork, ZHR 160 (1996), 374, 378; Lüke/Blenske, ZGR 1996, 253, 262; Schick, Schiedsfähigkeit, S. 77; Schröder, Schiedsgerichtliche Konfliktbeilegung, S. 50 f. m.w.N. (Fn 204). Nach Wagner, Prozessverträge, S. 584, würde dieses Kriterium die Schiedsfähigkeit privatrechtlicher Ansprüche allein in denjenigen Fällen verneinen, in denen der Gesetzgeber den Eintritt einer bestimmten Rechtsfolge zwingend von einer entsprechenden richterlichen Gestaltung abhängig macht.

[51] Bork, ZZP 100 (1987), 249, 259; Schröder, Schiedsgerichtliche Konfliktbeilegung, S. 58.

[52] Allenfalls könnte eine mittelbare Verfügung zu bejahen sein, da sich der Anspruchsinhaber in die Gefahr begibt, dass ihm das Schiedsgericht das ihm zustehende Recht verweigert. Diese Gefahr sei jedoch keine schiedsverfahrensimmanente Gefahr; Bork, ZZP 100 (1987), 249, 263, 265.

[53] BGH RIW 1991, 673, 674; Schick, Schiedsfähigkeit, S. 61 ff., 78.

Nicht objektiv schiedsfähig sind nach dieser Auffassung die Ehescheidung, Kindschafts- und sonstige Statusfragen sowie Angelegenheiten der freiwilligen Gerichtsbarkeit mit Ausnahme der sogenannten echten Streitigkeiten.[54]

(2) Stellungnahme

Die Formulierung des § 1025 I ZPO a.F. war insofern unbestimmt, als er einerseits so gelesen werden konnte, dass das Vergleichserfordernis sämtliche Wirksamkeitsvoraussetzungen eines Vergleichs zu den Wirksamkeitsvoraussetzungen einer Schiedsabrede machte. Andererseits war aber auch jene Auslegung möglich, wonach die objektive Schiedsfähigkeit erforderte, dass der Streitgegenstand überhaupt vergleichsweise beigelegt werden konnte.[55] Diese semantische Ungenauigkeit verlangte nach einer Konkretisierung mittels gesetzessystematischer sowie teleologischer Auslegung.

Zweck des § 1025 I ZPO a.F. und mithin der objektiven Schiedsfähigkeit als Voraussetzung einer wirksamen Schiedsvereinbarung war die Sicherung des staatlichen Rechtsprechungsmonopols.[56] Für sich genommen erschien der Umstand, dass sich der Staat auf bestimmten Gebieten ein Rechtsprechungsmonopol vorbehält, als zu vage, um daraus die Einschränkungsfunktion der objektiven Schiedsfähigkeit näher bestimmen zu können. Denn ein Bedürfnis danach ließe sich wiederum prinzipiell auf zwei verschiedenen Wegen ermitteln. Zum einen könnte eine Einzelfallbetrachtung ergeben, dass zwingende Normen einschlägig waren und so zumindest die Gefahr eines Schiedsspruchs bestand, der zu einem privatautonom nicht erreichbaren Ergebnis führen würde. Diese Herangehensweise würde der materiell-rechtlichen Theorie entsprechen. Zum anderen könnte sich die objektive Schiedsfähigkeit – weniger restriktiv – auf bestimmte Streitgegenstände beziehen, welche bereits abstrakt der privaten Dispositionsbefugnis entzogen sind, da insofern allein ein staatlicher Richter das von der Rechtsordnung erwünschte Ergebnis herbeiführen könnte und sollte.

Dass sich ein staatliches Rechtsprechungsmonopol nur aus letzterer Erwägung und mithin aus der fehlenden objektiven Verfügbarkeit des Rechtsverhältnisses ergeben konnte, folgte indes aus dem gesetzessystematischen Zusammenhang. So hatte sich der Gesetzgeber in § 1041 I Nr. 2 ZPO a.F. eine nachträgliche Überprüfung des Schiedsspruchs durch staatliche Gerichte vorbehalten. Zusammen mit § 1025 I ZPO a.F. i.V.m. § 1041 I Nr. 2 ZPO a.F. ließ sich demgemäß ein abgestuftes System staatlicher Kontrolle im Rahmen der Schiedsge-

---

[54] Statt aller Bork, ZZP 100 (1987), 249, 259 ff.

[55] So zu Recht Bork, ZZP 100 (1987), 249 f.; kritisch dagegen K. P. Berger, RIW 2001, 7, 12; Böcker, Objektive Schiedsfähigkeit, S. 53 f., beide konstatieren, dass die Theorie der objektiven Verfügbarkeit vom Wortlaut des § 1025 I ZPO a.F. nicht mehr gedeckt sei.

[56] So auch Becker, ZZP 97 (1984), 314, 318; Bork, ZZP 100 (1987), 249, 255; Kornmeier, Vergleichsbefugnis und Schiedsfähigkeit, S. 49.

richtsbarkeit feststellen. Die ordre-public-Kontrolle verbot in diesem Zusammenhang eine allzu strenge Handhabung der objektiven Schiedsfähigkeit, sofern sich ein die Grenzen der Privatautonomie überschreitender Schiedsspruch nicht als hinreichend wahrscheinlich vorhersagen ließ. Der Gefahr, dass das Schiedsgericht unter Verkennung zwingenden Rechts im Einzelfall falsch entscheidet, wurde auf der Ebene der ordre-public-Kontrolle durch § 1041 I Nr. 2 ZPO a.F. ausreichend Rechnung getragen, so dass § 1025 I ZPO a.F. lediglich objektiv nicht verfügbaren Streitgegenständen die objektive Schiedsfähigkeit versagen, im Übrigen jedoch den Schiedsverträgen als Wirksamkeitsvoraussetzung nicht entgegen stehen durfte. Verstöße des Schiedsgerichts, welche unterhalb der von § 1041 I Nr. 2 ZPO a.F. gezogenen Grenze anzusiedeln waren, mussten indessen von staatlicher Seite hingenommen werden;[57] jedenfalls war insoweit nicht das Kriterium der objektiven Schiedsfähigkeit Anknüpfungspunkt, sondern allenfalls die Kontrollmöglichkeit gemäß § 1041 I Nr. 2 ZPO a.F.

Aus den genannten Gründen muss somit dem Grundsatz der Theorie der objektiven Verfügbarkeit als Konkretisierung des § 1025 I ZPO a.F. zugestimmt werden.[58]

(3) Anwendung auf gesellschaftsrechtliche Beschlussmängelklagen

Im Zuge der fortschreitenden Etablierung der Theorie der objektiven Verfügbarkeit wurde zwar der Bereich eines ausnahmslosen staatlichen Rechtsprechungsmonopols für einzelne, konkrete Rechtsgebiete – mit unterschiedlichem Begründungsaufwand – festgestellt, allerdings war ein allgemein gültiges Entscheidungskriterium für diese Bestimmung, welches vor allem auch allseitige Zustimmung erfuhr, bis zur Gesetzesänderung nicht erkennbar.[59] Der Grund hierfür lag darin, dass die abstrakte gesetzliche Definition des § 1025 I ZPO a.F. (Vergleichsfähigkeit des Streitgegenstands) auf der objektiven Ebene im Rahmen der Theorie der objektiven Verfügbarkeit durch einen ebenso abstrakten Terminus (rechtsgeschäftliche Verfügbarkeit) ausgefüllt wurde. Eine endgültige

---

[57] So auch Bork, ZZP 100 (1987), 249, 259.

[58] Kritisch indessen Böcker, Objektive Schiedsfähigkeit, S. 53 f., der in diesem Ansatz eine teleologische Reduktion des Wortlauts des § 1025 I ZPO a.F. auf das öffentliche Interesse am Erhalt eines staatlichen Rechtsprechungsmonopols sieht, die zu einer Rechtsunsicherheit führt; siehe auch K. P. Berger, RIW 2001, 7, 12.

[59] So auch Lüke/Blenske, ZGR 1996, 253, 262. Böcker, Objektive Schiedsfähigkeit, S. 55, ging von einer nicht näher konkretisierbaren Einzelfallbetrachtung aus, wobei der Umfang der Streitgegenstände, bei denen ein staatliches Rechtsprechungsmonopol anzunehmen sei, so gering sei, dass die objektive Schiedsunfähigkeit nur einen Ausnahmefall darstelle.

Klärung des Begriffs wurde damit nicht erreicht.[60] Vereinzelt wurde versucht, Klarheit anhand des öffentlichen Interesses am Erhalt des staatlichen Rechtsprechungsmonopols zu schaffen.[61] Doch auch insoweit blieb es bei abstrakten Definitionsversuchen,[62] welche die konkrete Bestimmung der objektiven Schiedsfähigkeit eines Streitgegenstands nicht zuließen.[63]

Im Gegensatz zu beispielsweise familienrechtlichen Statusfragen, welche nach Meinung sämtlicher Vertreter in diesem Zusammenhang schiedsunfähig waren,[64] gaben die Beschlussmängelklagen Anlass, den gemeinsamen rechtsdogmatischen Ansatz unterschiedlich weiter zu entwickeln. Im Folgenden soll daher die jeweilige Subsumtion der gesellschaftsrechtlichen Beschlussmängelklagen unter die Theorie der objektiven Verfügbarkeit dargestellt werden.

(a) Schiedsunfähigkeit der Anfechtungsklage als Gestaltungsklage

Bei der Anwendung der Theorie der objektiven Verfügbarkeit auf (aktienrechtliche) Anfechtungs- und Nichtigkeitsklagen sollte es nach *Bork* darauf ankommen, ob genau der Erfolg, der durch die Klagen erzielt werden soll, auch durch Rechtsgeschäft erzielbar sei.[65] Da es jedoch bei der Anfechtungsklage um die rückwirkende Herbeiführung der Nichtigkeit eines bisher zwar rechtswidrigen, aber gleichwohl wirksamen Beschlusses geht, sei diese ex-tunc-Wirkung rechtsgeschäftlich nicht möglich. Zwar könne ein Hauptversammlungsbeschluss grundsätzlich durch actus contrarius, also durch einen neuen Beschluss, aufgehoben werden. Allerdings sei diese Aufhebung nur dann möglich, wenn der Be-

---

[60] Von ‚inhaltlicher Unbestimmtheit' spricht auch Epping, Schiedsvereinbarung, S. 190 f.; Böcker, Objektive Schiedsfähigkeit, S. 53 f., sieht in der Theorie der objektiven Verfügbarkeit eine teleologische Reduktion des § 1025 I ZPO a.F., welche zu einer Rechtsunsicherheit führe.

[61] Bork, ZZP 100 (1987), 249, 252.

[62] Nach Bork, ZZP 100 (1987), 249, 252, war ein solches öffentliches Interesse dann gegeben, wenn das Interesse der Parteien und das öffentliche Interesse es bei besonders schwerwiegenden Eingriffen erforderten, dass die Kontrolle drüber, dass die Voraussetzungen für diesen schwerwiegenden Eingriff wirklich vorliegen und dass durch den richterlichen Akt Rechtsklarheit geschaffen wird, gewährleistet wird. Vgl. auch Kornmeier, Vergleichsbefugnis und Schiedsfähigkeit, S. 64, der verlangt, dass ‚Belange der Allgemeinheit oder schützenswerte Interessen Dritter es gebieten, das Verfahren in die Hand zu nehmen'.

[63] So zu Recht auch Böcker, Objektive Schiedsfähigkeit, S. 55.

[64] Vgl. nur BegRegE, BT-Drucks. 13/5274, S. 34; BGH ZIP 1996, 830, 832; Bork, ZZP 100 (1987), 249, 259; Lüke/Blenske, ZGR 1996, 253, 262; Zöller – Geimer, ZPO, § 1030 Rn 6.

[65] Bork, ZZP 100 (1987), 249, 268; ders., JZ 1987, 100, 101. Seinen Standpunkt gab Bork mittlerweile auf; er schloss sich dem von *Schmidt* entwickelten Ansatz der h.M. an (dazu unten), vgl. Bork, ZHR 160 (1996), 374, 378 (Fn 17).

schluss noch keine Rechtswirkungen erzeugt habe, die dem Willen der Gesellschaft entzogen seien. Es bliebe indessen lediglich bei einer ex-nunc-Wirkung.[66] Die Anfechtungsklage sei demgemäß als ‚echte Gestaltungsklage'[67] nicht schiedsfähig.

Dagegen stelle sich bei der Nichtigkeitsklage die Frage der objektiven Verfügbarkeit nicht, da es bei ihr als reine Feststellungsklage nur um die Feststellung eines bereits bestehenden Zustands gehe. Diesbezüglich sei die objektive Schiedsfähigkeit also grundsätzlich gegeben.[68]

Gegen diese differenzierende Beurteilung der Schiedsfähigkeit von Anfechtungs- und Nichtigkeitsklage wurde jedoch eingewandt, dass das Gesetz für diese Folgerung keine Stütze aufweise.[69] Im Rahmen des § 1025 ZPO a.F. gehe es nicht darum, durch die Entscheidungsmöglichkeiten, die dem Schiedsgericht nicht zustehen, dessen Unzuständigkeit zu bestimmen.[70] Ferner sei auch ein Streit über die Wirksamkeit eines Verfügungsgeschäfts schiedsfähig, obwohl ein zwischen den Parteien geschlossener Vertrag über dessen Unwirksamkeit ebenfalls keine dingliche ex-tunc-Wirkung habe.[71] Im Übrigen bliebe bereits ein Aufhebungsbeschluss der Hauptversammlung nicht hinter einem entsprechenden Anfechtungsurteil zurück, da der Beschluss insoweit dieselbe Gestaltungswirkung entfalte, als er von Dritten ohne weiteres hinzunehmen sei.[72]

(b) Funktion der Beschlussmängelklagen als Anknüpfungspunkt

Im Gegensatz zu dem Ansatz von *Bork* untersuchte *Henze* nicht die konkrete Urteilswirkung bzw. Wirkung eines aufhebenden Beschlusses, um so auf die Schiedsfähigkeit von Gesellschafterbeschlüssen schließen zu können. Entscheidend war für ihn vielmehr die Funktion der gesellschaftlichen Anfechtungs- und Nichtigkeitsklage. Beide Klagen seien vom Gesetzgeber als Kontrollinstrument ausgestaltet worden, mit welchem ein Machtmissbrauch der Gesellschafter-

---

[66] Bork, ZZP 100 (1987), 249, 269.

[67] Zur Abgrenzung der ‚echten' von der ‚unechten' Gestaltungsklage vgl. Bork, ZZP 100 (1987), 249, 268 f., sowie Schick, Schiedsfähigkeit, S. 74 (Fn 364).

[68] Bork, ZZP 100 (1987), 249, 270.

[69] Ebenroth/Müller, DB 1992, 361, 363.

[70] Ebenroth/Müller, DB 1992, 361, 363.

[71] Schmidt, ZGR 1988, 523, 529 (Fn 24); kritisch insofern auch Wagner, Prozessverträge, S. 585.

[72] Schröder, Schiedsgerichtliche Konfliktbeilegung, S. 60; vgl. auch Schick, Schiedsfähigkeit, S. 82, der hinsichtlich der Differenzierung von Anfechtungs- und Nichtigkeitsklagen bzgl. ihrer Schiedsfähigkeit praktische Bedenken erhebt, seinerseits jedoch an anderer Stelle ebenso differenziert (S. 100 f.); kritisch auch H. P. Westermann, Schiedsfähigkeit, S. 39.

mehrheit ausgeschlossen und dadurch ein weitergehender Schutz der Gesellschaft sowie der damit verbundenen Interessen erreicht werden sollte.[73] Auf diese Weise würden neben den Interessen der Gesellschafterminderheit auch die der Gesellschaftsgläubiger sowie, wegen der wirtschaftlichen Bedeutung einer Kapitalgesellschaft, die der Allgemeinheit geschützt werden. Hieraus folge, dass es sich bei dem gerichtlichen Prozess über Gesellschafterbeschlüsse um ein Verfahren handelt, in dem der angegriffene Beschluss rein objektiv nur auf seine Rechtmäßigkeit hin überprüft wird. Einen Vergleich über die Rechtmäßigkeit des Beschlusses könne wegen des Schutzzwecks dieses Rechtsinstituts weder die Gesellschaft, vertreten durch den Geschäftsführer, noch der klagende Gesellschafter herbeiführen.[74] Allein die staatlichen Gerichte sollten imstande sein, darüber zu entscheiden, ob der Beschluss gegen gesetzliche oder satzungsmäßige Regelungen verstößt.

Dieser Ansatz wurde von *Schick* eingeschränkt, indem er die staatliche Überprüfung der Rechtmäßigkeit des Beschlusses anhand der prozessualen Dispositions- und Verhandlungsmaxime relativierte.[75] Insoweit bestünden etwa auf Seiten der Gesellschaft im Anfechtungsverfahren erhebliche prozessuale Einflussmöglichkeiten. So könne sie beispielsweise durch Säumnis, Geständnis oder Nichtbestreiten faktisch über den Streitgegenstand verfügen. Das daraufhin ergehende Urteil hätte – unabhängig seiner materiellen Richtigkeit – uneingeschränkte kassatorische Wirkung.[76] Ausschlaggebend hinsichtlich der objektiven Verfügbarkeit war für *Schick* lediglich die Frage nach der Außenwirkung der Gesellschafterbeschlüsse. Beschlussmängelklagen gegen Beschlüsse ohne Außenwirkung, die seiner Ansicht nach den Regelfall darstellen, hielt er für schiedsfähig. Sofern jedoch ein Beschluss als solcher eine rechtliche Wirkung gegenüber Dritten entfaltet,[77] fehle den Gesellschaftern wegen der lediglich ex nunc wirkenden privatautonomen Beschlussaufhebung die ‚rechtsgeschäftliche Erreichbarkeit', und die Schiedsfähigkeit der entsprechenden Anfechtungsklage sei mithin zu verneinen.[78]

Doch selbst die Beschränkung der Schiedsunfähigkeit auf Beschlüsse mit Außenwirkung stieß im Schrifttum auf Kritik. Es sei hierdurch das von der Frage der Schiedsfähigkeit fern zu haltende Problem des Vertrauensschutzes Dritter angesprochen, das sich jedoch bei einem staatlichen Anfechtungsprozess in glei-

---

[73] Henze, ZGR 1988, 542, 554; so auch Petermann, BB 1996, 277, 281 f.

[74] Henze, ZGR 1988, 542, 554 f.; Petermann, BB 1996, 277, 282.

[75] Schick, Schiedsfähigkeit, S. 90 f.; vgl. auch Wünsch, Schiedsgerichtsbarkeit, S. 86 f.

[76] Schick, Schiedsfähigkeit, S. 91.

[77] Zur Definition der Außenwirkung von Gesellschafterbeschlüssen vgl. Schick, Schiedsfähigkeit, S. 93 m.w.N. (Fn 470).

[78] Schick, Schiedsfähigkeit, S. 100.

cher Weise stelle und daher kein entscheidendes Kriterium sein könne.[79] Sofern nämlich gutgläubige Dritte auf die Wirksamkeit eines Beschlusses vertraut haben, würden diese auch vor den Folgen einer erfolgreichen Anfechtungsklage hinreichend geschützt werden.[80] Anzuwenden seien die Lehre vom faktischen Organ bei Bestellungsbeschlüssen, die Regeln über fehlerhafte Unternehmensverträge bei entsprechenden Unternehmensverträgen mit Drittwirkung sowie in den anderen Fällen die Vorschriften über den Gutglaubensschutz des Handelsregisters gemäß § 15 HGB bzw. andere ergänzende Rechtsscheinstatbestände.[81] Ferner komme – sofern die Prozessparteien das Urteil ‚erschlichen' haben – als ‚ultimum refugium' der Schadensersatzanspruch aus § 826 BGB in Betracht.[82]

(c) Schiedsfähigkeit bei privatautonomer Verfügungsmacht

Aus dem Spannungsverhältnis zwischen dem privatautonomen Charakter der Schiedsgerichtsbarkeit sowie dem Richtervorbehalt formulierte erstmalig *Schmidt* die These, dass Gesellschafterbeschlüsse insofern der privaten Disposition unterliegen, als sie von den Gesellschaftern in ihrer Gesamtheit wieder aufgehoben werden können.[83] Hieraus wurde wiederum ein diesbezüglich nicht vorhandenes Interesse des Staates an einem Entscheidungsmonopol seiner Gerichte abgeleitet.[84] Dadurch, dass Gesellschafterbeschlüsse also der rechtsgeschäftlichen Verfügung unterliegen, seien sie auch im Sinne der objektiven Schiedsfähigkeit materiell verfügbar und mithin schiedsfähig.

Dieser Ansatz erfuhr im Laufe der Zeit – auch seitens der Rechtsprechung – großen Zuspruch,[85] so dass er als herrschende Meinung bezeichnet werden

---

[79] Vgl. etwa Schröder, Schiedsgerichtliche Konfliktbeilegung, S. 60.

[80] Stein/Jonas – Schlosser, ZPO (21. Auflage), § 1025 Rn 27f m.w.N. (Fn 135); vgl. auch Timm, ZIP 1996, 445, 449; kritisch auch Lüke/Blenske, ZGR 1996, 253, 260 (Fn 45), die die rechtliche Relevanz der scheinbar seltener vorkommenden Beschlüsse mit Außenwirkung bezweifeln; vgl. i.Ü. auch Bork, ZZP 100 (1987), 249, 269, und Baumbach/Hueck – Zöllner, GmbHG, 16. Auflage, Anh. § 47 Rn 18.

[81] Vgl. hierzu etwa Baumbach/Hueck – Zöllner, GmbHG, Anh. § 47 Rn 34, 90; Hachenburg – Raiser, GmbHG, Anh. § 47 Rn 85, 188; Hüffer, AktG, § 241 Rn 33, § 248 Rn 7; Noack, Fehlerhafte Beschlüsse, S. 100; Zöllner/Noack, ZGR 1989, 525, 538.

[82] Noack, Fehlerhafte Beschlüsse, S. 100.

[83] Schmidt, ZGR 1988, 525, 528 f.; ders. AG 1995, 551, 552.

[84] Vgl. auch BGH ZIP 1996, 830, 832; Henze, Aktienrecht, Rn 1014 f.

[85] BGH ZIP 1996, 830, 832; BGH NJW 1991, 2215, 2216; Bork, ZHR 160 (1996), 374, 378; Hachenburg – Raiser, GmbHG, Anh. § 47 Rn 207 f.; Henze, Aktienrecht, Rn 1014 f.; Jäger, WiB 1995, 100, 1001; Lachmann, Schiedsgerichtspraxis, Rn 226; Lüke/Blenske, ZGR 1996, 253, 262 f.; OLG Karlsruhe DB 1995, 721 f.; Papmehl, Schiedsfähigkeit, S. 74; Schwab, FS Henckel, S. 804 ff., 815; Schwab/Walter, Schiedsgerichtsbarkeit, S. 31 f.; Schröder,

konnte. Allerdings musste der insoweit bestehende Konsens im Detail weiterhin relativiert werden. Denn die Bezugnahme der privatautonomen Verfügungsmacht auf Gesellschafterbeschlüsse war jedes Mal gänzlich unterschiedlich, so dass es hinsichtlich Beschlussmängelstreitigkeiten an einer einheitlichen Linie fehlte. Auffällig war zumindest, dass vor allem die Anfechtungsklage,[86] und hierbei insbesondere die der GmbH[87] nach der Theorie der objektiven Verfügbarkeit schiedsfähig sein sollte. Die Nichtigkeitsklage wurde dagegen nur vereinzelt[88] und teilweise ausschließlich im Recht der GmbH,[89] für schiedsfähig erachtet. Voreilig wäre es jedoch, jenen Bezugnahmen einen ausschließlichen Charakter beizumessen, um gleichzeitig einen erneuten Dissens innerhalb ein und desselben Ansatzes erkennen zu meinen. Der Grund hierfür liegt darin, dass sich die konkreten Aussagen zur objektiven Schiedsfähigkeit von Gesellschafterbeschlüssen oftmals auf einen konkreten Zusammenhang – etwa das Recht der GmbH bzw. das der AG – beschränkten. Allerdings sollte im gleichen Maße nicht von einer generellen Schiedsfähigkeit von gesellschaftlichen Beschlussstreitigkeiten ausgegangen werden. Hierfür entbehren die Ausführungen stets einer tiefgreifenden und differenzierenden Auseinandersetzung mit der Anfechtungs- und Nichtigkeitsklage der AG sowie der GmbH. Im Übrigen vernachlässigten sie die Frage, inwieweit die Gesellschafter in diesem Zusammenhang privatautonom dazu befugt sind, ihre (rechtsmäßigen oder rechtswidrigen) Beschlüsse *aufrechtzuerhalten*.

Allein *Schröder* unternahm für aktienrechtliche Beschlussmängelklagen auch hierzu eine umfassende Untersuchung.[90] Er kam dabei zu der Einsicht, dass die Anfechtungsklage objektiv schiedsfähig sei, da die durch das Anfechtungsurteil geschaffene materiell-rechtliche Lage auch durch privatautonomes Verhalten der Gesellschafter hergestellt werden könne.[91] Dies gelte gleichermaßen für die

Schiedsgerichtliche Konfliktbeilegung, S. 59 ff.; Stein/Jonas – Schlosser, ZPO (21. Auflage), § 1025 Rn 27, 28; Zöller – Geimer, ZPO, § 1030 Rn 9; ders., DZWir 1997, 119, 120; wohl auch H. P. Westermann, Schiedsfähigkeit, S. 36.

[86] So Lüke/Blenske, ZGR 1996, 253, 262 f.; Schmidt, ZGR 1988, 525, 528 f.; ders. AG 1995, 551, 552 (allerdings soll die Schiedsfähigkeit aktienrechtlicher Anfechtungsklagen an § 23 V AktG scheitern); Zöller – Geimer, ZPO, 18. Auflage, § 1025 Rn 36 f.

[87] BGH ZIP 1996, 830, 832; Hachenburg – Raiser, GmbHG, Anh. § 47 Rn 207 f.; OLG Karlsruhe DB 1995, 721 f. Auf aktienrechtliche Anfechtungsklagen bezogen sich gleichwohl Henze, Aktienrecht, Rn 1014 f., und Schröder, Schiedsgerichtliche Konfliktbeilegung, S. 59 ff., 70 f.

[88] Nach Schwab/Walter, Schiedsgerichtsbarkeit, S. 36, scheinen sämtliche Beschlussmängelklagen objektiv schiedsfähig zu sein.

[89] Zöller – Geimer, ZPO, 18. Auflage, § 1025 Rn 36 f.

[90] Schröder, Schiedsgerichtliche Konfliktbeilegung, S. 59 ff.

[91] Schröder, Schiedsgerichtliche Konfliktbeilegung, S. 63 f.; i.E. bereits auch Hachenburg - Raiser, GmbHG, Anh. § 47 Rn 207; Wünsch, Schiedsgerichtsbarkeit S. 86.

der Klage stattgebenden als auch klagabweisenden Urteile und somit auch für die Aufhebung sowie Aufrechterhaltung eines Gesellschafterbeschlusses. Entscheidend sei vor allem, dass der Gesetzgeber durch die Statuierung des Anfechtungserfordernisses in § 243 AktG zu erkennen gegeben hat, dass die Gültigkeit eines Hauptversammlungsbeschlusses nur dann verhindert werden soll, wenn eine der in § 245 AktG genannten Personen dies durch gesonderte Klage und mithin privatautonomem Verhalten bewirkt.[92]

Dagegen sei die Nichtigkeitsklage nach dieser Ansicht grundsätzlich schiedsunfähig. Angesichts ihrer Einordnung als Feststellungsklage könne man damit die Nichtigkeit eines Beschlusses eben lediglich festgestellen, nicht aber auf die materiell-rechtliche Lage gestaltend eingewirken. Da es an einer entsprechenden Regelung im Sinne von § 243 I AktG mangele, habe die Entscheidung über die Erhebung der Nichtigkeitsklage keinen Einfluss auf die materielle Rechtslage.[93] Ein privatautonomer Gestaltungsspielraum werde auch nicht durch die Heilungsmöglichkeit gemäß § 242 AktG statuiert, da dessen Zweck nicht dahin geht, den Klageberechtigten einen Entscheidungsspielraum über das rechtliche Schicksal des nichtigen Beschlusses einzuräumen, sondern vielmehr der allgemeinen Rechtssicherheit und Rechtsklarheit diene.[94] Des Weiteren lasse die der Eintragung in das Handelsregister vorangehende Prüfung des Beschlusses durch das Registergericht den Einfluss der Aktionäre über sein weiteres Schicksal als nicht ausreichend erscheinen, um die Heilung noch als einen privatautonom herbeigeführten Akt ansehen zu können. Diese Wertung werde durch die – trotz Heilung – fortbestehende Möglichkeit zur Löschung von Beschlüssen gemäß § 144 II FGG untermauert.[95]

Schröder sieht jedoch eine Ausnahme, sofern es um die in § 241 I Nr. 1 AktG genannten Mängel geht. Ausschlaggebend sei dabei die Ausnahmeregelung in § 121 VI AktG, wonach die Gesellschafter trotz des Verstoßes gegen die Vorschriften in § 121 II, III oder IV AktG die Möglichkeit eingeräumt bekommen, auf die Geltendmachung dieser Nichtigkeitsfolge einvernehmlich zu verzichten. Hierin könne ein gewisses Maß an privatautonomer Verfügungsmacht gesehen

---

[92] Schröder, Schiedsgerichtliche Konfliktbeilegung, S. 64.

[93] Schröder, Schiedsgerichtliche Konfliktbeilegung, S. 66 f.; vgl. auch Holzner, Immaterialgüterrechtsstreitigkeiten, S. 49; i.Ü. Wünsch, Schiedsgerichtsbarkeit, S. 86, der insoweit – ungeachtet § 196 AktG a.F. – auf die fehlende Heilungsmöglichkeit nichtiger Beschlüsse abstellt.

[94] Schröder, Schiedsgerichtliche Konfliktbeilegung, S. 68, allerdings wird zuvor (S. 64) im Rahmen der Anfechtungsklage die Befristung der Anfechtung als Indiz für die privatautonome Entscheidungsmacht zur Aufrechterhaltung eines anfechtbaren Beschlusses gewertet, so dass insofern ein argumentativer Widerspruch besteht. Siehe i.Ü. auch Hachenburg - Raiser, GmbHG, Anh. § 47 Rn 208.

[95] Schröder, Schiedsgerichtliche Konfliktbeilegung, S. 68.

werden, welche demzufolge nicht dem staatlichen Rechtsprechungsmonopol unterliege.[96]

3. Weitere Argumente gegen die Schiedsfähigkeit von Beschlussmängelklagen

Neben den unterschiedlichen theoretischen Ansätzen zur Bestimmung des Merkmals der objektiven Vergleichsfähigkeit und ihrer jeweiligen Anwendung auf gesellschaftsrechtliche Beschlussmängelklagen wurden auch Argumente angeführt, welche nicht generell auf § 1025 I ZPO a.F. abstrahierbar waren.[97] Spätestens mit der Entscheidung des II. Zivilsenats vom 29. März 1996 sind jene Bedenken bezüglich der Schiedsfähigkeit jedoch als überkommen anzusehen.[98]

a. Zuständigkeitsregelung des § 246 III S. 1 AktG

Die Schiedsfähigkeit von Beschlussmängelklagen wurde insbesondere von der älteren Rechtsprechung[99] mit Hinweis auf § 246 III S. 1 AktG bestritten. Die Ausschließlichkeit dieser Regelung würde insoweit ein staatliches Rechtsprechungsmonopol begründen, so dass ein Schiedsverfahren ausgeschlossen sei.[100]

Heute ist indessen anerkannt, dass die dort getroffene Bestimmung lediglich die sachliche und örtliche Zuständigkeit unter den staatlichen Gerichten für den Fall regelt, dass diese zulässigerweise angerufen werden.[101] Demgemäß entzieht § 246 III S. 1 AktG nicht die Wahlmöglichkeit zwischen staatlicher und privater Gerichtsbarkeit der Parteiwillkür der Beteiligten, sondern behandelt allein die

---

[96] Schröder, Schiedsgerichtliche Konfliktbeilegung, S. 69; ebenso: Hachenburg – Raiser, Anh. § 47 Rn 207.

[97] Umfassend hierzu wiederum Schröder, Schiedsgerichtliche Konfliktbeilegung, S. 32 ff.

[98] BGH ZIP 1996, 830. Vgl. i.Ü. oben 1. Teil, A.

[99] BGH MDR 1951, 674; BGH WM 1966, 1132, 1133; BGH LM Nr. 1 zu § 199 AktG a.F.; OLG Stuttgart JW 1927, 1111; zu den Vertretern in der Literatur vgl. Schick, Schiedsfähigkeit, S. 17 (Fn 65), sowie Schröder, Schiedsgerichtliche Konfliktbeilegung, S. 135 (Fn 467).

[100] BGH LM Nr. 1 zu § 199 AktG a.F.; vgl. auch Nußbaum, JW 1927, 1111, 1112.

[101] Vgl. etwa BGH ZIP 1996, 830, 831; Bork, ZHR 160 (1996), 374, 376; Ebbing, NZG 1998, 281, 285; Ebenroth/Müller, DB 1992, 361, 362; Geimer, DZWir 1997, 119, 120; Hachenburg - Raiser, GmbHG, Anh. § 47 Rn 205; Henze, ZGR 1988, 542, 550; Jäger, WiB 1995, 1000, 1001; Jänich, LM 8 (1996), Bl. 6; Kornmeier, Vergleichsbefugnis und Schiedsfähigkeit, S. 27; Lüke/Blenske, ZGR 1998, 253, 258; Papmehl, Schiedsfähigkeit, S. 82; Petermann, BB 1996, 277, 278; Schick, Schiedsfähigkeit, S. 44; Schmidt, AG 1995, 551; Stein/Jonas – Schlosser, ZPO (21. Auflage), § 1025 Rn 27d, 27f; Timm, FS Fleck, S. 375; Vollmer, ZGR 1982, 15, 36 (Fn 84); Wieczorek/Schütze – Schütze, GK-ZPO, § 1025 Rn 39. A.A. wohl Henn, Aktienrecht, Rn 951.

Frage des Gerichtsstands im Rahmen der ordentlichen Gerichtsbarkeit.[102] Andernfalls wäre § 1030 II ZPO, der die Schiedsfähigkeit von Rechtsstreitigkeiten über Mietverhältnisse einschränkt, wegen § 29a ZPO überflüssig, da dort der ausschließliche Gerichtsstand für Mietsachen statuiert wird.[103] Darüber hinaus zeigt ein Vergleich von § 1029 I ZPO (= § 1026 ZPO a.F.) mit § 40 ZPO, der hinsichtlich des Bestimmtheitserfordernisses die Parallelvorschrift zu § 1029 I ZPO darstellt, dass § 1029 I ZPO keine dem § 40 II S. 1 Alt. 2 ZPO entsprechende Regelung enthält, wonach eine Gerichtsstandsvereinbarung im Falle eines ausschließlichen Gerichtsstands unzulässig ist.[104] Im Übrigen führen auch andere gesetzliche Anordnungen einer ausschließlichen Zuständigkeit für bestimmte Streitigkeiten nicht zur Verneinung der Schiedsfähigkeit.[105]

Von den Vorschriften, die wie § 246 III S. 1 AktG eine ausschließliche Zuständigkeit bestimmter staatlicher Gerichte vorschreiben, sind indessen jene Vorschriften zur Prorogation bzw. Derogation gemäß §§ 38 ff. ZPO zu unterscheiden. Hierbei geht es um eine autonome Vereinbarung zwischen den Parteien eines künftigen oder gegenwärtigen Rechtsstreits über die Zuständigkeit bzw. Unzuständigkeit eines erstinstanzlichen Gerichts. Es besteht insoweit ein grundsätzliches Prorogationsverbot, so dass eine entsprechende Gerichtsstandsvereinbarung nur in bestimmten Ausnahmefällen zulässig ist. Ob die in den §§ 38 ff. ZPO statuierten Voraussetzungen ebenso für Schiedsklauseln gelten, wurde bislang nicht eindeutig beantwortet.[106]

Allerdings besteht in diesem Zusammenhang eine große Ähnlichkeit zur oben aufgeführten Ansicht über das Verhältnis des § 246 III S. 1 AktG zur objektiven Schiedsfähigkeit. Die §§ 38 ff. ZPO beziehen sich nämlich ausschließlich auf staatliche Gerichte, deren Zuständigkeit sich nach den §§ 12 ff. ZPO richtet. Folglich geht es bei diesen Zuständigkeitsregeln – ebenso wie bei § 246 III S. 1 AktG – nur um das Verhältnis der staatlichen Gerichte untereinander. Gegen-

---

[102] Timm, FS Fleck, S. 379. Kornmeier, Vergleichsbefugnis und Schiedsfähigkeit, S. 25 f., führt hierzu treffend aus, dass § 246 III S. 1 AktG das ‚Wo' und nicht das ‚Wie' der Rechtsfindung betreffe.

[103] Vgl. Ebenroth/Müller, DB 1992, 361, 362; Kornmeier, DB 1980, 193, 194 f.; Petermann, BB 1996, 277, 278; Schick, Schiedsfähigkeit, S. 38 f.; Timm, FS Fleck, S. 375.

[104] Ebenroth/Müller, DB 1992, 361, 362.

[105] So stehen etwa § 24 ZPO, § 51b S. 1 GmbHG i.V.m. § 132 I S. 1 AktG, § 61 III GmbHG oder die §§ 87 I, 91 GWB einer schiedsgerichtlichen Konfliktlösung nicht im Wege; vgl. Kornmeier, Vergleichsbefugnis und Schiedsfähigkeit, S. 29 f., 32 ff.; Nussbaum, JW 1927, 1111; OLG Hamm ZIP 1987, 780, 782; Schick, Schiedsfähigkeit, S. 38 ff.

[106] Der BGH hat es jedenfalls als selbstverständlich erachtet, dass im Fall des § 53 III KWG, wonach Zweigstellen einer ausländischen Bank in Deutschland lediglich inländische Gerichtsstände vereinbaren dürfen, auch ein Schiedsverfahren durchgeführt werden kann, die Frage indessen offengelassen, ob die Vorschrift überhaupt Beschränkungen der schiedsgerichtlichen Streiterledigung enthält; vgl. BGH NJW 1980, 2023.

über Schiedsvereinbarungen beanspruchen die Prorogations- bzw. Derogationsvorschriften dagegen keine Geltung; beides ist vielmehr streng voneinander zu trennen. Anders als etwa bei einer sogenannten isolierten Derogationsvereinbarung, welche lediglich eine vorhandene internationale oder örtliche Zuständigkeit ausschließt, werden nämlich bei einem Schiedsvertrag sämtliche in Betracht kommenden Gerichtsstände ausgeschlossen. Auch insoweit sind also keine Beschränkungen der objektiven Schiedsfähigkeit festzustellen.

b. Gestaltungscharakter

Sofern früher die Auffassung vertreten wurde, der Gestaltungscharakter der Anfechtungsklage führe zu deren Schiedsunfähigkeit,[107] ist nunmehr allgemein anerkannt, dass dies kein Kriterium für bzw. gegen die Schiedsfähigkeit sein kann.[108] Dies zeigt bereits die Tatsache, dass die Gestaltungswirkung gleichfalls durch einen aufhebenden Beschluss durch die Haupt- bzw. Gesellschafterversammlung erzielt werden kann, es sich insoweit also nicht um die spezifische Wirkung eines Justizakts handelt. So werden dann auch zahlreiche Gestaltungsprozesse, wie z.B. diejenigen nach §§ 127, 133, 140[109] sowie nach § 61 GmbHG[110] und § 767 ZPO,[111] als der Entscheidung durch Schiedsgerichte zugänglich angesehen. Zwar gibt es daneben auch Gestaltungsklagen, die – wie etwa die Ehescheidung – dem schiedsrichterlichen Verfahren entzogen sind, doch beruht dies nicht auf deren Gestaltungscharakter, sondern auf der insoweit fehlenden Vergleichsfähigkeit.[112] Dessen ungeachtet hat der Gesetzgeber in dem ausnahmslos gefassten § 1055 ZPO (= § 1040 ZPO a.F.) zum Ausdruck ge-

---

[107] Hierbei wurden vor allem folgende Urteile zitiert: BGH NJW 1979, 2567, 2569; OLG Hamm AG 1988, 81, sowie Henze, ZGR 1988, 542, 552; vgl. Schmidt, AG 1995, 551 (Fn 11) sowie Ebenroth/Bohne, BB 1996, 1393, 1394 (Fn 23); weitere Nachweise bei Timm, FS Fleck, S. 376 (Fn 64) und Schick, Schiedsfähigkeit, S. 47 (Fn 224).

[108] Vgl. etwa BGH ZIP 1996, 830, 831; Bork, ZHR 160 (1996), 374, 376; Ebenroth/Bohne, BB 1996, 1393, 1394; Henze, ZGR 1988, 542, 552, 556; Kornmeier, DB 1980, 193, 195; OLG Hamm ZIP 1987, 780, 782; Petermann, BB 1996, 277, 278; Schmidt, AG 1995, 551; Schick, Schiedsfähigkeit, S. 47; Schröder, Schiedsgerichtliche Konfliktbeilegung, S. 156; Stein/Jonas – Schlosser, ZPO, § 1034 Rn 22, § 1060 Rn 2; Timm, FS Fleck, S. 376 f. Allein Schulze, Grenzen der objektiven Schiedsfähigkeit, S. 127, sieht in der Gestaltungswirkung des Anfechtungsurteils ein Problem, vermischt aber insofern die Problematik zum Gebot der Waffengleichheit im Rahmen der Schiedsrichterbestellung.

[109] RGZ 71, 254, 256; OLG Hamm, OLGE 17, 205.

[110] BayObLG BB 1984, 746.

[111] BGH NJW 1987, 651.

[112] Vgl. Schmidt, ZGR 1988, 523, 528.

bracht, dass der Schiedsspruch dem staatlichen Urteil – und damit auch dem Gestaltungsurteil – gleichgestellt ist.[113]

Tatsächlich handelt es sich in diesem Zusammenhang eher um eine Klarstellung, als um die Beendigung eines Meinungsstreits. Bei näherer Betrachtung bezog sich die frühere Rechtsprechung in ihrer ablehnenden Haltung gegenüber der Schiedsfähigkeit von Beschlussmängelklagen nicht auf deren Gestaltungswirkung, sondern vielmehr auf die in § 248 I S. 1 AktG (analog) getroffene Anordnung, dass das Urteil zwischen der Gesellschaft und sämtlichen – also auch den am Verfahren unbeteiligten – Gesellschaftern wirkt.[114] Bei den gerichtlichen Ausführungen wurde sich allerdings sowohl auf die Gestaltungswirkung als auch die (erweiterte) Rechtskraft bezogen, so dass es deswegen zu Irritationen kam.[115] Beides ist jedoch streng voneinander zu trennen, worauf noch näher einzugehen sein wird.[116]

Was nun aber den Gestaltungscharakter der Anfechtungsklage anbelangt, so ist nicht auf § 248 I S. 1 AktG, sondern – wie bereits erwähnt – auf § 1055 ZPO zu verweisen. Eine andere Frage ist unterdessen, ob die subjektiven Grenzen der Rechtskraft mit den gleichen Ausnahmevorschriften wie die zu § 325 I ZPO ausgedehnt werden können.[117]

4. Fazit

Obwohl die zur objektiven Vergleichs- und Schiedsfähigkeit von Gesellschafterbeschlüssen geführte Diskussion bis zur Umsetzung der Schiedsverfahrensreform bzw. bereits zum BGH-Urteil des Jahres 1996 aufgrund der Komplexität der Rechtsmaterie überaus lebhaft und kontrovers war, konnte letzten Endes eine Orientierung zur Auslegung der Vergleichsfähigkeit im Sinne der Theorie der objektiven Verfügbarkeit verzeichnet werden. Vor ihrem Hintergrund kam es dann auch zu einer liberalen und mithin grundsätzlich bejahenden Haltung gegenüber der Schiedsfähigkeit von Beschlussmängelstreitigkeiten. Die Neufassung des § 1025 ZPO a.F. hat allerdings eine rechtsdogmatische Vertiefung in dieser Sache – zumindest vorläufig – verhindert. Ob dies zu Recht geschehen ist, soll u.a. Gegenstand des nächsten Abschnitts sein.

---

[113] Henze, ZGR 1988, 542, 552; Kornmeier, DB 1980, 193, 195; Petermann, BB 1996, 277, 278; RGZ 71, 254, 256; Schmidt, ZGR 1988, 523, 535; Schröder, Schiedsgerichtliche Konfliktbeilegung, S. 156 f.; Timm, FS Fleck, S. 376; Vollmer, ZGR 1982, 15, 40; Zöller – Geimer, ZPO, § 1055 Rn 2.

[114] Vgl. BGH NJW 1979, 2567, 2569; OLG Hamm DB 1987, 680; zu dieser Einsicht kommt wohl auch Böcker, Objektive Schiedsfähigkeit, S. 94 (Fn 456).

[115] Vgl. Ebenroth/Bohne, BB 1996, 1393, 1394.

[116] Siehe unten Dritter Teil, A.

[117] Siehe hierzu unten Dritter Teil.

II. Die objektive Schiedsfähigkeit gemäß § 1030 I ZPO

1. Allgemeines

Das herkömmliche Recht im 10. Buch der ZPO erfuhr Anfang 1998 durch das Schiedsverfahren-Neuregelungsgesetz[118] eine grundlegende Änderung. Das Recht der Schiedsgerichtsbarkeit war bis dahin, abgesehen von einigen Zugeständnissen an die internationale Praxis,[119] beinahe 120 Jahre praktisch unverändert geblieben. Nun aber hat man sich zum Ziel gesetzt, den modernen Entwicklungstendenzen in der internationalen Schiedsgerichtsbarkeit Rechnung zu tragen und ein zeitgemäßes, den internationalen Rahmenbedingungen angepasstes Recht zu schaffen. Dadurch sollte nicht zuletzt das Ansehen der Bundesrepublik als Austragungsort internationaler Schiedsstreitigkeiten gefördert werden.[120] Darüber hinaus beabsichtigte der Gesetzgeber aber auch die Schaffung eines Anreizes für den vermehrten Gebrauch von Schiedsverfahren rein inländischer Streitigkeiten, damit auf diese Weise die staatlichen Gerichte entlastet würden.[121] Schiedsgerichtsbarkeit und staatliche Gerichtsbarkeit wurden zu diesem Zweck durch die Schiedsverfahrensreform grundsätzlich als gleichwertig anerkannt.[122]

Bei der Umformulierung hat man sich an dem von der Kommission der Vereinten Nationen im Jahre 1985 den Mitgliedstaaten zur Annahme empfohlenen UNCITRAL-Modellgesetz für die internationale Handelsschiedsgerichtsbarkeit[123] orientiert, welches sogar weitgehend wortgleich übernommen wurde. Eine der wesentlichen Neuregelungen[124] stellt die neue Definition der Schiedsfähigkeit dar. Im Gegensatz zu § 1025 I ZPO a.F., ist nunmehr gemäß § 1030 I S. 1 ZPO jeder vermögensrechtliche Anspruch tauglicher Gegenstand für

---

[118] Gesetz zur Neuregelung des Schiedsverfahrensrechts vom 22.12.1997, BGBl I/1997, S. 3224.

[119] Einführung der §§ 1042a ff. durch Gesetz vom 25.7.1930 (RGBl. I S. 361) und Neufassung des § 1039 ZPO durch Gesetz vom 25.7.1986 (BGBl. I S. 1142).

[120] Labes/Lörcher, MDR 1997, 420.

[121] Labes/Lörcher, MDR 1997, 420.

[122] BegRegE, BT-Drucks. 13/5274, S. 34; vgl. auch K. P. Berger, RIW 2001, 7, 14; ders., Neue Recht, S. 24; Wagner, Prozessverträge, S. 586, 588; siehe indessen auch BGH ZIP 1996, 830, 833.

[123] UN GA, Doc. A/Res/40/72 v. 5. Februar 1985.

[124] Einen Überblick zu sämtlichen Neuregelungen liefern etwa Schmidt, ZHR 162 (1998), 265 ff.; Trittmann, ZGR 1999, 340 ff.; Labes/Lörcher, MDR 1997, 420 ff.; Weigand, WiB 1997, 1273 ff.; eingehend etwa Epping, Schiedsvereinbarung, S. 1 ff.; vgl. i.Ü. zu den aktuellen Entwicklungen aufgrund der Schiedsverfahrensreform K. P. Berger, RIW 2001, 7 ff.

Schiedsgerichtsprozesse.[125] Der Gesetzgeber folgt damit der Regelung aus dem schweizerischen internationalen Privatrecht gemäß Art. 177 I IPRG.[126] Allein für nichtvermögensrechtliche Streitigkeiten gilt gemäß § 1030 I S. 2 ZPO, dass die Schiedsvereinbarung die Berechtigung der Parteien voraussetzt, über den Gegenstand des Streits einen Vergleich zu schließen; insofern blieb es also bei der herkömmlichen Regelung.

Der Gesetzgeber hat mit der Neuregelung in § 1030 I ZPO die objektive Schiedsfähigkeit von Streitigkeiten gegenüber der alten Regelung in § 1025 I ZPO a.F. insgesamt wesentlich erweitert.[127] Die Unterscheidung zwischen vermögensrechtlichen und nichtvermögensrechtlichen Ansprüchen hinsichtlich der Frage der objektiven Schiedsfähigkeit wurde im Regierungsentwurf wie folgt begründet: Die Schiedsgerichtsbarkeit solle nur ausgeschlossen sein, wenn der Staat sich im Interesse besonders schutzwürdiger Rechtsgüter ein Entscheidungsmonopol vorbehalten hat. Da man davon ausgehen könne, dass ein Interesse an ausschließlich staatlicher Rechtsprechung nach wie vor zwar für einen Großteil nichtvermögensrechtlicher Ansprüche, generell dagegen nicht für rein vermögensrechtliche bestehe, liege es nahe, die Schiedsfähigkeit nach dem Vorbild von Art. 177 des schweizerischen IPRG prinzipiell für alle vermögensrechtlichen Ansprüche vorzusehen und das Kriterium der Vergleichsfähigkeit nur noch zur Abgrenzung der schiedsfähigen von den nicht schiedsfähigen nichtvermögensrechtlichen Streitigkeiten zu verwenden.[128]

Mit der Differenzierung in § 1030 I ZPO bestätigt der Gesetzgeber eine traditionelle Form der Einteilung von Rechtsstreitigkeiten auf prozessualer Ebene. So spielte die Unterscheidung von vermögensrechtlichen und nichtvermögensrechtlichen Streitigkeiten für die Abgrenzung der sachlichen Zuständigkeit zwischen Land- und Amtsgericht bis zur Novellierung des § 23 GVG durch das Rechtspflegeentlastungsgesetz vom 11.1.1993[129] eine wesentliche Rolle. Obwohl die-

---

[125] Bereits Weidemann, Schiedsgerichtsbestimmungen, S. 42 f., vertrat, dass die objektive Vergleichsbefugnis gemäß § 1025 I ZPO a.F. bei jedem vermögensrechtlichen Anspruch zu bejahen sei.

[126] Art. 177 IPRG:

(1) Gegenstand eines Schiedsverfahrens kann jeder vermögensrechtliche Anspruch sein.

(2) Ist eine Partei ein Staat, ein staatlich beherrschtes Unternehmen oder eine staatlich kontrollierte Organisation, so kann sie nicht unter Berufung auf ihr eigenes Recht ihre Parteifähigkeit im Schiedsverfahren oder die Schiedsfähigkeit einer Streitsache in Frage stellen, die Gegenstand der Schiedsvereinbarung ist.

[127] Kritisch zu der Ausdehnung der Schiedsfähigkeit: Musielak – Voit, ZPO, § 1030 Rn 1; ders., JZ 1997, 120, 124 f.; Schwab, FS Henckel, S. 811 ff.; Smid, DZWir 1995, 397, 403.

[128] BegRegE, BT-Drucks. 13/5274, S. 34.

[129] BGBl. I S. 50.

ses Kriterium für die Bestimmung der Zuständigkeit entfallen ist, kommt ihm in anderem Zusammenhang nach wie vor große Bedeutung zu, beispielsweise bei der Zulässigkeit von Gerichtsstandvereinbarungen (§ 40 II Nr. 1 ZPO), der Anerkennung ausländischer Urteile (§ 328 II ZPO), ferner im Rahmen der Regelung der vorläufigen Vollstreckbarkeit von Urteilen (§ 708 Nr. 11 ZPO) sowie bei der Streitwertberechnung (§ 12 II, III GKG).[130]

Die Unterscheidung nach der Rechtsnatur einer Streitigkeit hängt offenbar damit zusammen, dass der Gesetzgeber unter den nichtvermögensrechtlichen Streitigkeiten in erster Linie Statussachen versteht, bei denen die Rechtssicherheit und der Schutz des Verfahrens sowie der Schutz der Beteiligten grundsätzlich vor praktischen, ökonomischen und politischen Erwägungen zu stellen ist.[131] Hierbei sind vor allem Bestrebungen zu verzeichnen, familienrechtliche Verfahren zu schützen, da diesen aufgrund der damit verbundenen persönlichen Konsequenzen für die Beteiligten rechtspolitisch erhebliche Bedeutung zukommt.[132]

2. Dogmatische Einordnung des Anspruchsbegriffs

Anders als § 1025 I ZPO a.F., der die Vergleichsbefugnis der Parteien über ‚den Gegenstand des Streits' verlangte, stellt § 1030 I ZPO auf vermögensrechtliche bzw. nichtvermögensrechtliche ‚Ansprüche' ab. Dies wurde vereinzelt zum Anlass genommen, den Anspruchsbegriff des § 1030 I ZPO auf seinen Umfang zu untersuchen. So sei nicht zweifelsfrei, ob mit der Neuformulierung des Streitgegenstands der prozessuale Anspruch gemeint, oder ob hierunter nicht vielmehr der Anspruch im materiellen Sinne zu verstehen sei.[133]

Nach der Legaldefinition des § 194 I BGB ist ein Anspruch das Recht, von einem anderen ein Tun oder Unterlassen zu verlangen. Der materielle Anspruch ist also gegen eine andere Person gerichtet und fordert von ihr ein bestimmtes Verhalten, welches der Anspruchsinhaber nicht selbst herbeiführen kann und somit auf die Mitwirkung des anderen angewiesen ist. Keine Ansprüche im Sinne des § 194 BGB sind demzufolge absolute Rechte, wie z.B. dingliche Rechte und Persönlichkeitsrechte, weil sie sich gegen jedermann und nicht nur gegen einen bestimmten Verpflichteten richten. Auch Gestaltungsrechte sind keine Ansprüche im materiellen Sinn, da der Berechtigte den Rechtserfolg durch eigene Handlung herbeiführen kann. Sofern also der Anspruch gemäß § 1030 I ZPO

[130] Vgl. i.Ü. Baum, Streitigkeiten im Zivilprozess, S. 1 ff.

[131] Baum, Streitigkeiten im Zivilprozess, S. 44.

[132] Baum, Streitigkeiten im Zivilprozess, S. 45, allerdings kritisch in Bezug auf die Übertragung dieses Schutzgedankens auf die anderen Arten der nichtvermögensrechtlichen Ansprüche wie z.B. Ehr-, Vereins- oder Nachbarschaftsstreitigkeiten.

[133] Böcker, Objektive Schiedsfähigkeit, S. 60; Epping, Schiedsvereinbarung, S. 194 (Fn 131).

materiell zu verstehen ist, wäre zumindest die gesellschaftsrechtliche Anfechtungsklage als Gestaltungsklage nicht schiedsfähig.[134]

Vom materiellen Anspruchsverständnis ist indessen der Anspruch im prozessualen Sinn bzw. der prozessuale Streitgegenstand abzugrenzen, welcher erheblich weiter zu verstehen ist. Nach § 322 I ZPO bezieht sich nämlich die Rechtskraft des Urteils auf den erhobenen Anspruch. Da aber *jedes* Urteil spätestens nach Erschöpfung des Instanzenzugs in Rechtskraft erwächst, jedoch nicht alle Urteile über materielle Ansprüche, sondern auch über sonstige Rechtsverhältnisse aufgrund von Feststellungsklagen oder Gestaltungsklagen entscheiden, muss der prozessuale Anspruch über die Grenzen des § 194 I BGB hinausgehen. Nach diesem Anspruchsverständnis wäre die Anfechtungsklage mithin unter § 1030 I ZPO subsumierbar.

Ungeachtet des jeweils unterschiedlichen Bedeutungsgehalts der Anspruchsbegriffe besteht kein Anlass, die objektive Schiedsfähigkeit über ein materielles Anspruchsverständnis einzuschränken. Bereits der gesamtgesetzessystematische Zusammenhang offenbart, dass in der ZPO zwar überwiegend von einem Anspruch die Rede ist[135] und eher selten der Begriff des Streitgegenstands auftaucht,[136] beide Begriffe werden jedoch synonym verwendet.[137] Dies wird letztlich ausdrücklich durch §§ 60, 147 ZPO klargestellt, wonach die Ansprüche den Gegenstand des Rechtsstreits bilden.[138]

Doch auch die Gesetzessystematik im engeren Sinn spricht für eine prozessuale Auslegung des Anspruchsbegriffs in § 1030 I ZPO. Nach § 1029 I ZPO bezieht sich die Schiedsvereinbarung nämlich auf Streitigkeiten, die zwischen den Vertragsparteien in Bezug auf ein bestimmtes Rechtsverhältnis entstanden sind. Dabei geht es um Rechtsstreitigkeiten im Sinne von §§ 2, 4 EGZPO und § 13 GVG.[139] So grenzt § 13 GVG den Rechtsweg zu den ordentlichen Gerichten gegenüber dem Verwaltungsgerichtsweg ab und weist bürgerlich-rechtliche Streitigkeiten den ordentlichen Gerichten zu, sofern für sie nach dem Gegenstand oder der Art des Anspruchs der Rechtsweg zulässig ist. Dies trifft auch für Ansprüche zu, die im Wege der Feststellungs- bzw. Gestaltungsklage geltend ge-

---

[134] Entgegen der h.M. (vgl. nur BGHZ 32, 318; BGH NJW 1952, 98; Bork, ZHR 160 (1996), 374, 376; Geßler/Hefermehl – Hüffer, AktG, § 249 Rn 3, 7) qualifiziert Schmidt auch die Nichtigkeitsklage als Gestaltungsklage, so dass es auch dort zur Schiedsunfähigkeit käme; vgl. Schmidt, ZGR 1988, 525, 540; ders., AG 1995, 551, 552 f.; Scholz – Schmidt, AktG, § 45 Rn 45.

[135] So etwa in §§ 253 II Nr. 2, 255, 260, 261 II, 265 I, 322 I, 325-327 ZPO.

[136] So etwa in § 2 ZPO.

[137] Vgl. nur Larenz/Wolf, BGB, S. 365; Schilken, ZPO, Rn 218. Zweifel hieran bestehen offenbar bei Böcker, Objektive Schiedsfähigkeit, S. 61.

[138] So auch Schilken, ZPO, Rn 218 m.w.N.

[139] Baumbach/Lauterbach/Albers/Hartmann – Albers, ZPO, § 1029 Rn 7.

macht werden.[140] Wenn aber bereits § 1029 I ZPO sämtliche, über die Grenzen des § 194 I BGB hinausgehende Streitigkeiten umfasst und sie als Gegenstand einer Schiedsvereinbarung zulässt, kann auf der Ebene der Schiedsfähigkeit nicht gleich wieder nach Maßgabe des materiellen Anspruchs selektiert werden. Vielmehr ist abermals – ähnlich wie bei § 60 ZPO – von einer Gleichsetzung des Begriffs der Rechtsstreitigkeit mit dem des Anspruchs in einem rein prozessualen Verständnis auszugehen.

Mit dem Hinweis, im Rahmen des § 1030 I ZPO ginge es zunächst nur um die Wirksamkeit der Schiedsvereinbarung, da es zum Zeitpunkt des Abschlusses der Schiedsvereinbarung noch keine Klagebegehren gebe, kann indessen keine materiell-rechtliche Auslegung in Erwägung gezogen werden.[141] Dass es bei § 1030 I ZPO nämlich um Klagebegehren geht, folgt schon aus dem Umstand, dass auch künftige Rechtsstreitigkeiten von der Schiedsvereinbarung erfasst werden können.[142] Allein aufgrund dieser Rechtsstreitigkeiten bzw. Klagebegehren kann anhand ihrer Schiedsfähigkeit die Wirksamkeit der Schiedsvereinbarung ermittelt werden. Beides, das (potentielle) Klagebegehren sowie die Wirksamkeit der Schiedsvereinbarung, kann somit nicht voneinander getrennt werden, da es sich im Rahmen des § 1030 I ZPO gegenseitig bedingt.

Schließlich werden selbst in der Begründung zum Regierungsentwurf Gestaltungsklagen für schiedsfähig erachtet,[143] so dass man auch insofern den Schluss ziehen muss, dass § 1030 ZPO den § 1025 ZPO a.F. ersetzen soll, ohne die alte Formulierung ‚Streitgegenstand' in irgendeiner Weise durch ihre Neufassung prozessrechtlich einzuschränken.[144]

3. Abgrenzung des vermögensrechtlichen vom nichtvermögensrechtlichen Anspruch

In der Begründung des Regierungsentwurfs wird weder auf den Begriff des vermögensrechtlichen noch auf den des nichtvermögensrechtlichen Anspruchs näher eingegangen. Dies erklärt sich wohl daraus, dass die Differenzierung zwischen vermögensrechtlichen und nichtvermögensrechtlichen Streitigkeiten dem

---

[140] Vgl. auch Baumbach/Lauterbach/Albers/Hartmann – Albers, ZPO, § 13 GVG Rn 12 a.E.

[141] So aber Böcker, Objektive Schiedsfähigkeit, S. 61.

[142] Baumbach/Lauterbach/Albers/Hartmann – Albers, ZPO, § 1029 Rn 21; Zöller – Geimer, ZPO, § 1029 Rn 26, sofern sie freilich hinreichend konkret sind.

[143] BegRegE, BT-Drucks. 13/5274, S. 35.

[144] So dann auch Böcker, Objektive Schiedsfähigkeit, S. 60; i.E. auch Epping, Schiedsvereinbarung, S. 193 (Fn 131); Holzner, Immaterialgüterrechtsstreitigkeiten, S. 40; Lüke/Wax – Münch, MüKo-ZPO, § 1030 Rn 8; Papmehl, Schiedsfähigkeit, S. 227 f.; Raeschke-Kessler/K. P. Berger, Recht und Praxis, Rn 208; Schmidt, ZGR 1988, 525, 540; ders., BB 2001, 1857, 1858; Schulze, Grenzen der objektiven Schiedsfähigkeit, S. 21; Zöller – Geimer, ZPO, § 1030 Rn 3; Zöllner, AG 2000, 145, 150.

deutschen Verfahrensrecht seit langem bekannt ist.[145] Prinzipiell gilt, dass in der Praxis vermögensrechtlich geprägte Klagen den ganz überwiegenden Teil darstellen, während nichtvermögensrechtlichen Ansprüche eher den Ausnahmefall bilden.[146]

Maßgebend für die Beurteilung, ob ein Rechtsstreit vermögensrechtlicher Art ist, ist das Rechtsverhältnis, aus welchem der geltend gemachte Anspruch hergeleitet wird, sowie der Inhalt der Klage, mit welcher er prozessual zur Wirkung gebracht wird.[147] Die Rechtsnatur einer Klage richtet sich nach ihrem Streitgegenstand, d.h. ihrem prozessualen Anspruch. Dieser wird nach der in Schrifttum und Praxis herrschenden Theorie vom zweigliedrigen Streitgegenstandsbegriff bestimmt.[148] Ausschlaggebende Kriterien sind danach der Klageantrag, in welchem sich die vom Kläger in Anspruch genommene Rechtsfolge konkretisiert, sowie der zugrunde liegende Lebenssachverhalt, aus dem der Kläger die begehrte Rechtsfolge herleitet.

Gemeinhin ist der vermögensrechtliche Charakter eines Anspruchs – wie auch im schweizerischen Recht[149] – sehr weit zu verstehen. Er wird zunächst bei allen Ansprüchen angenommen, die auf Geld oder geldwerte Vorteile gerichtet sind.[150] Damit besitzt jede Klage, die Geld oder eine in Geldeswert ausdrückbare Leistung fordert oder aber der Feststellung oder Gestaltung einer solchen Leistungspflicht dient, vermögensrechtlichen Charakter. Hierunter fallen beispielsweise Leistungsklage auf Geld, auf Herausgabe oder auf Erfüllung eines Vertrags sowie Klagen auf Feststellung einer Unterhaltsverpflichtung. In dieser Fallgruppe ergibt sich die vermögensrechtliche Rechtsnatur des Anspruchs folglich allein aus dem auf Geld bzw. auf geldwerte Leistung gerichteten Klageantrag. An der vermögensrechtlichen Rechtsnatur eines solchen Anspruchs ändert sich auch dann nichts, wenn dieser einem nichtvermögensrechtlichen Lebenssachverhalt entspringt. Denn während aus vermögensrechtlichen Beziehungen regelmäßig nur vermögensrechtliche Ansprüche erwachsen, können sich aus

---

[145] Siehe oben Zweiter Teil, A.II.1.

[146] Vgl. Baum, Streitigkeiten im Zivilprozess, S. 167; Böcker, Objektive Schiedsfähigkeit, S. 64.

[147] BGH NJW 1983, 2572; BGHZ 14, 72, 74.

[148] Vgl. Baum, Streitigkeiten im Zivilprozess, S. 94; BGH NJW 1983, 388, 389; BGH NJW-RR 1987, 683, 684; BGH NJW 1993, 2052, 2053; BGH NJW 1996, 3151, 3152; Thomas/Putzo, ZPO, Einl. II Rn 25.

[149] Vgl. dort etwa Barber, Schiedsfähigkeit und ordre public, S. 128 f.; Honsell/Vogt/Schnyder – Briner, IPRG, Art. 177 Rn 10; Walter, IPRG, S. 126, 484.

[150] Baum, Streitigkeiten im Zivilprozess, S. 95; Baumbach/Lauterbach/Albers/Hartmann - Hartmann, ZPO, Grdz. § 1 Rn 11; BGHZ 14, 74; BGH MDR 1974, 926; 1985, 397; Lachmann, Schiedsgerichtspraxis, Rn 207; Thomas/Putzo, ZPO, Einl. IV Rn 1; Timm, ZIP 1996, 445, 446; Zöller – Gummer, ZPO (22. Auflage), § 546 Rn 2.

nichtvermögensrechtlichen Rechtsverhältnissen durchaus auch vermögensrechtliche Ansprüche herleiten.[151]

Darüber hinaus wird der vermögensrechtliche Charakter sämtlichen Streitigkeiten zugesprochen, die auf einem Rechtsverhältnis beruhen, das seinerseits auf Gewinnerzielung und der Wahrung wirtschaftlicher Belange gerichtet ist.[152] In diesen Fällen ist der vermögensrechtliche Charakter des zu schützenden Rechtsguts unabhängig vom Klageantrag ausschlaggebend. Es kann sich hierbei etwa um eine Klage auf Unterlassung einer Eigentumsstörung oder um eine Besitzschutzklage handeln.

Der BGH hat im Übrigen die vermögensrechtlichen Ansprüche um eine dritte Gruppe erweitert, deren Streitgegenstand eigentlich aus nichtvermögensrechtlichen Verhältnissen entspringt und auch nicht auf Geld oder auf eine in Geldeswert ausdrückbare Leistung gerichtet ist. Es soll unterdes auch dann von einer vermögensrechtlichen Streitigkeit ausgegangen werden, wenn das Rechtsschutzbegehren des Klägers in erheblicher Weise auch der Wahrung wirtschaftlicher Belange dienen soll.[153] Im Wesentlichen kommt es hierbei jedoch auf die besondere Gestaltung des Einzelfalles an.[154]

Nichtvermögensrechtlichen Charakters ist ein Anspruch dagegen prinzipiell, wenn er seiner Natur nach nicht in Geld geschätzt werden kann. Es muss sich also um einen Anspruch handeln, der weder zum Vermögen einer Person gehört noch mit einem vermögensrechtlichen Rechtsverhältnis eng verbunden ist. Dies trifft u.a. für Angelegenheiten in Personenstands- und Familiensachen sowie für Abwehransprüche, die den sozialen Geltungsanspruch des Betroffenen in der Öffentlichkeit schützen sollen, zu.[155] Entscheidende Bedeutung wird letztlich der aus dem Klagevorbringen erkennbaren Motivation des Klägers beigemessen. Sofern er mit der Klage einen wirtschaftlichen Zweck verfolgt, ist von einem

---

151 Baum, Streitigkeiten im Zivilprozess, S. 95 m.w.N.

152 Vgl. Baum, Streitigkeiten im Zivilprozess, S. 96; BGH NJW 1991, 1833; BGHZ 83, 106, 109; Schröder, Schiedsgerichtliche Konfliktbeilegung, S. 91; Stein/Jonas – Schumann, ZPO, § 1 Rn 49; Thomas/Putzo, ZPO, Einl. IV Rn 1.

153 BGH NJW 1986, 2503, 2504; BGH NJW-RR 1990, 1276, 1277; BGHZ 13, 5, 9; 89, 198, 200; vgl. auch Stein/Jonas – Schumann, ZPO, § 1 Rn 49.

154 Hierzu Baum, Streitigkeiten im Zivilprozess, S. 102 ff. Keine höchstrichterliche Aussage gibt es indessen zu der Frage, ob es für die Natur der Streitigkeit allein auf das Vorbringen des Klägers ankommt, oder ob daneben auch die Interessen des Beklagten eine Rolle spielen können. Dies wurde vom BGH vielmehr ausdrücklich offengelassen; vgl. BGH VersR 1962, 1088. Da die Interessen des Beklagten – anders als die des Klägers – nicht prozessual zur Geltung gebracht werden, wird man ihre Relevanz wohl verneinen müssen; vgl. auch Baum, Streitigkeiten im Zivilprozess, S. 97 ff.

155 Böcker, Objektive Schiedsfähigkeit, S. 63; RGZ 88, 333; 144, 159; Zöller – Gummer, ZPO (22. Auflage), § 546 Rn 3; vgl. für das schweizerische Recht Walter, IPRG, S. 126.

vermögensrechtlichen Anspruch im Sinne von § 1030 I S. 1 ZPO auszugehen.[156] Streitigkeiten, die als nichtwirtschaftlich einzuordnen sind, dürfen demnach nur wirtschaftlich irrelevanten Rechtsverhältnissen entspringen. Hierzu zählen vor allem Ansprüche, welche dem Schutz ideeller Rechtsgüter dienen, wie etwa das Leben, die Gesundheit, Freiheit oder Ehre sowie das allgemeine Persönlichkeitsrecht. Grundsätzlich wird man daher sagen können, dass nichtvermögensrechtliche Verfahren den Menschen an sich bzw. dessen Persönlichkeit betreffen.[157]

Sofern bei an sich vermögensrechtlichen Ansprüchen auch ideelle Aspekte mitspielen bzw. bei Rechtsstreitigkeiten ideelle Interessen des Klägers im Vordergrund stehen, gleichwohl auch vermögensrechtliche Folgen ableitbar sind, werden jene Nebenerscheinungen als unwesentliche Reflexwirkung betrachtet, die den eigentlichen Charakter des Streitgegenstands unberührt lassen.[158] Als unwesentlich ist die Reflexwirkung dann anzusehen, wenn der Klageanspruch nicht mindestens auch – in relevanter Weise – der Verfolgung (nicht-) vermögensrechtlicher Folgen dienen soll. Alle anderen Auswirkungen, welche das Klageziel nicht in wesentlicher Weise prägen, bleiben somit für die Einordnung einer Streitigkeit außer Betracht.[159]

4. Vermögensrechtlicher Charakter der kapitalgesellschaftsrechtlichen Beschlussmängelklage

Die mit dem Schiedsverfahren-Neuregelungsgesetz einhergehende Liberalisierung der Schiedsfähigkeit wirkt sich zweifellos auch auf die hier interessierenden Beschlussmängelklagen aus. Immerhin wurde ihre grundsätzliche Schiedsfähigkeit ausdrücklich in der Gesetzesbegründung des Reformgesetzes festgestellt.[160] Eine ähnlich positive Signalwirkung konnte man dem Urteil des BGH von 1996 entnehmen.[161] Es soll demgemäß untersucht werden, ob gesellschaftliche Beschlussmängelklagen nunmehr vollends unter § 1030 I S. 1 ZPO subsumierbar sind, oder ob von dahingehenden Verallgemeinerungen Abstand zu nehmen ist.

---

[156] Böcker, Objektive Schiedsfähigkeit, S. 63; Epping, Schiedsvereinbarung, S. 190; Walter, IPRG, S. 126.

[157] So etwa Baum, Streitigkeiten im Zivilprozess, S. 100 m.w.N.

[158] BGH NJW 1974, 1470, 1471; BGH NJW 1983, 832, 833, 2572; BGH NJW 1986, 2503, 2504; BGHZ 98, 41, 42; vgl. auch Baum, Streitigkeiten im Zivilprozess, S. 101, 146 ff.; Epping, Schiedsvereinbarung, S. 192.

[159] BGH NJW 1974, 1470, 1471; vgl. auch Stein/Jonas – Schumann, ZPO, § 1 Rn 55.

[160] BegRegE, BT-Drucks. 13/5274, S. 35.

[161] BGH ZIP 1996, 830, 832; von einer Signalwirkung zu Gunsten der Schiedsfähigkeit und damit auch dem Schiedsstandort Deutschland spricht auch Raeschke-Kessler/K. P. Berger, Recht und Praxis, Rn 157.

a. Beurteilungskriterien

Gegenstand der Bestimmung eines vermögensrechtlichen Charakters im Sinne von § 1030 I S. 1 ZPO ist die konkrete Beschlussstreitigkeit, über die das Schiedsgericht zu entscheiden hat. Trotz der prozessualen und materiellen Unterschiede zwischen der Anfechtungs- und Nichtigkeitsklage (Feststellungs- bzw. Gestaltungsklage / anfängliche Unwirksamkeit bzw. Wirksamkeit bis zur Anfechtung) resultiert die Beschlussmängelstreitigkeit, um die es letztlich bei § 1030 I S. 1 ZPO zur Bestimmung der Schiedsfähigkeit geht, stets aus einem (behaupteten) Verstoß des konkreten Beschlusses gegen Rechtsnormen bzw. gesellschaftsrechtliche Ordnungsvorschriften. Eine Beschlussstreitigkeit im Rahmen der §§ 241 ff. AktG behandelt mit anderen Worten das rechtliche Verhältnis eines Beschlusses zu den auf ihn anzuwendenden Normen.

Sofern der vermögensrechtliche Charakter nach § 1030 I S. 1 ZPO bei allen Ansprüchen angenommen wird, die auf Geld oder geldwerte Vorteile gerichtet sind, ist festzuhalten, dass sich dieser Anknüpfungspunkt auf die Anfechtungs- und Nichtigkeitsklage nicht übertragen lässt. Denn der prozessuale Anspruch bezüglich des angegriffenen Gesellschafterbeschlusses zielt entweder auf die Klärung von dessen Nichtigkeit – im Wege der Anfechtungs- bzw. Nichtigkeitsklage – oder auf die Feststellung eines anderen Inhalts – mittels der positiven Beschlussfeststellungsklage – ab. In beiden Fällen ist der Anspruch (primär) jedenfalls nicht auf eine Leistung von Geld oder geldwerten Vorteilen gerichtet.[162] Im Rahmen der gesellschaftsrechtlichen Beschlussmängelklagen ist der Klageantrag in Bezug auf die Rechtsnatur der konkreten Streitigkeit daher nicht aussagekräftig.

Der vermögensrechtliche Charakter kann vielmehr nur daraus folgen, dass die Streitigkeit auf den Gewinn von Geld oder geldwerten Gegenständen gerichtet ist, zumindest aber generell auf einem vermögensrechtlichen Rechtsverhältnis beruht, welches der Gewinnerzielung bzw. der Wahrung wirtschaftlicher Interessen dient. Die bei der Prüfung zu stellende Frage ist also, in welcher Hinsicht der Gesellschafter durch den Beschluss in seinen Belangen berührt ist und ob diese Belange ausschließlich oder vornehmlich auf dem vermögensrechtlichen oder eher auf dem personenrechtlichen Gebiet liegen.

b. Wirtschaftlicher Charakter der Kapitalgesellschaft

Die GmbH sowie die AG sind beide nicht zuletzt aufgrund ihrer typischen kapitalistischen Struktur geeignete Gesellschaftsverbände für wirtschaftliche Zwecke. Regelmäßig ist dabei die Unternehmensführung vorrangig auf Gewinnerzielung ausgerichtet. Dieses Wesensmerkmal der Kapitalgesellschaften ver-

---

[162] So auch Schröder, Schiedsgerichtliche Konfliktbeilegung, S. 92; a.A.: Holzner, Immaterialgüterrechtsstreitigkeiten, S. 42.

leitet vor allem das Schrifttum in Anbetracht der Neufassung des § 1030 I S. 1 ZPO dazu, Beschlussmängelstreitigkeiten nunmehr generell bzw. zumindest ‚überwiegend' für schiedsfähig zu erachten.[163]

Diesem Befund ist in seinem Grundsatz zuzustimmen, wenngleich zunächst offen bleiben soll, ob der vermögensrechtliche Charakter in diesem Zusammenhang uneingeschränkt oder eben nur überwiegend zu bejahen ist. Allein die kapitalistische Struktur der AG bzw. GmbH enthält jedenfalls noch keine verbindliche Aussage zu dem vermögensrechtlichen Charakter der gesellschaftlichen Beschlussmängelstreitigkeiten. Der Wesenscharakter einer Kapitalgesellschaft, dessen Auswirkung auf die Beschlüsse bzw. deren Mängel zweifelsfrei zu bejahen ist, ist schon begrifflich in erster Linie lediglich eine Typisierung der AG und GmbH anhand rechtstheoretischer und rechtspraktischer Ausprägungen, aus denen man eine Grundsätzlichkeit ableitet. Eine allgemeingültige Aussage zu den dort relevant werdenden Interessen kann sich jedoch hieraus von vornherein nicht ergeben. Vielmehr erscheint es zumindest als denkbar, dass Beschlussmängelstreitigkeiten einer der kapitalistischen Wesensmerkmalen entsprechenden Gesellschaft auf vermögensrechtliche Interessen nicht beschränkt sind.

Für die Prüfung einer generellen Einstufung gesellschaftsrechtlicher Beschlussklagen in den Anwendungsbereich des § 1030 I S. 1 ZPO bedarf es eines Anknüpfungspunkts, welcher sämtliche denkbaren Fallkonstellationen erfasst, so dass darüber eine abstrakte Aussage entwickelt werden kann. Im Vordergrund stehen hierbei, wie bereits dargelegt, die Belange des Gesellschafters, die für den Fall des § 1030 I S. 1 ZPO einen vermögensrechtlichen Schwerpunkt aufweisen müssen.

In Betracht kommt zunächst eine Prüfung, inwieweit anhand der Mitgliedschaft in einer Kapitalgesellschaft eine verbindliche Aussage über den vermögensrechtlichen Einschlag jener Belange zulässig ist. Daneben bietet sich eine nähere Untersuchung der Beschlussstreitigkeit an, welcher die vom Gesellschaf-

---

[163] Vgl. Barber, Schiedsfähigkeit und ordre public, S. 130; BGH ZIP 1996, 830, 832; Böcker, Objektive Schiedsfähigkeit, S. 64; Epping, Schiedsvereinbarung, S. 192; Henze, ZIP 2002, 97, 99; Holzner, Immaterialgüterrechtsstreitigkeiten, S. 42; Hüffer, AktG, § 246 Rn 19a; Kropp/Semler – Hüffer, MüKo-AktG, § 246 Rn 31; Labes/Lörcher, MDR 1997, 420, 421; Lüke/Wax – Münch, MüKo-ZPO, § 1030 Rn 20; Papmehl, Schiedsfähigkeit, S. 219, 224; Raeschke-Kessler, SchiedsVZ 2003, 145, 152; Schlosser, JZ 1996, 1020, 1022; ders., RIW 1994, 723, 725; Schmidt, ZHR 162 (1998), 265, 271; ders., BB 2001, 1857, 1858, 1860; Schröder, Schiedsgerichtliche Konfliktbeilegung, S. 92 f.; Schulze, Grenzen der objektiven Schiedsfähigkeit, S. 111 f.; Schwab, FS Henckel, S. 812; Thomas/Putzo, ZPO, Einl. IV Rn 2 (bezogen auf Hauptversammlungsbeschlüsse einer AG); Timm, ZIP 1996, 445, 446; Trittmann, ZGR 1999, 340, 348; Wagner, Prozeßverträge, S. 589; vgl. auch BGH NJW 1982, 1525; im schweizerischem Recht: Honsell/Vogt/Schnyder – Briner, IPRG, Art. 177 Rn 10; BGE 108 II 77 E. 1a. Nach Henn, Aktienrecht, Rn 162 (Fn 61), 951, fehlt es im Rahmen der Beschlussmängelstreitigkeiten indes an der Vergleichsfähigkeit des Streitstoffes.

ter verfolgten Belange zugrunde liegen. Die Beschlussstreitigkeit setzt sich ihrerseits aus dem Gesellschafterbeschluss sowie dessen Mangel bzw. Verstoß gegen geltendes Recht zusammen. Es existieren insofern also zwei unterschiedliche Anknüpfungspunkte, um eine generelle Aussage über den vermögensrechtlichen Charakter jener Streitigkeiten und gegebenenfalls der damit verbundenen gesellschafterlichen Belange treffen zu können. Denn zum einen könnten bereits die Mängel, die Gesellschafterbeschlüssen potentiell zugrunde liegen, – sofern sie auf wirtschaftlich geprägte Normen zurückzuführen sind – Aufschluss über die Interessen geben, die durch Beschlussmängelstreitigkeiten berührt werden, zum anderen besteht die Frage, ob der Beschluss einer Kapitalgesellschaft per se nur vermögensrechtliche Interessen verfolgt und damit auch der Beschlussstreitigkeit einen vermögensrechtlichen Charakter verleiht.

Es soll nun anhand der vorbezeichneten Anknüpfungspunkte geprüft werden, ob die Belange eines Gesellschafters, welche er im Wege der Beschlussmängelstreitigkeit verfolgt, *generell* vermögensrechtlicher Natur sind bzw., sofern nichtvermögensrechtliche Belange nicht auszuschließen sind, ob zumindest eine hinreichende Kategorisierung möglich ist.

(1) Vermögensrechtliche Aspekte der Mitgliedschaft

Die Beschlussfassung dient dem Gesellschafter als Mittel, um seine Belange durchzusetzen. Seine Mitgliedschaft verleiht ihm die hierfür erforderlichen Rechte, so vor allem das Teilnahme- sowie das Stimmrecht. Jeder Gesellschafter ist demzufolge – ungeachtet seiner kapitalmäßigen Beteiligung – Träger der gemeinschaftlichen Willensbildung, welche im Rahmen der Gesetze, also rechtmäßig, zu erfolgen hat. Sofern ein Beschluss rechtswidrig gefasst wurde, ist gleichzeitig auch der Gesellschafter – zumindest abstrakt – in seiner Mitgliedschaft betroffen.[164] Die in dem Geschäftsanteil bzw. in der Aktie verkörperte Mitgliedschaft umfasst die Summe aller Rechte und Pflichten, die dem Gesellschafter als Mitglied der GmbH bzw. AG zustehen.[165] Ihrer Funktion nach lassen sich die Mitgliedschaftsrechte in Vermögens- und Verwaltungsrechte einteilen.[166] Sofern also ein Beschlussmangel ein vermögensrechtliches Mitglied-

---

[164] Scholz – Schmidt, GmbHG, § 45 Rn 128.

[165] Vgl. Hoffman-Becking – Wiesner, Gesellschaftsrecht, S. 146; Priester/Mayer – Schiessl, MüHdB-GmbH, S. 427.

[166] Hoffman-Becking – Wiesner, Gesellschaftsrecht, S. 146; Priester/Mayer – Schiessl, MüHdB-GmbH, S. 427; vgl. auch Schmidt, Gesellschaftsrecht, S. 557 f., der bei den Verwaltungsrechten weiter zwischen Teilhaberechten und Schutzrechten differenziert; im Schrifttum finden sich des Weiteren Begriffe wie Organschaftsrechte und Herrschaftsrechte (vgl. dazu Hachenburg – Raiser, GmbHG, § 14 Rn 15), keine dieser Bezeichnungen kann indes wohl voll befriedigen, weil Inhalt und Zielrichtung der in Frage stehenden Befugnisse zu verschieden sind und sich deshalb nicht eindeutig zuordnen lassen.

schaftsrecht des Gesellschafters betrifft, könnte dieser Umstand dazu führen, dass die Erhebung der entsprechenden Klagen im Rahmen eines Beschlussmangelverfahrens als Wahrnehmung eines vermögensrechtlichen Interesses gewertet werden muss.

Während die Verwaltungsrechte begriffsnotwendig mit der Verbandsmitgliedschaft verbunden sind und sich vor allem auf die Teilhabe der Gesellschafter an der Bildung des Gesellschafterwillens sowie auf den Schutz der Gesellschafter bzw. der Gesellschafterminderheit beziehen,[167] erwachsen die Vermögensrechte aus der wirtschaftlichen Ausrichtung der Gesellschaft. Zu ihnen gehören insbesondere der Anspruch auf den Jahresüberschuss (§ 29 GmbHG) bzw. Bilanzgewinn (§ 58 IV AktG), der Anspruch auf den Liquidationserlös (§§ 72 GmbHG, 271 AktG), der Anspruch auf Vergütung von Nebenleistungen (§§ 55, 61 AktG), das Bezugsrecht bei Kapitalerhöhungen (§ 186 I AktG) sowie Ansprüche auf Abfindung und Ausgleich (§§ 304 f. AktG).

Nach dieser Aufzählung liegt die Versuchung nahe, den vermögensrechtlichen Charakter einer Beschlussmängelstreitigkeit anhand des durch den Beschluss betroffenen Mitgliedschaftsrechts abzuleiten. Dem ist jedoch entgegenzuhalten, dass der vermögensrechtliche Charakter einer Beschlussstreitigkeit nicht immer auf die Betroffenheit eines mitgliedschaftlichen Vermögensrechts zurückzuführen ist. Es können vielmehr auch lediglich die wirtschaftlichen Belange der Gesellschaft selbst berührt sein, die zumindest direkt nicht mit den Vermögensrechten des Gesellschafters gekoppelt sind. Beispielhaft lassen sich die Änderung des Unternehmensgegenstands sowie Geschäftsführungsangelegenheiten im weiteren Sinne aufführen. Um hierbei eine Verbindung zu einem mitgliedschaftlichen Vermögensrecht aufzuzeigen, ist nicht nur jedes Mal ein hoher Begründungsaufwand erforderlich, vielmehr lässt sich ohne den konkreten Fall keine allgemeine Aussage machen, so dass es von vornherein nur eine Einzelfallbetrachtung geben kann, die es in diesem Zusammenhang aber gerade zu vermeiden gilt. Des Weiteren kann mit dieser Herangehensweise nicht der Fall erfasst werden, in welchem das Mitgliedschaftsrecht als solches von einem Gesellschafterbeschluss – so etwa beim Ausschluss des Gesellschafters – betroffen ist, da das Mitgliedschaftsrecht ja gerade beide Elemente, Verwaltungs- und Vermögensrechte, beinhaltet. Aufgrund der vorbezeichneten Schwächen, ist eine Verallgemeinerung mittels der mitgliedschaftlichen Vermögensrechte demgemäß nicht durchführbar.

Anknüpfungspunkt bei der Bestimmung des durch einen rechtswidrigen Beschluss berührten Mitgliedschaftsrechts muss hinsichtlich der Mängel, welche zur Anfechtbarkeit des Beschlusses führen, vielmehr die Anfechtungsbefugnis und hinsichtlich der Mängel, die den Beschluss nichtig machen, die Befugnis des Gesellschafters zur Erhebung der kassatorischen Nichtigkeitsklage sein. Die

---

[167] Vgl. Schmidt, Gesellschaftsrecht, S. 558.

den Gesellschaftern auf diese Weise eröffnete Möglichkeit gegen einen Beschluss vorzugehen muss notwendigerweise aus dem Mitgliedschaftsrecht selbst abzuleiten sein. Ohne diese ‚Verteidigungsmöglichkeit' blieb dem Gesellschafter nichts anderes übrig, als die Beeinträchtigung seiner Mitgliedschaft zu erdulden, was wiederum seine insoweit bestehende Rechtsposition nicht nur aushöhlen, sondern völlig obsolet machen würde.

Aus dem Stimmrecht – welches im Übrigen als mitgliedschaftliches Verwaltungsrecht einzuordnen ist[168] – folgt indes noch kein Anfechtungsrecht bzw. keine Klagebefugnis im Rahmen der Nichtigkeitsklage. Dies ergibt sich bereits aus der Überlegung, dass ein fehlerhafter Beschluss der ordnungsgemäßen Ausübung des Stimmrechts, d.h. die Teilnahme an der Gesellschafterversammlung und dem konkreten Beschluss, nicht entgegenstehen muss. Das Stimmrecht wird von einem Beschlussmangel also auch nicht notwendigerweise beeinträchtigt. Darüber hinaus steht das Anfechtungsrecht bzw. die Klagebefugnis nach allgemeiner Meinung auch Inhabern mit stimmrechtsloser Beteiligung zu.[169] Demzufolge ist insofern von zwei unterschiedlichen Ausgestaltungen des Mitgliedschaftsrechts auszugehen.

Durch den Erwerb der Mitgliedschaft hat sich der Gesellschafter der Regelungskompetenz der Gesellschafterversammlung unterstellt. Diese Kompetenz besteht aber nur in den durch Gesetz und Satzung gezogenen Grenzen. Der Gesellschafter ist deshalb berechtigt, die Überschreitung dieser Grenzen durch die den Beschluss tragende Gesellschaftermehrheit zu rügen und den Beschluss zu beseitigen. Bei dem Anfechtungsrecht handelt es sich dabei um ein unverzichtbares Mitgliedschaftsrecht, das jedem Gesellschafter zusteht.[170] Es dient darüber hinaus als Kontrollrecht im Rahmen der gesellschaftlichen Willensbildung nicht nur den Interessen der Gesellschafter, sondern hat auch für die Gesellschaft selbst Bedeutung.[171] Unter diesem Aspekt ist das Anfechtungsrecht mithin als mitgliedschaftliches Verwaltungsrecht einzuordnen.[172] Ob es sich um ein eigen-

---

[168] Hoffman-Becking – Wiesner, Gesellschaftsrecht, S. 146; Hüffer, AktG, § 133 Rn 16; Priester/Mayer – Schiessl, MüHdB-GmbH, S. 428; Schmidt, Gesellschaftsrecht, S. 558.

[169] BGHZ 14, 264, 271; Geßler/Hefermehl/Eckhardt/Kropff – Hüffer, AktG, § 245 Rn 4; Hachenburg – Raiser, GmbHG, Anh. § 47 Rn 155, 194, 254; Hüffer, AktG, § 245 Rn 5, § 241 Rn 35.

[170] Geßler/Hefermehl/Eckhardt/Kropff – Hüffer, AktG, § 245 Rn 4; Hachenburg – Raiser, GmbHG, Anh. § 47 Rn 152.

[171] Kropff/Semler – Hüffer, MüKo-AktG, § 245 Rn 8.

[172] So auch die allgemeine Meinung, vgl. nur Hoffmann-Becking – Wiesner, MüHdB-AG, S. 146; Kropff/Semler – Hüffer, MüKo-AktG, § 245 Rn 5; Priester/Mayer – Schiessl, MüHdB-GmbH, S. 544; Schmidt, Gesellschaftsrecht, S. 558; Scholz – Schmidt, GmbHG, § 45 Rn 129.

nützige oder uneigennützige Mitgliedschaftsrecht[173] handelt,[174] ist in diesem Zusammenhang von keiner Bedeutung, da der Gesellschafter selbst mit der Wahrnehmung eigennütziger Mitgliedschaftsrechte nicht unbedingt vermögensrechtliche Interessen verfolgen muss. Eigennützige Mitgliedschaftsrechte sind nämlich neben Vermögensrechten auch individuelle Kontrollrechte, wie das Auskunftsrecht und eben das Anfechtungsrecht sowie das Teilnahmerecht an der Gesellschafts- bzw. Hauptversammlung einschließlich des Rederechts.[175] Im Übrigen ist es für die Anfechtungsbefugnis sogar bedeutungslos, ob es sich um eine gewinnberechtigende oder gewinnrechtslose Beteiligung handelt.[176]

Für das Recht zur Erhebung einer Nichtigkeitsklage gilt nichts anderes, da es sich auch hierbei um ein sich aus der Mitgliedschaft ergebendes Kontrollrecht handelt, welches jedem Gesellschafter zusteht.[177]

Da das Mitgliedschaftsrecht in Form der gesellschafterlichen Klagebefugnis im Rahmen der Beschlussstreitigkeit einen rein verwaltungsrechtlichen Charakter hat, kann aufgrund dessen keine allgemeine Aussage über Art und Gegenstand jener Beschlussstreitigkeiten gemacht werden.

(2) Aussagekraft des Beschlussfehlers

Es soll nunmehr der Beschlussfehler als ein Element der Beschlussstreitigkeit zum Anknüpfungspunkt für die Generalisierung der gesellschaftsrechtlichen Beschlussmängelstreitigkeiten hinsichtlich ihrer objektiven Schiedsfähigkeit genommen werden. Der Beschlussfehler resultiert seinerseits aus dem Widerspruch des Beschlusses zu einschlägigen Gesetzes- oder Satzungsvorschriften bzw. sonstigen Rechtsinstituten. Da in jenen Normen, aus denen sich der Beschlussfehler ableitet, bestimmte Lebenssachverhalte mittels vom Gesetzgeber festgelegten Wertungen geregelt werden, kann auch der Gesellschafterbeschluss – zumindest teilweise – unter diesem Sachverhalt subsumiert werden. Wenn sich im Vorhinein bestimmen ließe, ob durch die gesetzlichen oder satzungsmäßigen Bestimmungen und Rechtsinstitute Sachverhalte mit überwiegend wirtschaftlichem Einschlag erfasst werden, könnte möglicherweise auch der Gesellschafterbeschluss insoweit wirtschaftliche Relevanz aufweisen. Fraglich sind in diesem Zusammenhang also zwei Dinge: ob einerseits sämtliche Beschlussfehler überhaupt erfassbar sind und andererseits, ob sie ganz oder zumindest teilweise auf Normen mit stark vermögensrechtlichem Bezug zurückzuführen sind.

---

[173] Zur Unterscheidung vgl. Hoffmann-Becking – Wiesner, MüHdB-AG, S. 147.

[174] Vgl. zum Meinungsstreit Wallenhorst, Schranken der Anfechtungsbefugnis, S. 63 ff.

[175] Vgl. Hoffmann-Becking – Wiesner, MüHdB-AG, S. 147.

[176] BGHZ 14, 264, 270 ff.; Hachenburg – Raiser, GmbHG, Anh. § 47 Rn 155; Scholz – Schmidt, GmbHG, § 45 Rn 128.

[177] Hachenburg – Raiser, GmbHG, § 14 Rn 28.

Allein in Bezug auf die Überschaubarkeit der Beschlussmängel ist die Differenzierung zwischen zur Beschlussnichtigkeit führenden Fehlern und Fehlern, die lediglich einen Anfechtungsgrund begründen, für diesen Zusammenhang interessant. Während nämlich der Katalog der Nichtigkeitsgründe gemäß § 241 AktG sowie die übrigen gesetzlich aufgeführten Nichtigkeitsgründe (§§ 250, 253, 256 AktG) abschließend zu verstehen sind,[178] eine konkrete Auflistung sämtlicher, die Beschlussnichtigkeit bewirkender Mängel also möglich ist, regelt § 243 AktG die Anfechtungsgründe nicht erschöpfend. Vielmehr zeigt die Formulierung des § 243 I AktG, wonach ein Beschluss wegen ‚Verletzung des Gesetzes oder der Satzung' angefochten werden kann, dass der Gesetzgeber nicht sämtliche Anfechtungsgründe benennen konnte und wollte und sich daher bewusst für eine offene Gestaltung des Anfechtungstatbestands entschieden hat. Aufgrund dieser ‚unübersehbaren Weite'[179] der Anfechtungsgründe ist eine erschöpfende Aufzählung nicht möglich. Für die Bestimmung des Charakters einer kapitalgesellschaftlichen Beschlussmängelstreitigkeit anhand des Beschlussfehlers bedeutet dies, dass anhand dessen eine abschließende Klärung als fragwürdig erscheint.

Im Übrigen wird allgemein zwischen Verfahrens- und Inhaltsfehlern unterschieden.[180] Während Verfahrensfehler bei der Herbeiführung des Gesellschafterbeschlusses auftreten, betreffen Inhaltsfehler oder auch materiell-rechtliche Fehler den Entschluss der Gesellschaftergesamtheit und sein Verhältnis zum jeweiligen normativen Standard. Dabei können beide Formen des Beschlussmangels sowohl zur anfänglichen Nichtigkeit führen als auch (nur) zur Anfechtung ermächtigen, so dass sie sich gemäß ihrer Rechtsnatur insoweit nicht der einen oder der anderen Fehlerintensität zuordnen lassen.

Die formellen Mängel lassen sich indessen in drei Gruppen unterteilen. Zunächst gibt es diejenigen Gesetzes- oder Satzungsverstöße, die im Zusammenhang mit der Einberufung der Gesellschafterversammlung auftreten können.[181] Eine weitere Quelle für mögliche Verfahrensverstöße eröffnet sich während des Ablaufs der Gesellschafterversammlung.[182] Schließlich kann das Zustandekommen eines Gesellschafterbeschlusses dann verfahrensfehlerhaft sein, wenn bei

[178] Vgl. nur Hachenburg – Raiser, GmbHG, Anh. § 47 Rn 31; Hüffer, AktG, § 241 Rn 1; Kropff/Semler – Hüffer, MüKo-AktG, § 241 Rn 7; von einem ‚fortbildungsfähigen Katalog' spricht indes Schmidt, in: Scholz – Schmidt, GmbHG, § 45 Rn 62.

[179] Rowedder – Koppensteiner, GmbHG, § 47 Rn 98.

[180] Vgl. etwa Hachenburg – Raiser, GmbHG, Anh. § 47 Rn 101 ff., 113 ff.; Hüffer, AktG, § 243 Rn 11 ff., 20 ff.; Scholz – Schmidt, GmbHG, § 45 Rn 94 ff.; siehe auch Kornmeier, Vergleichsbefugnis und Schiedsfähigkeit, S. 64 ff.

[181] Vgl. etwa §§ 48-51 GmbHG, 121-127 AktG.

[182] Vgl. etwa §§ 51a I GmbHG, 131, 175 II AktG.

Erlass des Beschlusses bestimmte Mängel unterlaufen.[183] Normzweck sämtlicher Formalvorschriften, auf denen die vorgenannten Fehler basieren, ist vor allem der Schutz der Gesellschafter. Es wird ihm – bei ordnungsgemäßem Ablauf der Beschlussfassung – eine sinnvolle Ausübung seiner Rechte als Teilhaber der Gesellschaft ermöglicht, wozu auch das Recht auf eine eigene Willensbildung gehört.[184] Auf einen wirtschaftlichen Bezug kann bei den formellen Regelungen jedoch nicht geschlossen werden, da jene Normen ja gerade die Beschlussfassung sämtlicher – also wirtschaftlicher und nichtwirtschaftlicher – Beschlussgegenstände betreffen. Demzufolge ist eine Aussage über den Charakter einer Beschlussnichtigkeit, die auf einem formellen Fehler basiert, nicht möglich.

Als Inhaltsfehler kommen hingegen u.a. alle Verstöße des Beschlusses gegen zwingendes objektives Recht in Betracht, also nicht nur gegen Gesetze im formellen Sinn, sondern auch gegen Rechtsverordnungen, öffentlich-rechtliche Satzungen, normative Bestimmungen in Tarifverträgen, usw.[185] Hierbei kann es sich nicht nur um einen Verstoß gegen konkrete Einzelvorschriften handeln. Vielmehr liegt ein Gesetzesverstoß auch in der Verletzung allgemeiner Rechtsgrundsätze und allgemeiner oder spezifischer gesellschaftsrechtlicher Generalklauseln.[186] Beispielhaft seien in diesem Zusammenhang die Verletzung des Gleichbehandlungsgrundsatzes bzw. der Treuepflicht sowie der Verstoß gegen die guten Sitten gemäß § 138 BGB i.V.m. § 241 Nr. 4 AktG erwähnt. Insofern spielen Rechtsgrundsätze und gesetzgeberische Wertungen eine Rolle, welche aufgrund ihrer Allgemeingültigkeit nicht notwendigerweise einen wirtschaftlichen Bezug aufweisen müssen. Dies wird bereits vor dem Hintergrund deutlich, dass sich die Sittenwidrigkeit nicht allein aus dem Inhalt des Beschlusses ergibt, sondern aus Beweggrund, Zweck oder Art seines Zustandekommens folgt.[187] Hierbei sind die verschiedensten Fallkonstellationen von ganz unterschiedlicher vermögensrechtlicher Intensität denkbar. Ein typischer (vermögensrechtlicher) Sachverhalt liegt dem § 138 BGB jedenfalls nicht zugrunde. Ebenso wie die Sittenwidrigkeit kann die Verletzung des Gleichbehandlungsgebots bzw. der gesellschaftsrechtlichen Treuepflicht nicht in antizipierbare Kategorien eingeordnet werden. Vielmehr lassen sich beide Rechtsinstitute erst anhand des jeweiligen Beschlusses konkretisieren. Für sich genommen stellen Treuepflicht und Gleichbehandlungsgebot lediglich abstrakte gesellschaftsrechtliche Generalklau-

[183] Vgl. etwa §§ 47 IV GmbHG, 136 AktG.

[184] Geßler/Hefermehl/Eckhardt/Kropff - Eckhardt, AktG, § 131 Rn 1; Hachenburg – Hüffer, GmbHG, § 51 Rn 1, § 51a Rn 1; Hüffer, AktG, § 131 Rn 1.

[185] Vgl. Hachenburg – Raiser, GmbHG, Anh. § 47 Rn 113.

[186] Hachenburg – Raiser, GmbHG, Anh. § 47 Rn 113; Hüffer, AktG, § 243 Rn 21.

[187] Hachenburg – Raiser, GmbHG, Anh. § 47 Rn 114.

seln dar, welche zwar eine rechtlich bestimmte Wertung enthalten; allerdings beschränkt sich diese nicht auf bestimmte oder bestimmbare Sachverhalte.

Letztlich ergibt sich die Untauglichkeit der Anknüpfung an den Beschlussfehler zur Bestimmung von Art und Gegenstand der Beschlussmängelstreitigkeit somit aus der fehlenden Übereinstimmung von Beschlussmangel und den gesellschafterlichen Belangen, die mit der Klageerhebung durchgesetzt werden sollen. Mag der Beschlussfehler auch aus Vorschriften mit vermögensrechtlichem Bezug resultieren, über die Motive des Gesellschafters zur Erhebung der Klage enthält er jedenfalls keine Aussage. Umgekehrt kann etwa anlässlich eines rein formalen Beschlussmangels eine Beschlussmängelklage angestrengt werden, weil der konkrete Beschlussinhalt vermögensrechtliche Relevanz aufweist. In jedem Fall wird der Beschlussfehler lediglich als Mittel eingesetzt, um so die Nichtigkeit eines Beschlusses, der – aus welchen Gründen auch immer – mit den Interessen des Gesellschafters nicht in Einklang steht, festzustellen. Gerade aber die Belange des Gesellschafters sind das maßgebliche Kriterium zur Feststellung des Charakters einer Beschlussmängelstreitigkeit, so dass sich in dieser Hinsicht der Blick auf die Art des Beschlussmangels verbietet.[188]

(3) Regelungspotential bei den Beschlussgegenständen

Nachdem sich der Beschlussmangel als untaugliches Kriterium für die Verallgemeinerung der Beschlussmängelstreitigkeiten im Anwendungsfeld des § 1030 I S. 1 ZPO erwiesen hat, soll nunmehr der Beschlussgegenstand im Mittelpunkt der Untersuchung stehen. Anlass hierzu gibt der Umstand, dass der Gesellschafter durch die Beschlussfassung seine Interessen wahrnimmt. Wenn sich demgemäß über die Vermögensrechtlichkeit der Beschlussgegenstände eine allgemeingültige Aussage treffen lässt, könnte dies Aufschluss über die gesellschafterlichen Interessen geben, welche im Übrigen mit jenen Interessen, welche bei einem Beschlussmängelverfahren eine Rolle spielen, übereinstimmen dürften.

Es liegt zunächst nahe, den Charakter der Beschlussgegenstände anhand der kapitalmäßigen Beteiligung des Gesellschafters zu bestimmen. Immerhin ist jedes Mitglied bzw. jeder Aktionär aufgrund einer geldwerten Investition zu einem gewissen Umfang Teilhaber an der Gesellschaft und insofern mit ihrem wirtschaftlichen Schicksal eng verbunden. Das Wohl der Gesellschaft bekommt der Gesellschafter durch den steigenden oder fallenden Wert seiner Beteiligung sowie die Gewinnausschüttungen bzw. deren Unterbleiben zu spüren. Voraussetzung für eine wirtschaftlich attraktive Beteiligung ist freilich eine gewinnbringende Unternehmensstrategie, welche eine ökonomische Verwaltung der Gesellschaft erfordert. Hierauf kann der Gesellschafter durch sein mitglied-

---

[188] Vgl. BGHZ 13, 5, 9; Barber, Schiedsfähigkeit und ordre public, S. 128; Böcker, Objektive Schiedsfähigkeit, S. 69, Epping, Schiedsvereinbarung, S. 191.

schaftliches Stimmrecht in dessen gesetzlichen und satzungsmäßigen Grenzen Einfluss nehmen. Die Beteiligung an der Gesellschaft wird ihn dazu bringen, vor allem seine Interessen zu verfolgen. Sofern die Gesellschaft wirtschaftlich tätig wird, werden auch die Beschlussgegenstände ökonomisch und damit vermögensrechtlich geprägt sein.

Fraglich ist allerdings, ob jede Kapitalgesellschaft notwendigerweise derart wirtschaftlich ausgerichtet ist, mit der Folge, dass auch die Beschlussfassung vermögensrechtlicher Natur sein wird und aufgrund dessen insofern eine allgemeingültige Aussage hinsichtlich § 1030 I S. 1 ZPO getroffen werden kann. Dies müsste dann verneint werden, wenn die wirtschaftliche Ausrichtung ganz oder zumindest für bestimmte Belange auf ein unerhebliches Maß reduziert werden kann. Zwar besteht auf den ersten Blick ein enger Zusammenhang zwischen den Rechten und Pflichten eines Gesellschafters und dessen kapitalmäßige Beteiligung an der Gesellschaft, doch reicht dies allein für eine generelle Aussage zum vermögensrechtlichen Charakter von Gesellschafterbeschlüssen nicht aus. Vielmehr muss dies anhand spezieller Wesenszüge der Kapitalgesellschaft belegt werden, die naturgemäß eine nichtvermögensrechtliche Interessenwahrnehmung im Rahmen der Beschlussfassung ausschließen.

Ein solcher festgesteckter thematischer Rahmen könnte sich hierbei aus dem Unternehmensgegenstand bzw. dem Zweck der Gesellschaft ergeben, da hieraus gegebenenfalls Gesellschafterbeschlüsse eines bestimmten – bestenfalls vermögensrechtlichen – Charakters abgeleitet werden könnten. Eine weitere Möglichkeit zur Bestimmung des Charakters der Beschlussgegenstände liefern etwaige immanente, speziell der Kapitalgesellschaft eigene Umstände, welche u.U. – ungeachtet ihres Unternehmensgegenstands bzw. Gesellschaftszwecks – eine gewinnorientierte und damit vermögensrechtlich geprägte Beschlussfassung vorschreiben.

Es ist jedoch von vornherein nicht auszuschließen, dass die Gesellschafter – trotz eines festgesteckten Rahmens – mit ihren Beschlüssen nichtvermögensrechtliche Themen behandeln, zumal sie grundsätzlich dazu berechtigt sind, in ihrem eigenen Interesse zu handeln. In einem weiteren Schritt muss daher geklärt werden, ob die Gesellschafter ihrerseits auch darauf beschränkt sind, sich bei den Beschlüssen innerhalb dieses Rahmens zu bewegen. Für eine verbindliche Aussage über den vermögensrechtlichen Charakter von Beschlussmängelstreitigkeiten ist es hinsichtlich des Gesellschafterbeschlusses demgemäß erforderlich, dass ein ebenso verbindlicher Rahmen existiert, welcher die Zuständigkeit der Gesellschaftermitwirkung in Form von Beschlüssen auf einem vorwiegend wirtschaftlichen und damit vermögensrechtlichen Gebiet anordnet.

(a) Bestimmung des Regelungspotentials anhand des Unternehmensgegenstands

Um den Rahmen der Beschlussgegenstände anhand des Unternehmensgegenstands einzugrenzen, ist es zunächst erforderlich, eine Abgrenzung zu dem Begriff des Gesellschaftszwecks vorzunehmen, um so das jeweilige Verhältnis beider Begriffe zu den Beschlussgegenständen und mithin ihre Bestimmungskompatibilität hinsichtlich § 1030 I S. 1 ZPO zu ergründen.

Der Begriff des Unternehmensgegenstands ist sowohl im Recht der AG (§ 23 III Nr. 2 AktG) als auch im Recht der GmbH (§ 3 I Nr. 2 GmbHG) ausdrücklich erwähnt. Im Gegensatz zu den §§ 1, 61 GmbHG findet dagegen der Begriff des Gesellschaftszwecks im Aktiengesetz keine Verwendung. Dies bedeutet nicht, dass die AG keinen Zweck im Sinne von § 1 GmbHG verfolgen kann, vielmehr wird auch dort zwischen Zweck und Unternehmensgegenstand unterschieden,[189] so dass die GmbH und die AG insoweit gleich zu behandeln sind.

Das Verhältnis beider Institute zueinander ist allerdings seit jeher umstritten.[190] Teilweise wird angenommen, dass der Gesellschaftszweck auf einer Ebene mit dem Unternehmensgegenstand stehe. Durch den Zweck soll danach die Zielsetzung festgelegt werden, während durch die Bestimmung des Gegenstands die zur Zweckerreichung einzusetzenden Mittel vorgegeben werden würden. Hiernach besteht also zwischen Unternehmensgegenstand und Gesellschaftszweck eine Zweck-Mittel-Relation.[191] Eine andere Ansicht versteht den Unternehmensgegenstand als Teilausschnitt des umfassenden Oberbegriffs ‚Gesellschaftszweck'; dieser nehme den Unternehmensgegenstand als die konkrete Art der Tätigkeit sowie das Ziel der gemeinsamen Tätigkeit in sich auf. Hierbei soll zwischen Ziel und Gegenstand und nicht etwa zwischen Gegenstand und Zweck eine Zweck-Mittel-Relation bestehen.[192] In diese Richtung gehen diejenigen Stimmen, welche beide Begriffe zwar im Grundsatz unterscheiden, den Unternehmensgegenstand jedoch als Haupterkenntnisquelle für die Bestimmung des Gesellschaftszwecks begreifen und für den Regelfall des kommerziellen, auf die Erzielung von Gewinn gerichteten Unternehmens von einer faktischen Überein-

---

[189] Hüffer, AktG, § 23 Rn 22; vgl. auch Hoffmann-Becking – Wiesner, MüHdB-AG, S. 59.

[190] Einen Überblick zum Streitstand bietet etwa Tieves, Unternehmensgegenstand, S. 15 ff.; vgl. auch Hachenburg – Ulmer, GmbHG, § 1 Rn 5 ff.

[191] So etwa Geßler/Hefermehl/Eckhardt/Kropff - Eckhardt, AktG, § 23 Rn 64; Hüffer, AktG, § 23 Rn 22; OLG Hamburg BB 1968, 267; Reuter, ZHR 151 (1987), 237, 240; Scholz – Emmerich, GmbHG, § 1 Rn 2a; Scholz – Priester, GmbHG, § 53 Rn 182; vgl. auch Tieves, Unternehmensgegenstand, S. 16 m.w.N. (Fn 20).

[192] Vgl. Großmann, Unternehmensziele, S. 20; Kropff/Semler – Pentz, MüKo-AktG, § 23 Rn 76; Lutter/Hommelhoff, GmbHG, § 1 Rn 2; Tieves, Unternehmensgegenstand, S. 26 m.w.N. (S. 17 Fn 24, 25); Zöllner, Schranken mitgliedschaftlicher Stimmrechtsmacht, S. 27.

stimmung von Gesellschaftszweck und Unternehmensgegenstand ausgehen.[193] Schließlich wird stellenweise eine funktionelle Unterscheidung in den Vordergrund gestellt. Während der Gesellschaftszweck vorrangig das gesellschaftsinterne Verhältnis der Gesellschafter untereinander betreffe, beschreibe der Unternehmensgegenstand die Tätigkeit der GmbH bzw. AG im Verhältnis zu außenstehenden Dritten. Seine Aufgabe in der Satzung sei dazu bestimmt, dem Rechtsverkehr Klarheit über den Geschäftsbereich der Gesellschaft zu verschaffen.[194]

Obwohl das Verhältnis beider Begriffe aufgrund ihrer unterschiedlichen dogmatischen Einordnung stark differiert, lässt sich gleichwohl ein Grundtenor feststellen, welcher zumindest eine grobe Abgrenzung des Gesellschaftszwecks vom Unternehmensgegenstand zulässt. Der Unternehmensgegenstand ist nämlich nach sämtlichen Ansichten tätigkeitsbezogen zu verstehen, beschreibt also den Geschäftsbereich der Gesellschaft mit den dazu erforderlichen Aktivitäten.[195] Insoweit ist der Unternehmensgegenstand dem Gesellschaftszweck aufgrund seines deskriptiven Charakters vorgelagert. Während sich also der Gesellschaftszweck abstrakt auf die Motivation der Gesellschafter zu ihrem verbandsmäßigen Zusammenschluss – das ‚warum' – bezieht, wird er vom Unternehmensgegenstand, der die Frage nach dem ‚was' beantwortet, konkretisiert. Bei Letzterem wird also ein Tätigkeitsrahmen beschrieben, auf dessen Durchführung sich die Gesellschafter verständigt haben und welcher in der Satzung möglichst exakt und individuell wiederzugeben ist, so dass ein Bild vom Schwerpunkt der Tätigkeit erkennbar wird.[196] Insoweit kommt der Unternehmensgegenstand also grundsätzlich als Kriterium zur Bestimmung der gesellschaftlichen Beschlussgegenstände in Betracht.

Es stellt sich nunmehr die Frage, ob Kapitalgesellschaften auf lediglich wirtschaftlich-orientierte Unternehmensgegenstände und daher auch auf rein wirtschaftliche Beschlussgegenstände beschränkt sind. Allerdings sind die Gesellschafter bei der Bestimmung des Unternehmensgegenstands weitestgehend frei. Es muss sich dabei gerade nicht um eine gewerbliche oder wirtschaftliche Tätigkeit handeln. Der Gegenstand des Unternehmens kann auch in der Förderung kultureller, karitativer oder (sozial-) gesellschaftlicher Zwecke bestehen. Dies folgt bereits aus den §§ 13 III GmbHG, 3 I AktG, wonach der Charakter einer

---

[193] Vgl. etwa Hachenburg – Schilling, GmbHG, 6. Auflage, § 1 Rn 14; RGZ 164, 129, 140; weitere Nachweise bei Tieves, Unternehmensgegenstand, S. 17 (Fn 21).

[194] So vor allem Hachenburg – Ulmer, GmbHG, § 1 Rn 8; Schmidt, Gesellschaftsrecht, S. 65 f.; Baumbach/Hueck – Hueck/Fastrich, GmbHG, § 1 Rn 5.

[195] Siehe auch § 60 I AO, wonach in der Satzung einer gemeinnützigen Körperschaft der Satzungszweck und die Art seiner *Verwirklichung* (= Unternehmensgegenstand) genau bestimmt werden muß.

[196] So BGH WM 1981, 163; OLG Köln WM 1981, 805; BayObLG BB 1994, 1811.

Handelsgesellschaft bei der GmbH bzw. AG gerade unabhängig von deren Unternehmensgegenstand angeordnet wird.[197] Demzufolge können die Gesellschafter einer Gesellschaft, welche sich einen ideellen Unternehmensgegenstand zu Eigen gemacht hat, jene ideellen Tätigkeiten auch in ihrer Beschlussfassung wahrnehmen. Dabei können selbstverständlich auch erwerbswirtschaftliche Interessen und Motive eine Rolle spielen. Es ist sogar nicht ausgeschlossen, dass diese Beschlussgegenstände ungeachtet ihrer nichtwirtschaftlichen Natur dennoch stets einen vermögensrechtlichen Bezug aufweisen. Allerdings lässt sich diese Frage nicht anhand des Unternehmensgegenstands beantworten, da er diesbezüglich keine Aussage enthält.

So muss man zu der Einsicht gelangen, dass der Unternehmensgegenstand einer Kapitalgesellschaft zwar Aufschluss über die Beschlussgegenstände ihrer Gesellschafter geben kann, aufgrund seiner inhaltlichen Flexibilität den Beschlussgegenständen jedoch nicht zwingend einen vermögensrechtlichen Einschlag verleiht und daher als Kriterium für die inhaltliche Bestimmung der Beschlussgegenstände ausscheidet.

Fraglich ist nunmehr, ob zumindest bei Gesellschaften, deren Unternehmensgegenstand von wirtschaftlicher Art ist, die Beschlussstreitigkeiten stets ebenso wirtschaftlich geprägt sind. Der II. Zivilsenat hat jedenfalls im Rahmen der Revisionszulässigkeit gemäß § 546 ZPO a.F. entschieden, dass Rechtsstreitigkeiten über die Gültigkeit von Satzungs- oder Geschäftsordnungsbestimmungen einer AG, deren Unternehmensgegenstand geschäftlicher Art ist, stets vermögensrechtliche Ansprüche darstellen.[198]

Begründet wurde dies damit, dass alle aktienrechtlichen Satzungs- und Geschäftsordnungsbestimmungen sich unmittelbar oder mittelbar auf die Verwaltung und den Einsatz von Vermögenswerten beziehen. Wer daher ihre Wirksamkeit mit einer Klage anzweifle, stelle selbst dann, wenn für ihn persönlich vielleicht andere Beweggründe als die Wahrnehmung eigener Vermögensinteressen im Vordergrund stehen, immer auch ein vermögensrechtliches Verhältnis zur Entscheidung.

Dieser Begründung ist jedoch entgegenzuhalten, dass sie sich ausschließlich auf den Beschlussgegenstand bezieht und die Belange des Gesellschafters bei ihrer Wertung als unerheblich befindet. Der Begriff des vermögensrechtlichen Anspruchs im Sinne des § 1030 I S. 1 ZPO stellt indessen gerade auf die vom Gesellschafter verfolgten Zwecke ab und erkennt somit dessen Belange als maßgebliches Kriterium an. Dies macht auch vor dem Hintergrund Sinn, dass sich Gesetzgeber und Rechtsprechung ein Entscheidungsmonopol im Interesse besonders schutzwürdiger Rechte vorbehalten und derartige Rechte vorzugswei-

---

[197] Vgl. i.Ü. Baumbach/Hueck – Hueck/Fastrich, GmbHG, § 3 Rn 9; Hüffer, AktG, § 23 Rn 22; Geßler/Hefermehl/Eckhardt/Kropff – Eckhardt, AktG, § 23 Rn 60.

[198] BGH NJW 1982, 1525.

se auf personenrechtlichem Gebiet zu finden sind. Wenn also der Gesellschafter, trotz vermögensrechtlichen Einschlags seiner Klage, damit vorwiegend persönliche Belange – sei es seine Persönlichkeit, Ehre, Achtung oder Geltung vor der Allgemeinheit – verfolgt, muss der staatliche Vorbehalt zum Tragen kommen, selbst wenn die Schiedsunfähigkeit des jeweiligen Beschlussgegenstands damit nicht notwendigerweise verbunden ist. Sofern sich die Frage, ob die Streitigkeit vermögensrechtlich ist oder nicht, nach objektiv vorliegenden, vermögensrechtlichen Verhältnissen entscheidet, wird dem Vorbehalt des § 1030 I S. 2 ZPO unterdessen nicht ausreichend Rechnung getragen.

Es verbietet sich ferner eine Verallgemeinerung des vermögensrechtlichen Einschlags von Satzungs- und Geschäftsordnungsbestimmungen, da zum einen nicht sämtliche Beschlussgegenstände der Aktionäre vorhersehbar sind, sondern insoweit ein – wenn auch gegenüber der GmbH eingeschränkter – Spielraum besteht, der Hauptversammlung weitere Kompetenzen zuzuweisen. Zum anderen bieten gerade Personalentscheidungen, wie z.B. die Bestellung des Aufsichtsrats, zumindest die abstrakte Möglichkeit, dass auch personenrechtliche Aspekte bei der Beschlussstreitigkeit von Bedeutung sind.

Im Übrigen ist – trotz begrifflicher Übereinstimmung – auf den unterschiedlichen Regelungszweck der §§ 546 a.F., 1030 I ZPO hinzuweisen. So sollte § 546 ZPO a.F. die Revisionsgerichte vor Überlastung durch bedeutungslose Rechtsstreitigkeiten schützen, um so ihre Leistungsfähigkeit zu erhalten. Bei der Auswahl entsprechender Zugangskriterien wurde der vermögensrechtlichen Streitigkeit mit einem Wert von über 60.000,- DM grundsätzlich eine hinreichende Bedeutung beigemessen. Revisionswürdig war danach – neben der Zulassungsrevision gemäß § 546 I Nr. 1 und 2 ZPO a.F. – ein Rechtsstreit, der von gewisser wirtschaftlicher Bedeutung war. Im Rahmen des § 1030 I S. 1 ZPO misst der Gesetzgeber dagegen bezüglich der Schiedsfähigkeit den nichtvermögensrechtlichen Streitigkeiten gegenüber den vermögensrechtlichen Streitigkeiten größere Bedeutung zu und behält sich darüber ein Rechtsprechungsmonopol vor. Vor diesem Hintergrund wird deutlich, dass die Gerichte bei einer Verallgemeinerung des vermögensrechtlichen Begriffs gemäß § 546 I ZPO a.F. weniger aufgaben, als sie bei einer Verallgemeinerung im Rahmen des § 1030 I S. 1 ZPO aufgeben. Daher ist der Leitsatz der Entscheidung des II. Zivilsenats nicht ohne weiteres auf die Schiedsfähigkeit von gesellschaftsrechtlichen Beschlussmängelstreitigkeiten übertragbar.

(b) Bestimmung des Regelungspotentials anhand des Gesellschaftszwecks

Im Zusammenhang mit der Zulässigkeit der Revision gemäß § 546 ZPO a.F. spielte auch der Gesellschaftszweck eine Rolle. Das Reichsgericht hat bei seiner Entscheidung über das Vorliegen eines vermögensrechtlichen oder eines nichtvermögensrechtlichen Anspruchs nämlich darauf abgestellt, ob dieser bei der juristischen Person auf einen wirtschaftlichen Geschäftsbetrieb gerichtet ist oder nicht.[199] Vor diesem Hintergrund kam man zu dem Ergebnis, dass bei den sogenannten idealen Vereinen nach § 21 BGB der Anspruch auf Feststellung der Unwirksamkeit eines Gesellschafterausschlusses ein solcher nicht vermögensrechtlicher Art,[200] und dass bei den sogenannten wirtschaftlichen Vereinen gemäß § 22 BGB und bei den Genossenschaften der Anspruch auf eine entsprechende Feststellung ein solcher vermögensrechtlicher Art sei.[201] Ähnlich wie bei dem bürgerlich-rechtlichen Verein können Kapitalgesellschaften auch in wirtschaftliche oder ideelle Gesellschaften eingeteilt werden. Denn die Gesellschafter haben die Möglichkeit – ebenso wie bei dem Unternehmensgegenstand –, den Gesellschaftszweck praktisch beliebig zu wählen und auf diese Weise der Gesellschaft erwerbswirtschaftliche, gemeinwirtschaftliche oder ideelle Zwecke zu geben.[202] Dabei können u.a. sogenannte ‚Nonprofit-Gesellschaften' entstehen, welche keine erwerbswirtschaftliche Zielsetzung verfolgen.[203] Beispielhaft lassen sich in diesem Zusammenhang Holdinggesellschaften, Fördervereinigungen wie Einkaufs-, Werbe- und Forschungsgemeinschaften sowie Landesentwicklungs- und Aufbaugesellschaften, öffentliche Theaterunternehmen, Studentenwohnheime oder der Gesundheitspflege dienende Einrichtungen nennen.[204]

Die Diversität der Gesellschaftszwecke macht folglich eine diesbezügliche, allgemeingültige Aussage unmöglich. Darüber hinaus bestehen gegenüber der Übernahme dieser Einteilung zur Bestimmung vermögensrechtlicher Ansprüche im Sinne von § 1030 I S. 1 ZPO die gleichen Bedenken, wie sie auch schon im Rahmen des Unternehmensgegenstands geäußert wurden. Denn auch insoweit fänden die individuellen Belange des Gesellschafters letztlich zu wenig Beachtung. Der Gesellschaftszweck ist darüber hinaus noch weit allgemeiner formuliert als der Unternehmensgegenstand, der zumindest die wesentlichen Tätigkeitsfelder der Gesellschaft beschreibt. Somit müssen die Beschlussgegenstände allein wegen eines wirtschaftlichen Gesellschaftszwecks nicht unbedingt ebenso

---

[199] RGZ 88, 332; RGZ 89, 336.

[200] RGZ 88, 332; RG JW 1935, 2632.

[201] RGZ 89, 336.

[202] Vgl. Lutter/Hommelhoff, GmbHG, § 1 Rn 5; Scholz – Emmerich, GmbHG, § 1 Rn 5 ff., 16; Hoffmann-Becking – Wiesner, MüHdB-AG, S. 59.

[203] Näher hierzu: Priester, GmbHR 1999, 149 ff., sowie Loidl, Die GmbH ohne erwerbswirtschaftliche Zielsetzung, S. 118, die weiter zwischen wirtschaftlich tätigen, ohne Erwerbsabsicht handelnden Gesellschaften und solchen, die nur ideelle Zwecke verfolgen unterscheiden.

[204] Siehe auch Priester, GmbHR 1999, 149 m.w.N.

vermögensrechtlich geprägt sein.[205] Daher vermag der Gesellschaftszweck erst recht keine verlässliche Aussage zum vermögensrechtlichen Charakter sämtlicher Beschlussstreitigkeiten zu treffen.[206]

(c) Bestimmung des Regelungspotentials anhand eines immanenten Gesellschaftsziels

Trotz des weitreichenden Spielraums, der hinsichtlich der Bestimmung von Gesellschaftszweck und Unternehmensgegenstand existiert, haben sich Verbandstätigkeit und –zielsetzung noch im Gewand einer Kapitalgesellschaft zu bewegen. Wirtschaftliche sowie ideelle Gesellschaften müssen also gleichermaßen gemäß den GmbH- bzw. aktienrechtlichen Vorschriften ausgestaltet und betrieben werden. Ein Blick in das GmbHG bzw. AktG verrät indessen, dass dort vor allem vermögensrechtliche Zusammenhänge geregelt werden. So geht es etwa um das Stamm- bzw. Grundkapital (§§ 5 GmbHG, 6 f. AktG) und die Einlageverpflichtung (§§ 9, 19 GmbHG, 8 ff., 27 AktG); daneben bestehen Vorschriften zur Kapitalbeschaffung (§§ 55 ff. GmbHG, 182 ff. AktG), zur Gewinnverwendung (§§ 29 GmbHG, 60, 150 ff. AktG) sowie bilanzrechtliche Regelungen (§§ 42 GmbHG, 174 AktG). Aufgrund dieses vermögensrechtlichen Einschlags besteht die Möglichkeit, aus der Gesamtheit oder Teilen der entsprechenden Normen eine gesetzesimmanente, verbandstypische Zielsetzung abzuleiten,[207] welche ungeachtet des Gesellschaftszwecks oder Unternehmensgegenstands stets dem erwerbswirtschaftlichen Prinzip verpflichtet ist und daher maßgeblich die gesellschaftliche Beschlussfassung beeinflusst.

Dass Kapitalgesellschaften in der Praxis jedenfalls ‚typischerweise' oder ‚regelmäßig' erwerbswirtschaftlich auftreten, ist freilich unbestritten.[208] Für eine allgemeingültige Aussage im Rahmen des § 1030 I S. 1 ZPO ist das allerdings nicht ausreichend. Erforderlich ist vielmehr, dass sämtliche Beschlussgegenstände aufgrund der Eigenart der Kapitalgesellschaft einen vermögensrechtlichen Bezug aufweisen.

---

205 Dies scheint indes Schröder, Schiedsgerichtliche Konfliktbeilegung, S. 92 f., zu vermuten, der nichtvermögensrechtliche Beschlüsse lediglich dann für denkbar hält, wenn sie ‚nicht in Zusammenhang mit dem eigentlichen Unternehmenszweck stehen'.

206 Die Rechtsprechung des Reichsgerichts wurde mittlerweile auch aufgeben, da es nach Ansicht des Gerichts stets von den Umständen des Einzelfalls abhänge, ob vermögensrechtliche oder personenrechtliche Belange schwerpunktmäßig berührt sind; vgl. RGZ 163, 202; BGHZ 13, 5, 8 f.

207 Vgl. auch Tieves, Unternehmensgegenstand, S. 36 ff., der von einem gesetzesimmanenten ‚Normalziel' der Kapitalgesellschaft spricht.

208 Vgl. etwa Großmann, Unternehmensziele, S. 63; Hoffmann-Becking – Wiesner, MüHdB-AG, S. 59; Scholz – Emmerich, GmbHG, § 1 Rn 4; Tieves, Unternehmensgegenstand, S. 37.

Die kapitalgesellschaftliche Festlegung auf ein Gewinnziel könnte sich vor allem aus den Vorschriften über die Gewinnermittlung und Gewinnverwendung gemäß §§ 29 GmbHG, 58 ff., 174 AktG ergeben.[209] Insbesondere aus §§ 29 I GmbHG, 58 IV AktG, wonach die Gesellschafter Anspruch auf den Bilanzgewinn haben, soweit er nicht von der Verteilung ausgeschlossen ist, ergibt sich, dass der Gesetzgeber davon ausgeht, dass GmbH und AG die Erzielung eines Gewinns anstreben. Gegen diese Betrachtungsweise kann man jedoch einwenden, dass es sich bei diesen Vorschriften ausschließlich um Rechenregeln handelt, aus denen sich lediglich ein Anspruch auf Teilhabe an einem erzielten Gewinn, sofern dieser tatsächlich erwirtschaftet wurde, nicht hingegen die immanente Ausrichtung einer Kapitalgesellschaft auf Gewinnerzielung, ergibt.[210] Des Weiteren folgt auch bereits aus den §§ 29 I S. 1 GmbHG, 58 IV AktG, dass die Gewinnverwendung privatautonom ausgeschlossen werden kann. Demzufolge handelt es sich bei den Gewinnverwendungsregelungen um den vom Gesetzgeber angenommenen Normalfall, der jedoch keine kapitalgesellschaftliche Verbindlichkeit aufweist. Vielmehr lässt der Gesetzgeber im Zusammenhang mit steuerlichen Vergünstigungen sogar Gesellschaften, deren Gesellschafter nicht gewinnbeteiligt sind, ausdrücklich zu. Zu einer Steuervergünstigung kann es nämlich nach §§ 51 ff. AO kommen, wenn die Gesellschaft gemeinnützige Zwecke verfolgt, ihre Tätigkeit also darauf gerichtet ist, die Allgemeinheit auf materiellem, geistigem oder sittlichem Gebiet selbstlos zu fördern.[211] Eine solche Förderung geschieht nach § 55 I AO selbstlos, wenn dadurch nicht in erster Linie eigenwirtschaftliche Zwecke verfolgt werden. Voraussetzung hierfür ist u.a., dass die Gesellschafter keine Gewinnanteile oder sonstige Zuwendungen aus Mitteln der Gesellschaft erhalten.[212]

Festzuhalten ist demgemäß, dass bei der GmbH und der AG ein ungeschriebenes Ziel, Gewinn zu machen und diesen an die Gesellschafter abzuführen, nicht existiert. Damit ist jedoch noch nicht die Frage beantwortet, ob sich dem Verständnis von Kapitalgesellschaften eine immanente Gewinnerzielung entnehmen lässt. Denn neben der Erwirtschaftung eines Gewinns im Sinne einer Dividende der Gesellschafter kommt auch die gewinnorientierte Unternehmensführung zu Gunsten des (ideellen) Gesellschaftszwecks in Betracht.

So lässt sich aus den §§ 13 III GmbHG, 3 I AktG entnehmen, dass beide Gesellschaften als Handelsgesellschaften gelten, selbst wenn ihr Unternehmensge-

---

209 So auch der Ansatz von Westermann zur Bestimmung des Gesellschaftszwecks; in FS Schnorr von Carolsfeld, S. 523 f.; kritisch Großmann, Unternehmensziele, S. 63 ff.

210 Ähnlich auch Großmann, Unternehmensziele, S. 63 ff., der in diesem Zusammenhang die Pflichten des Vorstands prüft, einen Gewinn zu erzielen, wenn die Satzung hierzu keinerlei Angaben enthält.

211 Vgl. § 52 I S. 1 AO.

212 § 55 I Nr. 1 S. 2 AO.

genstand nicht aus dem Betrieb eines Handelsgewerbes besteht. Hieraus wurde vereinzelt die Gewinnerzielungsausrichtung mit der Begründung entnommen, dass die darin zum Ausdruck gekommene gesetzgeberische Annahme davon ausgeht, dass GmbH und AG normalerweise ein Handelsgewerbe betreiben; zur Definition des Gewerbebegriffs gehöre indes auch die Absicht der Gewinnerzielung.[213] Dieser Schluss wird jedoch dem Regelungsgehalt der §§ 13 III GmbHG, 3 I AktG nicht gerecht. Der Umstand, dass diese Vorschriften sämtliche Kapitalgesellschaften, ungeachtet des betriebenen Handelsgewerbes, als Formkaufleute qualifizieren, schließt ja gerade die Möglichkeit nicht aus, dass Kapitalgesellschaften keine ‚selbständige, nach außen gerichtete und planmäßige Tätigkeit in Gewinnerzielungsabsicht' betreiben können. Andernfalls wäre die Anordnung in §§ 13 III GmbHG, 3 I AktG überflüssig. Diese Vorschriften wollen indes klarstellen, dass auch solche Gesellschaften den Vorschriften des 1. und 4. Buches des HGB unterliegen.[214] Streng genommen ist jene Anordnung sogar ein Beweis dafür, dass es auch Gesellschaften ohne Gewinnorientierung gibt.[215]

Die Notwendigkeit zum wirtschaftlichen Handeln ergibt sich jedoch daraus, dass die Erwirtschaftung von Gewinn eine unverzichtbare Voraussetzung für den Fortbestand der Gesellschaft ist. Ungeachtet des Gesellschaftszwecks und des Unternehmensgegenstands entstehen bei jeder Gesellschaft Verwaltungskosten, wie beispielsweise durch die Anmietung von Büroräumen, die Beschäftigung von Angestellten oder sonstige Bürokosten. Ferner erfordert der satzungsmäßige Zweck regelmäßig die Anschaffung oder Herstellung von ihm dienlichen Vermögensgegenständen. Hierzu bedarf es zweifellos einer ökonomischen Vermögensverwaltung, welche auf die Gewinnung von Erträgen gerichtet sein muss. Andernfalls wäre das Betreiben des Unternehmens oder etwa die Rücklagenbildung überhaupt nicht finanzierbar. Ohne wirtschaftlichen Erfolg wäre die Gesellschaft nicht mehr in der Lage, ihr Unternehmen selbständig zu betreiben, geschweige denn sich irgendwie weiter zu entwickeln oder gar zu expandieren.[216] Demzufolge müssen auch Gesellschaften, die ideelle oder sonstige nichtwirtschaftliche Zwecke verfolgen, um ihren Auftrag erfüllen zu können, sich in weitem Umfang am Wirtschaftsverkehr beteiligen.[217] Dies steht im Übrigen

---

[213] Großmann, Unternehmensziele, S. 69 ff.

[214] Vgl. auch Hachenburg – Raiser, GmbHG, § 13 Rn 27 f.; Scholz – Emmerich, GmbHG, § 13 Rn 33.

[215] Letztlich hält auch Großmann, Unternehmensziele, S. 71 f., 86, den § 3 AktG für ‚unergiebig'.

[216] Vgl. hierzu auch Semler, Aufsichtsrat, S. 52 ff.; Junge, FS Caemmerer, S. 554 ff.; Tieves, Unternehmensgegenstand, S. 38 f.

[217] So auch Loidl, Die GmbH ohne erwerbswirtschaftliche Zielsetzung, S. 118.

auch dem Merkmal der Selbstlosigkeit im Rahmen der Steuer-vergünstigung nicht entgegen.[218]

Demzufolge sind sämtliche Kapitalgesellschaften – auch diejenigen, die keine Gewinnerzielungsabsicht im Sinne des Gewerbebegriffs verfolgen – zur Erhaltung ihrer Leistungsfähigkeit auf eine wirtschaftliche Vermögensverwaltung angewiesen.[219] Diese Vermögensverwaltung ist allerdings keine Konkretisierung des gesetzesimmanenten Ziels einer GmbH bzw. AG. Weder die spezielle Systematik des GmbHG noch die des AktG, sondern allein das verbandsmäßig organisierte Tätigwerden nach außen und nach innen begründet das Bedürfnis einer wirtschaftlichen Orientierung. Das wird bereits daran deutlich, dass sich diese Notwedigkeit auch auf nicht kapitalistisch strukturierte Gesellschaften, wie beispielsweise Personengesellschaften oder Vereine, übertragen lässt. Zulässig ist lediglich die Aussage, dass den Kapitalgesellschaften gegenüber anderen Gesellschaftsformen ein *gesteigerter* wirtschaftlicher Einschlag beizumessen ist, da Vorschriften, wie etwa die zur Kapitalaufbringung und Kapitalerhaltung, ihre Vermögensverwaltung in besonderem Maße sensibilisieren.

Nachdem jedenfalls insofern die Beschlussgegenstände vermögensrechtlich beeinflusst werden, bleibt zu prüfen, ob die Gesellschafter bei ihrem organschaftlichen Handeln auf derartige vermögensrechtliche Gegenstände beschränkt sind. Voraussetzung ist dabei, dass die Angelegenheiten der Gesellschafter allesamt als vermögensrechtlich einzuordnen sind, da der Handlungsspielraum der Mitgliederversammlung bzw. Hauptversammlung sich gemäß §§ 45 I GmbHG, 118 I AktG nach den ‚Angelegenheiten der Gesellschaft' bestimmt. Eine Aufzählung der Gegenstände, über welche die Gesellschafter zu beschließen haben, liefern die §§ 46 GmbHG, 119 I AktG. Hierunter fallen namentlich etwa die Überwachung der Geschäftsführung, die Verwendung des Bilanzgewinns sowie Maßnahmen der Kapitalbeschaffung. Es geht also vorwiegend um wirtschaftliche und mithin vermögensrechtliche Sachverhalte, über die ein Beschluss zu fassen ist. Allerdings werden die gesellschafterlichen Beschlusskompetenzen dort keineswegs abschließend zusammengestellt. Es bestehen zum einen weitere gesetzlich bestimmte Fälle, bei denen die Entscheidung den Gesellschaftern zugewiesen ist. Beispielhaft seien an dieser Stelle die Änderung des Stammkapitals (§§ 55 GmbHG, 182 AktG), der Abschluss von Unternehmensverträgen (§§ 291 ff. AktG direkt oder analog) sowie die Umwandlung genannt. Zum anderen kann gemäß §§ 45 I GmbHG, 119 I AktG die Satzung bzw. der Gesellschaftsvertrag weitere Beschlusszuständigkeiten durch ausdrückliche Bestimmung begründen. Der Gesetzgeber gewährt den Gesellschaftern insoweit die

[218] Vgl. Klein – Gersch, AO, §§ 55 Rn 5 ff., 58 Rn 10.

[219] I.E. auch Semler, Aufsichtsrat, S. 54; Tieves, Unternehmensgegenstand, S. 39; vgl. auch Junge, FS Caemmerer, S. 554, der das Unternehmensinteresse als Interesse an der Rentabilität des Unternehmens und damit seiner dauerhaften Erhaltung definiert.

Möglichkeit, ihre Kompetenzen über die gesetzlich bestimmten Fälle auszudehnen. Im Recht der GmbH gilt hierbei das Prinzip der sachlichen Allzuständigkeit der Gesellschafterversammlung. Das bedeutet, dass die Gesellschafterversammlung grundsätzlich jede Gesellschaftsangelegenheit zur Entscheidung an sich ziehen kann.[220] Bei der AG ist der Gestaltungsspielraum wegen § 23 V AktG wesentlich kleiner. Anders als bei der GmbH kann die Hauptversammlung daher nicht ohne weiteres über Fragen der Geschäftsführung entscheiden, sondern gemäß § 119 II AktG nur dann, wenn es der Vorstand verlangt. Dennoch lassen sich wegen dieser privatautonomen Gestaltungsmöglichkeiten Art und Gegenstand der Beschlüsse nicht eindeutig voraussagen. Anhaltspunkte bieten etwa der satzungsmäßig festgeschriebene Unternehmensgegenstand sowie der u.U. mittels Auslegung zu ermittelnde Gesellschaftszweck.

Vor diesem Hintergrund wird schließlich deutlich, dass eine generelle Aussage zur vermögensrechtlichen Natur der Beschlussgegenstände nicht möglich ist. Die grundsätzlich unbeschränkte Flexibilität des Unternehmensgegenstands und Gesellschaftszwecks, welche u.a. auch ideelle oder sonstige nichtwirtschaftliche Ziele und Tätigkeiten zulässt, eröffnet im Rahmen der Beschlussgegenstände ein gleichermaßen breites Spektrum. Nicht auszuschließen sind somit Entscheidungskompetenzen der Gesellschafter auch auf nichtvermögensrechtlichen Gebieten, wie es etwa durch die Übernahme einer gesellschaftspolitischen bzw. sozialgesellschaftlichen Verantwortung oder durch die Regelung von rein persönlichen oder moralischen Angelegenheiten der Fall sein könnte. Jene Zuständigkeiten können dabei ausdrücklich in der Satzung aufgeführt werden oder sich später – im Laufe des Unternehmensbetriebs – aus einer generalklauselartigen Regelung ergeben. Erfasst werden hiervon im Übrigen nicht bloß ideell bzw. nichtwirtschaftlich ausgerichtete Gesellschaften, da auch den klassischen Erscheinungsformen der Kapitalgesellschaft die Möglichkeit der Ausweitung der gesellschafterlichen Beschlussfassung auf nichtvermögensrechtliche Beschlussgegenstände zusteht.

Abschließend lässt sich also anführen, dass Beschlussgegenstände einer Kapitalgesellschaft zwar typischerweise einen vermögensrechtlichen Bezug aufweisen. Aufgrund der privatautonom gestaltbaren Beschlusszuständigkeit verbietet sich jedoch eine generelle Aussage, da Beschlussgegenstände von überwiegend nichtvermögensrechtlicher Natur weiterhin denkbar sind.

(4) Vermögensrechtliche Beschlussgegenstände

Nachdem die vorangegangene Untersuchung ergeben hat, dass weder die Beschlussstreitigkeiten sämtlicher Kapitalgesellschaften stets vermögensrechtlicher Art sein müssen, noch dass zumindest bestimmte Gesellschaften – namentlich

---

[220] Vgl. hierzu BGH NJW 1984, 733; Hachenburg – Hüffer, GmbHG, § 46 Rn 117; Scholz – Schmidt, GmbHG, § 46 Rn 1; Immenga, Personalistische Kapitalgesellschaft, S. 92 f.

die mit einem wirtschaftlichen Unternehmensgegenstand bzw. Gesellschaftszweck – die Gewähr dafür bieten können, dass alle ihre Beschlussmängelstreitigkeiten in den Anwendungsbereich des § 1030 I S. 1 ZPO fallen, ist es zumindest nicht ausgeschlossen, dass wenigstens bestimmte Beschlussgegenstände per se als vermögensrechtlich eingeordnet werden können. Diese müssten hierfür ihrem Inhalt nach derart wirtschaftlich ausgestaltet sein, dass der Gesellschafter, welcher klagemäßig gegen den Beschluss vorgeht, damit ausschließlich bzw. überwiegend vermögensrechtliche Interessen verfolgen kann. Erforderlich ist also, dass in dem konkreten Beschlussgegenstand bereits ein potentiell vermögensrechtlicher Anspruch angelegt ist, so dass von vornherein ausgeschlossen werden kann, dass mit dem Beschluss vornehmlich personenrechtliche oder sonstige nichtvermögensrechtliche Gebiete betroffen sind.

Die der Gesellschaftergesamtheit obliegenden Zuständigkeiten sind – wie bereits erwähnt – gesetzlich nicht abschließend aufgeführt. Da zumindest die einschlägigen gesellschaftsrechtlichen Vorschriften einige wichtige Beschlussgegenstände, welche zwingend oder zumindest typischerweise in die Zuständigkeit der Gesellschafterversammlung gehören, auflisten, bietet sich eine Untersuchung innerhalb dieses eingegrenzten Rahmens an. Jeder dieser Beschlussgegenstände muss also den oben formulierten Anforderungen entsprechen, um bei Auftreten eines Mangels als vermögensrechtliche Streitigkeit verallgemeinert werden zu können. Sofern diesbezüglich irgendwelche Zweifel bestehen sollten, ist von der Annahme einer solchen Allgemeingültigkeit indes Abstand zu nehmen.

(a) Vermögensrechtliche Beschlussgegenstände bei der GmbH

Anhand der gesetzlich vorgesehenen Gegenstände des Gesellschafterbeschlusses einer GmbH sollen diese nunmehr dem Anwendungsbereich des § 1030 I S. 1 ZPO bzw. dem des § 1030 I S. 2 ZPO zugeordnet werden. Sofern es die Gegenüberstellung beider Gruppen zulässt, werden in einem zweiten Schritt spezielle Kriterien ermittelt, welche einer bestimmten Gruppe zu Eigen sind und daher eine diesbezügliche Abgrenzung ermöglichen.

(i) Gesetzliche Beschlussgegenstände

Hinsichtlich der gesetzlichen Beschlussgegenstände einer GmbH ist zwischen Aufgaben zu unterscheiden, die zwingend von der Gesellschaftergesamtheit wahrgenommen werden müssen, bei denen also die Beschlüsse ausschließlich von den Gesellschaftern gefasst werden, und Aufgaben, welche lediglich in der Regel – sofern also nichts Abweichendes im Gesellschaftervertrag vereinbart worden ist – in den Zuständigkeitsbereich der Gesellschafterversammlung fallen.

Zu den Aufgaben, deren Wahrnehmung allein den Gesellschaftern obliegt, gehört u.a. die Einforderung von Nachschüssen gemäß § 26 GmbHG, die über den Betrag der Stammeinlage hinausgehen. Wenn ein Beschluss, der hierzu eine Regelung enthält, von einem Gesellschafter hinsichtlich seiner Rechtmäßigkeit angegriffen wird, kann es dem Gesellschafter nur um das ‚ob' oder ‚wie' bzw. ‚wie viel' der Nachschusspflicht gehen. Die hierbei einschlägigen Normen regeln zweifellos eine Beziehung mit stark vermögensrechtlichem Einschlag. Jedwede darüber hinausgehenden, nichtvermögensrechtlichen Belange sind in der Natur des Beschlussgegenstands nicht angelegt und demzufolge aus dem damit verbundenen Lebenssachverhalt auch nicht ableitbar; denkbar wäre allenfalls, dass in Einzelfällen personenrechtliche Elemente eine untergeordnete Rolle spielen und damit als unerhebliche Reflexwirkung zu qualifizieren wären. Ein nichtvermögensrechtlicher Schwerpunkt bei Beschlussmängelstreitigkeiten im Zusammenhang mit der Nachschusspflicht kann indes von vornherein ausgeschlossen werden.

Zu einer weiteren zwingenden Zuständigkeitsbestimmung gehört die Abänderung des Gesellschaftsvertrags gemäß § 53 GmbHG. Anders als bei § 26 GmbHG ist an dieser Stelle nicht vorhersehbar, ob und inwieweit vermögensrechtliche Satzungsbestimmungen betroffen sind. Vielmehr besteht aufgrund der flexiblen Satzungsautonomie der Gesellschafterversammlung zumindest die Möglichkeit, dass die Beschlüsse bzw. die Interessen des klagenden Gesellschafters personenrechtliche oder sonstige nichtvermögensrechtliche Bezüge aufweisen. Denkbar wäre etwa eine Vereinbarung dergestalt, dass das Vorliegen bestimmter Gründe in der Person des Geschäftsführers die Gesellschafterversammlung zu dessen Absetzung ermächtigen, so dass hierdurch (auch) Persönlichkeitsrechte tangiert werden. Darüber hinaus könnte mit der Änderung des Gesellschaftervertrags die Firma der Gesellschaft in ehrverletzender Weise geändert werden, so dass auch insofern nichtvermögensrechtliche Aspekte relevant wären. Demzufolge sind verbindliche Aussagen in Bezug auf § 1030 I S. 1 ZPO in diesem Zusammenhang nicht angezeigt.

Bei der Verschmelzung (§§ 2 ff., 13 I UmwG), Spaltung (§§ 13, 123 ff., 125 UmwG) und Umwandlung (§§ 190 ff., 193 I UmwG) der Gesellschaft sowie beim Auflösungs- und Fortsetzungsbeschluss[221] geht es in erster Linie um das wirtschaftliche (und rechtliche) Schicksal der Gesellschaft. Das bedeutet wiederum für die Belange der Gesellschafter, dass diese von den Beschlüssen nur mittelbar und nur aufgrund der konkreten Umstrukturierung der Gesellschaft betroffen werden können. Maßstab für Art und Gegenstand des Beschlusses sind die durch die Umstrukturierung entstehenden Konsequenzen für die Gesellschaf-

---

[221] § 60 I Nr. 2 GmbHG. Der Fortsetzungsbeschluss ist gesetzlich nicht geregelt, wird jedoch ungeachtet dessen zum zwingenden Bereich der Gesellschafterversammlung gezählt, vgl. Baumbach/Hueck - Zöllner, GmbHG, § 46 Rn 52.

terstellung in Form der kapitalmäßigen Beteiligung an der Gesellschaft, die ihrerseits eine rein vermögensrechtliche Signifikanz aufweist. Demzufolge können sich jene Konsequenzen schwerpunktmäßig nur vermögensrechtlich auswirken, so dass auch die insofern berührten Interessen der Gesellschafter als vermögensrechtlich einzustufen sind.

Die Bestellung und Abberufung von Liquidatoren in den Fällen der Auflösung der Gesellschaft, außer dem Fall des Insolvenzverfahrens im Sinne von § 66 I, III S. 2 GmbHG, haben grundsätzlich einen wirtschaftlichen Hintergrund, da es darum geht, ein Abwicklungsverfahren im Interesse der Gläubigerbefriedigung durchzuführen.[222] Hierbei haben die Liquidatoren gemäß § 70 GmbHG die laufenden Geschäfte zu beendigen, die Verpflichtungen der aufgelösten Gesellschaft zu erfüllen, die Fortsetzung derselben einzuziehen und das Vermögen der Gesellschaft in Geld umzusetzen. Insofern stehen Bestellung oder Abberufung von Liquidatoren, welche im Übrigen auch Gesellschafter sein können, in einem vermögensrechtlichen Zusammenhang. Allerdings sind bei der Beschlussfassung vor allem persönliche Eigenschaften oder Umstände relevant, da bestimmte formelle Kriterien gesetzlich nicht vorgeschrieben sind. So kann etwa die Satzung besondere persönliche Voraussetzungen aufstellen, denen die Liquidatoren zu entsprechen haben.[223] Es sind demgemäß Fälle denkbar, bei denen ein Gesellschafter mit seinem Vorgehen gegen einen Beschluss im Sinne von § 66 I bzw. III S. 2 GmbHG im Wesentlichen persönliche Belange verfolgen will. Ein vermögensrechtlicher Charakter der Beschlussmängelstreitigkeit wäre dabei auf ein unerhebliches Maß reduziert und der Anwendungsbereich des § 1030 I S. 1 ZPO mithin gesperrt.

Im Rahmen der disponiblen Beschlussgegenstände zählt § 46 GmbHG eine Reihe von Fällen und Aufgaben auf, in denen typischerweise ein Gesellschafterbeschluss vorgesehen ist.

Die ersten drei Beschlusszuständigkeiten – namentlich die Feststellung des Jahresabschlusses und die Verwendung des Ergebnisses, die Einforderung von Einzahlungen auf die Stammeinlagen sowie Rückzahlung von Nachschüssen – sind ihrer Natur nach bereits derart thematisch eingegrenzt, dass – ähnlich wie bei der Einforderung von Nachschüssen gemäß § 26 I GmbHG – sämtliche davon betroffenen Gesellschafterbelange vermögensrechtlich sein müssen. Es kann nämlich bei derartigen Beschlüssen lediglich um die Finanzen oder die Finanzierung der Gesellschaft gehen, so dass sich ein nichtvermögensrechtlicher Schwerpunkt gar nicht konstruieren lässt.

Bei der Teilung sowie der Einziehung von Geschäftsanteilen können indessen wiederum personenrechtliche Elemente eine Rolle spielen. Zum einen kann im Rahmen der Teilung eines Geschäftsanteils der Erwerber bzw. Erben den Be-

---

[222] Vgl. Baumbach/Hueck – Schulze-Osterloh, GmbHG, § 66 Rn 2.

[223] Hachenburg – Hohner, GmbHG, § 66 Rn 5.

schluss beeinflussen. Zum anderen lässt das Vorliegen eines wichtigen Grundes in der Person des Anteilsinhabers als Einziehungsgrund – insbesondere wenn er unsachlich und damit rechtswidrig ist[224] – ausreichend Freiraum für personenbezogene Motive, welche einer entsprechenden Beschlussstreitigkeit den vermögensrechtlichen Charakter versagen könnten.

Was die Bestellung, Abberufung und Entlastung von Geschäftsführern anbelangt, so kann auf die Ausführungen zu § 66 GmbHG verwiesen werden, da es sich auch bei § 46 Nr. 5 GmbHG jeweils um eine Personalentscheidung handelt, welche nicht auf vermögensrechtliche Belange und Interessen bezogen sein muss. So kann etwa die Entlastung denkbarerweise ohne zureichende Gründe versagt werden. Die darin liegende Diskriminierung bzw. Missbilligung kann zu einer empfindlichen Ansehensschmälerung des Geschäftsführers führen,[225] welcher mit einer Klage seine persönliche Rehabilitation anstreben kann.

Gleiches muss auch für die Maßregeln zur Prüfung und Überwachung der Geschäftsführung gelten. Sofern nämlich von der Gesellschaftergesamtheit eine unverhältnismäßige Maßnahme beschlossen wurde, könnten wiederum persönliche oder sonstige nichtvermögensrechtliche Interessen des Gesellschafters berührt sein. Jedenfalls ist eine diesbezügliche nichtvermögensrechtliche Beschlussstreitigkeit nicht völlig auszuschließen.

Des Weiteren hat § 46 Nr. 7 GmbHG, ebenso wie Nr. 5, eine Personalentscheidung zum Gegenstand und ist deswegen ebenfalls nicht von vornherein unter § 1030 I S. 1 ZPO subsumierbar.

Dagegen ist in den Beschlüssen zur Geltendmachung von Ersatzansprüchen gemäß § 46 Nr. 8 GmbHG ein wirtschaftlicher Schwerpunkt angelegt, der sich auch auf die mit der Klageerhebung verfolgten Belange fortsetzt. Letztlich kann es dem klagenden Gesellschafter – gleichermaßen wie bei § 26 GmbHG – nur um das ‚ob' oder ‚wie' der Ersatzansprüche gehen.

Im Übrigen ist außerhalb von § 46 GmbHG die Wahl der Aufsichtsratsmitglieder – soweit nicht das Mitbestimmungsgesetz die Wahl durch die Arbeitnehmer vorsieht – sowie anderer Sonderorgane und deren Entlastung Aufgabe der Gesellschafterversammlung.[226] Auch in diesen Fällen sind von den Gesellschaftern Personalentscheidungen zu fällen, so dass sich der Schwerpunkt der mit einer Anfechtungs- oder Nichtigkeitsklage verfolgten Interessen nicht eindeutig als vermögensrechtlich vorhersagen lässt.

---

[224] Sofern es an sachlichen Gründen fehlt, tritt Nichtigkeit analog § 241 Nr. 5 AktG wegen Unvereinbarkeit mit dem Wesen der GmbHG ein; vgl. Hachenburg – Ulmer, GmbHG, § 34 Rn 43.

[225] Baumbach/Hueck – Zöllner, GmbHG, § 46 Rn 29; Hachenburg – Hüffer, GmbHG, § 46 Rn 69.

[226] Vgl. Baumbach/Hueck – Zöllner, GmbHG, § 46 Rn 56 ff.

(ii) Abstrakte Bestimmungskriterien

Die Untersuchung der gesetzlich normierten Beschlussgegenstände einer GmbH hinsichtlich des vermögensrechtlichen Charakters ergab ein durchaus geteiltes Bild. Während Beschlüsse zur Nachschusspflicht, Verschmelzungs-, Umwandlungs-, Auflösungs- und Fortsetzungsbeschlüsse sowie Beschlussgegenstände im Sinne von § 46 Nr. 1-3 und 8 GmbHG generell zu einer unter § 1030 I S. 1 ZPO subsumierbaren Streitigkeit führen, lässt sich dies für Beschlüsse zur Satzungsänderung, zur Bestellung und Abberufung von Liquidatoren, zur Wahl des Aufsichtsrats sowie für Beschlüsse gemäß § 46 Nr. 4-7 GmbHG nicht in dieser Allgemeingültigkeit feststellen. Letztere Beschlussgegenstände wurden in diesem Zusammenhang mittels zwei Kriterien als nicht notwendigerweise vermögensrechtlich identifiziert: zum einen, anhand ihrer Personenbezogenheit aufgrund der in dem Beschlussgegenstand enthaltenen Personalentscheidung und zum anderen anhand der mangelnden Vorhersehbarkeit hinsichtlich eines vermögensrechtlichen Schwerpunkts bei der Beschlussstreitigkeit. Beide Kriterien schließen sich nicht aus, sondern unterscheiden sich lediglich dadurch, dass bei dem Merkmal der Personenbezogenheit der personenrechtliche Bezug stets im Beschlussgegenstand enthalten ist, wohingegen das Merkmal der mangelnden Vorhersehbarkeit nichtvermögensrechtliche Bezüge zumindest nicht ausschließen kann.

Demzufolge lassen sich vermögensrechtliche Beschlussstreitigkeiten negativ dadurch abgrenzen, dass ihr zugrunde liegender Beschlussgegenstand weder personenbezogene Elemente noch irgendwie sonst die Möglichkeit eines nichtvermögensrechtlichen Bezugs enthalten darf.

(b) Vermögensrechtliche Beschlussgegenstände bei der AG

Mit Hilfe der anhand der Gesellschafterbeschlüsse einer GmbH ermittelten Kriterien können nunmehr die gesetzlich aufgeführten aktienrechtlichen Beschlüsse in generell vermögensrechtliche und nicht notwendigerweise vermögensrechtliche bzw. potentiell nichtvermögensrechtliche Beschlussgegenstände eingeteilt werden.

Wegen der immanenten Personenbezogenheit sind danach nicht unbedingt vermögensrechtlich die folgenden Beschlussgegenstände über

- Wahl der Aufsichtsratsmitglieder, soweit diese von den Aktionären zu bestellen sind (§§ 101 I, 119 I Nr. 1 AktG),
- Bestellung des Abschlussprüfers (§§ 119 I Nr. 4 AktG, 318 I HGB),
- Beschlüsse zur Hauptversammlung mit personenbezogenem Element, wie die Wahl des Versammlungsleiters, die Zulassung von Aktionären oder anderen Personen zur Hauptversammlung,

- Entlastung des Vorstands und des Aufsichtsrats (§§ 120 I S. 1, 119 I Nr. 3 AktG),
- Entzug des Vertrauens für den Vorstand (§ 84 III AktG),
- Bestellung von Sonderprüfern zur Prüfung von Gründungsvorgängen, der Geschäftsführung sowie von Kapitalbeschaffungs- und Kapitalherabsetzungsmaßnahmen (§§ 142 I S. 1, 119 I Nr. 7, 315 S. 4 AktG),
- Bestellung, Abberufung und Entlastung der Abwickler (§§ 265 II, V, 270 II AktG),
- Vorzeitige Abberufung von Aufsichtsratsmitgliedern, die von der Hauptversammlung ohne Bindung an einen Wahlvorschlag gewählt worden sind (§ 103 I S. 1 AktG).

Ferner sind aufgrund mangelnder Vorhersehbarkeit nicht von vornherein vermögensrechtlicher Natur die folgenden Beschlüsse über

- Fragen der Geschäftsführung auf Verlangen des Vorstands (§ 119 II AktG),
- Vorbereitung und Ausführung von Hauptversammlungsbeschlüssen durch den Vorstand (§ 83 I AktG),
- Zustimmung der Hauptversammlung zu Geschäften des Vorstands, zu denen der Aufsichtsrat seine Zustimmung verweigert hat (§ 111 IV S. 3 AktG),
- Satzungsänderung (§§ 179 I, 119 I Nr. 5 AktG),
- Ausschluss des Bezugsrechts (§§ 186 III, 182 II, 221 IV S. 2 AktG),
- Zustimmung zur Satzung der durch Verschmelzung neu gebildeten Gesellschaft (§ 76 II UmwG),
- Beschlüsse zur Hauptversammlung, die nicht von vornherein vermögensrechtlich geprägt sind, wie die Absetzung eines Tagesordnungspunkts, Vertagung eines Tagesordnungspunkts oder der Hauptversammlung.

Im Übrigen sind generell vermögensrechtlich, da vermögensrechtliche Belange darin von vornherein angelegt sind, Beschlüsse bzw. die jeweilige Streitigkeit über

- Feststellung des Jahresabschlusses, soweit sie der Hauptversammlung obliegt (§§ 173 I, 234 II, 286 AktG),
- Verwendung des Bilanzgewinns (§§ 174 I S. 1, 119 I Nr. 2 AktG),
- Verwendung des Ertrags aufgrund höherer Bewertung (§ 261 III S. 2 AktG),
- Zustimmung zum Verzicht auf Ersatzansprüche der Gesellschaft aus Gründungsvorgängen (§§ 50, 53 AktG),
- Bewilligung oder Herabsetzung einer Vergütung für den Aufsichtsrat (§ 113 I, II AktG),
- Zustimmung zum Verzicht auf Ersatzansprüche der Gesellschaft gegen Mitglieder des Vorstands oder des Aufsichtsrats wegen Verletzung ihrer Sorgfaltspflicht (§§ 93 IV S. 3, 116 AktG),

- Geltendmachung von Ansprüchen der Gesellschaft gegen die Gründer aus Gründungsvorgängen, gegen Mitglieder des Vorstands und des Aufsichtsrats aus der Geschäftsführung oder gegen Dritte wegen unberechtigter Einflussnahme auf leitende Personen der Gesellschaft (§§ 147 I, 117 I AktG),
- Feststellung der Eröffnungsbilanz und des Jahresabschlusses im Rahmen der Liquidation (§ 270 II S. 1 AktG),
- Beschluss der Vorzugsaktionäre über die Aufhebung oder Beschränkung des Vorzugs und über die Zustimmung zur Ausgabe neuer Aktien mit den Vorzugsaktien vorgehenden oder gleichstehenden Rechten (§ 141 AktG),
- Verschmelzung von Versicherungsvereinen auf Gegenseitigkeit (§§ 112 III, 109 UmwG),
- Nachgründung (§ 52 I AktG),
- Kapitalerhöhung (§§ 182 I, 119 I Nr. 6 AktG) und Kapitalerhöhung aus Gesellschaftsmitteln (§§ 207 I, 119 I Nr. 6 AktG),
- bedingte Kapitalerhöhung (§§ 192 f., 119 I Nr. 6 AktG),
- genehmigtes Kapital (§§ 202 II S. 2, 119 I Nr. 6 AktG),
- Zuteilung der neuen Aktien an die Aktionäre (§ 212 AktG),
- Ausgabe von Wandelschuld- und Gewinnschuldverschreibungen (§ 221 I S. 1 AktG) sowie Gewährung von Genussrechten (§ 221 III AktG),
- Kapitalherabsetzung (§§ 222 I, 229 I, 237 II, 119 I Nr. 6 AktG),
- Auflösung der Gesellschaft (§ 119 I Nr. 8 AktG),
- Fortsetzung der aufgelösten Gesellschaft (§ 274 I, II AktG),
- Zustimmung zu Unternehmensverträgen (Beherrschungsverträgen, Gewinnabführungsverträgen, Gewinngemeinschaften, Teilgewinnabführungs-, Betriebspacht- und Betriebsüberlassungsverträgen) (§§ 293 I, II, 295 I AktG),
- Eingliederung einer anderen AG, deren Aktien vollständig oder zu 95 % in Händen der Gesellschaft sind (§§ 319 I, II, 320 I AktG),
- Verschmelzung mit einer anderen Gesellschaft (§ 65, 73 UmwG),
- Übertragung des Gesellschaftsvermögens (§§ 174 ff., 13 UmwG)
- Formwechsel in eine Personengesellschaft (§§ 228 ff., 233 UmwG),
- Formwechsel in eine Kapitalgesellschaft anderer Rechtsform (§§ 238 ff., 240 UmwG),
- Spaltung (123 ff., 13 UmwG).

c. Ergebnis

Der Versuch, anhand des Mitgliedschaftsrechts bzw. der Beschlussfehler auf einen generell vermögensrechtlichen Charakter der gesellschaftsrechtlichen Beschlussmängelstreitigkeit zu schließen, muss als gescheitert angesehen werden. Während nämlich die Klagebefugnis des Gesellschafters als Mitgliedschaftsrecht rein verwaltungsrechtlicher Natur ist, enthalten die verschiedenen Beschlussfehlerarten – soweit sie überhaupt erfassbar sind – keine Aussage über die gesellschafterlichen Belange bei der Erhebung einer Beschlussmängelklage, auf die es jedoch bei der Beurteilung im Rahmen des § 1030 I S. 1 ZPO gerade ankommt.

Trotz des kapitalistischen Wesens der GmbH und AG blieb auch die Untersuchung des Unternehmensgegenstands und (immanenten) Gesellschaftszwecks ergebnislos, da insofern nicht notwendigerweise ein wirtschaftlicher Einschlag vorgegeben ist, sondern auch nichtwirtschaftliche oder ideelle Zwecke oder Tätigkeiten verfolgt werden können. Allein die verbandsmäßige Tätigkeit aller Gesellschaften erfordert ein gewisses Mindestmaß an ökonomischer Vermögensverwaltung und mithin die Wahrnehmung entsprechend vermögensrechtlich geprägter Interessen durch die Gesellschafter im Rahmen ihrer Beschlussfassung. Dessen ungeachtet lässt sich jedoch ein Bezug der gesellschaftlichen Vermögensverwaltung zu *sämtlichen* Beschlussgegenständen nicht feststellen, so dass im Umkehrschluss nichtvermögensrechtliche Beschlussgegenstände nicht ausgeschlossen werden können.

Demzufolge kann über den Charakter von Beschlussmängelklagen keine allgemeingültige Aussage getroffen werden. Vielmehr muss es grundsätzlich bei einer Einzelfallbetrachtung bleiben, wobei jedoch bestimmte Beschlussgegenstände aufgrund ihrer Natur der über sie bestehenden Beschlussmängelstreitigkeit einen vermögensrechtlichen Charakter verleihen, da insoweit nur vermögensrechtliche Belange verfolgt werden können. Hierzu zählen alle Beschlüsse, welche nicht personenbezogen sind und bei denen auch sonst personenbezogene bzw. nichtvermögensrechtliche Schwerpunkte angesichts ihrer wirtschaftlichen Thematik ausgeschlossen werden können.

5. Einschränkung des § 1030 I S. 1 ZPO

Die Fassung des § 1030 I S. 1 ZPO führt aufgrund des weit auszulegenden Begriffs der vermögensrechtlichen Streitigkeit zu einer beträchtlichen Ausdehnung der objektiv schiedsfähigen Streitgegenstände. Hierdurch wird zweifellos der im Zusammenhang mit der Auslegung von § 1025 I ZPO a.F. beobachteten Tendenz zur Ausdehnung der objektiv schiedsfähigen Streitigkeiten Rechnung getragen.[227] Gleichwohl steht die Frage im Raum, ob aus dem Spannungsverhältnis zwischen dem staatlichen Rechtsprechungsmonopol und der Liberalisierung der Schiedsgerichtsbarkeit heraus die Schiedsfähigkeit von vermögensrechtlichen Ansprüchen durch die Schiedsrechtsreform endgültig als zu Gunsten der Schiedsgerichtsbarkeit geklärt angesehen werden kann.

Es ergeben sich jedenfalls bereits aus dem Gesetz einige Beschränkungen der objektiven Schiedsfähigkeit. So wird in § 1030 II ZPO die Regelung des § 1025a S. 1 ZPO a.F. übernommen, welche ein Schiedsverbot für Streitigkeiten über inländische Wohnraummietverhältnisse enthält.[228] Absatz 3 bestimmt, dass Vorschriften in anderen Gesetzen, welche die Schiedsgerichtsbarkeit einschränken, unberührt bleiben. Hierzu zählen u.a. § 1822 Nr. 12 BGB, § 28 BörsenG und § 160 II Nr. 3 InsO.[229] Hinsichtlich der eingeschränkten Schiedsgerichtsbarkeit bei arbeitsrechtlichen Streitigkeiten enthalten die §§ 101 bis 110 ArbGG eine abschließende Regelung, die an keiner Stelle auf das 10. Buch der ZPO Bezug nimmt und für welche dessen Vorschriften somit auch nicht entsprechend anwendbar sind.[230]

In Anlehnung an die mit ähnlicher Problemstellung geführte Diskussion in der schweizerischen Literatur[231] zu Art. 177 IPRG, welche dem § 1030 I S. 1 ZPO als Vorbild diente,[232] gibt es darüber hinaus Bestrebungen, nach weiteren

---

[227] So auch Böcker, Objektive Schiedsfähigkeit, S. 66; Raeschke-Kessler/K. P. Berger, Recht und Praxis, Rn 157.

[228] Zweck des § 1030 II ZPO ist es, Umgehungen der zum Schutz des Mieters geschaffenen ausschließlichen Gerichtsstandsregelung des § 29a ZPO durch Schiedsvereinbarungen zu verhindern. Liegt der Mittelpunkt der Lebensverhältnisse der Mieters im Ausland, obliegt eine solche Schutzbestimmung nicht dem deutschen Recht. Aus diesem Grund grenzt Absatz 2 die Einschränkung auf Wohnraum im Inland ein; BegRegE, BT-Drucks. 13/5274, S. 35.

[229] BegRegE, BT-Drucks. 13/5274, S. 35 f.; Böcker, Objektive Schiedsfähigkeit, S. 68 ff.; Epping, Schiedsvereinbarung, S. 194; eine ausdrückliche Beschränkung der Schiedsfähigkeit enthielt bislang auch § 91 I GWB a.F. für die dort aufgezählten kartellrechtlichen Streitigkeiten. Schiedsvereinbarungen für künftige Auseinandersetzungen waren bzgl. dieser Streitigkeiten nur zulässig, wenn sie jedem Beteiligten das Recht einräumten, im Einzelfall das staatliche Gericht anzurufen. Durch Art. 2 § 19 des Schiedsverfahren-Neuregelungsgesetzes wurde § 91 I GWB a.F. schließlich aufgehoben; vgl. hierzu Epping, Schiedsvereinbarung, S. 194.

[230] BegRegE, BT-Drucks. 13/5274, S. 36.

[231] Vgl. die Streitdarstellung bei Barber, Schiedsfähigkeit und ordre public, S. 130 ff.; siehe auch Bucher, FS Moser, S. 193 ff.; Habscheid, RIW 1988, 766, 768; Honsell/Vogt/Schnyder – Briner, IPRG, Art. 177 Rn 12 ff.; Rüede/Hadenfeldt, Schweizerisches Schiedsgerichtsrecht, S. 56.

[232] Siehe oben Zweiter Teil, A. II. 1.

Einschränkungen zu suchen.[233] Hierbei wird untersucht, ob nicht bestimmte vermögensrechtliche Streitigkeiten auch ohne einen spezialgesetzlichen Ausschluss objektiv schiedsunfähig sind, weil insofern ein übergeordnetes Interesse am Erhalt eines staatlichen Rechtsprechungsmonopols besteht.

Im Folgenden wird demgemäß die Vorschrift des § 1030 I S. 1 ZPO auf immanente Grenzen hin überprüft. Dabei soll es zunächst – mittels Auslegung und deren Würdigung – darum gehen, ob eine solche Beschränkung in § 1030 I S. 1 ZPO überhaupt vorgesehen ist, um anschließend – sofern vermögensrechtliche Ansprüche tatsächlich nicht ausnahmslos schiedsfähig sein sollten – die Beschränkung im Rahmen der gesellschaftsrechtlichen Beschlussmängelstreitigkeiten zu konkretisieren. Die Frage nach den einzelnen Gesichtspunkten, nach denen eine Beschränkung der objektiven Schiedsfähigkeit vermögensrechtlicher Streitigkeiten vorgenommen werden könnte, soll u.a. mit Blick auf die parallel geführte Diskussion im schweizerischen Schrifttum erörtert werden.

a. Auslegung des § 1030 I S. 1 ZPO

(1) Gesetzeswortlaut

In § 1030 I S. 1 ZPO wird festgelegt, dass ‚jeder vermögensrechtliche Anspruch' Gegenstand einer Schiedsvereinbarung sein kann. Aus dieser Formulierung lässt sich jedenfalls nicht entnehmen, dass sie eine Beschränkung enthält.[234] Vielmehr ist dieser Vorschrift ihrem Wortlaut nach das genaue Gegenteil ableitbar. Der Terminus ‚jeder Anspruch' schließt nämlich gerade Eingrenzungen jeglicher Art aus. Insofern ist also von der generellen Schiedsfähigkeit vermögensrechtlicher Streitigkeiten auszugehen.

(2) Systematik

Die in § 1030 I S. 1 ZPO positiv gefasste Aussage wird durch die in Absatz 2 und vor allem in Absatz 3 statuierten Ausnahmen bzw. Einschränkungen relativiert. Hieraus lässt sich wiederum unter systematischen Gesichtspunkten der Schluss ziehen, dass mit § 1030 ZPO eine abschließende Regelung der objektiven Schiedsfähigkeit vermögensrechtlicher Ansprüche geschaffen werden sollte

---

233 So etwa bei K. P. Berger, Neue Recht, S. 24; Böcker, Objektive Schiedsfähigkeit, S. 66 ff.; Ebbing, NZG 2000, 1184 f.; Epping, Schiedsvereinbarung, S. 194 ff.; Schwab, FS Henckel, S. 816; widersprüchlich hinsichtlich der Einschränkbarkeit des § 1030 I S. 1 ZPO dagegen Wagner, Prozessverträge, S. 100, 586. Timm, ZIP 1996, 445, 446, geht offenbar von einer uneingeschränkten objektiven Schiedsfähigkeit vermögensrechtlicher Ansprüche aus; ebenso Schulze, Grenzen der objektiven Schiedsfähigkeit, S. 36, der die Einschränkungsmöglichkeit gemäß § 1030 III ZPO ausreichen lässt.

234 So auch Böcker, Objektive Schiedsfähigkeit, S. 76; Ebbing, NZG 2000, 1184; Schulze, Grenzen der objektiven Schiedsfähigkeit, S. 44.

und dass weitere Grenzen nicht vorgesehen sind.[235] Weitere Aussagen hierzu sind im 10. Buch der ZPO nicht enthalten. Dies gilt insbesondere für § 1059 II Nr. 2 a) ZPO, wonach ein Schiedsspruch aufgehoben werden kann, sofern der Gegenstand des Streits nicht schiedsfähig ist, da sich diese Vorschrift nicht notwendigerweise auf § 1030 I S. 1 ZPO beziehen muss, sondern vielmehr in erster Linie prozessuale Konsequenz des § 1030 I S. 2, II, III ZPO darstellt.

(3) Entstehungsgeschichte

Vorbild für das Schiedsverfahren-Neuregelungsgesetz war vor allem das UNCITRAL-Modellgesetz, dessen internationaler Charakter nunmehr auch den Einzug in die ZPO erhalten sollte.[236] Was allerdings die Schiedsfähigkeit des Streitgegenstands anbelangt, so enthält das Modellgesetz keine ausdrücklichen Regelungen, welche übernommen werden konnten. Es spricht die Schiedsfähigkeit lediglich in Art. 5 I UNCITRAL-Modellgesetz in dem Sinne an, dass einschränkende Regelungen über die Schiedsfähigkeit in ‚anderen Gesetzen' des rezipierenden Staates unberührt bleiben. Der Gesetzgeber hat diese Bestimmung in § 1030 III ZPO übernommen. Allerdings musste das neue Schiedsgesetz schon deswegen eine konkrete Regelung zur Schiedsfähigkeit enthalten, weil sein Anwendungsbereich nicht auf die vom Modellgesetz allein geregelte internationale Schiedsgerichtsbarkeit beschränkt sein sollte.[237] Vor dem Hintergrund, dass Rechtsprechung und Literatur im Rahmen der Vergleichsbefugnis des § 1025 I ZPO a.F. mehrheitlich die Theorie von der objektiven Verfügbarkeit übernahmen,[238] nahm der Gesetzgeber dieses erweiterte Verständnis der Schiedsfähigkeit auf und sah die Schiedsfähigkeit nach dem Vorbild des Art. 177 IPRG und damit entsprechend dem Vorschlag der Kommission zur Neuordnung des Schiedsverfahrensrechts[239] für alle vermögensrechtlichen Ansprüche vor.

Der Entstehungsgeschichte des Art. 177 IPRG nach wollte der schweizerische Bundesgesetzgeber – im Gegensatz zur innerstaatlichen Vorschrift des Art. 5 SchKonk – den Zugang zur internationalen Schiedsgerichtsbarkeit weit öffnen.[240] Demgemäß wurde ein ‚möglichst umfassender' Begriff zur Festlegung der Schiedsfähigkeit gewählt, der ‚nicht ohne gewichtige sachliche Gründe' ein-

---

[235] So auch Böcker, Objektive Schiedsfähigkeit, S. 76; Holzner, Immaterialgüterrechtsstreitigkeiten, S. 43; vgl. auch Epping, Schiedsvereinbarung, S. 196.

[236] Siehe oben Zweiter Teil, A.II.1.

[237] BegRegE, BT-Drucks. 13/5274, S. 34.

[238] Siehe oben Zweiter Teil, A. I. 2. b.(1).

[239] BegRegE, BT-Drucks. 13/5274, S. 34.

[240] BGE 118 II 353 E. 3a; Honsell/Vogt/Schnyder – Briner, IPRG, Art. 177 Rn 11.

geschränkt werden soll.[241] Eine Beschränkung des Art. 177 I IPRG ist im schweizerischen Recht somit grundsätzlich vorgesehen, wenngleich über ihre nähere Konkretisierung unterschiedliche Auffassungen bestehen.[242]

Doch auch der deutsche Gesetzgeber behielt sich in seiner Begründung eine Einschränkung des weiten Anwendungsbereichs des § 1030 I S. 1 ZPO vor. Danach bestünde zwar ‚generell' für vermögensrechtliche Ansprüche kein Interesse an ausschließlich staatlicher Rechtsprechung, doch wird anschließend die Schiedsfähigkeit wiederum nur ‚prinzipiell' für alle vermögensrechtlichen Ansprüche vorgesehen bzw. soll künftig nur ‚grundsätzlich' jeder vermögensrechtliche Anspruch Gegenstand einer Schiedsvereinbarung sein können.[243] Im Weiteren wird dieser gesetzgeberische Vorbehalt sogar näher bestimmt, wenn es in der Gesetzesbegründung heißt, dass die objektive Schiedsfähigkeit auszuschließen sei, sofern der Gesetzgeber bestimmte Gerichte für bestimmte Streitigkeiten, wie etwa die Klagen auf Nichtigerklärung oder Zurücknahme von Patenten, eingerichtet hat.[244] Weniger verbindlich sind indes die Aussagen zu der gesellschaftsrechtlichen Anfechtungs- und Nichtigkeitsklage, bei welchen immerhin ‚grundsätzlich' keine Bedenken bestehen.[245] Allerdings soll hierdurch die damit verbundene Problematik der Rechtskrafterstreckung für und gegen Dritte nicht ‚in bejahendem Sinne präjudiziert, sondern angesichts ihrer Vielschichtigkeit in tatsächlicher und rechtlicher Hinsicht weiterhin der Lösung durch die Rechtsprechung unter Berücksichtigung der konkreten Umstände des Einzelfalls überlassen bleiben'. Ob es sich hierbei um eine Einschränkung des § 1030 I S. 1 ZPO handelt, wird noch zu zeigen sein.

In jedem Fall zeigt jedoch die Entstehungsgeschichte des § 1030 I S. 1 ZPO, dass der Gesetzgeber dabei – mehr oder weniger konkrete – Einschränkungen vor Augen gehabt hat, sich in jedem Fall insoweit nicht verbindlich festlegen wollte.

(4) Sinn und Zweck

Sinn und Zweck des § 1030 ZPO ist die Regelung von Rechtsstreitigkeiten.[246] Es findet also eine Abgrenzung der Streitgegenstände, die auch von Schiedsgerichten entschieden werden dürfen, von denjenigen, die nur von einem staatli-

---

[241] Honsell/Vogt/Schnyder – Briner, IPRG, Art. 177 Rn 11.

[242] Vgl. etwa die Darstellung bei Barber, Schiedsfähigkeit und ordre public, S. 130 ff.

[243] BegRegE, BT-Drucks. 13/5274, S. 34; vgl. auch Böcker, Objektive Schiedsfähigkeit, S. 66 (Fn 319), 72 (Fn 341); Ebbing, NZG 2000, 1184, 1185. Gegen eine solche Deutung der Regierungsbegründung: Holzner, Immaterialgüterrechtsstreitigkeiten, S. 43 (Fn 208).

[244] BegRegE, BT-Drucks. 13/5274, S. 35.

[245] BegRegE, BT-Drucks. 13/5274, S. 35.

[246] BegRegE, BT-Drucks. 13/5274, S. 34.

chen Gericht zugewiesen werden können, statt. Es stehen sich mithin zwei unterschiedliche Rechtsfindungsinstitute gegenüber, wobei die Schiedsfähigkeit ihr Verhältnis zueinander dokumentiert. Denn soweit Rechtsstreitigkeiten als schiedsfähig gelten, also von beiden Instituten entschieden werden können, besteht eine grundsätzliche Parallelität,[247] wohingegen die Grenze der Schiedsgerichtsbarkeit anhand von schiedsunfähigen Ansprüchen dargetan wird.

Im Laufe der Jahre trieben ausländische[248] und inländische Rechtsprechung,[249] aber vor allem das Schrifttum[250] die Akzeptanz der Schiedsgerichtsbarkeit in Deutschland voran, so dass sie nunmehr – auch vom Gesetzgeber – als eine der staatlichen Gerichtsbarkeit im Prinzip gleichwertige Rechtsschutzmöglichkeit angesehen wird.[251] Das Misstrauen gegenüber der privaten Schiedsgerichtsbarkeit, welches sich u.a. in dem Verständnis des § 1025 I ZPO a.F. im Sinne der materiell-rechtlichen Theorie manifestierte, muss damit größtenteils als überwunden gelten. Falsch wäre es indessen – zumindest aus staatlicher Sicht – von einer generellen Gleichstellung der Schiedsgerichte mit den staatlichen Gerichten zu sprechen. Dies wird bereits an den Vorbehalten in § 1030 II, III ZPO deutlich. Insbesondere Absatz 3, der sich sowohl auf nichtvermögensrechtliche als auch auf vermögensrechtliche Ansprüche bezieht, zeigt, dass sich der Staat Einschränkungen vorbehält. Somit ist die Einteilung in schiedsfähige vermögensrechtliche und nicht unbedingt schiedsfähige nichtvermögensrechtliche Ansprüche eher als prinzipielle Bündelung und nicht etwa als rechtsverbindliche Selektion zu verstehen. Denn es kann – wie gezeigt – weder von vermögensrechtlichen noch von nichtvermögensrechtlichen Streitigkeiten in allgemein verbindlicher Weise behauptet werden, dass sie generell schiedsfähig bzw. generell schiedsunfähig sind. Vielmehr ist weiterhin zu prüfen, ob der Staat sich im Interesse besonders schutzwürdiger Rechtsgüter ein Entscheidungsmonopol vorbehalten hat. Ausdrücklich anerkannt wurde dies allerdings nur im Fall der nichtvermögensrechtlichen Ansprüche. Dass dessen ungeachtet gemäß § 1030 I

---

[247] Die Überprüfungsmöglichkeit staatlicher Gerichte hinsichtlich eines ordre-public-Verstoßes soll an dieser Stelle ausgeklammert werden.

[248] So vor allem die amerikanische Rechtsprechung: vgl. Mitsubishi Motors Co v. Soler Chrysler Plymouth, Inc. 473 U.S. 614 (1985); Shearson/American Express v. McMahon, 107 S.Ct.S. 2332 (1987); Rodriguez De Quigas v. Shearson/American Express, 109 S.Ct. 1917 (1989); Bird v. Shearson Lehman/American Express Inc. 926 F.2d. 116 (2d Cir. 1991). Vgl. für die schweizerische Rechtsprechung: BGE 80 II 71, 75 f.; BGE 107 II 179, 181; BGE 108 II 77 E. 1a.; BGE 119 II 271 E. 3c.

[249] Hier vor allem BGH ZIP 1996, 830 aber auch OLG Karlsruhe, ZIP 1995, 915.

[250] Statt aller: Bork, ZZP 100 (1987), 249 ff.; Kornmeier, Vergleichsbefugnis und Schiedsfähigkeit, S. 1 ff.; Schick, Schiedsfähigkeit, S. 1 ff.; Schmidt, ZGR 1988, 525 ff.

[251] BegRegE, BT-Drucks. 13/5274, S. 34; K. P. Berger, RIW 2001, 7, 14; ders., Neue Recht, S. 24; Wagner, Prozessverträge, S. 586, 588; vgl. indessen auch BGH ZIP 1996, 830, 833.

S. 1 ZPO ‚jeder' vermögensrechtliche Anspruch schiedsfähig sein soll, findet seinen Grund darin, dass bei jenen Streitigkeiten ein öffentliches Interesse an einem staatlichen Rechtsprechungsmonopol *tendenziell* nicht besteht. Dagegen lässt sich diese Tendenz bei nichtvermögensrechtlichen Ansprüchen nicht feststellen.[252] Streng genommen müssten demzufolge sämtliche Streitigkeiten – also vermögensrechtliche und nichtvermögensrechtliche – dann schiedsfähig sein, wenn nicht im Einzelfall ein Interesse an einem staatlichen Rechtsprechungsmonopol besteht.[253] Da eine solche Formulierung für eine Verankerung im Gesetz allerdings zu vage ist, hat sich der Gesetzgeber gegen ihre Übernahme in die Neufassung der §§ 1025 ff. ZPO entschieden.[254] Stattdessen wählte er zu Gunsten der Praktikabilität als Kompromiss die weniger abstrakte Unterscheidung zwischen vermögensrechtlichen und nichtvermögensrechtlichen Ansprüchen, wobei jedoch weiterhin ein gewisser Einschränkungsspielraum bei der Rechtsprechung verbleiben wird.

(5) Würdigung der Auslegung

Für die Frage des Bestehens einer immanenten Einschränkung des § 1030 I S. 1 ZPO ergaben die verschiedenen Auslegungsmethoden ein geteiltes Bild. Während der Wortlaut und die Systematik jene Vorschrift als abschließend und somit nicht einschränkbares Regelwerk darstellen, enthalten ihre Entstehungsgeschichte sowie Sinn und Zweck Hinweise darauf, dass sich vermögensrechtliche Streitigkeiten mit denjenigen, die ein staatliches Rechtsprechungsmonopol für sich nicht erfordern, nicht unbedingt decken müssen. Fraglich ist somit, ob eine grundsätzliche Einschränkung des § 1030 I S. 1 ZPO entgegen dessen Wortlaut sowie dem Gesetzeszusammenhang zugelassen werden soll.

Als Gegenargument muss dabei sicherlich die Rechtssicherheit angeführt werden, welche angesichts eines ungeschriebenen Ausnahmetatbestands gefährdet wäre.[255] Denn zum einen sind Wortlaut und Systematik, nicht dagegen die Entstehung sowie der Gesetzeszweck vom Adressatenkreis der Schiedsverfahrensregelungen und mithin des § 1030 I S. 1 ZPO wahrnehmbar. Mit dem auf diese Weise gewonnenen Rechtsverständnis werden die Normen in die Praxis umgesetzt. Jegliche immanenten Einschränkungen könnten dagegen zu Irritatio-

---

[252] Vgl. auch BegRegE, BT-Drucks. 13/5274, S. 334; vgl. auch Wagner, Prozessverträge, S. 584, der hierin eine unterschiedliche Verteilung der Begründungslast zu Gunsten der objektiven Schiedsfähigkeit sieht; kritisch zu dieser Einteilung: Ebbing, NZG 2000, 1184 f.

[253] So auch der Vorschlag Ebbings, NZG 2000, 1184, 1185, der jedoch einräumt, dass eine derart allgemeine Formulierung wenig Hilfestellung für die Beurteilung konkreter Einzelfälle gäbe, weil unklar bliebe, unter welchen Voraussetzungen ein staatliches Rechtsprechungsmonopol denn nun geboten erscheint.

[254] BegRegE, BT-Drucks. 13/5274, S. 34.

[255] So auch Schulze, Grenzen der objektiven Schiedsfähigkeit, S. 44.

nen und Missverständnissen führen. Zum anderen bleibt die Gesetzesbegründung eine weitergehende Konkretisierung der Einschränkung schuldig. Allein das öffentliche Interesse an einem staatlichen Rechtsprechungsmonopol bietet jedenfalls kein verlässliches Kriterium zur Bestimmung der Schiedsfähigkeit vermögensrechtlicher Ansprüche im Einzelfall. Diese Unsicherheiten erhalten insbesondere vor dem Hintergrund Gewicht, dass mit dem neuen Schiedsverfahrensrecht der Schiedsstandort Deutschland attraktiver gemacht werden soll. Für ausländische Rechtsanwender ist jedoch gerade ein Regelwerk mit eindeutigen Aussagen von größter Bedeutung.[256] Gesetzlich nicht normierte Ausnahmen und Grenzen würden indessen die Benutzerfreundlichkeit des deutschen Schiedsrechts nicht unerheblich schmälern, so dass u.U. auch das Reformziel leerliefe.

Bei näherer Betrachtung erweist sich das Argument der Rechtsunsicherheit jedoch als nicht zwingend. Sofern nämlich am Wortlaut des § 1030 I S. 1 ZPO festgehalten werden würde, vermögensrechtliche Ansprüche also uneingeschränkt schiedsfähig wären, würde damit der Unterscheidung zwischen vermögensrechtlichen und nichtvermögensrechtlichen Ansprüchen eine erhebliche Bedeutung zukommen. Denn nur bei letzteren bestünde die Gefahr der Schiedsunfähigkeit, da insoweit auf die Vergleichsbefugnis zurückgegriffen wird, welche ihrerseits bislang einer eindeutigen Fallgruppenbildung entbehrt.[257] Zwar ist bei der Abgrenzung zwischen vermögensrechtlichen und nichtvermögensrechtlichen Ansprüchen im Zweifelsfall eine Abwägung der mit der Klage verfolgten Interessen vorzunehmen, doch sind insoweit voneinander abweichende Rechtsauffassungen durchaus denkbar. Demzufolge besteht auch bei dieser Variante die Gefahr der Rechtsunsicherheit[258] – freilich nicht in demselben Maße, wie es aus den vorangegangenen Schilderungen zu entnehmen ist, da eben nur die Zweifelsfälle der (nicht-) vermögensrechtlichen Ansprüche Rechtsunsicherheit erzeugen würden. Dennoch bleibt zu beachten, dass eine eindeutige und rechtsverbindliche Unterscheidung zwischen schiedsfähigen und schiedsunfähigen Streitgegenständen nicht innerhalb eines gesetzlichen Rahmens möglich ist.

Letzten Endes kann – trotz der in § 1030 I ZPO enthaltenen Unterscheidung – auf eine Einzelfallbetrachtung nicht verzichtet werden.[259] Denn angesichts der weiten Spannbreite des vermögensrechtlichen Begriffs lässt sich nicht ausschließen, dass hierbei auch empfindliche Rechtsgebiete erfasst werden, bei denen eine privatgerichtliche Entscheidungskompetenz zu Bedenken hinsichtlich des zu gewährleistenden Rechtsschutzes führt. Die statuierte Schiedsfähigkeit

---

[256] So auch Böcker, Objektive Schiedsfähigkeit, S. 76; Holzner, Immaterialgüterrechtsstreitigkeiten, S. 43 f.

[257] Siehe oben Zweiter Teil, A. I. 2. b. (3).

[258] Zur Abgrenzung vermögensrechtlichen von nichtvermögensrechtlichen siehe oben Zweiter Teil, A. II. 3. sowie Baum, Streitigkeiten im Zivilprozess, S. 94 ff.; 144 ff.

[259] So auch BegRegE, BT-Drucks. 13/5274, S. 35; Ebbing, NZG 2000, 1184, 1185.

vermögensrechtlicher Ansprüche ist daher nicht als eine diesbezügliche Gleichstellung der Schiedsgerichte mit staatlichen Gerichten, sondern vielmehr als Orientierungshilfe mit einer gesetzgeberisch legitimierten Tendenz zu verstehen. Als überaus fraglich erscheint in diesem Zusammenhang der Verweis auf § 1030 III ZPO, sofern es um die Einschränkung der Schiedsfähigkeit vermögensrechtlicher Streitgegenstände geht.[260] Insoweit kann es nur um ausdrücklich gefasste spezialgesetzliche Regelungen gehen, wie etwa die in der Regierungsbegründung aufgeführten §§ 1822 Nr. 12 BGB, 28 BörsenG, 166 II Nr. 3 InsO. Andere Vorschriften, aus denen sich eine Beschränkung der objektiven Schiedsfähigkeit ableiten lässt, wenngleich die Schiedsgerichtsbarkeit mit keinem Wort erwähnt wird, sind indes nicht unter § 1030 III ZPO subsumierbar.[261] Zumindest greifen hierbei dieselben Bedenken hinsichtlich der Rechtsunsicherheit, wie auch schon bei § 1030 I S. 1 ZPO. Als dogmatisch konsequenter erscheint die Anknüpfung an die Kernvorschrift des § 1030 ZPO.

Demgemäß ist eine immanente Beschränkung des § 1030 I S. 1 ZPO grundsätzlich zu bejahen,[262] wobei allerdings die hinter § 1030 I ZPO stehende Wertung nicht unterlaufen werden darf.[263] Der Gesetzgeber hat sich darin bewusst für eine breite Zulassung der Schiedsgerichtsbarkeit entschieden, so dass schiedsunfähige vermögensrechtliche Ansprüche einen eher unbedeutenden Ausnahmefall bilden sollten. Zu Gunsten der in diesem Zusammenhang erforderlichen Rechtssicherheit ist zudem eine hinreichende Bestimmbarkeit jener Ausnahmen erforderlich. Zwar muss eine Betrachtung der Umstände im Einzelfall wohl in Kauf genommen werden, doch wäre es für die Rechtspraxis äußerst schädlich, wenn auch die Kriterien für schiedsunfähige Streitigkeiten von Fall zu Fall neu zu bestimmen wären. Erforderlich sind zumindest bestimmte Fallgruppen oder Merkmale, anhand derer die Einschränkung des § 1030 I S. 1 ZPO sichtbar gemacht werden kann. Das ‚öffentliche Interesse am Erhalt eines staatlichen Rechtsprechungsmonopols' ist indessen zu allgemein formuliert.

---

[260] So aber Holzner, Immaterialgüterrechtsstreitigkeiten, S. 43 ff.

[261] Vgl. auch Kommissionsbericht, S. 92; Schwab, Henckel, S. 812; Voit, JZ 1997, 120, 124. A.A. Holzner, Immaterialgüterrechtsstreitigkeiten, S. 44, der selbst § 65 PatG zu einer gesetzlichen Vorschrift i.S.v. § 1030 III ZPO zählen will; siehe hiergegen auch unten Zweiter Teil, A. II. 5. b. (7).

[262] So auch K. P. Berger, Neue Recht, S. 24; Böcker, Objektive Schiedsfähigkeit, S. 78 f.; Ebbing, NZG 2000, 1184, 1185; Epping, Schiedsvereinbarung, S. 199; Lüke/Wax – Münch, MüKo-ZPO, § 1030 Rn 6; Musielak – Voit, ZPO, § 1030 Rn 3; Schwab, FS Henckel, S. 816; Wagner, Prozessverträge, S. 584. A.A. Holzner, Immaterialgüterrechtsstreitigkeiten, S. 44, 46; Schulze, Grenzen der objektiven Schiedsfähigkeit, S. 44.

[263] Vgl. Epping, Schiedsvereinbarung, S. 197 f.

b. Bestimmung des öffentlichen Interesses

Nachdem nun festgestellt wurde, dass in § 1030 I S. 1 ZPO eine immanente Beschränkbarkeit der schiedsfähigen Streitigkeiten grundsätzlich – im öffentlichen Interesse an einem staatlichen Rechtsprechungsmonopol – vorgesehen ist, ist eine möglichst konkrete Bestimmung jenes öffentlichen Interesses erforderlich, damit dem Bedürfnis nach Rechtssicherheit ausreichend Rechnung getragen werden kann. Unter Zuhilfenahme der Paralleldiskussion im schweizerischen Recht werden vor dem Hintergrund aktienrechtlicher Beschlussstreitigkeiten potentielle Fallgruppen, in welchen sich das öffentliche Interesse widerspiegeln könnte, daraufhin überprüft, ob sie im Lichte der Schiedsverfahrensreform als Beschränkung der objektiven Schiedsfähigkeit in Erwägung gezogen werden müssen.

(1) Systemimmanente Aspekte des Art. 177 IPRG

Trotz der Vorbildfunktion des Art. 177 IPRG für § 1030 I S. 1 ZPO weist die Diskussion zur Einschränkung der Schiedsfähigkeit vermögensrechtlicher Ansprüche im schweizerischen Recht einige Aspekte auf, welche sich aufgrund ihrer Eigenart nicht auf das deutsche Recht projizieren lassen. Zur Veranschaulichung sollen sie dennoch im Folgenden dargestellt werden.

Anders als § 1030 I S. 2 ZPO enthält Art. 177 IPRG keine Aussage zur Schiedsfähigkeit nichtvermögensrechtlicher Streitigkeiten. Hierdurch wird die Frage aufgeworfen, ob ein Anspruch, welcher nichtvermögensrechtlicher Natur ist, dafür aber der Disposition der Parteien unterliegt, ebenso schiedsfähig ist, wie ein vermögensrechtlicher Anspruch.[264] Insoweit wird wiederum – im Wege einer teleologischen Extension – auf die nationale Regelung des Art. 5 SchKonk zurückgegriffen, nach welchem – ähnlich wie § 1030 I S. 2 ZPO bzw. § 1025 I ZPO a.F. – jeder Anspruch Gegenstand eines Schiedsverfahrens sein kann, welcher ‚der freien Verfügung der Parteien unterliegt, sofern nicht ein staatliches Gericht nach einer zwingenden Gesetzesbestimmung in der Sache ausschließlich zuständig ist'.[265]

Ferner ist im Rahmen des Art. 177 IPRG zweifelhaft, ob er auch bundesrechtliche Bestimmungen verdrängt, die ein Schiedsverfahren ausdrücklich verbieten.[266] Hinter jenen Vorschriften steht zumeist der Gedanke, dass der ‚schwa-

---

264 Vgl. etwa Honsell/Vogt/Schnyder – Briner, IPRG, Art. 177 Rn 11; Rüede/Hadenfeldt, Schweizerisches Schiedsgerichtsrecht, S. 55; Walter/Bosch/Brönnimann, IPRG, S. 56 m.w.N.

265 Vgl. Epping, Schiedsvereinbarung, S. 199.

266 Vgl. etwa Barber, Schiedsfähigkeit und ordre public, S. 131; Habscheid, RIW 1988, 766, 768; Rüede/Hadenfeldt, Schweizerisches Schiedsgerichtsrecht, S. 56.

chen Partei' nicht der Schutz staatlicher Gerichte entzogen werden soll.[267] Der überwiegende Teil der Literatur spricht sich indessen gegen die Anwendung dieser die Schiedsgerichtsbarkeit ausschließenden Normen aus, wenn es sich um ein internationales Schiedsverfahren handelt. Begründet wird dies damit, dass eine Einschränkung der Schiedsfähigkeit zum Schutze der schwächeren Partei vom Gesetzgeber für internationale Schiedsverfahren nicht vorgesehen sei und zudem der im IPRG beabsichtigten großzügigen Regelung der Schiedsgerichtsbarkeit widerspreche.[268]

Demgegenüber lässt der eindeutige Wortlaut des § 1030 III ZPO keine Zweifel daran, dass die Schiedsfähigkeit durch andere gesetzliche Vorschriften eingeschränkt werden kann.

Umstritten ist weiterhin, ob sich aus den im IPRG aufgeführten Beschränkungen der Prorogation[269] sowie den Vorschriften, die eine ausschließliche Zuständigkeit bestimmter staatlicher Gerichte für bestimmte Streitigkeiten vorschreiben,[270] eine Einschränkung der objektiven Schiedsfähigkeit ergibt.[271] Anknüpfungspunkt ist dabei ein weiteres Mal Art. 5 SchKonk, der ausdrücklich verlangt, dass keine ausschließliche Zuständigkeit eines staatlichen Gerichts besteht.[272] Im Rahmen des deutschen Schiedsverfahrensrechts ist es hingegen mittlerweile allgemeine Meinung, dass sich die ausschließlichen Zuständigkeitsregeln – aber auch die Prorogationsvorschriften – nur auf das Verhältnis unter den staatlichen Gerichten beziehen, nicht aber auf das zwischen staatlichen und privaten Gerichten.[273]

(2) Abgrenzung der objektiven Schiedsfähigkeit vom ordre-public-Vorbehalt

Die objektive Schiedsfähigkeit als Voraussetzung für eine wirksame Schiedsvereinbarung stellt ein staatliches Kontrollinstrument dar. Auf diese Weise findet die private Schiedsgerichtsbarkeit – sofern die jeweiligen Voraussetzungen vorliegen – als alternative Rechtsprechung ihre Legitimation gegenüber der staatlichen Gerichtsbarkeit. Eine zweite staatliche Kontrolle erfolgt daneben auf-

---

[267] Barber, Schiedsfähigkeit und ordre public, S. 131.

[268] Barber, Schiedsfähigkeit und ordre public, S. 131; Habscheid, RIW 1988, 766, 768; Walter/Bosch/Brönnimann, IPRG, S. 61.

[269] So etwa Art. 114 II, 151 III IPRG.

[270] So etwa Art. 86 I, II, 97, 111 II IPRG.

[271] Barber, Schiedsfähigkeit und ordre public, S. 130; Honsell/Vogt/Schnyder – Briner, IPRG, Art. 177 Rn 12; Rüede/Hadenfeldt, Schweizerisches Schiedsgerichtsrecht, S. 56; Walter/Bosch/Brönnimann, IPRG, S. 60f.

[272] Vgl. Böcker, Objektive Schiedsfähigkeit, S. 81 f.

[273] Siehe oben Zweiter Teil, A. I. 3. a.

aufgrund des ordre-public-Vorbehalts.[274] Beide Rechtsinstitute, also sowohl die objektive Schiedsfähigkeit als auch der ordre-public-Vorbehalt, stimmen darin überein, dass sie die private Schiedsgerichtsbarkeit einzugrenzen vermögen.

Während das Fehlen der objektiven Schiedsfähigkeit dann anzunehmen ist, wenn der Streitgegenstand derart wichtige Belange betrifft, dass insofern im öffentlichen Interesse an einem staatlichen Rechtsprechungserhalt festzuhalten ist,[275] schützt der ordre-public-Vorbehalt die ‚öffentliche Ordnung der Bundesrepublik Deutschland, die auch den ordre public international umfasst'.[276] Anhand beider Rechtsbegriffe (‚öffentliches Interesse' einerseits sowie ‚öffentliche Ordnung' andererseits), welche die Einschlägigkeit der objektiven Schiedsfähigkeit bzw. des ordre-public-Vorbehalts umschreiben, lässt sich gleichwohl eine eindeutige Abgrenzung nicht vornehmen. Vielmehr sind aufgrund ihrer Abstraktheit Überschneidungen oder sogar eine Übereinstimmung nicht von vornherein auszuschließen. Für die Bestimmung des öffentlichen Interesses im Rahmen der objektiven Schiedsfähigkeit ist demgemäß das Aufzeigen von deren Relation zum ordre-public-Vorbehalt erforderlich. Entscheidend ist dabei vor allem die Frage, inwieweit die objektive Schiedsfähigkeit vom ordre public beeinflusst wird. So gibt es im Rahmen der Diskussion in der Schweiz zu Art. 177 IPRG Bestrebungen, den ordre public als Maßstab zur Einschränkung der Schiedsfähigkeit vermögensrechtlicher Ansprüche heranzuziehen.[277] Davon inspiriert werden mittlerweile auch in Deutschland Stimmen laut, welche ein staatliches Rechtsprechungsmonopol dann als erforderlich ansehen, wenn der Streitigkeit Vorschriften des ordre public zugrunde liegen.[278]

Zu einem direkten Einfluss des ordre public auf die objektive Schiedsfähigkeit käme es jedenfalls dann, wenn das Institut der objektiven Schiedsfähigkeit dem ordre public entspräche bzw. zumindest als dessen Unterkategorie einzuordnen wäre.[279] Ausgangspunkt dieser Überlegung ist die Tatsache, dass der

---

[274] Gemeint ist freilich der schiedsrechtliche ordre public, der von dem kollisionsrechtlichen sowie dem anerkennungsrechtlichen ordre public zu unterscheiden ist; vgl. Böcker, Objektive Schiedsfähigkeit, S. 24 ff.

[275] Siehe oben Zweiter Teil, A. I. 2. b. (1) und (2).

[276] BegRegE, BT-Drucks. 13/5274, S. 59; vgl. auch Lachmann, Schiedsgerichtspraxis, Rn 1221; zum ordre public international siehe vor allem Wunderer, Ordre Public, S. 68 ff.; kritisch: Schwab/Walter, Schiedsgerichtsbarkeit, S. 317.

[277] Vgl. hierzu Barber, Schiedsfähigkeit und ordre public, S. 132 ff.; Honsell/Vogt/Schnyder – Briner, IPRG, Art. 177 Rn 13; Rüede/Hadenfeldt, Schweizerisches Schiedsgerichtsrecht, S. 56.

[278] Ebbing, NZG 2000, 1184, 1185; vgl. auch Lange/Wiessner, RIW 1985, 757, 759 f., die feststellen, dass der ordre public als Grenze der objektiven Schiedsfähigkeit angesehen wird, dabei aber nicht speziell auf das deutsche Recht eingehen.

[279] Für Letzteres: Böcker, Objektive Schiedsfähigkeit, S. 28f (Fn 148); wohl auch Barber, Schiedsfähigkeit und ordre public, S. 25 f.

ordre-public-Vorbehalt in seinen unterschiedlichen Ausformungen zweierlei Funktionen erfüllen kann. In seiner positiven Funktion führt er dazu, dass der Anwendung des inländischen Rechts gegenüber dem ausländischen Recht von vornherein – also unabhängig von dessen Inhalt – der Vorzug gegeben wird, sofern andernfalls wesentlichen Grundsätzen des deutschen Rechts widersprochen werden würde. Es soll dadurch die Anwendung bestimmter staatlicher Normen unbedingt gesichert werden.[280] Im Rahmen der negativen (Abwehr-) Funktion des ordre public wird zunächst die konkrete Rechtsanwendung durch ein ausländisches bzw. privates Gericht abgewartet. Der ordre-public-Vorbehalt greift ein, wenn das konkrete Resultat mit dem staatlichen Rechtsempfinden unvereinbar ist.[281] So ergibt sich beispielsweise aus der kollisionsrechtlichen Vorbehaltsklausel des Art. 6 EGBGB eine negative Funktion, da sie nur dann die Anwendung ausländischen Rechts durch einen deutschen Richter verhindert, sofern das Ergebnis wesentlichen Grundsätzen des deutschen Rechts widersprechen würde.[282] Gleiches gilt für den anerkennungsrechtlichen ordre public gemäß § 328 I Nr. 4 ZPO, welcher die Anerkennung ausländischer Urteile verhindert, sofern sie gegen zwingendes deutsches Recht verstoßen.[283] Dagegen wird ihm eine positive Funktion – wenn überhaupt[284] – etwa bei Art. 6 EGBGB nur insoweit beigemessen, als dieser den deutschen ordre public durch Nichtanerkennung entgegenstehenden fremden Rechts durchsetzt.[285]

Hinsichtlich der Schiedsgerichtsbarkeit kann sich der Staat vorbehalten, lediglich den Inhalt einer Rechtsanwendung in Form einer schiedsrichterlichen Entscheidung auf dessen Vereinbarkeit mit wesentlichen Rechtsprinzipien zu kontrollieren. Er wird diesen Weg beschreiten, wenn es sich um Gebiete handelt, bei denen er ein gesteigertes Interesse an einer richtigen Streitentscheidung nicht besitzt.[286] Eine anschließende Überprüfung des Rechtsfolgeausspruchs im Schiedsspruch im Rahmen des Aufhebungs- bzw. Vollstreckungsverfahrens ist

---

[280] Vgl. Böcker, Objektive Schiedsfähigkeit, S. 24 f.; Geimer, Internationales Prozeßrecht, Rn 24 ff.; Schulthess, Ordre Public, S. 1 f.; Völker, Ordre public, S. 59 f.

[281] Vgl. Böcker, Objektive Schiedsfähigkeit, S. 24 f.; Schulthess, Ordre Public, S. 2; Völker, Ordre public, S. 58.

[282] Erman – Hohloch, BGB, Art. 6 EGBGB Rn 2; Geimer, Internationales Prozeßrecht, Rn 24; Rebmann/Säcker/Rixecker – Sonnenberger, MüKo-BGB, Art. 6 EGBGB Rn 3 f.

[283] Böcker, Objektive Schiedsfähigkeit, S. 25; Geimer, Internationales Prozeßrecht, Rn 26.

[284] So weist Völker, Ordre public, darauf hin, dass die Lehre von der positiven Funktion des ordre public von der inzwischen h.M. abgelehnt wird.

[285] Rebmann/Säcker/Rixecker – Sonnenberger, MüKo-BGB, Art. 6 EGBGB Rn 4. Vgl. auch Böcker, Objektive Schiedsfähigkeit, S. 24, der ausführt, dass dem ordre-public-Vorbehalt im romanischen Rechtskreis eine positive Funktion beikommt.

[286] Schlosser, Schiedsgerichtsbarkeit, Rn 285; vgl. auch Böcker, Objektive Schiedsfähigkeit, S. 17 ff.

hier ausreichend. Das entspricht der schiedsrechtlichen ordre-public-Kontrolle gemäß § 1059 II Nr. 2 b) ZPO, welche im Sinne der oben dargestellten Unterscheidung ausschließlich eine negative Funktion übernimmt.

Der Staat kann indessen in Teilbereichen besonders skeptisch gegenüber der Schiedsgerichtsbarkeit sein und etwaige Fehlentscheidungen für so gravierend halten, dass er eine schiedsrichterliche Streitentscheidung nicht abwarten will und daher generell nicht anerkennt.[287] Ziel ist dann die Sicherstellung der ausschließlichen staatlichen Gerichtsbarkeit auf diesen Gebieten. Der Streitgegenstand ist dann von vornherein privatautonom nicht justiziabel. Demzufolge kommt durch diese Einschränkungsform der privatgerichtlichen Rechtsprechung die positive Funktion zum Ausdruck.

Wenn nun aber der schiedsrechtliche ordre public aufgrund seines repressiven Charakters auf die negative ordre-public-Funktion reduziert ist, wohingegen das Erfordernis der objektiven Schiedsfähigkeit präventiv einschränkend wirkt und somit – im untechnischen Sinn – die positive ordre-public-Funktion übernimmt, ergibt sich hieraus, dass die objektive Schiedsfähigkeit weder dem ordre-public-Vorbehalt entspricht noch diesem unterzuordnen ist. Doch auch ein sonstiger – unmittelbarer oder mittelbarer – Einfluss des ordre public auf die Schiedsfähigkeit lässt sich nicht feststellen. Zwar existiert insoweit ein Regelungszusammenhang dergestalt, dass eine starke nachträgliche Inhaltskontrolle eine liberale Regelung der objektiven Schiedsfähigkeit zulässt und umgekehrt,[288] allerdings sind Kontrollintensität und –richtung auf der Ebene der objektiven Schiedsfähigkeit anders als auf der des ordre public. Während nämlich Letztere dazu dient, im Einzelfall einen im Ergebnis untragbaren Schiedsspruch zu beseitigen oder ihm die Anerkennung zu versagen, beschränkt das Kriterium der objektiven Schiedsfähigkeit dagegen von Anfang an die schiedsrichterliche Zuständigkeit, ohne dass es auf das Ergebnis der Rechtsanwendung ankommt. Das bedeutet, dass der Schiedsspruch auch dann aufgehoben bzw. nicht vollstreckt wird, wenn sein Inhalt fehlerfrei ist und die Gefahr der Nicht- oder Falschanwendung des materiellen Rechts sich nicht einmal realisiert hat.[289] Wie stark die objektive Schiedsfähigkeit von staatlicher Seite ausgedehnt wird, hängt dabei allein von deren Vertrauen in die private Schiedsgerichtsbarkeit und ihrer Anerkennung als alternatives Rechtsfindungsinstitut ab.

---

[287] Epping, Schiedsvereinbarung, S. 177; Schlosser, Schiedsgerichtsbarkeit, Rn 285; Böcker, Objektive Schiedsfähigkeit, S. 17 ff.; Wagner, Prozessverträge, S. 583, spricht insoweit von einer ‚Alles-oder-Nichts-Entscheidung'. Vgl. auch Bork, ZZP 100 (1987), 249, 258;

[288] So auch Mankowski, ZZP 114 (2001, 37, 49; Schlosser, Schiedsgerichtsbarkeit, Rn 285; vgl. auch Böcker, Objektive Schiedsfähigkeit, S. 177.

[289] Böcker, Objektive Schiedsfähigkeit, S. 19. Vgl. auch Mankowski, ZZP 114 (2001), 37, 49, der ausführt, dass die objektive Schiedsfähigkeit die Schiedsabrede und der ordre public dagegen den Schiedsspruch beträfen.

Aus der unterschiedlichen Struktur der objektiven Schiedsfähigkeit einerseits und des ordre-public-Vorbehalts andererseits ergibt sich folglich, dass es sich um zwei voneinander strikt zu trennende Kontrollmöglichkeiten des Staates handelt.[290] Untermauert wird dieses Ergebnis im Übrigen auch durch gesetzes-systematische Erwägungen. Ähnlich wie bei der Kritik an der materiellrechtlichen Theorie im Rahmen des § 1025 I ZPO a.F.[291] würden Einschränkungen aufgrund des ordre-public-Vorbehalts hinsichtlich der objektiven Schiedsfähigkeit den Anwendungsbereich des § 1059 II Nr. 2 b) erheblich reduzieren. Mit der Unterscheidung der Aufhebungsgründe aufgrund der Schiedsunfähigkeit gemäß § 1059 II Nr. 2 a) ZPO und dem Verstoß gegen den ordre public gemäß § 1059 II Nr. 2 b) ZPO[292] hat der Gesetzgeber jedoch klar zum Ausdruck gebracht, dass beide Kontrollmechanismen sich unabhängig voneinander in die Systematik des Schiedsverfahrensrechts einfügen.[293] Demgemäß findet auch keine Einschränkung der objektiven Schiedsfähigkeit durch den ordre public statt.[294] Vielmehr kann eine Beschränkung der objektiven Schiedsfähigkeit – unabhängig vom Anwendungsbereich des ordre-public-Vorbehalts – nur aus dem Institut der objektiven Schiedsfähigkeit selbst abgeleitet werden, was wiederum die Anerkennung immanenter Grenzen über den Wortlaut des § 1030 I S. 1 ZPO hinaus verlangt.[295]

---

[290] So i.E. auch Borges, ZZP 111 (1998), 487, 494; Epping, Schiedsvereinbarung, S. 177; Kornmeier, Vergleichsbefugnis und Schiedsfähigkeit, S. 45 ff.; Lachmann, Schiedsgerichtspraxis, Rn 1218 ff.; Mankowski, ZZP 114 (2001), 37, 49; Schlosser, Schiedsgerichtsbarkeit, Rn 285, 299, 874; Stein/Jonas – Schlosser, ZPO (21. Auflage), Anh. § 1044 Rn 82; BGH WM 1987, 1153, 1155; für Barber, Schiedsfähigkeit und ordre public, S. 145 f., und Böcker, Objektive Schiedsfähigkeit, S. 55, 80, besteht insoweit zumindest ‚keine Identität'.

[291] Siehe oben Zweiter Teil, A. I. 1.

[292] Das schweizerische IPRG enthält dagegen in Art. 190 II e) IPRG lediglich eine den § 1059 II Nr. 2 b) ZPO ähnelnde Regelung, wonach der Entscheid angefochten werden kann, wenn er ‚mit dem ordre public unvereinbar ist'. Demgemäß kann jenes systematische Argument in diesem Zusammenhang nicht angeführt werden.

[293] Vgl. auch BegRegE, BT-Drucks. 13/5274, S. 59; Borges, ZZP 111 (1998), 487, 494; kritisch Böcker, Objektive Schiedsfähigkeit, S. 33 f., der hieran lediglich erkennen will, dass ‚nicht jede Norm mit ordre-public-Charakter die objektive Schiedsfähigkeit auszuschließen vermag'.

[294] Barber, Schiedsfähigkeit und ordre public, S. 145 f., hat diesbzgl. noch Bedenken, hält jedoch immerhin eine *direkte* Einschränkung der objektiven Schiedsfähigkeit durch den ordre public für ausgeschlossen, so dass der ordre public bei ihrer Beurteilung ‚grundsätzlich keine Rolle' spiele.

[295] Dagegen geht Böcker, Objektive Schiedsfähigkeit, S. 29 (Fn 148), 33 f., offenbar von einer abschließenden Regelung in § 1030 I S. 1 ZPO aus, will die objektive Schiedsfähigkeit aber gleichzeitig anhand der positiven Funktion des ordre public eingrenzen, wobei der ordre public im Zusammenhang mit der objektiven Schiedsfähigkeit als Oberbegriff verstanden wird.

Nachdem nun die objektive Schiedsfähigkeit als gegenüber dem ordre-public-Vorbehalt weit radikalere Form der Eingrenzung der privaten Schiedsgerichtsbarkeit identifiziert wurde, lässt sich auch eine Aussage zu dem dadurch geschützten öffentlichen Interesse an einem staatlichen Rechtsprechungsmonopol treffen. Das öffentliche Interesse muss nämlich von solcher Bedeutung sein, dass eine schiedsrichterliche Entscheidung gar nicht erst abgewartet werden kann, um im nachhinein zu überprüfen, ob die zu schützenden materiellrechtlichen Regelungsinhalte auch tatsächlich eingehalten wurden. Das Risiko einer Fehleinschätzung ist auf den entsprechenden Rechtsgebieten vielmehr naturgemäß derart hoch, dass selbst die Möglichkeit eines inhaltlich richtigen Schiedsspruchs den Staat nicht davon abhalten kann, der Schiedsgerichtsbarkeit insofern die Legitimation zu versagen. Dagegen kann die Schiedsfähigkeit des Streitgegenstands dann nicht geleugnet werden, wenn der Schiedsspruch (nur) *möglicherweise* gegen zwingend geltende Sätze des deutschen Rechts verstoßen kann.[296] Bei einem derartigen Risiko stellt eine schiedsrichterliche Fehlanwendung der gesetzlichen Vorschriften vielmehr die Ausnahme dar, so dass sie mit Blick auf eine mögliche ordre-public-Kontrolle als hinnehmbar erscheint.

Vor diesem Hintergrund hat auch die Untersuchung etwaiger Einschränkungskriterien des § 1030 I S. 1 ZPO zu erfolgen. Die dabei zu stellende Frage muss jedes Mal lauten, ob den jeweils geäußerten Bedenken durch den ordre-public-Vorbehalt ausreichend Rechnung getragen werden kann. Sofern sich dies eindeutig verneinen lässt, ist eine entsprechende Einschränkung der objektiven Schiedsfähigkeit geboten.

(3) Fehlen der privatautonomen Verfügungsbefugnis

Das öffentliche Interesse am Erhalt eines staatlichen Rechtsprechungsmonopols könnte jedes Mal dann bestehen, wenn der Gegenstand des Rechtsstreits der privatautonomen Verfügungsbefugnis der Parteien entzogen ist.[297] Dieser Ansatz entspräche jedenfalls der vorreformatorischen Regelung gemäß § 1025 I ZPO a.F.[298] Obwohl das Merkmal der Vergleichsbefugnis und die damit einhergehende Verfügungsbefugnis in § 1030 I S. 1 ZPO für vermögensrechtliche Streitigkeiten nicht übernommen wurde, ergeben sich gleichwohl aus der Gesetzesbegründung Hinweise darauf, dass die Disponibilität des Streitgegenstands auch an dieser Stelle eine Rolle spielen könnte. Soweit nämlich Streitigkeiten bezüglich Nichtigerklärung oder Zurücknahme von Patenten trotz eines vermögensrechtlichen Charakters als schiedsunfähig befunden werden, dient insoweit

---

296 Vgl. auch Epping, Schiedsvereinbarung, S. 197; Schlosser, Schiedsgerichtsbarkeit, Rn 299 a.E.

297 So auch die Diskussion im schweizerischen Recht, vgl. Walter/Bosch/Brönnimann, IPRG, S. 57.

298 Siehe auch oben Zweiter Teil, A. I.

nicht allein das Erfordernis eines staatlichen Hoheitsakts als Begründung. Vielmehr wird darauf aufbauend der Schluss gezogen, dass diese Streitigkeiten ‚deshalb nicht der Disposition der Beteiligten im Wege von Vereinbarungen unterliegen'.[299]

Wenn darin sodann eine Rückkehr zum Erfordernis der Dispositionsbefugnis im Sinne von § 1025 I ZPO a.F. gesehen werden muss, wäre etwa im Rahmen gesellschaftsrechtlicher Beschlussmängelklagen die Nichtigkeitsklage grundsätzlich schiedsunfähig, da die Gesellschafter mangels eines entsprechenden Klageerfordernisses im Sinne von § 243 I AktG nicht imstande sind, durch privatautonomes Verhalten einen Beschluss trotz dessen Nichtigkeit in materiellrechtlich wirksamer Weise aufrechtzuerhalten.[300]

Eine solche Sichtweise ist indessen abzulehnen. Durch die in § 1030 I ZPO vorgenommene Differenzierung wird unmissverständlich zum Ausdruck gebracht, dass die Schiedsfähigkeit eines vermögensrechtlichen Anspruchs die Vergleichsbefugnis der Parteien gerade nicht voraussetzt.[301] In der Gesetzesbegründung heißt es dementsprechend auch, dass die Neufassung des § 1025 I ZPO a.F. eben nicht an dem Kriterium der Vergleichsfähigkeit festhält.[302] Mit der prinzipiellen Schiedsfähigkeit vermögensrechtlicher Ansprüche sowie dem Verständnis der Schiedsgerichtsbarkeit als einer der staatlichen Gerichtsbarkeit gleichwertigen Form des Rechtsschutzes stützt sich der Gesetzgeber demgemäß auf eine genuine, sich selbst legitimierende und damit von der Vergleichsbefugnis der Parteien losgelöste Entscheidungskompetenz.[303] Mit der Schiedsverfahrensreform wurde die Schiedsgerichtsbarkeit also als von den Parteien unabhängige Gerichtsbarkeit etabliert, bei der Schiedsgerichte grundsätzlich auch über Fragen entscheiden können, die einer einvernehmlichen Lösung der Parteien verschlossen bleiben.[304] Eine fehlende Verfügungsbefugnis stellt jedenfalls keine immanente Beschränkung des § 1030 I S. 1 ZPO dar.

(4) Gläubigerschutz

Es wird erwogen, ein staatliches Rechtsprechungsmonopol dann für erforderlich zu halten, wenn durch den zu erwartenden Schiedsspruch die Interessen am

---

[299] BegRegE, BT-Drucks. 13/5274, S. 35; kritisch dazu Osterthun, TranspR 1998, 177, 179.

[300] So der Ansatz von *Schröder* oben Zweiter Teil, A. I. 2. b. (3) (c); vgl. auch die Stellungnahme unter Zweiter Teil, A. II. 7. a.

[301] Vgl. auch Holzner, Immaterialgüterrechtsstreitigkeiten, S. 43; Voit, JZ 1997, 120, 124.

[302] BegRegE, BT-Drucks. 13/5274, S. 34.

[303] So zu Recht Voit, JZ 1997, 120, 124 f.

[304] So i.E. auch Epping, Schiedsvereinbarung, S. 193; Osterthun, TranspR 1998, 177, 179; Papmehl, Schiedsfähigkeit, S. 211 f.; Schwab, FS Henckel, S. 813; für das schweizerische IPRG vgl. Honsell/Vogt/Schnyder – Briner, IPRG, Art. 177 Rn 14.

Verfahren nicht beteiligter Gläubiger verletzt werden können.[305] Der Gläubigerschutz hat vor allem auch im Gesellschaftsrecht eine große Bedeutung. Zur Beurteilung, ob an dieser Stelle eine Beschränkung der objektiven Schiedsfähigkeit vermögensrechtlicher Ansprüche angezeigt ist, muss zwischen zwei unterschiedlichen Ebenen des Gläubigerschutzes differenziert werden.

Zum einen gibt es Gesellschafterbeschlüsse, welchen eine unmittelbare Außenwirkung zukommt. Bei ihrer Aufhebung würde also u.U. in die Rechte der von den Beschlüssen betroffenen Dritten eingegriffen werden. Demzufolge kann es als fraglich erscheinen, ob der Legitimationsumfang der privaten Schiedsgerichtsbarkeit insoweit auf seine Grenzen stößt. Allerdings wurde dieser Aspekt bereits im Rahmen der Diskussion bezüglich § 1025 I ZPO a.F. erörtert,[306] so dass darauf verwiesen werden kann. Im Übrigen setzt sich die Gesetzesbegründung der Bundesregierung zu § 1030 I ZPO nicht mit diesem Aspekt auseinander. Demzufolge sieht offensichtlich auch der Gesetzgeber in diesem Zusammenhang kein Einschränkungsbedürfnis.

Zum anderen gibt es die klassischen Gläubigerschutzvorschriften, welche im Gesellschaftsrecht – ohne direkte Außenwirkung – insbesondere die Liquidität der Gesellschaft sichern.[307] Sofern bei einer (gesellschaftsinternen) Streitigkeit derartige Vorschriften einschlägig sind, könnte der damit bezweckte Erfolg durch ein privates Schiedsgericht vereitelt werden.[308] An dieser Stelle sind exemplarisch die gesellschaftsrechtlichen Ersatzansprüche anzuführen, bei denen die Gesellschafter nicht uneingeschränkt vergleichsbefugt sind. So verhält es sich etwa dann, wenn der Geschäftsführer einer GmbH unter Verstoß gegen gesellschaftsrechtliche Vorschriften Zahlungen aus dem zur Erhaltung des Stammkapitals erforderlichen Vermögen gemacht hat und deshalb der Gesellschaft gegenüber schadensersatzpflichtig ist. Ein Verzicht oder Vergleich über diesen Schadensersatzanspruch ist gemäß §§ 9b I, 43 III S. 2 GmbHG[309] unwirksam, soweit der Ersatz zur Befriedigung der Gläubiger der Gesellschaft erforderlich ist.

Allerdings stehen Vorschriften wie § 9b GmbHG, welche ein Vergleichsverbot enthalten, laut ausdrücklicher Gesetzesbegründung zu § 1030 I ZPO der ob-

---

[305] Vgl. Böcker, Objektive Schiedsfähigkeit, S. 87; Ebbing, NZG 2000, 1184, 1185; Epping, Schiedsvereinbarung, S. 199; Voit, JZ 1997, 120, 125; sowie für das schweizerische IPRG: Honsell/Vogt/Schnyder – Briner, IPRG, Art. 177 Rn 14 a.E.

[306] Oben 2.Teil, A. I. 2. b. (3) (b).

[307] So z.B. §§ 50, 57, 58 IV, 71 ff., 93 IV S. 3, 302 III AktG, §§ 9b, 43, 44, 57 IV, 64 II GmbHG.

[308] So jedenfalls Voit, JZ 1997, 120, 125.

[309] Für das Aktienrecht vgl. § 93 II, IV S. 3 AktG.

jektiven Schiedsfähigkeit gerade nicht entgegen.[310] Danach muss ein Gläubiger einen Schiedsspruch über den Anspruch der Gesellschaft gegen den Geschäftsführer wie das Urteil eines staatlichen Gerichts hinnehmen. Er muss also die Entscheidung des Schiedsgerichts akzeptieren, ungeachtet der Tatsache, dass der Gesetzgeber eine vergleichsweise Einigung der Parteien ausschließt. Dies lässt sich – wie bereits unter dem Aspekt der Verfügungsbefugnis[311] – dadurch erklären, dass die Entscheidung des privaten Schiedsgerichts eine höhere Legitimität bzw. eine höhere Richtigkeitsgewähr hat als die Vergleichsbefugnis der Parteien.[312] Wenn also selbst Vorschriften, welche zum Zwecke des Gläubigerschutzes ein Vergleichsverbot statuieren, für die objektive Schiedsfähigkeit unschädlich sind, muss dies erst recht für alle anderen Gläubigerschutzvorschriften gelten, die kein derartiges Verbot enthalten, wie beispielsweise die §§ 57, AktG 24 GmbHG. Für Schiedssprüche, die sich dennoch insofern zwingenden Rechtssätzen widersetzen, ist indessen auf die ordre-public-Kontrolle im Rahmen des Aufhebungs- bzw. Anerkennungsverfahrens zu verweisen.[313]

(5) Verbraucherschutz

Das schweizerische Schrifttum diskutiert die Frage, ob Art. 177 I IPRG nicht zu Gunsten ‚schwacher Parteien' eingeschränkt werden soll.[314] Da insofern ausschließlich das internationale Privatrecht betroffen ist, sollen die jeweiligen bundesrechtlichen Vorschriften, welche den Verbraucherschutz regeln, entsprechend angewandt werden. Fraglich ist, ob auch im deutschen Schiedsrecht ein

---

310 BegRegE, BT-Drucks. 13/5274, S. 34, Gleiches gilt i.Ü. auch für Vorschriften über Verfügungs- und Verzichtsverbote. Beispielhaft werden neben § 9b GmbHG auch §§ 312 BGB, 50, 302 II AktG und 43 GmbHG genannt.

311 Siehe oben Zweiter Teil, A. II. 5. b. (3); der Aspekt des Gläubigerschutzes stellt im Prinzip nur einen Spezialfall der Verfügungsbefugnis der Schiedsparteien dar, namentlich die Befugnis auch dann eine Schiedsvereinbarung treffen zu können, wenn der Gläubigerschutz tangiert wird.

312 So auch Wagner, Prozessverträge, S. 587 f.; vgl. i.Ü. auch die vorreformatorischen Argumente von Kornmeier, ZZP 94 (1981), 27, 41, sowie H. Westermann, FS Fischer, S. 854 f.; das Argument *Böckers*, die Fälle der Ersatzansprüche einer GmbHG seien nicht mit denen der Rechtskrafterstreckung auf am Verfahren unbeteiligter Gesellschafter vergleichbar, ist dagegen nicht ausreichend; Böcker, Objektive Schiedsfähigkeit, S. 87.

313 So auch Schulze, Grenzen der objektiven Schiedsfähigkeit, S. 38 ff. Die durch die Norm begünstigten Gläubiger können etwa die Eröffnung des Insolvenzverfahrens über die Gesellschaft beantragen, damit der Insolvenzverwalter die Aufhebung des die Norm missachtenden Schiedsspruchs betreiben kann; vgl. Stein/Jonas – Schlosser, ZPO (21. Auflage), § 1025 Rn 27; kritisch: Voit, JZ 1997, 120, 125.

314 Vgl. hierzu Barber, Schiedsfähigkeit und ordre public, S. 131; Bucher, FS Moser, S. 200; Habscheid, RIW 1988, 766, 768.

öffentliches Interesse an einer Einschränkung des § 1030 I S. 1 ZPO zum Schutze des Verbrauchers besteht.[315]

Der Streit im Rahmen des Art. 177 I IPRG basiert allerdings auf der Trennung zwischen nationalem und internationalem Schiedsrecht. Während es im nationalen Recht der Schweiz Bestimmungen gibt, welche ein Schiedsverfahren ausdrücklich verbieten, fehlt im internationalen Privatrecht zumindest eine ausdrückliche Regelung, die eine analoge Anwendung dieser einschränkenden Bestimmungen anordnet bzw. umgekehrt deren Nichtanwendung statuiert.[316] Daraus ergibt sich auch das Argument der Ansicht, welche eine solche Einschränkung des Art. 177 I IPRG ablehnt, wonach Derartiges vom Gesetzgeber für internationale Schiedsverfahren nicht vorgesehen sei und somit der im IPRG beabsichtigten großzügigen Regelung der Schiedsgerichtsbarkeit widerspreche.[317]

Das deutsche Schiedsverfahrensrecht, welches gleichermaßen für nationale wie internationale Verfahren gilt, enthält eine solche ausdrückliche Regelung dagegen in § 1030 III ZPO, wonach die Schiedsfähigkeit einschränkende Vorschriften von § 1030 I ZPO unberührt bleiben. Demgemäß wird insoweit dem Ruf nach Verbraucherschutz im Schiedsrecht Rechnung getragen, so dass sich die dargestellten Zweifel bezüglich Art. 177 IPRG gar nicht erst ergeben.

Der Ausnahmetatbestand in § 1030 III ZPO enthält hingegen keine Aussage zu den Streitigkeiten, in denen zwar verbraucherschutzrechtliche Vorschriften einschlägig sind, diese aber schiedsrechtliche Verfahren nicht (ausdrücklich) einschränken. Als Beispiel kann etwa § 307 BGB (ehemals § 9 AGBG) angeführt werden.[318] Das Bedürfnis, aufgrund dieser Normen die objektive Schiedsfähigkeit vermögensrechtlicher Ansprüche – immanent – einzuschränken, kann derweil nur mit der Besorgnis begründet werden, durch Vereinbarung schiedsrichterlicher Entscheidungszuständigkeiten könne versucht werden, den Auswirkungen einer solchen Gesetzgebung zu entkommen.[319] Mittlerweile wurde jedoch die Schiedsgerichtsbarkeit – wie bereits mehrfach erwähnt – als eine der staatlichen Gerichtsbarkeit prinzipiell gleichwertigen Rechtsschutzmöglichkeit anerkannt. Das impliziert auch eine grundsätzliche Beachtung der staatlichen

---

[315] So auch der Hinweis von Ebbing, NZG 2000, 1184, 1185.

[316] Vgl. Barber, Schiedsfähigkeit und ordre public, S. 131.

[317] So etwa Barber, Schiedsfähigkeit und ordre public, S. 131; Habscheid, RIW 1988, 766, 768; Rüede/Hadenfeldt, Schweizerisches Schiedsgerichtsrecht, S. 56; Walter/Bosch/Brönnimann, IPRG, S. 61.

[318] Der BGH hat in einem Urteil von 1991 die Unwirksamkeit einer Schiedsklausel gemäß § 9 AGBG a.F. mit der Begründung angenommen, dass nicht davon ausgegangen werden könne, dass das Schiedsgericht die in der Hauptsache zwingenden Vorschriften beachte; BGH NJW 1992, 575.

[319] So geschehen in BGH NJW 1992, 575; vgl. auch Schlosser, Schiedsgerichtsbarkeit, Rn 323.

Rechtsstatute durch den Schiedsrichter. Es kann also davon ausgegangen werden, dass in einem Schiedsverfahren zwingende Verbraucherschutzvorschriften hinreichend beachtet werden. Wenn es aber gelegentlich Schiedssprüche geben sollte, welche hiergegen verstoßen, so besteht weiterhin die Möglichkeit einer ordre-public-Kontrolle, um auf diese Weise – nachträglich – die gesetzgeberische Wertung wiederherzustellen.[320] Eine generelle Beschränkung der objektiven Schiedsfähigkeit erscheint jedenfalls unter diesem Aspekt als nicht erforderlich.

Im Übrigen wird auch anhand von § 1030 II ZPO deutlich, dass der Gesetzgeber ein Bedürfnis nach einem Schutz der schwachen Partei gesehen hat. Wenn nun weitere Fälle von der objektiven Schiedsfähigkeit ausgeklammert werden sollen, so ist nicht einsehbar, warum gerade bei Rechtsstreitigkeiten über den Bestand eines Mietverhältnisses über Wohnraum eine ausdrückliche Regelung erforderlich war. Vielmehr wäre Absatz 2 bei einer derartigen immanenten Einschränkung der objektiven Schiedsfähigkeit vermögensrechtlicher Streitigkeiten überflüssig. Es ist jedoch davon auszugehen, dass die Vorschriften des 10. Buches der ZPO zum Schutze des Verbrauchers gemäß §§ 1030 II, 1031 V, 1034 II ZPO mit Ausnahme der Bestimmung in § 1030 III ZPO abschließend zu verstehen sind. Jedenfalls kann in § 1030 I S. 1 ZPO kein darüber hinausgehender Schutz hineininterpretiert werden.

(6) Problem der Rechtskrafterstreckung

Auch das inzwischen – gerade bei gesellschaftsrechtlichen Beschlussmängelklagen – vieldiskutierte Problem, inwieweit Schiedssprüche Rechtsgestaltung mit Wirkung für und gegen Dritte ergehen können, soll bei der gesetzesimmanenten Eingrenzung des § 1030 I S. 1 ZPO eine Rolle spielen.[321] Konkret geht es dabei darum, dass die Übertragbarkeit der in § 248 I S. 1 AktG angeordneten Rechtskrafterstreckung auf am Verfahren unbeteiligte Gesellschafter auf Schiedsgerichte fraglich ist. Dies wird jedenfalls von der gegenwärtigen Rechtsprechung angesichts der ‚unterschiedlichen Bedingungen' eines Rechtsstreits vor einem staatlichen Gericht und einem schiedsgerichtlichen Verfahren verneint.[322]

---

320 Siehe auch Schlosser, Schiedsgerichtsbarkeit, Rn 323 a.E.

321 Vgl. Böcker, Objektive Schiedsfähigkeit, S. 34; Ebbing, NZG 2000, 1184, 1185; Epping, Schiedsvereinbarung, S. 199; für das schweizerische Recht: Barber, Schiedsfähigkeit und ordre public, S. 132.

322 BGH ZIP 1996, 830, 833; aber auch schon OLG Hamm DB 1987, 680; den Bedenken folgend Bartl/Fichtelmann/Schlarb/Schulze – Fichtelmann, GmbHG, § 47 Rn 134; Saenger, GmbHR 1997, 112, 118; Thomas/Putzo – Thomas, ZPO, § 1030 Rn 2; ‚im Grundsatz' auch Bork, ZHR 160 (1996), 374, 380; wohl auch Hüffer, AktG, § 246 Rn 19a, der eine kautelarjuristische Lösung ‚der Sache nach' für möglich hält, wenngleich Rechtssicherheit nur mit

Doch ungeachtet der insofern geäußerten Bedenken gegen die Schiedsfähigkeit von Beschlussmängelstreitigkeiten ist nicht gewiss, ob sich diese dogmatisch auch wirklich der *objektiven* Schiedsfähigkeit zuordnen lassen. In der Urteilsbegründung des II. Zivilsenats wurde vielmehr die objektive Schiedsfähigkeit als solche bejaht.[323] Die Problematik bezüglich § 248 I S. 1 AktG wurde dagegen in einem darauf folgenden anderen Zusammenhang erörtert. Demgemäß wird vereinzelt festgestellt, dass nicht die Schiedsfähigkeit von Beschlussmängelklagen, sondern die Fähigkeit eines von den Schiedsparteien zusammengesetzten Schiedsgerichts, die in § 248 I S. 1 AktG beschriebene Rechtskrafterstreckung zustande zu bringen, vom BGH verneint wurde. Dies habe indes nichts mit der Schiedsunfähigkeit von derartigen Prozessen zu tun, sondern vielmehr mit der Besetzung von Schiedsgerichten sowie den Legitimationsvoraussetzungen von Schiedssprüchen.[324] Sofern man aber auch die objektive Schiedsfähigkeit als Legitimationsvoraussetzung für einen von staatlicher Seite zu akzeptierenden und notfalls durchzusetzenden Schiedsspruch ansieht, ergibt sich daraus nicht zwingend die dogmatische Trennung von objektiver Schiedsfähigkeit und Rechtskrafterstreckung.

Die dogmatische Trennung von objektiver Schiedsfähigkeit einerseits und dem Aspekt der Rechtskrafterstreckung andererseits folgt allerdings aus dem unterschiedlichen Regelungsgehalt beider Rechtsinstitute. Die objektive Schiedsfähigkeit bezieht sich nämlich ausschließlich auf den von dem Schiedsgericht zu entscheidenden Streitgegenstand bzw. prozessualen Anspruch. Das folgt nicht nur aus dem Wortlaut des § 1030 I ZPO, sondern auch aus dem Zweck der Norm, bestimmte Rechtsgebiete der privaten Gerichtsbarkeit zu entziehen, weil insoweit besonders schützenswerte und schutzbedürftige Rechtsgüter betroffen sind. Zwar spielen bei der Rechtskrafterstreckung auch bestimmte Rechtsgüter eine Rolle, welchen hinreichend Rechnung zu tragen ist, allerdings beziehen diese sich konkret auf all jene Personen, die von der Rechtskrafterstreckung betroffen sind.[325] Beispielhaft sei ihr verfassungsrechtlich verankerter Anspruch auf rechtliches Gehör erwähnt. Die Schutzrichtung des § 1030 I ZPO

Hilfe des Gesetzgebers zu erreichen sei. Für Schulze, Grenzen der objektiven Schiedsfähigkeit, S. 126 f., scheint § 248 I S. 1 AktG im Schiedsverfahren nicht problematisch zu sein. Näher zu alledem unten Dritter Teil, C.

323 BGH ZIP 1996, 830, 832; vgl. auch K. P. Berger, DZWir 1998, 48, 49; Schmidt, ZHR 162 (1998), 265, 270; Schröder, Schiedsgerichtliche Konfliktbeilegung, S. 61 f.; kritisch dagegen: Wagner, Prozessverträge, S. 584 (Fn 141), der in der Urteilsbegründung des BGB einen Widerspruch zu erkennen meint.

324 Holzner, Immaterialgüterrechtsstreitigkeiten, S. 44 f.; Lüke/Wax – Münch, MüKo-ZPO, § 1030 Rn 20; Schmidt, ZHR 162 (1998), 265, 270; ders., AG 1995, 551, 552 (der sich hierbei allerdings auf die inter omnes wirkende *Gestaltungswirkung* bezieht); Schröder, Schiedsgerichtliche Konfliktbeilegung, S. 61 f.

325 Näher hierzu unten Dritter Teil, C.

ist indessen eine andere, da er ausschließlich nach objektiven Kriterien – ungeachtet aller materiell-rechtlich betroffenen Personen – die Zulässigkeit der Überantwortung eines Streitgegenstands an ein Schiedsgericht regelt. Die notwendige Unterscheidung zwischen der objektiven Schiedsfähigkeit und der Rechtskraft wird schließlich durch das Nebeneinanderstehen der §§ 1030, 1055 ZPO deutlich. Sämtliche Fragen der Urteilswirkung werden dadurch aus dem Regelungsfeld der objektiven Schiedsfähigkeit und mithin des § 1030 ZPO genommen und somit zu einem eigenständigen Legitimationserfordernis erhoben. Im Übrigen erweist sich – wie im Weiteren zu zeigen sein wird – die Problematik hinsichtlich der subjektiven Grenzen der Rechtskraft als ein kautelarjuristisch lösbares Problem.[326] Demgemäß besteht kein Anlass, aufgrund der damit einhergehenden Gefahren (vor allem für die nicht am Verfahren beteiligten Personen) gesellschaftsrechtliche Beschlussmängelstreitigkeiten *generell* einem Schiedsgericht vorzuenthalten, was ja gerade auf der Ebene der objektiven Schiedsfähigkeit geschehen würde. Etwaige Korrekturen sind vielmehr auf der zweiten Ebene der staatlichen Kontrolle der Schiedsgerichtsbarkeit gemäß § 1059 II Nr. 2 b) ZPO vorzunehmen.

Demzufolge stellt die Rechtskrafterstreckung zwar ein Legitimationsproblem im weiteren Sinn, jedoch keine immanente Beschränkung der objektiven Schiedsfähigkeit dar.[327]

(7) Erfordernis eines staatlichen Hoheitsakts

Eine gesetzesimmanente Einschränkung der objektiven Schiedsfähigkeit vermögensrechtlicher Ansprüche erscheint dann als erforderlich, wenn über den Bestand hoheitlicher Akte entschieden werden muss. Das geht jedenfalls aus der Gesetzesbegründung zum Reformgesetz hervor, in welcher sich die Bundesregierung ausdrücklich auf Patentnichtigkeitsstreitigkeiten bezieht.[328] Hierbei handelt es sich um ein Rechtsgebiet, das ebenso wie die gesellschaftsrechtlichen Beschlussmängelstreitigkeiten, im Zusammenhang mit der Schiedsgerichtsbar-

---

[326] Unten Dritter Teil, D.

[327] I.E. auch K. P. Berger, DZWir 1998, 45, 49; Epping, Schiedsvereinbarung, S. 198; Holzner, Immaterialgüterrechtsstreitigkeiten, S. 45; Lüke/Wax – Münch, MüKo-ZPO, § 1030 Rn 20; Schmidt, ZHR 162 (1998), 265, 270; wohl auch Schröder, Schiedsgerichtliche Konfliktbeilegung, S. 97; a.A. Böcker, Objektive Schiedsfähigkeit, S. 34 (Fn 169), der eine Beschränkung der objektiven Schiedsfähigkeit annimmt.

[328] BegRegE, BT-Drucks. 13/5274, S. 35; im schweizerischen Recht sind derartige Streitigkeiten dagegen generell schiedsfähig: Barber, Schiedsfähigkeit und ordre public, S. 138; Epping, Schiedsvereinbarung, S. 198; Honsell/Vogt/Schnyder – Briner, IPRG, Art. 177 Rn 15; Raeschke-Kessler/K. P. Berger, Recht und Praxis, Rn 189 m.w.N.; Rüede/Hadenfeldt, Schweizerisches Schiedsgerichtsrecht, S. 44; Schwab/Walter, Schiedsgerichtsbarkeit, S. 39 f.

keit Gegenstand zahlreicher Erörterungen des Schrifttums war.[329] Die objektive Schiedsfähigkeit von Patentrechtsstreitigkeiten ist bislang heftig umstritten. Die Diskussion bezieht sich allerdings nur auf Fragen, die den Bestand eines Patents betreffen, d.h. also, ob ein Schiedsgericht ein Patent für nichtig erklären, zurücknehmen oder eine Zwangslizenz erteilen kann. Die objektive Schiedsfähigkeit von Patentstreitsachen im Sinne von § 143 PatG steht indessen außer Frage und wird allgemein bejaht.[330]

Patentnichtigkeitsstreitigkeiten und Beschlussmängelstreitigkeiten weisen im Übrigen diverse Parallelen auf, die in den Ausführungen über die Schiedsfähigkeit eine Rolle spielen. So wurde als Argument gegen die Schiedsfähigkeit der Patentnichtigkeitsstreitigkeiten die gesetzlich geregelte ausschließliche Zuständigkeit des Bundespatentgerichts nach §§ 81 IV, 65 I PatG und des BGH nach §§ 110 I, 65 I PatG genannt.[331] Dass aus der ausschließlichen Zuständigkeit bestimmter staatlicher Gerichte jedoch nicht zwangsläufig die Schiedsunfähigkeit folgt, wurde bereits anhand des § 246 III S. 1 AktG dargetan.[332] Nichts anderes muss auch für patentrechtliche Streitigkeiten gelten.[333] Auch die Tatsache, dass die Erklärung der Nichtigkeit auf den Zeitpunkt der Patentanmeldung zurückwirkt, wohingegen einem entsprechenden Schiedsspruch lediglich eine ex-nunc-Wirkung zukommt, steht der objektiven Schiedsfähigkeit nicht entgegen. Denn für Verträge mit Dritten über das Patent wirkt dessen Vernichtung erst vom Zeitpunkt der Rechtskraft der Nichtigerklärung an,[334] so dass im Verhältnis des Patentgebers zum Patentnehmer für hinreichende Rechtssicherheit gesorgt ist. Im Übrigen ist in diesem Zusammenhang auf die entsprechenden Ausführungen zu den gesellschaftsrechtlichen Beschlussstreitigkeiten zu verweisen.[335]

Kein Argument gegen die objektive Schiedsfähigkeit stellt auch die rechtsgestaltende Wirkung der Nichtigerklärung des Patents dar. Wie schon im Rahmen

---

[329] Vgl. etwa die Nachweise bei Raeschke-Kessler/K. P. Berger, Recht und Praxis, Rn 184 sowie Schwab/Walter, Schiedsgerichtsbarkeit, S. 39;

[330] Barber, Schiedsfähigkeit und ordre public, S. 159 m.w.N.; Benkard – Rogge, PatG, § 143 Rn 13; BGH BB 1964, 59; Busse, PatG, § 143 Rn 85; Schwab/Walter, Schiedsgerichtsbarkeit, S. 39; Pfaff, FS Nagel. S. 278 ff.

[331] BGH NJW 1953, 262; vgl. i.Ü. die Nachweise bei Barber, Schiedsfähigkeit und ordre public, S. 160 (Fn 103).

[332] Siehe oben Zweiter Teil, A. I. 3. a.

[333] So auch Barber, Schiedsfähigkeit und ordre public, S. 160; Böcker, Objektive Schiedsfähigkeit, S. 92; Raeschke-Kessler/K. P. Berger, Recht und Praxis, Rn 186; Schwab/Walter, Schiedsgerichtsbarkeit, S. 39; Stein/Jonas – Schlosser, ZPO (21. Auflage), § 1025 Rn 27; ders., Schiedsgerichtsbarkeit, Rn 317. Dagegen zählt Holzner, Immaterialgüterrechtsstreitigkeiten, S. 44, § 65 PatG zu den Vorschriften i.S.d. § 1030 III ZPO.

[334] Benkard – Rogge, PatG, § 22 Rn 64; vgl. auch Pfaff, FS Nagel, S. 290.

[335] Oben Zweiter Teil, A. I. 2. b. (3) (a).

der gesellschaftsrechtlichen Beschlussmängelstreitigkeiten gezeigt, wirkt der Schiedsspruch wie ein staatliches Urteil, so dass auch ihm die Gestaltungswirkung beizumessen ist.[336]

Indessen handelt es sich bei der Patentnichtigkeitsklage um ein besonderes Verfahren, das auch öffentlich-rechtliche Elemente enthält. Denn die Patentvergabe – und somit auch ihr actus contrarius – ist ein Verwaltungsakt, welcher von Amts wegen in der Patentrolle vermerkt und im Patentblatt öffentlich bekannt gemacht wird (§§ 30 I S. 2, 32 V PatG).[337] Demzufolge ist die Erklärung der Patentnichtigkeit ausschließlich dem Bundespatentgericht vorbehalten.[338] Die Entscheidung des Schiedsgerichts als solche kann hingegen nicht zu einer Nichtigkeit des Patents führen.[339] Erforderlich ist hierfür vielmehr eine schiedsrichterliche Weisungsbefugnis gegenüber dem Bundespatentgericht dergestalt, dass Letzteres – aufgrund eines entsprechenden Schiedsspruches – die Nichtigkeit des Patents zu erklären verpflichtet ist. Hierfür fehlt indes jegliche gesetzliche Legitimation, so dass die Umsetzung des Schiedsspruchs allein über den Patentinhaber veranlasst werden kann. Als Lösung schlagen die Befürworter der objektiven Schiedsfähigkeit der Patentnichtigkeitsklage dann auch vor, dass der Patentinhaber im Schiedsverfahren dazu verurteilt werden müsse, der zuständigen Patenterteilungsbehörde den Auftrag zur Löschung des Patents zu erteilen.[340] Alternativ könne die Patentnichtigkeit gemäß §§ 20 I Nr. 3, 17 III PatG durch Nichtzahlung der Gebühren bewirkt werden.[341] Hiergegen wird allerdings eingewandt, dass der Fall nicht geklärt sei, in welchem sich der unterlegene Patentinhaber weigert, den Auflagen des Schiedsgerichts nachzukommen.[342] Und so beschränken sich auch die übrigen Vorschläge auf eine Lösung de lege feren-

---

[336] Siehe oben Zweiter Teil, A. I. 3. b.

[337] Benkard – Bruchhausen, PatG, § 1 Rn 2; Busse, PatG, § 1 Rn 94.

[338] Vgl. Holzner, Immaterialgüterrechtsstreitigkeiten, S. 47, 101 ff.; Pfaff, FS Nagel, S. 281, 292.

[339] So auch die Kritiker: Raeschke-Kessler/K. P. Berger, Recht und Praxis, Rn 190; im schweizerischen Recht wird dagegen die Vernichtung des Hoheitsaktes von der Vollstreckbarerklärung des Schiedsspruchs abhängig gemacht; vgl. Epping, Schiedsvereinbarung, S. 198.

[340] Epping, Schiedsvereinbarung, S. 198; Pfaff, FS Nagel, S. 289; Raeschke-Kessler/K. P. Berger, Recht und Praxis, Rn 190; Zöller – Geimer, ZPO § 1030 Rn 15.

[341] Pfaff, FS Nagel, S. 289; Schlosser, Schiedsgerichtsbarkeit, Rn 317.

[342] Barber, Schiedsfähigkeit und ordre public, S. 161; i.Ü. wurden jenen Vorschläge von dem Gesetzgeber im Zuge des Schiedsverfahrens-Reformgesetzes auch keinerlei Beachtung geschenkt; so auch Böcker, Objektive Schiedsfähigkeit, S. 93.

da, welche das Patentamt dazu verpflichten soll, schiedsrichterliche Entscheidungen anzuerkennen.[343]

De lege lata wird man daher die objektive Schiedsfähigkeit der Patentnichtigkeitsklage wohl verneinen müssen.[344] Allerdings ist der Gegenmeinung zuzugestehen, dass sich dieses Ergebnis nicht notwendigerweise aus einem öffentlichen Interesse an einem staatlichen Rechtsprechungsmonopol ableiten lässt.[345] Dagegen steht bereits der Umstand, dass das Patent ein Recht ist, über das der Rechtsinhaber frei verfügen und es damit eigenmächtig zum Erlöschen bringen kann. Die objektive Schiedsunfähigkeit resultiert vielmehr aus rein verfahrensrechtlichen Gründen.[346]

Dessen ungeachtet bleibt festzuhalten, dass § 1030 I S. 1 ZPO jedenfalls dann eingeschränkt werden muss, sofern es bei der Streitigkeit (auch) um einen hoheitlichen Akt geht, auf den private Schiedsgerichte nicht einzuwirken vermögen.[347]

(8) Kontrolle durch das Registergericht

Die Ausführungen zur Problematik der Patentnichtigkeitsklage haben gezeigt, dass § 1030 I S. 1 ZPO auch dann einschränkbar ist, wenn dem Staat eine Monopolstellung zukommt, obwohl ein öffentliches Interesse an einer ausschließlichen staatlichen Rechtsprechung aus Rechtsanwendungserwägungen nicht ersichtlich ist. Die objektive Schiedsunfähigkeit folgt vielmehr aus der Unverbindlichkeit privater Schiedssprüche gegenüber dem Bundespatentamt, einer staatlichen Stelle, die allein nur berechtigt ist, den erforderlichen Mitwirkungsakt durchzuführen. Ein ähnlich gelagerter Fall könnte dort bestehen, wo auf die Festellung der Nichtigkeit von Gesellschafterbeschlüssen geklagt wird, welche bereits im Handelsregister eingetragen wurden, da es sich beim Handelsregister

---

343 Vgl. Böcker, Objektive Schiedsfähigkeit, S. 92; Pfaff, FS Nagel, S. 292; Schlosser, ZIP 1987, 492, 499.

344 So auch Barber, Schiedsfähigkeit und ordre public, S. 161; Baumbach/Lauterbach/Albers/Hartmann –Albers, ZPO, § 1030 Rn 8; BegRegE, BT-Drucks. 13/5274, S. 35; Böcker, Objektive Schiedsfähigkeit, S. 93; Musielak – Voit, ZPO, § 1030 Rn 3; Schwab, FS Henckel, S. 805.

345 So Epping, Schiedsvereinbarung, S. 198; Raeschke-Kessler/K. P. Berger, Recht und Praxis, Rn 186.

346 So auch Barber, Schiedsfähigkeit und ordre public, S. 161.

347 So wohl auch Schröder, Schiedsgerichtliche Konfliktbeilegung, S. 53, 58, der lediglich von einem ‚staatlichen Mitwirkungsakt' spricht. I.Ü. muss dieses Ergebnis entsprechend auch für sonstige Immaterialgüterrechte gelten, wenngleich es in der Praxis eher selten zu Schiedsverfahren kommen dürfte, da häufig kein Schiedsvertrag zwischen dem Rechtsinhaber und dem in seinen Rechten verletzten Dritten besteht; vgl. hierzu Raeschke-Kessler/K. P. Berger, Recht und Praxis, Rn 196.

immerhin um eine staatliche Einrichtung der freiwilligen Gerichtsbarkeit handelt.

Zwar können auf dem Gebiet der freiwilligen Gerichtsbarkeit nach allgemeiner Meinung[348] die sogenannten echten Streitverfahren in analoger Anwendung der §§ 1025 ff. ZPO einem Schiedsgericht zur Erledigung überantwortet werden, da den Parteien insoweit – trotz der Inquisitionsmaxime gemäß § 12 FGG – die umfassende Dispositionsbefugnis über die Streitgegenstände zusteht. Hierzu gehören etwa Wohnungseigentumssachen[349] sowie Streitigkeiten im Rahmen der §§ 132 AktG, 51a, 51b GmbHG.[350] Allerdings ist fraglich, ob die objektive Schiedsfähigkeit auch bei Registersachen angenommen werden kann, zumal das Handelsregister die Aufgabe hat, wesentliche Rechtsverhältnisse der Unternehmer und Unternehmen des Handelsstands der Öffentlichkeit zugänglich zu machen und somit eine allgemeine Fürsorgepflicht übernimmt. Zu diesem Zweck wird es von den Registergerichten geführt, welche von den Streitgerichten, den sogenannten Prozessgerichten, zu unterscheiden sind (§§ 125 I FGG, 8 HGB).

(a) Prüfungskompetenz des Registergerichts

Da ein besonderes öffentliches Interesse an der Richtigkeit des Handelsregisters besteht, ist den Registergerichten eine gewisse Prüfungskompetenz zugewiesen. Hiernach ist die Anmeldung zur Eintragung einer Tatsache in das Handelsregister auf das Vorliegen der formellen und – jedenfalls im Falle begründeter Zweifel auch – materiellen Voraussetzungen zu prüfen, um sicherzustellen, dass nur zutreffende Eintragungen vorgenommen werden.[351] Sofern etwa Gesellschafterbeschlüsse nichtig oder unwirksam sind, darf der Registerrichter, diese nicht ins Handelsregister eintragen.[352] Anfechtbare Beschlüsse muss er hingegen unabhängig von dem zur Anfechtbarkeit führenden Mangel eintragen, wobei er allerdings den Ablauf der Anfechtungsfrist abwarten darf und soll.[353]

---

[348] Vgl. BGHZ 6, 248, 254; BayObLGZ 1973, 1, 2; Bork, ZZP 100 (1987), 249, 253; Keidel/Kuntze/Winkler – Schmidt, FGG, § 1 Rn 9; Schröder, Schiedsgerichtliche Konfliktbeilegung, S. 49 m.w.N.; Stein/Jonas – Schlosser, ZPO (21. Auflage), Vor § 1025 Rn 19; Vollmer, ZGR 1982, 15, 38; Wieczorek/Schütze – Schütze, GK-ZPO, § 1025 Rn 38 f.

[349] Keidel/Kuntze/Winkler – Schmidt, FGG, § 1 Rn 9 m.w.N.

[350] OLG Koblenz NJW-RR 1990, 1374; Böcker, Objektive Schiedsfähigkeit, S. 90 m.w.N.; Wieczorek/Schütze – Schütze, GK-ZPO, § 1025 Rn 38.

[351] Keidel/Kuntze/Winkler – Winkler, FGG, § 127 Rn 1 ff.; Röhricht/Westphalen – Ammon, HGB, § 8 Rn 5.

[352] Vgl. §§ 9c, 57a GmbHG; i.Ü. auch BayObLG BB 1983, 83; BGHZ 84, 285, 287; Baumbach/Hueck – Zöllner, GmbHG, § 54 Rn 20; Keidel/Kuntze/Winkler – Winkler, FGG, § 127 Rn 13; Kropff/Semler – Hüffer, MüKo-AktG, § 241 Rn 95; OLG Frankfurt ZIP 1990, 509.

[353] Keidel/Kuntze/Winkler – Winkler, FGG, § 127 Rn 13.

Die besondere Funktion des Registergerichts wirkt sich auch auf dessen Verhältnis zu dem jeweiligen Prozessgericht aus. Beide sind nicht nur voneinander zu trennen; das Registergericht ist als Gericht der freiwilligen Gerichtsbarkeit bei der Beurteilung streitiger Rechtsverhältnisse sogar grundsätzlich frei und an rechtskräftige Entscheidungen des Prozessgerichts nicht gebunden.[354] Durch eine Entscheidung des Prozessgerichts wird daher das Registergericht seiner Prüfungspflicht in der Regel nicht enthoben, da die Entscheidung des Prozessgerichts – jedenfalls bei der Leistungs- und Feststellungsklage – lediglich Recht zwischen den Parteien schafft. Wenn aber sogar Entscheidungen eines Prozessgerichts der Kontrolle durch eine weitere ‚Instanz' zugänglich sind, stellt sich die Frage, ob sich dieser Umstand überhaupt auf die objektive Schiedsfähigkeit auswirken muss. Denn die schiedsgerichtliche Rechtmäßigkeitskontrolle muss zweifelsohne in erster Linie an der Rechtsprechung der Prozessgerichte gemessen werden. Sofern also die Rechtsverbindlichkeit Letzterer angesichts der Besonderheit des öffentlich geführten Handelsregisters und der insoweit erforderlichen zusätzlichen Kontrolle durch das Registergericht eingeschränkt ist, kann sich diese ‚relative Verbindlichkeit' nicht zu Lasten der Schiedsgerichtsbarkeit auswirken. Diese Überlegung kann allerdings nur dann überzeugen, sofern tatsächlich auch jedes Urteil der registergerichtlichen Kontrolle unterliegt und nicht an irgendeiner Stelle eine Ausnahme aufgrund bestimmter Voraussetzungen gemacht wird, die sich im Schiedsverfahren so nicht wiederfinden.

Eine Ausnahme der registergerichtlichen Kontrolle wird dann gemacht, wenn der Entscheidung des Prozessgerichts rechtsgestaltende Wirkung zukommt.[355] Diese Entscheidung ist somit auch für das Registergericht maßgebend; es hat in diesem Fall die Richtigkeit der aufhebenden Entscheidung nicht zu kontrollieren, weil sie mit dem Eintritt ihrer Wirksamkeit unmittelbar eine Veränderung der materiellen Rechtslage herbeiführt, deren Beachtlichkeit für jedermann – und nicht allein für die Prozessparteien – eine Folge dieser Rechtsänderung ist.[356]

Hinsichtlich der gesellschaftsrechtlichen Beschlussmängelstreitigkeiten ist eine Bindung des Registergerichts an ein stattgebendes Anfechtungsurteil unproblematisch zu bejahen, da die Anfechtungsklage allgemein als Gestaltungsklage eingeordnet wird.[357] Doch auch im Rahmen der kassatorischen Nichtigkeitsklage kommt es zur Ausschaltung der registergerichtlichen Prüfungskompetenz. Teil-

---

[354] Bumiller/Winkler, FGG, § 127 Rn 15; Jansen, FGG, § 127 Rn 16; Keidel/Kuntze/Winkler – Winkler, FGG, § 127 Rn 46.

[355] Bumiller/Winkler, FGG, § 127 Rn 16; Jansen, FGG, § 127 Rn 17; Keidel/Kuntze/Winkler – Winkler, FGG, § 127 Rn 46.

[356] Baumbach/Hueck, AktG, § 248 Rn 4; Jansen, FGG, § 127 Rn 17.

[357] Statt aller: Hachenburg - Raiser, GmbHG, Anh. § 47 Rn 192; Kropff/Semler – Hüffer, MüKo-AktG, § 248 Rn 5.

weise werden nämlich auch insoweit die Voraussetzungen einer Gestaltungsklage bejaht.[358] Soweit demgegenüber die herrschende Meinung von einer Feststellungsklage ausgeht,[359] wird dem hierbei ergehenden Feststellungsurteil die Wirkung eines Gestaltungsurteils beigemessen.[360] Dies geschieht unter Zugrundelegung der für die Gestaltungswirkung geltenden Grundsätze und dem Hinweis auf die Erheblichkeit der Nichtigkeitsgründe gemäß § 241 AktG im Vergleich zu den übrigen Anfechtungsgründen sowie auf die praxisübliche Verbindung von Nichtigkeits- und Anfechtungsklage, wobei die Entscheidung zu dem Hilfsantrag (regelmäßig in Form der Nichtigkeitsklage) auf diesem Wege nicht hinter jener zu dem Hauptantrag (regelmäßig in Form der Anfechtungsklage) zurückbleiben dürfe.[361] Demzufolge ist das Registergericht sowohl an Anfechtungs- als auch an Nichtigkeitsurteile gebunden.[362] Es hat dann letztlich gemäß § 248 I S. 3 AktG den Beschluss im Handelsregister zu vermerken.

Dass es sich bei der Wirkung eines prozessrechtlichen Gestaltungsurteils um kein der ordentlichen Gerichtsbarkeit eigenes Charakteristikum handelt, wurde bereits dargetan.[363] Folglich sind auch die zu Beschlussmängelstreitigkeiten ergehende Schiedssprüche in das Handelsregister einzutragen, so dass es insoweit zu keiner zusätzlichen Überprüfung kommt, die zur Ausschließung der privaten Gerichtsbarkeit hinsichtlich Registersachen geführt hätte.[364]

Es wird nunmehr auch der Unterschied zu den Patentnichtigkeitsstreitigkeiten deutlich. Beides, die Patentnichtigerklärung als Verwaltungsakt sowie die Han-

---

[358] So vor allem Schmidt, JZ 1988, 729, 736; ders, AG 1995, 551, 552 f.; Scholz – Schmidt, GmbHG, § 45 Rn 45, 127 ff.; vgl. auch Hachenburg - Raiser, GmbHG, Anh. § 47 Rn 193.

[359] Vgl. BGH NJW 52, 98; Gadow – Schilling, GK-AktG, § 249 Anmerk. 7; Kropff/Semler – Hüffer, MüKo-AktG, § 249 Rn 4.

[360] Baumbach/Hueck – Zöllner, GmbHG, Anh. § 47 Rn 33; Gadow – Schilling, GK-AktG, § 249 Anmerk. 7; Hüffer, AktG, § 249 Rn 17; Kropff/Semler – Hüffer, MüKo-AktG, § 249 Rn 23; Lutter/Hommelhoff, GmbHG, Anh. § 47 Rn 36; Noack, Fehlerhafte Beschlüsse, S. 96; Roth/Altmeppen – Roth, GmbHG, § 47 Rn 111; Zöllner – Zöllner, KK-AktG, § 249 Rn 41; wohl auch Rowedder – Koppensteiner, GmbHG, § 47 Rn 130.

[361] Geßler/Hefermehl/Eckhardt/Kropff - Hüffer, AktG, § 22; Hüffer, AktG, § 249 Rn 17; vgl. auch Zöllner – Zöllner, KK-AktG, § 249 Rn 41, der seine Argumentation auf eine sinngemäße Anwendung des § 248 I S. 1 AktG stützt.

[362] So auch Gadow – Schilling, GK-AktG, § 249 Anmerk. 9; Hachenburg – Raiser, GmbHG, Anh. § 47 Rn 236; Priester/Mayer – Ingerl, MüHdB-GmbH, S. 552, 555 f.; Röhricht/Westphalen – Ammon, HGB, § 16 Rn 3; Scholz – Schmidt, GmbHG, § 45 Rn 170 m.w.N.; dagegen ist in diesem Zusammenhang eine *klagabweisende*, nur inter partes wirkende Entscheidung des Prozessgerichts gegenüber dem Registergericht nicht bindend; vgl. Priester/Mayer – Ingerl, MüHdB-GmbH, S. 552; Jansen, FGG, § 127 Rn 17.

[363] Siehe oben Zweiter Teil, A. I. 3. b.

[364] So auch Papmehl, Schiedsfähigkeit, S. 232.

delsregistereintragung als Akt der freiwilligen Gerichtsbarkeit,[365] erfordern zwar einen staatlichen Mitwirkungsakt und können folglich vom Schiedsgericht selbst nicht vorgenommen werden. Während allerdings allein das Bundespatentamt nach eigener und autonomer Prüfung die Nichtigkeit eines Patents aussprechen kann, findet im Rahmen der Beschlussstreitigkeiten aus den vorgenannten Gründen eine Zweiteilung statt. Es ist nämlich nicht mehr Sache des Registergerichts über den Beschluss zu befinden, um sodann eine entsprechende Löschung im Handelsregister vorzunehmen. Seine Aufgabe beschränkt sich im Fall der Beschlussmängelklagen mit Gestaltungswirkung vielmehr auf den bloßen Realakt der Eintragung. Ursächlich dafür ist wiederum die Entscheidung eines Prozessgerichts bzw. des Schiedsgerichts.

(b) Das Amtslöschungsverfahren gemäß § 144 II FGG

Bedenken gegen eine generelle objektive Schiedsfähigkeit könnten sich indes daraus ergeben, dass der Gesetzgeber für bestimmte gesellschaftsrechtliche Streitigkeiten das Amtslöschungsverfahren nach § 144 II FGG vorgesehen hat. Danach kann ein in das Handelsregister eingetragener Beschluss der Haupt- oder Gesellschafterversammlung von Amts wegen als nichtig gelöscht werden, wenn er durch seinen Inhalt zwingende Vorschriften des Gesetzes verletzt und seine Beseitigung im öffentlichen Interesse erforderlich erscheint. Es besteht insofern also ein zweispuriges System des Rechtsschutzes.[366]

Im Vergleich zur Beschlussmängelklage über die ein Prozessgericht zu entscheiden hat, erweist sich das Amtslöschungsverfahren als das stärkere Rechtsschutzinstrument. Zum einen ist – anders als bei der Anfechtungs- bzw. Nichtigkeitsklage – stets jedermann dazu befugt, das Registergericht bzw. das ihm vorgeordnete Landgericht zu einer Amtslöschung zu veranlassen.[367] Zum anderen wird das Einschreiten gegen den Beschluss wegen § 242 II S. 3 AktG nicht durch den Ablauf der dreijährigen Frist des § 242 II S. 1 AktG über die Geltendmachung der Nichtigkeit gehindert. Die damit einhergehende Aufweichung der durch § 242 I AktG bezweckten Rechtssicherheit lässt sich mit dem öffentlichen Interesse an der Richtigkeit und Vollständigkeit des Handelsregisters begründen, welchem das Amtsverfahren Rechnung trägt.[368] Das öffentliche Interesse ist in diesem Zusammenhang mit dem Interesse, das Gesellschafter an der

---

[365] Aufgrund ihrer Zuordnung zur freiwilligen Gerichtsbarkeit ist die Handelsregistereintragung nicht als Verwaltungsakt zu qualifizieren.

[366] So auch Vollmer, ZGR 1982, 12, 23.

[367] Hoffmann-Becking - Kantenwein, MüHdB-AG, S. 554; Jansen, FGG, § 142 Rn 9, § 144 Rn 16; Keidel/Kuntze/Winkler – Winkler, FGG, § 142 Rn 20.

[368] Vgl. auch Jansen, FGG, § 142 Rn 9.

Löschung haben können, nicht identisch. Es ist hierbei vielmehr neben dem Interesse der Allgemeinheit insbesondere auch das der Gesellschaftsgläubiger von Bedeutung.[369] Daran wird deutlich, da es sich beim Amtslöschungsverfahren um eine besondere Form der verwaltungsgerichtlichen Kontrolle handelt, deren materielle Funktion den Anspruch erhebt, über eine bloße Zweiparteienstreitigkeit hinauszugehen. Demgemäß erscheint es als bedenkenswert, ob nicht dieses zweispurige System des Rechtsschutzes der rechtlichen Verbindlichkeit eines klagabweisenden Schiedsspruchs entgegensteht, da weiterhin die Möglichkeit eines kassatorischen Urteils durch das Registergerichts existiert.

Die Privilegierung des Registergerichts im Sinne des § 242 II S. 3 AktG gilt allerdings auch im Verhältnis zu dem Prozessgericht. Das Registergericht kann sich somit aufgrund dessen auch über das Urteil eines Prozessgerichts hinwegsetzen. Es kommt also das in dem vorhergehenden Abschnitt geäußerte Argument hinsichtlich der Gleichbehandlung beider Gerichtsbarkeiten zum Tragen: Wenn nämlich selbst das Urteil eines staatlichen Gerichts, das wegen § 242 II S. 1 AktG die Nichtigkeitsklage abweist, im Wege eines Amtslöschungsverfahrens an Rechtsverbindlichkeit verliert, kann insofern § 144 II FGG der privaten Schiedsgerichtsbarkeit nicht mit der Begründung entgegenstehen, dass ein entsprechender Schiedsspruch durch das Registergericht wieder aufgehoben werden kann und demgemäß die erforderlichen Urteilswirkungen entbehrt. Andernfalls würde mit diesem Argument sogar dem staatlichen Prozessgericht die Souveränität aberkannt werden. Hiergegen lässt sich jedoch das Institut der Nichtigkeitsklage als Rechtsschutzinstrument im Rahmen der §§ 241 ff. AktG anführen, das zweifelsohne auch neben § 144 II FGG seine Funktion erfüllt. Schiedsgerichte sind demzufolge in gleichem Maße wie Prozessgerichte befugt, über Beschlussmängelstreitigkeiten zu entscheiden, ungeachtet der Tatsache, dass parallel dazu mit dem Amtslöschungsverfahren eine zweite Rechtsschutzmöglichkeit existiert.

Zusätzlich bedeutet dies, dass das Amtslöschungsverfahren im Wege einer Schiedsvereinbarung nicht ausgeschlossen werden kann, etwa dergestalt, dass den Gesellschaftern die Anregungsbefugnis versagt wird.[370] Derartiges würde der in § 144 II FGG zum Ausdruck kommenden gesetzgeberischen Wertung widersprechen, da auf diese Weise – aufgrund der naturgemäßen Sachnähe – potentielle Initiatoren eines Amtslöschungsverfahrens verlören gingen. Im Übrigen ließe sich ein derartiger Ausschluss auch praktisch nicht bewerkstelligen, da die Gesellschafter problemlos einen beliebigen Dritten zur Anregung eines Löschungsverfahrens beauftragen könnten.

---

[369] Hüffer, AktG, § 241 Rn 30; Jansen, FGG, § 144 Rn 15; Keidel/Kuntze/Winkler – Winkler, FGG, § 144 Rn 28; OLG Karlsruhe OLGZ 86, 155, 158.

[370] So auch Vollmer, ZGR 1982, 15, 38.

Demzufolge findet in § 144 II FGG zwar die Schiedsgerichtsbarkeit als privatautonom eingesetzte Institution der Rechtsprechung, nicht jedoch die objektive Schiedsfähigkeit an sich ihre Grenze.

c. Ergebnis

Obwohl die Regelung in § 1030 I S. 1 ZPO als eindeutige Aussage zur objektiven Schiedsfähigkeit vermögensrechtlicher Ansprüche anmutet, muss sie in Ausnahmefällen einschränkbar sein. Ein derartiges Bedürfnis lässt sich mit der Erwägung begründen, dass es Rechtsgebiete geben kann, bei denen der Erhalt des staatlichen Rechtsprechungsmonopols im Interesse der Öffentlichkeit als geboten erscheint. Dieses öffentliche Interesse wird durch das Verhältnis der objektiven Schiedsfähigkeit zu dem ordre-public-Vorbehalt näher bestimmt. Vor diesem Hintergrund lässt sich jedoch eine Beschränkung der objektiven Schiedsfähigkeit für gesellschaftsrechtliche Beschlussstreitigkeiten vermögensrechtlicher Art nicht feststellen. Insbesondere sind Gesellschafterbeschlüsse – auch die im Handelsregister einzutragenden – nicht von staatlichen Hoheitsakten abhängig, wie es etwa bei den Patentstreitigkeiten der Fall ist. Die Verbindlichkeit (klagabweisender) Schiedssprüche wird indessen durch die staatliche Kontrolle im Wege des Amtslöschungsverfahrens eingeschränkt, welche in den Schiedsklauseln nicht ausgeschlossen werden darf. Dies hat allerdings keinerlei Auswirkungen auf die objektive Schiedsfähigkeit, welche folglich insoweit generell zu bejahen ist.

6. Die objektive Schiedsfähigkeit nichtvermögensrechtlicher Ansprüche

Während § 1030 I S. 1 ZPO prinzipiell die generelle objektive Schiedsfähigkeit für vermögensrechtliche Streitigkeiten statuiert, sieht § 1030 I S. 2 ZPO für die übrigen, nichtvermögensrechtlichen Ansprüche hinsichtlich deren objektiver Schiedsfähigkeit das herkömmliche Kriterium der Vergleichsbefugnis vor. Der Vorschlag der Reformkommission, wonach eine Schiedsvereinbarung über nichtvermögensrechtliche Ansprüche ‚nicht ausgeschlossen' sein sollte, erschien dem Gesetzgeber als nicht aussagekräftig genug.[371] Eine Schiedsvereinbarung über derartige Streitigkeiten ist daher nur dann zulässig, wenn die Parteien berechtigt sind, über den Gegenstand des Streits einen Vergleich zu schließen.

Die Vergleichsfähigkeit bestimmt sich auch in der Neufassung des § 1025 I ZPO a.F. nach dem insoweit dazu Stellung nehmenden Schrifttum sowie der Rechtsprechung anhand der Theorie der objektiven Verfügbarkeit.[372] Danach ist

---

[371] BegRegE, BT-Drucks. 13/5274, S. 35.

[372] Baumbach/Lauterbach/Albers/Hartmann – Albers, ZPO, § 1030 Rn 3; BGH ZIP 1996, 830, 832; Böcker, Objektive Schiedsfähigkeit, S. 64; Epping, Schiedsvereinbarung, S. 193;

die Schiedsgerichtsbarkeit auf der Ebene der objektiven Schiedsfähigkeit allein durch ein öffentliches Interesse am Erhalt des staatlichen Rechtsprechungsmonopols einzuschränken, welches immer dann zu bejahen ist, wenn niemand außer dem staatlichen Richter in der Lage sein soll, den angestrebten Rechtszustand herbeizuführen, da es in solchen Fällen an der privatautonomen Erreichbarkeit fehlt.[373]

a. Auswirkung der Theorie der objektiven Verfügbarkeit auf Beschlussmängelklagen

Die Mehrzahl der gesellschaftsrechtlichen Beschlussmängelstreitigkeiten, die vor ein Schiedsgericht getragen werden, dürfte Ansprüche mit ausschließlich oder wenigstens überwiegendem vermögensrechtlichen Charakter betreffen.[374] Dessen ungeachtet erscheint es zumindest als nicht gänzlich ausgeschlossen, dass etwa Personalentscheidungen, welche durch einen Gesellschafterbeschluss getroffen wurden, einen hinreichend nichtvermögensrechtlichen Einschlag aufweisen könnten.[375] Sofern dann die Wirksamkeit des Beschlusses schiedsrichterlich zu entscheiden ist, muss im Rahmen des § 1030 I S. 2 ZPO die Frage nach der Vergleichsfähigkeit jener Streitigkeit gestellt werden. Fraglich ist dann, inwiefern bei nichtvermögensrechtlichen Beschlussmängelstreitigkeiten ein öffentliches Interesse an einem staatlichen Rechtsprechungserhalt besteht.

(1) Anwendung der Theorie der objektiven Verfügbarkeit

Bei Zugrundelegung der Theorie der objektiven Verfügbarkeit ist zu prüfen, ob die Gesellschafter allein durch ihr privatautonomes Verhalten die gleiche materiell-rechtliche Lage herbeiführen können, welche im Rahmen einer Beschlussmängelklage durch richterliches Urteil entstehen kann. In Betracht kommt dabei nicht nur die Nichtigerklärung im Wege eines der Klage stattgebenden Urteils, sondern auch die Aufrechterhaltung des in Frage stehenden Be-

---

OLG Hamm NZG 2000, 1182, 1183; Papmehl, Schiedsfähigkeit, S. 217; Raeschke-Kessler/K. P. Berger, Recht und Praxis, Rn 209; Schröder, Schiedsgerichtliche Konfliktbeilegung, S. 93; Zöller – Geimer, ZPO, § 1030 Rn 2; vgl. auch BegRegE, BT-Drucks. 13/5274, S. 35, wo nicht ausdrücklich auf die Theorie der objektiven Verfügbarkeit Bezug genommen wird, zumindest aber von einem ‚Interesse an einem Entscheidungsmonopol der staatlichen Gerichte' die Rede ist; hierzu auch Wagner, Prozessverträge, S. 585. Dagegen plädiert Holzner, Immaterialgüterrechtsstreitigkeiten, S. 48 ff., für eine Auslegung des § 1030 I S. 2 ZPO i.S.d. materiell-rechtlichen Theorie.

[373] Siehe oben Zweiter Teil, A. I. 2. b. (1).

[374] Siehe bereits oben Zweiter Teil, A. II. 3.

[375] Siehe oben Zweiter Teil, A. II. 4. c.

schlusses mittels vollständiger Klageabweisung.[376] Sofern also die Gesellschafter sowohl über die Vernichtung als auch über die Beibehaltung eines Beschlusses frei disponieren können, kann die objektive Schiedsfähigkeit im Sinne der Theorie der objektiven Verfügbarkeit bejaht werden.

(a) Aufhebung des Beschlusses

Die Herstellung einer beschlusslosen Lage durch die Gesellschafter erscheint bereits aus der Überlegung zulässig, dass jeder Gesellschafterbeschluss auch wieder von den Gesellschaftern in ihrer Gesamtheit aufgehoben werden kann.[377] Es kann im Übrigen auch dahingestellt bleiben, ob es sich bei dem jeweiligen Beschluss um einen rechtmäßigen oder rechtswidrigen handelt, da es im Zusammenhang mit der Theorie der objektiven Verfügbarkeit lediglich darauf ankommt, dass ein Ergebnis *überhaupt* – d.h. unabhängig vom Vorliegen sämtlicher Wirksamkeitsvoraussetzungen im Einzelfall – durch privatautonomes Verhalten erreicht werden kann.[378]

(b) Aufrechterhaltung des Beschlusses

Fraglich ist jedoch, ob ebenso eine der Klageabweisung entsprechende materiell-rechtliche Lage durch privatautonomes Verhalten möglich ist. Sofern es sich hierbei um einen rechtmäßigen Beschluss handelt, wird man dessen Aufrechterhaltung durch die Gesellschafter zweifellos bejahen können, da diese ja auch nicht daran gehindert sind, einen neuen Beschluss gleichen Inhalts zu beschließen. Beide Fälle – die rechtmäßige Klageabweisung sowie der rechtmäßige Beschluss – stimmen insoweit also miteinander überein. Schwierigkeiten könnte allerdings der Fall bereiten, in welchem der Beschluss aufgrund seiner Entstehung bzw. seines Inhalts nicht normgerecht und demzufolge rechtswidrig ist. Die Aufrechterhaltung eines solchen Beschlusses kann mit Sicherheit nicht der Parteidisposition anheim gestellt werden. Hierzu lässt sich schon allein das Institut der Beschlussmängelklagen gemäß §§ 241 ff. AktG anführen, das ja gerade den Zweck verfolgt, rechtswidrige Gesellschafterbeschlüsse zu vernichten. Der Gesetzgeber muss also zu erkennen geben, dass das Prinzip der Rechtmäßigkeit von Gesellschafterbeschlüssen nicht ausnahmslos gilt und demgemäß rechtswidrige Beschlüsse von der staatlichen Rechtsordnung – gegebenenfalls mit Einschränkungen – toleriert werden können.

---

[376] Insofern auch der Ansatz von Schröder, Schiedsgerichtliche Konfliktbeilegung, S. 59 ff.

[377] So auch der Ansatz von Schmidt, ZGR 1988, 525, 528 f.; ders. AG 1995, 551, 552; siehe dazu i.Ü. oben Zweiter Teil, A. I. 2. b. (3) (c).

[378] Vgl. hierzu Bork, ZZP 100 (1987), 249, 250, sowie Schröder, Schiedsgerichtliche Konfliktbeilegung, S. 59; i.Ü. oben Zweiter Teil, A. I. 2. b. (1).

(i) Mangel i.S.v. § 243 I AktG

Eine derartige Aussage könnte man in der – im Verhältnis zur Nichtigkeitsklage vorhandenen – Besonderheit der Anfechtungsklage sehen.[379] Während nämlich Beschlussfehler im Sinne von § 241 AktG und somit Fehler, die zu einer erfolgreichen Nichtigkeitsklage führen, den jeweiligen Beschluss von Anfang an als nichtig und daher unverbindlich qualifizieren, sind alle übrigen Beschlussmängel für den Beschluss zunächst unschädlich. Diese machen ihn vielmehr schwebend wirksam und mithin auch rechtlich verbindlich. Die Rechtslage wird erst im Rahmen einer (erfolgreichen) Anfechtungsklage verändert, in welcher der Beschluss mittels richterlichem Gestaltungsurteil für nichtig erklärt wird. Dass es sich hierbei um einen voluntativen und damit dispositiven Weg handelt, hat der Gesetzgeber vor allem in § 243 I AktG deutlich gemacht, wonach ein Beschluss wegen Verletzung des Gesetzes oder der Satzung durch Klage angefochten werden *kann*, niemand also dazu verpflichtet ist.[380] Diese Formulierung impliziert eine Relation jener Normen, gegen die der anfechtbare Beschluss verstößt, da eine unterlassene Anfechtungsklage die materiell-rechtlich fehlerhafte Rechtslage weiter aufrechterhält. Folglich sind die entsprechenden Norminhalte auch nicht um jeden Preis auf Kosten des Gesellschafterbeschlusses durchzusetzen, sondern eben nur, wenn sich ein Anfechtungsberechtigter dazu entschließt. Sofern dieser von einer Anfechtung jedoch Abstand nehmen sollte, erwächst der betroffene Beschluss – nach Ablauf der Anfechtungsfrist gemäß § 246 I AktG – in uneingeschränkte Rechtskraft. Die Kombination aus Anfechtungserfordernis und Anfechtungsfrist gibt somit Aufschluss darüber, dass der Gesetzgeber im Zusammenhang mit der Anfechtungsklage durchaus die Beibehaltung eines rechtswidrigen Gesellschafterbeschlusses toleriert. Diese Entscheidungsmöglichkeit ist mit einer entsprechenden privatautonomen Befugnis, wie sie von der Theorie der objektiven Verfügbarkeit verlangt wird, gleichzusetzen, so dass auch insofern die objektive Schiedsfähigkeit zu bejahen ist.[381]

---

[379] Vgl. den Ansatz von Schröder, Schiedsgerichtliche Konfliktbeilegung, S. 64 f., vgl. auch Hachenburg – Raiser, GmbHG, Anh. § 47 Rn 207 f., sowie Wünsch, Schiedsgerichtsbarkeit, S. 86; siehe i.Ü. oben Zweiter Teil, A. I. 2. b. (3) (c).

[380] Vgl. auch Schröder, Schiedsgerichtliche Konfliktbeilegung, S. 64, für den die Anfechtungsklage eine gesetzliche Spezialregelung darstellt, die zwingende Normen aus übergeordneten Gründen überlagert. Den voluntativen Aspekt bejaht in diesem Zusammenhang auch Wünsch, Schiedsgerichtsbarkeit, S. 86.

[381] So auch Schröder, Schiedsgerichtliche Konfliktbeilegung, S. 65; Hachenburg – Raiser, GmbHG, Anh. § 47 Rn 207 f.; Wünsch, Schiedsgerichtsbarkeit, S. 86.

(ii) Mangel i.S.v. § 241 AktG

Fraglich ist mit Bezug auf die Nichtigkeitsklage, ob den Gesellschaftern in ähnlicher Weise die Entscheidung über die Vernichtung ihres Beschlusses überlassen ist, oder ob sich der Staat im Gegensatz zur Anfechtungsklage hierbei für alleinzuständig erklärt hat.

Es fällt zunächst schwer, von der Möglichkeit zur Aufrechterhaltung eines rechtswidrigen Beschlusses zu sprechen, da Beschlüsse, die an einem Mangel im Sinne von § 241 AktG leiden, – wie erwähnt – bereits von Anfang an nichtig sind. Dogmatisch richtiger wäre es also zu fragen, ob den Gesellschaftern die Befugnis zusteht, ihrem Beschluss – trotz dessen Nichtigkeit – zu einer dauerhaften Verbindlichkeit und mithin zu seiner materiell-rechtlichen Anerkennung zu verhelfen. Der Gesetzgeber hat indessen mit der angeordneten anfänglichen Nichtigkeit zum Ausdruck gebracht, dass derartige Beschlüsse von der Rechtsordnung nicht geduldet werden können.[382] Es ist im Rahmen einer Beschlussmängelklage deshalb auch ausreichend, diese Nichtigkeit lediglich festzustellen. Anders als bei der Anfechtungsklage wird bei der kassatorischen Nichtigkeitsklage also auf die materiell-rechtliche Lage nicht gestaltend eingewirkt.[383]

Trotz dieser materiell-rechtlichen Wertung des Gesetzgebers besteht gemäß § 242 AktG – ebenso wie bei § 246 I AktG – zum Zwecke der Rechtssicherheit und Rechtsklarheit die Möglichkeit einer Heilung von selbst nichtigen Beschlüssen.[384] Hieraus lässt sich wiederum der Schluss ziehen, dass sich – bei Vorliegen der Voraussetzungen gemäß § 242 AktG – ein ursprünglich von der Rechtsordnung missbilligter Zustand zu deren Bestandteil wird und mithin von jedermann zu akzeptieren ist. Fraglich ist indessen, ob allein dieser Umstand ausreicht, um daraus auch eine privatautonome Entscheidungsbefugnis betreffend das Schicksal eines nichtigen Beschlusses ableiten zu können. Es ist nämlich weiter erforderlich, dass die Nichtigkeitsklage als ähnlich fakultatives Rechtsschutzinstrument wie auch die Anfechtungsklage gewertet werden kann.

In diesem Zusammenhang lässt sich zunächst feststellen, dass ein disponibles Klageerfordernis wie jenes in § 243 AktG bei der Nichtigkeitsklage nicht vorgesehen ist. Die Entscheidung über das weitere Schicksal des nichtigen Beschlus-

---

[382] Vgl. auch Schröder, Schiedsgerichtliche Konfliktbeilegung, S. 66.

[383] Jedenfalls wird die Nichtigkeitsklage von der h.M. als Feststellungsklage qualifiziert: BGHZ 32, 318; BGH NJW 1952, 98; Hüffer, AktG, § 249 Rn 2, 10; Kropff/Semler – Hüffer, MüKo-AktG, § 249 Rn 4; a.A. Schmidt, AG 1995, 551, 552 f.; Scholz – Schmidt, GmbHG, § 45 Rn 45, der auch die Nichtigkeitsklage für eine Gestaltungsklage hält.

[384] Hüffer, AktG, § 242 Rn 1; hinsichtlich § 246 I AktG vgl.: Hachenburg – Raiser, GmbHG, Anh. § 47 Rn 181; Scholz – Schmidt, GmbHG, § 45 Rn 145. Nicht heilbar sind dagegen die Fälle der §§ 192 IV, 212; allerdings sind diesbzgl. Beschlüsse nicht im Rahmen des § 1030 I S. 2 ZPO zu behandeln, da sie per se als vermögensrechtlich zu qualifizieren sind; vgl. oben B.2.c.(2)(d)(ii).

ses wird demgemäß nicht dem Gesellschafter überlassen, sondern es wird ganz offensichtlich davon ausgegangen, dass der Gesellschafter über kurz oder lang die Vernichtung des Beschlusses mittels entsprechender Klage einleiten wird. Demzufolge muss – zumindest – eine materiell-rechtlich legitimierte Verfügbarkeit an dieser Stelle verneint werden.

Die Nichtigkeitsklage lässt sich mit der Anfechtungsklage gleichwohl de facto durchaus vergleichen. In beiden Fällen gibt nämlich erst ein richterliches Urteil verbindlich Auskunft über den Fortbestand bzw. die Unwirksamkeit eines Beschlusses. Bis dahin sind nichtige und lediglich anfechtbare Beschlüsse nur schwerlich zu unterscheiden. Es kommt der Umstand hinzu, dass den Gesellschaftern rein tatsächlich und ungeachtet jeglicher Dogmatik letzten Endes sowohl bei dem einen als auch bei dem anderen Beschlussmangel die Entscheidung über die Erhebung einer Klage obliegt. Wenn also den Gesellschaftern an dem Erhalt eines nichtigen Beschlusses gelegen ist, sind sie nicht daran gehindert, von der Erhebung einer Nichtigkeitsklage abzusehen, um damit auf dessen Heilung hinzuwirken. Die Tatsache, dass hierbei auch gesellschaftsfremde Dritte im Rahmen einer Feststellungsklage gegen den Beschluss vorgehen könnten, wirkt sich gleichwohl nicht auf die objektiven Verfügbarkeit jenes Anspruchs aus, da sich an der Verfügungsbefugnis des Gesellschafterkreises nichts ändert. Vielmehr wird durch die Klagebefugnis eines Dritten lediglich dessen Rechtsschutzbedürfnis Rechnung getragen. Selbst die – im Vergleich zu § 246 I AktG – um ein Erhebliches längere Heilungsfrist gemäß § 242 II AktG, welche zwar Ausdruck des gesetzgeberischen Interesses an der Wiederherstellung der Rechtsordnung ist, vermag eine Umsetzung der gegenteiligen Entscheidung der Gesellschafter lediglich zu erschweren, nicht aber gänzlich zu verhindern. Unter diesem Aspekt kann zumindest eine faktische Verfügungsbefugnis auf Seiten der Gesellschafter konstatiert werden. Ob sich gleichwohl im Rahmen der Theorie der objektiven Verfügbarkeit die objektive Schiedsfähigkeit bejahen lässt,[385] wird an dieser Stelle stark bezweifelt.

Der fehlende privatautonome Handlungsspielraum bei nichtigen Beschlüssen ergibt sich allerdings aus einer anderen Erwägung. Denn eine (lediglich faktische) Disponibilität setzt nicht allein Entscheidungsfreiheit, sondern zusätzlich auch eine entsprechende Umsetzungskompetenz voraus. Sofern die Gesellschafter an einem nichtigen Beschluss festhalten wollen, ist also weiterhin erforderlich, dass gleichzeitig die Aussicht besteht, dieses Vorhaben auch praktisch zu verwirklichen. Das wäre in diesem Zusammenhang jedenfalls dann der Fall, wenn der Gesetzgeber die Wiederherstellung der Rechtsordnung allein von der Erhebung der Nichtigkeitsklage abhängig gemacht hätte, da dies durch bloßes Unterlassen der Klageerhebung bzw. durch Klagerücknahme verhindert werden könnte. Allerdings geben die Gesellschafter ihren Einfluss auf den nichtigen Be-

[385] Verneinend: Schröder, Schiedsgerichtliche Konfliktbeilegung, S. 66 ff.

schluss dann aus der Hand, wenn dessen Eintragung ins Handelsregister angemeldet wird. Der mit der Prüfung der Anmeldung befasste Registerrichter ist nämlich von Amts wegen an der Eintragung nichtiger Beschlüsse gehindert, so dass ihm eine entsprechende Prüfungskompetenz zugewiesen ist, um gegebenenfalls die Anmeldung zur Eintragung aufgrund Beschlussnichtigkeit ablehnen zu können.[386] Die Kontrollfunktion des Registergerichts zeigt demgemäß, dass sich der Gesetzgeber auf die Erhebung einer Nichtigkeits- bzw. Feststellungsklage nicht verlassen will. Er überträgt die Entscheidungsgewalt letztlich wieder auf die Gerichte, um auf diese Weise dem öffentlichen Interesse an der Richtigkeit und Vollständigkeit des Handelsregisters Rechnung zu tragen.[387] Somit kann selbst bei Vorliegen der formellen Voraussetzung ein Anspruch auf Eintragung des nichtigen Beschlusses auf Seiten der Gesellschafter nicht bestehen, denn jenes öffentliche Interesse ist dem Entschluss der Gesellschafter an seiner Aufrechterhaltung in jedem Fall übergeordnet.[388]

Demzufolge ist der privatautonome Einfluss des Gesellschafters auf das Schicksal eines nichtigen Beschlusses nicht nur zu schwach,[389] sondern aufgrund der Funktion des Registergerichts idealtypischerweise gar nicht erst vorgesehen, da in jedem Fall gesetzlich untragbare Ergebnisse verhindert werden sollen. Zwar besteht weiterhin die Möglichkeit, dass ungeachtet der gerichtlichen Prüfung ein nichtiger Beschluss im Handelsregister eingetragen wird, da andernfalls die Vorschrift in § 242 II AktG, die ja gerade nichtige, aber eingetragene Beschlüsse heilen lässt, keinen Sinn machen würde. Doch kann spätestens in derartigen Ausnahmefällen eine faktische Verfügungsbefugnis, von der zuvor im Zusammenhang mit der Nichtigkeitsklage die Rede war, nicht ernsthaft in Erwägung gezogen werden, ohne dass die Theorie der objektiven Verfügbarkeit dadurch an Aussagekraft verlieren würde.

Im Übrigen macht die Möglichkeit eines Amtslöschungsverfahrens gemäß § 144 II FGG i.V.m. § 242 II S. 3 AktG – trotz der materiell-rechtlich eingetretenen Heilung – deutlich, dass die Wirksamkeit des Beschlusses letztlich nicht

---

[386] Siehe oben Zweiter Teil, A. II. 5. b. (8)(a). Dagegen ist eine entsprechende Kontrolle durch das Registergericht bei lediglich zur Anfechtung berechtigenden Beschlussfehlern nach Fristablauf zu verneinen und der Beschluss somit zu verfügen; vgl. Jansen, FGG, § 127 Rn 7; Keidel/Kuntze/Winkler – Winkler, FGG, § 127 Rn 13; OLG Köln WM 1981, 1263, 1263 f.; OLG Köln BB 1982, 579; a.A. Hachenburg – Ulmer, GmbHG, § 54 Rn 47, 49; Hüffer, AktG, § 243 Rn 56; Noack, Fehlerhafte Beschlüsse, S. 12; die Gegenansicht trägt jedoch dem Unterschied zwischen nichtigen und nur anfechtbaren Beschlüssen nicht ausreichend Rechnung.

[387] Siehe oben Zweiter Teil, A. II. 4. b. (8).

[388] Vgl. auch Schröder, Schiedsgerichtliche Konfliktbeilegung, S. 68.

[389] So Schröder, Schiedsgerichtliche Konfliktbeilegung, S. 68.

maßgeblich von einem hierauf gerichteten privatautonomen Willen abhängig sein soll.[390]

Eine Ausnahme ist jedoch im Falle des § 241 Nr. 1 AktG, wonach ein Verstoß gegen die Einberufungsvorschriften zur Nichtigkeit führt, zu machen. Insoweit wird nämlich den Anteilseignern gemäß § 121 VI AktG die Möglichkeit eingeräumt, einvernehmlich auf die Geltung jener Regelungen zu verzichten, so dass hierin ein dispositives Element zu sehen ist, welches die rechtliche Anerkennung eines gegen § 121 II, III, IV AktG verstoßenden Beschlusses in den Zuständigkeitsbereich der Gesellschafter rückt.[391]

Aus den genannten Gründen muss im Rahmen der Nichtigkeitsklage festgestellt werden, dass den Gesellschaftern nicht die Entscheidung über die Aufrechterhaltung eines nichtigen Beschlusses – mit Ausnahme des Falles gemäß § 241 Nr. 1 AktG – überlassen ist.[392] Insoweit fehlt also die erforderliche privatautonome Verfügungsbefugnis, so dass mit der Theorie der objektiven Verfügbarkeit die objektive Schiedsfähigkeit nichtvermögensrechtlicher Streitigkeiten i.S.v. § 241 Nr. 2-6 AktG zu verneinen ist.[393]

(2) Würdigung

Für sich genommen ist die Verneinung einer privatautonomen Entscheidungsmacht aufgrund der Kontrolle der freiwilligen Gerichtsbarkeit, welche damit einem bestimmten öffentlichen Interesse Rechnung trägt, durchaus nachvollziehbar. Nach alter Rechtslage wären damit sämtliche – also vermögensrechtliche wie nichtvermögensrechtliche – Beschlüsse, die an einem Fehler im Sinne von § 241 Nr. 2-6 AktG leiden, nicht objektiv schiedsfähig. Gemäß des neuen Rechts führt das obige Ergebnis allerdings zu einer fragwürdigen Unterscheidung: Nichtige Beschlüsse vermögensrechtlicher Art sind ungeachtet der registergerichtlichen Intervention objektiv schiedsfähig, weil es auf das Kriterium der Vergleichsbefugnis nicht mehr ankommt. Dagegen sind nichtvermögensrechtliche Beschlüsse, welche nach § 241 Nr. 2-6 AktG nichtig sind, allesamt schiedsunfähig, da den Gesellschaftern bei Nichtigkeitsklagen die autonome Dispositionsbefugnis – als Voraussetzung für das Vorliegen der Vergleichsfähigkeit des Streitgegenstands – zu versagen ist. Diese kategorische Einteilung

---

390 So auch Schröder, Schiedsgerichtliche Konfliktbeilegung, S. 68; vgl. i.Ü. auch OLG Köln GmbHR 1993, 164; Scholz – Schmidt, GmbHG, § 45 Rn 83, wonach die Möglichkeit der Heilung nichts daran ändert, dass die Eintragung eines nichtigen Beschlusses unzulässig ist.

391 So auch Hachenburg - Raiser, GmbHG, Anh. § 47 Rn 207 a.E.; Schröder, Schiedsgerichtliche Konfliktbeilegung, S. 69; siehe auch oben Zweiter Teil, A. I. 2. b. (3) (c).

392 So auch Schröder, Schiedsgerichtliche Konfliktbeilegung, S. 68; i.E. auch Hachenburg – Raiser, GmbHG, Anh. § 47 Rn 207 f.; Wünsch, Schiedsgerichtsbarkeit, S. 86.

393 Dies gilt i.Ü. auch für die positive Beschlussfeststellungsklage, sofern mit ihr die Feststellung eines nach § 241 Nr. 2-6 AktG nichtigen Beschlusses angestrebt wird.

schiedsfähiger bzw. schiedsunfähiger Ansprüche bedarf indessen einer näheren Untersuchung dahingehend, ob der vom Gesetzgeber in § 1030 I ZPO getroffenen Werteentscheidung bezüglich vermögensrechtlicher und nichtvermögensrechtlicher Streitigkeiten hinreichend entsprochen wurde. Dies wäre jedenfalls dann der Fall, sofern sich ein sachlicher Grund für die Versagung der objektiven Schiedsfähigkeit nichtiger und nichtvermögensrechtlicher Beschlüsse anführen ließe.

Aus Sicht des Registergerichts wird die formelle und materielle Rechtmäßigkeitsprüfung eines jeden Beschlusses mit dem öffentlichen Interesse an der Richtigkeit und Vollständigkeit des Handelsregisters legitimiert. Allerdings richtet sich die Kontrolle des Registergerichts – auch hinsichtlich des Amtslöschungsverfahrens – gerade nicht nach Art und Charakter des Beschlusses. Vielmehr werden sowohl vermögensrechtlich als auch nichtvermögens-rechtlich geprägte Gesellschafterbeschlüsse auf ihre Rechtmäßigkeit hin überprüft, da hieran in beiden Fällen gleichermaßen ein öffentliches Bedürfnis nach Rechtssicherheit besteht. Die von dem Gesetzgeber vorgenommene Unterscheidung in § 1030 I ZPO setzt sich auf der Ebene des Registergerichts demgemäß nicht fort. Folglich kann sich die fehlende objektive Schiedsfähigkeit nichtvermögensrechtlicher Streitigkeiten auch nicht aus Sinn und Zweck des Registergerichts ergeben. Es wird daran auch deutlich, dass der Grund dafür allein aus der Besonderheit nichtvermögensrechtlicher Ansprüche im Vergleich zu vermögensrechtlichen Ansprüchen folgen kann. Nur wenn insofern eine besondere Interessenlage zu verzeichnen ist, kann nämlich im Rahmen der Nichtigkeitsklage in entsprechender Weise pauschalisiert werden.

Anhaltspunkte für eine wertende Differenzierung beider Arten eines Streitgegenstands liefert § 1030 I ZPO. Obwohl die Regierungsbegründung in diesem Zusammenhang nicht ausdrücklich Stellung bezieht, wurde sich hier eines klassischen, prozessualen Unterscheidungsmerkmals bedient, welchem die Anschauung zugrunde liegt, dass die ZPO bei nichtvermögensrechtlichen Streitigkeiten die Rechtssicherheit sowie den Schutz des Verfahrens und der Beteiligten grundsätzlich vor praktische, ökonomische oder politische Erwägungen stellt.[394] Damit ist indes keineswegs eine generelle Ablehnung der Schiedsgerichtsbarkeit bei nichtvermögensrechtlichen Ansprüchen statuiert, zumal § 1030 I S. 2 ZPO den Weg zur Schiedsgerichtsbarkeit nur dann versperrt, wenn die nichtvermögensrechtliche Streitigkeit nicht vergleichsweise beigelegt werden kann. Der Gang vor das Schiedsgericht soll also auf diesem Gebiet nicht generell ausgeschlossen, sondern lediglich von dem Vorliegen einer zusätzlichen Bedingung abhängig gemacht werden. Wenn aber nichtvermögensrechtliche Streitgegenstände nicht generell schiedsunfähig sein sollen, sondern lediglich jene, bei denen es den Parteien an einer privatautonomen Entscheidungsbefugnis mangelt, kann

---

[394] Siehe auch oben Zweiter Teil, A. II. 1.

dieses Regel-Ausnahme-Statut nicht mit Verweis auf die Kontrolle durch die freie Gerichtsbarkeit ausgeschaltet werden. Nichts anderes passiert jedoch, hält man sämtliche gemäß § 241 Nr. 2-6 AktG nichtigen Beschlüsse von nichtvermögensrechtlichem Charakter für schiedsunfähig, ohne dass im konkreten Fall nach dem Vorliegen einer Vergleichsbefugnis gefragt wird. Das Kriterium der Vergleichsfähigkeit führt mit anderen Worten im Rahmen der gesellschaftsrechtlichen Beschlussmängelstreitigkeiten zu einem kategorischen Ausschluss nichtvermögensrechtlicher Ansprüche von einer schiedsgerichtlichen Zuständigkeit, obwohl ein derartiges Rechtsprechungsmonopol der ordentlichen Gerichtsbarkeit gar nicht vorgesehen ist.

Der Grund hierfür liegt in dem Wertungswiderspruch zweier unterschiedlicher Institute zur Begrenzung der Schiedsgerichtsbarkeit. Das Registergericht verweigert die Eintragung eines Gesellschafterbeschlusses in das Handelsregister, sofern dieser an einem bestimmten, regelmäßig erheblichen Fehler leidet, wobei es auf Art und Charakter jenes Beschlusses nicht ankommt, vielmehr allein der Beschlussfehler maßgeblich ist. Sofern man hieraus vor dem Hintergrund der Theorie der objektiven Verfügbarkeit eine insoweit bestehende Grenze der privatautonomen Konfliktbeilegung sähe, müsste die objektive Schiedsfähigkeit konsequenterweise in jedem Fall verneint werden; d.h. also, dass nicht nur nichtvermögensrechtliche, sondern auch vermögensrechtliche Streitigkeiten der Verfügungsgewalt der Parteien entzogen wären. Diese Pauschalisierung findet indessen im Rahmen des § 1030 I ZPO keine Entsprechung, da sich der Gesetzgeber gerade für eine schiedsgerichtsfreundliche Regelung entschieden hat, bei welcher (sogar) nichtvermögensrechtliche Ansprüche nicht generell objektiv schiedsunfähig sind. Das Merkmal der Vergleichsbefugnis würde somit zu dem paradoxen Ergebnis führen, dass nichtvermögensrechtliche Beschlussmängelstreitigkeiten im Sinne des § 241 Nr. 2-6 AktG nur deswegen objektiv schiedsunfähig sind, weil sie nicht unter § 1030 I S. 1 ZPO subsumierbar, sprich vermögensrechtlich sind. Die Vergleichsbefugnis kann sich daher nicht an der Kontrollfunktion des Registergerichts orientieren, da dort ja gerade eine allgemeine Wertentscheidung getroffen wird, welche mit der differenzierenden Regelung des § 1030 I ZPO nicht zu vereinbaren ist.

Aufgrund dieser Überlegungen verbietet sich die These der generellen Schiedsunfähigkeit nichtvermögensrechtlicher Gesellschafterbeschlüsse, die gemäß § 241 Nr. 2-6 AktG nichtig sind. Die Rechtmäßigkeitskontrolle des Registergerichts sowie das Amtslöschungsverfahren gemäß § 144 II FGG bieten aufgrund ihres umfassenden Geltungsbereichs kein zuverlässiges Kriterium, um die fehlende objektive Verfügbarkeit und damit die fehlende Vergleichsbefugnis nachweisen zu können. Die Einschränkung der Schiedsfähigkeit jener nichtvermögensrechtlichen Ansprüche kann daher allein der Prüfung im konkreten Einzelfall überlassen werden.[395] Hierbei kann das Kriterium der objektiven Verfügbarkeit und damit dem der Vergleichsbefugnis nicht mehr beibehalten werden.

Festzustellen ist nunmehr, dass mit der Abschaffung der Vergleichsbefugnis bei vermögensrechtlichen Streitigkeiten als Voraussetzung für die objektive Schiedsfähigkeit eine gesetzgeberische Wertung getroffen wurde, welche ohne Widersprüchlichkeiten nicht mehr an diesem Kriterium im Rahmen aller übrigen Streitigkeiten festhalten lässt.[396] Die – durch die Neufassung des § 1025 I ZPO möglich gewordene – Entlarvung der Vergleichsbefugnis als untaugliches Merkmal führt allerdings zu dem Dilemma, dass die objektive Schiedsfähigkeit bei nichtvermögensrechtlichen Beschlüssen contra legem zu bestimmen ist. Denn die gesetzlich zulässige Auslegung des Wortlauts in § 1030 I S. 2 ZPO hat sich in der Theorie der objektiven Verfügbarkeit erschöpft.[397]

Zwar kann die – auch im Zusammenhang mit der Theorie der objektiven Verfügbarkeit verwendete – Formel von dem öffentlichen Interesse am Erhalt eines Rechtsprechungsmonopols weiterhin zur Bestimmung der objektiven Schiedsfähigkeit benutzt werden. Ein solches öffentliches Interesse besteht jedoch nicht schon dann, wenn es den Parteien an einer privatautonomen Entscheidungsbefugnis bezüglich des jeweiligen Rechtsstreits mangelt. Zur Bestimmung jenes Interesses ist vielmehr auf die Überlegungen zur Einschränkbarkeit des § 1030 I S. 1 ZPO zu verweisen, bei denen vor allem das Verhältnis der privaten Schiedsgerichtsbarkeit zu den staatlichen Gerichten sowie das Verhältnis der objektiven Schiedsfähigkeit zur ordre-public-Kontrolle eine Rolle spielen.[398] Somit zeigt sich auch bei § 1030 I S. 2 ZPO, dass die Einteilung in schiedsfähige vermögensrechtliche und bedingt schiedsfähige nichtvermögensrechtliche Ansprüche nicht verbindlich, sondern lediglich tendenziell zu verstehen ist.[399]

b. Ergebnis

Die Anwendung der Theorie der objektiven Verfügbarkeit auf § 1025 I ZPO a.F. führt zu durchaus nachvollziehbaren Ergebnissen. So ließe sich bei anfechtbaren Beschlüssen die objektive Schiedsfähigkeit bejahen, während nichtige Beschlüsse grundsätzlich schiedsunfähig wären. Die nach neuem Recht gemäß § 1030 I ZPO vorzunehmende Unterscheidung zwischen vermögensrechtlichen

---

[395] Für eine Einzelfallwertung auch Böcker, Objektive Schiedsfähigkeit, S. 65.

[396] Ähnlich kritisch auch Ebbing, NZG 2000, 1184, wonach die Vergleichsfähigkeit im Hinblick auf den Regelungszweck des § 1030 I ZPO neu zu definieren ist.

[397] Kritisch bereits K. P. Berger, RIW 2001, 7, 12; Böcker, Objektive Schiedsfähigkeit, S. 53 f.

[398] Siehe oben Zweiter Teil, A. II. 5. b.

[399] Siehe oben Zweiter Teil, A. II. 4. c.; vgl. auch Wagner, Prozessverträge, S. 584.

und nichtvermögensrechtlichen Ansprüchen führt im Rahmen der Theorie der objektiven Verfügbarkeit indes zu einem Zirkelschluss: Nichtvermögensrechtliche Beschlüsse, die im Sinne von § 241 AktG nichtig sind, wären nur deswegen nicht objektiv schiedsfähig, weil sie eben nichtvermögensrechtlicher und nicht vermögensrechtlicher Natur sind. Die generelle objektive Schiedsunfähigkeit nichtvermögensrechtlicher Ansprüche ist gemäß § 1030 I S. 2 ZPO jedoch nicht vorgesehen. Die Beurteilung der objektiven Schiedsfähigkeit von Beschlussmängelstreitigkeiten muss sich daher insgesamt nach § 1030 I S. 1 ZPO richten.

B. Subjektive Schiedsfähigkeit

Nachdem im Rahmen der objektiven Schiedsfähigkeit der gesellschaftsrechtlichen Beschlussmängelklage zu prüfen war, ob deren Streitgegenstand überhaupt vor einem Privatgericht entschieden werden kann, geht es im Hinblick auf die subjektive Schiedsfähigkeit um die Frage, ob gerade die Parteien berechtigt sind, über den Gegenstand des Streits ein Schiedsverfahren einzuleiten. Hierzu gehört neben der Fähigkeit, sich durch Verträge zu verpflichten, auch die Befugnis, über den konkreten Streitgegenstand zu verfügen.[400] Die subjektive Schiedsfähigkeit bezieht sich also auf die Rechtsinhaberschaft.

Während sich aus dem Aspekt der Geschäftsfähigkeit in diesem Zusammenhang keinerlei Probleme ableiten lassen, ist streitig, auf welche Partei beim Merkmal der subjektiven Schiedsfähigkeit bzw. Vergleichsbefugnis überhaupt abzustellen ist. Die Ursache liegt darin, dass die Parteien des Schiedsvertrags und die des Anfechtungs- und Nichtigkeitsprozesses von Rechtsprechung und Literatur als nicht identisch angesehen werden.

Der Meinungsstreit setzt sich im Übrigen auf einer zweiten Ebene fort; namentlich geht es dort um die Frage, ob die Prozessparteien bzw. die Parteien der Schiedsvereinbarung, je nachdem welchem Parteibegriff gefolgt wird, auch subjektiv vergleichsbefugt sind.

Im Weiteren soll nunmehr der Meinungsstreit zur subjektiven Schiedsfähigkeit, der allerdings fast ausschließlich aus der vorreformatorischen Zeit herrührt, dargestellt werden. Hierzu wird zunächst die Ansicht angeführt, welche in diesem Zusammenhang maßgeblich auf die Prozessparteien abstellt. Dem folgt die Meinung, welche im Rahmen der subjektiven Schiedsfähigkeit die Parteien der Schiedsvereinbarung hervorhebt, um in einem weiteren Schritt beide Ansätze unter dem Gesichtspunkt der Parteiidentität zusammenzuführen. Schließlich kommt es zu einer kritischen Würdigung der gesamten Problematik.

I. Meinungsstand

1. Prozessparteien als maßgebliche Parteien

Vor allem in der Rechtsprechung gelten als Parteien, auf die es hinsichtlich der subjektiven Schiedsfähigkeit ankommt, die am Schiedsverfahren beteiligten

---

[400] Vgl. nur Lüke/Wax – Münch, MüKo-ZPO, § 1030 Rn 7; Schick, Schiedsfähigkeit, S. 102. Demgegenüber stellen Stein/Jonas – Schlosser, ZPO, § 1030 Rn 7, und Zöller – Geimer, ZPO, 20. Auflage, § 1025 Rn 47, allein auf die Geschäftsfähigkeit der Parteien und nicht auf die subjektive Vergleichsbefugnis ab.

Parteien, welche sich regelmäßig aus dem klagenden Gesellschafter sowie der beklagten Gesellschaft zusammensetzen.[401]

a. Herleitung

Zur Begründung berief sich insbesondere das OLG Hamm auf die §§ 1025, 1027a ZPO a.F. Im praktisch relevanten Fall der satzungsmäßigen Schiedsklausel könne nicht auf die Parteien des Schiedsvertrags abgestellt werden, vielmehr sei § 1048 ZPO a.F. anzuwenden, da es sich bei der Schiedsklausel um eine Verfügung und nicht etwa eine Vereinbarung handele. Bei einer Verfügung gebe es indes keine hieran beteiligten Personen, an deren subjektive Vergleichsbefugnis im Rahmen des § 1025 I ZPO a.F. angeknüpft werden könnte.[402]

Außerdem ergebe sich aus dem Wortlaut des § 1027a ZPO a.F. eindeutig, dass der Gesetzgeber von der Identität der Prozessparteien einerseits und der Parteien der Schiedsvereinbarung andererseits ausgehe und es damit letztlich auf die subjektive Vergleichsbefugnis der Prozessparteien ankomme.[403]

b. Subjektive Vergleichsbefugnis

Die subjektive Vergleichsbefugnis der Prozessparteien wurde bis zur Entscheidung des II. Zivilsenats im Jahre 1996 von den Vertretern dieses Ansatzes abgelehnt. In diesem Sinne wurde die BGH-Entscheidung von 1951[404] – jedenfalls von Teilen des Schrifttums – so ausgelegt, dass das Gericht die subjektive Vergleichsbefugnis der Prozessparteien einer Anfechtungsklage seinerzeit an der in § 246 III S. 1 AktG angeordneten ausschließlichen Zuständigkeit des

[401] BGH LM Nr. 1 zu § 199 AktG a.F.; BGH WM 1966, 1132, 1133; OLG Hamm ZIP 1987, 780, 783; OLG Hamm GmbHR 1992, 759, 760; BGH ZIP 1996, 830, 832. Dagegen hat der BGH in einem anderen Fall, in dem es nicht um die Schiedsfähigkeit einer Nichtigkeits- oder Anfechtungsklage, sondern um die Unterwerfung von Gesellschafterindividualrechten unter eine statutarisch getroffene schiedsgerichtliche Regelung ging, bei der Prüfung der subjektiven Vergleichsbefugnis unmissverständlich auf die ‚Parteien des Schiedsvertrags' abgestellt: BGH DB 1962, 1568. Vgl. i.Ü. auch die Vertreter im Schrifttum: Fischer, LM 26 (1951), Bl. 2; Gadow – Schilling, GK-AktG, § 246 Anmerk. 7; Weidemann, Schiedsgerichtsbestimmungen, S. 58; Wünsch, Schiedsgerichtsbarkeit, S. 84 f.; weitere Nachweise bei Schick, Schiedsfähigkeit, S. 104 (Fn 521).

[402] OLG Hamm ZIP 1987, 780, 783.

[403] OLG Hamm ZIP 1987, 780, 783; so auch BGH ZIP 1996, 830, 832; für Weidemann, Schiedsgerichtsbestimmungen, S. 58, sind dagegen die Parteien des materiellen Rechtsverhältnisses nicht dieselben wie des prozessualen Rechtsstreits. Der Aspekt der Identität i.S.v. § 1027a ZPO a.F. wird in anderem Zusammenhang aufgegriffen bei BGH ZIP 1996, 830, 832; Petermann, BB 1996, 277, 280; Schmidt, ZGR 1988, 523, 530; ders., AG 1995, 551, 552; H. P. Westermann, Schiedsfähigkeit, S. 40 f.; siehe unten Zweiter Teil, B. I.3. und II. 2. a.

[404] BGH LM Nr. 1 zu § 199 AktG a.F.

Landgerichts scheitern ließ.[405] Gemäß den Ausführungen des BGH sei den Beteiligten damit die Parteiwillkür gesetzlich entzogen. Eine weitere höchstrichterliche Entscheidung – diesmal aus dem Jahre 1979 – sollte in gleicher Weise einen Bezug zur subjektiven Vergleichsbefugnis aufweisen.[406] Dort bejahte der BGH die Schiedsfähigkeit einer Feststellungsklage, die ein Gesellschafter nach § 256 ZPO gegen einen Mitgesellschafter mit dem Ziel der Feststellung der Unwirksamkeit eines Gesellschafterbeschlusses erhoben hatte, und stellte dabei entscheidend darauf ab, dass die Feststellungsklage im Gegensatz zu den gesellschaftsrechtlichen Beschlussmängelklagen nicht zu einer *rechtsgestaltenden* Entscheidung führe.[407]

Überwiegend beriefen sich die Vertreter der ablehnenden Ansicht jedoch darauf, dass die Gesellschaft als Zuordnungsobjekt für die Austragung des Streits um die innergesellschaftliche Willensbildung gezwungen sei, die Beschlüsse der Gesellschafterversammlung bedingungslos zu verteidigen.[408] Die Gesellschaft befinde sich dadurch nämlich nicht in der gleichen Rolle wie sonst ein Prozessbeteiligter, der sich gegen einen zivilrechtlichen Anspruch zu verteidigen habe. Es stehe vielmehr nicht in ihrem freien Belieben, ob sie dem Anspruch stattgeben soll, sondern handle sich um ein vom Gesetz gewähltes Verfahren, in welchem der Streit zwischen der Mehrheit und einzelnen Gesellschaftern oder sonstigen Klagebefugten über Gesetz- und Satzungsmäßigkeit eines Beschlusses auszutragen sei. Das Organ, das zur Führung des Rechtsstreits namens der Gesellschaft berufen sei, könne in diesem Fall nicht frei über den Streitgegenstand verfügen, da andernfalls die Kompetenzen der Gesellschaftergesamtheit beschnitten werden würden.[409]

---

[405] So etwa Fischer, LM 26 (1951), Bl. 2; Kornmeier, Vergleichsbefugnis und Schiedsfähigkeit, S. 84; Schmidt, ZGR 1988, 523, 529; Timm, FS Fleck, S. 378 f.; zweifelnd hinsichtlich dieser Auslegung: Schick, Schiedsfähigkeit, S. 103 (Fn 511).

[406] So Kornmeier, Vergleichsbefugnis und Schiedsfähigkeit, S. 85; vgl. auch Schick, Schiedsfähigkeit, S. 103 (Fn 511).

[407] BGH DB 1979, 1550, 1552; vgl. auch OLG Hamm ZIP 1987, 780, 783 f.

[408] OLG Hamm ZIP 1987, 780, 783; OLG Karlsruhe WM 1995, 666, 669; Fischer, LM 26 (1951), Bl. 2; Gadow – Schilling, GK-AktG, § 246 Anmerk. 7; so wohl auch Weidemann, Schiedsgerichtsbestimmungen, 59. Auch die Vertreter der Gegenmeinung, welche auf die Parteien der Schiedsvereinbarung abstellt, verneinen die subjektive Vergleichsbefugnis der Gesellschaft (und bejahen die der Gesellschaftergesamtheit); vgl. etwa Geßler/Hefermehl/Eckhardt/Kropff – Hüffer, AktG, § 246 Rn 68; Jäger, WiB 1995, 1000, 1001; Kornmeier, Vergleichsbefugnis und Schiedsfähigkeit, S. 87; Petermann, BB 1996, 277, 279; Schmidt, AG 1995, 551, 552; ders., ZGR 1988, 523, 529; weitere Nachweise bei Schröder, Schiedsgerichtliche Konfliktbeilegung, S. 77 (Fn 273).

[409] So insbesondere Weidemann, Schiedsgerichtsbestimmungen, S. 59 f.; Gadow – Schilling, GK-AktG, § 246 Anmerk. 7; vgl. auch BGH ZIP 1996, 830, 832, wonach die Befugnis, über

Jenen Ablehnungsgründen wurde – fast ausschließlich aus den Reihen der Anhänger der Auslegung des § 1025 I ZPO a.F. zu Gunsten der Schiedsvertragsparteien – mit folgenden Argumenten begegnet:

Was das Argument der ausschließlichen Landgerichtszuständigkeit gemäß § 246 III 1 AktG anbelangt, so würde dadurch keine Aussage darüber getroffen, wer über einen bestimmten Streitgegenstand verfügen kann. Ein ausschließlicher Gerichtsstand betreffe vielmehr das ‚wo' und nicht das ‚wie' der Rechtsfindung.[410]

Auch aus der Gestaltungswirkung der stattgebenden Entscheidung ließen sich keine durchgreifenden Bedenken herleiten, da die Rechtsprechung sich etwa bei der Auflösungsklage nach § 61 GmbHG oder sonstigen Gestaltungsklagen, bei denen Urteils- bzw. Vergleichswirkungen ebenfalls naturgemäß über die unmittelbar Prozessbeteiligten hinausreichten, nicht veranlasst sehe, die Schiedsfähigkeit zu verneinen.[411]

Ferner sei es nicht zutreffend, dass die Vertretungsorgane der Gesellschaft gezwungen seien, die Gesellschafterbeschlüsse um jeden Preis zu verteidigen.[412] Hierbei wurde hinsichtlich der GmbH die zwiespältige Situation des Geschäftsführers skizziert, welcher einerseits als Interessenvertreter der Gesellschaft anzusehen sei und gemäß § 43 GmbHG die Weisungen der Gesellschafterversammlung zu befolgen hätte. Doch ebenso wenig wie ein Geschäftsführer die Pflicht hätte, einer rechtswidrigen Weisung nachzukommen, könne er nicht verpflichtet sein, an einem rechtswidrigen Beschluss festzuhalten.[413] Aus diesem Grund könne es durchaus der Sorgfaltspflicht der gesellschaftsrechtlichen Vertretungsorgane nach § 43 I GmbHG (bzw. § 93 I AktG) entsprechen, im Einzelfall eine vergleichsweise Streitbeilegung herbeizuführen.[414] Dies mache zudem vor dem Hintergrund Sinn, dass nach fast unbestrittener Ansicht gegen die Gesellschaft ein Versäumnisurteil zulässig sowie nach einer verbreiteten Meinung sogar ein Anerkenntnis möglich sei. Hierdurch wären die Vertretungsorgane

---

die Wirksamkeit eines Beschlusses zu befinden oder ihn abzuändern, allein bei der Gesamtheit der Gesellschafter läge.

410 Kornmeier, Vergleichsbefugnis und Schiedsfähigkeit, S. 85; zustimmend: Timm, FS Fleck, S. 379.

411 Kornmeier, Vergleichsbefugnis und Schiedsfähigkeit, S. 88, 104; Petermann, BB 1996, 277, 279; Schick, Schiedsfähigkeit, S. 107; Schmidt, ZGR 1988, 523, 530 f.; Timm, FS Fleck, S. 379. Vgl. i.Ü. oben Zweiter Teil, A. I. 3. b.

412 Kornmeier, Vergleichsbefugnis und Schiedsfähigkeit, S. 96 ff.; Schick, Schiedsfähigkeit, S. 106; Timm, FS Fleck, S. 380; Wünsch, Schiedsgerichtsbarkeit, S. 85.

413 Schick, Schiedsfähigkeit, S. 106.

414 Kornmeier, Vergleichsbefugnis und Schiedsfähigkeit, S. 96 f.; Schick, Schiedsfähigkeit, S. 106; Timm, FS Fleck, S. 380, der dies jedenfalls für die personalistisch strukturierte Gesellschaft annimmt.

nämlich faktisch befugt, an der Beseitigung des Gesellschafterbeschlusses mitzuwirken. Als Konsequenz solle Gleiches auch für die Vergleichsbefugnis im Sinne von § 1025 I ZPO a.F. gelten.[415]

Dessen ungeachtet seien die Gesellschafter vor eigenmächtigen Dispositionen der prozessführenden Vertretungsorgane über die von ihnen gefassten Beschlüsse hinreichend geschützt, da zum einen für jeden Gesellschafter die Möglichkeit bestehe, dem Verfahren im Wege der Nebenintervention beizutreten und somit Einfluss auf den Prozessverlauf zu nehmen. Zum anderen gebe es im Recht der GmbH noch das Weisungsrecht der Gesellschafterversammlung gegenüber den Geschäftsführern.[416]

Schließlich wurde ein Argument für die subjektive Vergleichsbefugnis der GmbH im Beschlussmängelverfahren auch aus gesetzessystematischen Gründen hergeleitet. Anhand des § 46 Nr. 8 GmbHG würde nämlich deutlich werden, dass eine Beschränkung der Vertretungsmacht des Geschäftsführers grundsätzlich vorgesehen werden kann. Die Tatsache, dass es im Rahmen der Beschlussmängelstreitigkeiten bei der allgemeinen Vertretungsregel des § 35 I GmbHG verblieben ist, sei demzufolge ein Hinweis darauf, dass die Organkompetenz der Gesellschafterversammlung hierbei nicht besonders zu schützen sei.[417] Diese Argumentation wurde auf die AG unter dem Aspekt übertragen, dass bei Beschlussmängelklagen zwar nicht die allgemeine Vertretungsregel des § 78 I AktG einschlägig sei, doch gemäß § 246 II S. 2 AktG dem Vorstand in hinreichender Weise neben dem Aufsichtsrat die Prozessvertretung zustehe.[418] Außerdem sei gerade durch die Mitwirkung des Aufsichtsrats der Einfluss der Aktionäre hinreichend gewahrt.[419]

Letztlich könne man die subjektive Vergleichsbefugnis der Gesellschaft mit der Erwägung bejahen, dass diese ihre Stellung im Beschlussmängelprozess von der Gesellschaftermehrheit ableitet, welche den fraglichen Beschluss ja abändern oder aufheben kann.[420]

---

[415] Kornmeier, Vergleichsbefugnis und Schiedsfähigkeit, S. 97; Timm, FS Fleck, S. 381; Wünsch, Schiedsgerichtsbarkeit, S. 85.

[416] Kornmeier, Vergleichsbefugnis und Schiedsfähigkeit, S. 99 f.

[417] Kornmeier, Vergleichsbefugnis und Schiedsfähigkeit, S. 98 f.

[418] Schröder, Schiedsgerichtliche Konfliktbeilegung, S. 80.

[419] Schröder, Schiedsgerichtliche Konfliktbeilegung, S. 80, der allerdings eingesteht, dass dieses Argument in den Fällen des § 246 II S. 3 Alt. 2 AktG versagt.

[420] Schröder, Schiedsgerichtliche Konfliktbeilegung, S.84 f., 89.

2. Vertragsparteien als maßgebliche Parteien

Gemäß der überwiegenden Literaturmeinung war demgegenüber § 1025 I ZPO a.F. so auszulegen, dass unter den ‚Parteien' die Parteien der Schiedsvereinbarung zu verstehen waren.[421]

a. Herleitung

Zunächst einmal deute der Wortlaut des § 1025 I ZPO a.F. klar auf die Parteien der Schiedsgerichtsvereinbarung hin, da es dort ja gerade um die Wirksamkeit der Schiedsvereinbarung gehe und es hierfür nur auf die Vergleichsbefugnis der Parteien ankomme, die diese Vereinbarung schließen.[422] Bereits mit der Schiedsvereinbarung legen die daran beteiligten Personen die Grundlage für einen – späteren – verbindlichen Schiedsspruch, welcher auch allein ihre Rechtspositionen berühre. Demzufolge seien die subjektiven Zulässigkeitsvoraussetzungen konsequenterweise auch an dieser Stelle anzusetzen.[423]

Auch sei der Hinweis auf § 1027a ZPO a.F. bereits aufgrund dessen Wortlaut nicht völlig überzeugend. Es ergebe sich daraus nämlich nicht, dass sämtliche Parteien der Schiedsabrede auch in dem schiedsgerichtlichen Verfahren mitwirken müssen.[424] Jedenfalls seien von dem Identitätserfordernis u.U. Ausnahmen denkbar.[425] Hinzu käme der Umstand, dass jene Konzeption der ZPO bei ihrem

---

[421] Becker, ZZP 97 (1984), 314, 319; Bork, ZHR 160 (1996), 374, 378 f.; Ebenroth/Bohne, BB 1996, 1393, 1395; Ebenroth/Müller, DB 1992, 361, 363; Hachenburg – Raiser, GmbHG, Anh. § 47 Rn 205 f.; Hachenburg – Ulmer, GmbHG, § 61 Rn 37; Jäger. WiB 1995, 1000, 1001; Kornmeier, Vergleichsbefugnis und Schiedsfähigkeit, S. 87, 92; Lüke/Blenske, ZGR 1996, 253, 265; Petermann, BB 1996, 277, 279; Schick, Schiedsfähigkeit, S. 107; Schlosser, JZ 1996, 1020; Schmidt, ZGR 1988, 523, 529; ders., AG 1995, 551, 552; Schröder, Schiedsgerichtliche Konfliktbeilegung, S. 82 ff.; Schwab/Walter, Schiedsgerichtsbarkeit, 5. Auflage, S. 34 f.; Timm, FS Fleck, S. 380; Vollmer, ZGR 1982, 15, 28; Zöller – Geimer, ZPO, 20. Auflage, § 1025 Rn 49; ebenso der BGH, DB 1962, 1550, der in einem anderen Zusammenhang als einer Beschlussmängelstreitigkeit die Schiedsvertragsparteien für maßgeblich erachtet.

[422] Bork, ZHR 160 (1996), 374, 379; Petermann, BB 1996, 277, 279; Schick, Schiedsfähigkeit, S. 108; Schlosser, JZ 1996, 1020; Schmidt, ZGR 1988, 523, 529; ders., AG 1995, 51, 552; Timm, FS Fleck, S. 379; verhaltener ist Kornmeier, Vergleichsbefugnis und Schiedsfähigkeit, S. 86, für den der Wortlaut des § 1025 I ZPO a.F. weder für den einen noch den anderen Ansatz nichts hergibt. Gleiches gelte i.Ü. auch für die Motive zur ZPO. Schröder, Schiedsgerichtliche Konfliktbeilegung, S. 83, ist der Ansicht, dass es sich aufgrund der spezifischen Besonderheit bei den gesellschaftsrechtlichen Beschlussmängelklagen verbietet, ein Argument aus dem Gesetzesinhalt abzuleiten.

[423] Schröder, Schiedsgerichtliche Konfliktbeilegung, S. 86 f.

[424] Lüke/Blenske, ZGR 1996, 253, 265.

[425] H.P. Westermann, Schiedsfähigkeit, S. 40.

Erlass noch keine Gestaltungsklagen bzw. Gestaltungsurteile kannte.[426] Davon abgesehen seien die Schiedsvertragsparteien mit den späteren Prozessbeteiligten auch im Falle der Auflösungsklage gemäß § 61 GmbHG sowie etwa beim Vertrag zu Gunsten Dritter gemäß § 328 BGB ebenfalls nicht identisch.[427] Die Regelung in § 1027a ZPO a.F. habe lediglich die Funktion, die Folge einer Klage vor einem staatlichen Gericht festzulegen, nicht aber die für die subjektive Schiedsfähigkeit relevanten Personen zu bestimmen.[428] Eine völlige Identität der Parteien des Schiedsverfahrens mit denen der Schiedsabrede sei im Übrigen unter dem Gesichtspunkt ausgeschlossen, dass die Prozessparteien niemals aus allen Gesellschaftern bestünden, sondern stets einzelne Minderheitsgesellschafter gegen die Gesellschaft klagen würden.[429]

Die gesetzlich normierte Passivlegitimation der Gesellschaft gemäß § 246 II S. 1 AktG erfolge in diesem Zusammenhang aus ‚rechtstechnischen Gründen'.[430] Hierunter sei vor allem die fehlende Rechtsfähigkeit der Gesellschaftergesamtheit als solche zu verstehen, sowie auch der Umstand, dass eine Klage gegen sämtliche den Beschluss tragende Mitgesellschafter aus prozessökonomischen Gründen nicht durchführbar sei.[431] Insofern führe die Gesellschaft den Prozess vertretungsweise als ‚privativer Prozessstandschaftler'[432], was aber nichts daran ändere, dass es sich originär um den Willen der Mehrheit der Gesellschafter handele, der sich in dem angegriffenen Beschluss artikuliere.[433] Verfehlt sei es daher auch, danach zu fragen, ob die Vertretungsorgane der Gesellschaft aus eigener Machtvollkommenheit über das Schicksal des angegriffenen Beschlusses disponieren können, da im Recht der GmbH die Geschäftsführer den – von der Gesellschaftermehrheit abzuleitenden – Gesellschaftswillen lediglich auszuführen haben. Gleiches gelte daneben auch für die AG, welche gemäß § 246 II S. 2 AktG im Beschlussmängelprozess durch den Aufsichtsrat – als Subjekt des Mehrheitswillens der Anteilseigner – vertreten wird.[434]

---

426 Jäger, WiB 1995, 1000, 1001.

427 So Becker, ZZP 97 (1984), 314, 319; Ebenroth/Bohne, BB 1996, 1393, 1395; Kornmeier, Vergleichsbefugnis und Schiedsfähigkeit, S. 88; Petermann, BB 1996, 277; Schick, Schiedsfähigkeit, S. 107; Stein/Jonas – Schlosser, ZPO (21. Auflage), § 1025 Rn 27f; Timm, FS Fleck, S. 380.

428 Ebenroth/Bohne, BB 1996, 1393, 1395; Ebenroth/Müller, DB 1992, 361, 363.

429 Lüke/Blenske, ZGR 1996, 253, 264.

430 Ebenroth/Müller, DB 1992, 361, 363; vgl. auch Fischer, LM 26 (1951), Bl. 2.

431 Schröder, Schiedsgerichtliche Konfliktbeilegung, S. 84.

432 So Becker, ZZP 97 (1984), 314, 337 (Fn 76).

433 Schröder, Schiedsgerichtliche Konfliktbeilegung, S. 84.

434 Schröder, Schiedsgerichtliche Konfliktbeilegung, S. 85.

In jedem Fall müsse der Tatsache Rechnung getragen werden, dass es die Gesamtheit der Gesellschafter – und nicht die Gesellschaft – ist, die sich zum einen der in der Satzung enthaltenen Schiedsklausel unterworfen hat[435] und zum anderen auch der materiell-rechtliche Träger der Beschlüsse ist, welche gegebenenfalls vor einem Schiedsgericht zu überprüfen sind.[436] Folglich sei auf die subjektive Vergleichsbefugnis der Gesellschafterversammlung bzw. Hauptversammlung abzustellen.

b. Subjektive Vergleichsbefugnis

Nachdem als Parteien im Sinne des § 1025 I ZPO a.F. die Vertragsparteien identifiziert wurden, bejahte das Schrifttum auch deren subjektive Vergleichsbefugnis.[437]

Zu diesem Ergebnis kam man teilweise bereits aufgrund der Bejahung der Schiedsfähigkeit von gesellschaftsrechtlichen Klagen in anderem Zusammenhang durch die Rechtsprechung.[438] Es sei an dieser Stelle verfehlt, die Schiedsfähigkeit gesellschaftsrechtlicher Konflikte von den Zufälligkeiten der Verfahrenswahl oder der Antragstellung abhängig zu machen.[439]

Ferner existierten insoweit auch keine gesetzlichen Vorschriften, welche den Gesellschaftern die Möglichkeit nähmen, ihren Beschluss wieder aufzuheben bzw. abzuändern. Die Zulässigkeit einer erneuten Beschlussfassung hinsichtlich eines mangelhaften Beschlusses sei sogar ‚wünschenswert', zumal auf diese Weise der Gefahr eines kostspieligen Nichtigkeits- oder Anfechtungsprozesses begegnet werden würde.[440]

Vor allem aber seien allein die Gesellschafter in ihrer Gesamtheit die originären Inhaber der Abänderungs- und Aufhebungsbefugnis, so dass aus dieser Dis-

---

435 Bork, ZHR 160 (1996), 374, 379; Jäger, WiB 1995, 1000, 1001; Lüke/Blenske, ZGR 1996, 253, 265; Petermann, BB 1996, 277, 279.

436 Kornmeier, Vergleichsbefugnis und Schiedsfähigkeit, S. 87.

437 Allein Vollmer, ZGR 1982, 15, 28, unterschied streng zwischen der subjektiven Vergleichsbefugnis gemäß § 1025 I ZPO a.F. sowie der materiellen Verfügungsbefugnis zur Aufhebung, Bestätigung oder Neuvornahme der Gesellschafterbeschlüsse. Lediglich Letztere sei hinsichtlich der Gesellschaftergesamtheit zu bejahen.

438 So etwa Schick, Schiedsfähigkeit, S. 107, mit Hinweis auf die Rechtsprechung zur Auflösungsklage gemäß § 61 GmbHG sowie auf BGH DB 1962, 1550; vgl. insoweit auch Kornmeier, Vergleichsbefugnis und Schiedsfähigkeit, S. 104 f., und Schmidt, ZGR 1988, 523, 530 f.

439 Kornmeier, Vergleichsbefugnis und Schiedsfähigkeit, S. 103 ff.; mit Einschränkungen auch Schröder, Schiedsgerichtliche Konfliktbeilegung, S. 90.

440 Kornmeier, Vergleichsbefugnis und Schiedsfähigkeit, S. 89, 91, der im Weiteren (S. 106 f.) auch auf die übrigen Vorteile der Schiedsgerichtsbarkeit abstellt.

positionsmacht auch die subjektive Vergleichsbefugnis folge.[441] In rechtspolitischer Hinsicht spräche für dieses Ergebnis weiterhin, dass allein so der Wille der Gesellschafter, alle Streitigkeiten vor ein Schiedsgericht zu bringen, verwirklicht werden könne.[442]

Die subjektive Vergleichsfähigkeit werde im Übrigen auch nicht dadurch eingeschränkt, dass ein ausführungsbedürftiger bzw. ausgeführter Beschluss Rechte von Gesellschaftern oder Dritten begründet.[443] Dies ergebe die Zulässigkeit einer Aufhebung derartiger Beschlüsse durch ein staatliches Gerichtsverfahren.[444]

3. Identität der Vertrags- und Prozessparteien

Sowohl innerhalb der Meinung, die bei § 1025 I ZPO a.F. auf die Prozessparteien abstellte, als auch derjenigen, die auf die Vertragsparteien verweist, kam man teilweise zu der Einsicht, dass wegen § 1027a ZPO a.F. grundsätzlich von der Identität der Parteien des Schiedsvertrags und der Prozessparteien auszugehen sei.[445] Typischerweise fallen beide Parteien zusammen; gesellschaftsrechtliche Beschlussmängelstreitigkeiten seien indes ein Sonderfall, bei dem die Parteien des Schiedsvertrags nicht mit denen des Prozesses übereinstimmten.[446]

Jenes Auseinanderfallen von Vertrags- und Prozessparteien erfordere die Legitimation seitens derer, denen die subjektive Vergleichsbefugnis zusteht, namentlich der Gesellschaftergesamtheit. Dies geschehe in Form einer entsprechenden Satzungsklausel bzw. einer anderweitigen Vereinbarung der Gesellschafter.[447] Die Gesellschaft sei dann, ungeachtet der Tatsache, dass sie an dem

---

441 Bork, ZHR 160 (1996), 374, 379; Hachenburg – Ulmer, GmbHG, § 61 Rn 37; Lüke/ Blenske, ZGR 1996, 253, 265 f.; Schmidt, ZGR 1988, 523, 529 f.; Schröder, Schiedsgerichtliche Konfliktbeilegung, S. 89; Timm, FS Fleck, S. 379 f.; H. P. Westermann, Schiedsfähigkeit, S. 41; vgl. insoweit auch BGH ZIP 1996, 830, 832, obwohl freilich weiterhin die Prozessparteien als maßgeblich erachtet werden.

442 Petermann, BB 1996, 277, 279; Schröder, Schiedsgerichtliche Konfliktbeilegung, S. 89 f.; Timm, FS Fleck, S. 380.

443 So Kornmeier, Vergleichsbefugnis und Schiedsfähigkeit, S. 89 f.; a.A. Schick, Schiedsfähigkeit, S. 109 f., der seinen Standpunkt bzgl. der objektiven Schiedsfähigkeit konsequent fortsetzt und die subjektive Schiedsfähigkeit lediglich bei Anfechtungsklagen gegen Beschlüsse *ohne* Außenwirkung bejaht.

444 Kornmeier, Vergleichsbefugnis und Schiedsfähigkeit, S. 90.

445 BGH ZIP 1996, 830, 832; Böcker, Objektive Schiedsfähigkeit, S. 95; Papmehl, Schiedsfähigkeit, S. 79; OLG Hamm ZIP 1987, 780, 783; Petermann, BB 1996, 277, 279; Schmidt, ZGR 1988, 523, 530; ders., AG 1995, 551, 552; Schröder, Schiedsrichterliche Konfliktbeilegung, S. 85; H. P. Westermann, Schiedsfähigkeit, S. 40; vgl. i.Ü. die oben (Zweiter Teil, B. I. 2.a.) dargestellte Kritik.

446 Vgl. Henze, ZIP 2002 97, 99; Schmidt, AG 1995, 551, 552.

447 Schmidt, AG 1995, 551, 552; zustimmend: Petermann, BB 1996, 277, 280.

Abschluss der Schiedsvereinbarung nicht als Partei mitgewirkt hat, im Falle der Satzungsklausel wegen § 1048 ZPO a.F.,[448] jedenfalls aufgrund verbandsrechtlicher Gesichtspunkte, an die Schiedsvereinbarung gebunden.[449]

II. Eigener Ansatz

1. Relevanz der subjektiven Schiedsfähigkeit im neuen Recht

Der Umstand, dass die subjektive Schiedsfähigkeit u.a. aus dem Erfordernis der Vergleichsbefugnis gemäß § 1025 I ZPO a.F. hergeleitet wurde,[450] könnte dazu führen, dass nach neuem Recht gemäß § 1030 I ZPO die subjektive Schiedsfähigkeit lediglich bei nichtvermögensrechtlichen Ansprüchen eine Rolle spielt, da nur dort an dem Merkmal der Vergleichsbefugnis festgehalten wurde. Als Konsequenz wäre dann für alle vermögensrechtlichen Streitigkeiten die subjektive Vergleichsbefugnis aufgrund der gesetzlich angeordneten Schiedsfähigkeit irrelevant.[451]

Eine solche Betrachtungsweise verkennt jedoch, dass ungeachtet der liberalisierten Handhabung der objektiven Schiedsfähigkeit weiterhin die Gefahr bestehen kann, dass durch den Abschluss einer Schiedsabrede – über objektiv schiedsfähige Ansprüche – fremde Rechtspositionen dem Zugriff eines Schiedsgerichts ausgesetzt sein könnten, weil insofern in unzulässiger Weise die Grenze der (subjektiven) Privatautonomie überschritten wurde. Mit anderen Worten ist es sehr wohl möglich, die Grenzen der objektiven Verfügungsmacht – sei es durch das Merkmal der Vergleichsfähigkeit, sei es durch die Unterscheidung zwischen vermögensrechtlichen und nichtvermögensrechtlichen Ansprüchen – im Wege der Gesetzgebung zu verschieben; dagegen besteht ein solcher Spielraum bei der subjektiven Verfügungsmacht nicht. Vielmehr ist hierbei stets erforderlich, anhand der individuellen Rechtspositionen die Befugnis beider Parteien abzuleiten, diese verbindlich der Entscheidung eines Schiedsgerichts unterzuordnen.

---

448 Schmidt, ZGR 1988, 523, 530; zustimmend: Papmehl, Schiedsfähigkeit, S. 80, 229; Petermann, BB 1996, 277, 280.

449 BGH ZIP 1996, 830, 832; Lachmann, Schiedsgerichtspraxis, Rn 227; Lüke/Blenske, ZGR 1996, 253, 266; Papmehl, Schiedsfähigkeit, S. 79; Schröder, Schiedsgerichtliche Konfliktbeilegung, S. 88. Vgl. i.Ü. Bork, ZHR 160 (1996), 374, 379; Henze, Aktienrecht, Rn 1017; ders., ZIP 2002 97, 99; Schlosser, JZ 1996, 1020, sowie unten Dritter Teil, B. II.

450 Siehe etwa Kornmeier, Vergleichsbefugnis und Schiedsfähigkeit, S. 56 (Fn 214), 57 f.

451 In diese Richtung tendiert wohl Schröder, Schiedsgerichtliche Konfliktbeilegung, S. 89, 93. Vgl. auch Henze, ZIP 2002 97, 99; Lüke/Wax – Münch, MüKo-ZPO, § 1030 Rn 7; Schulze, Grenzen der objektiven Schiedsfähigkeit, S. 113, die das Erfordernis der subjektiven Schiedsfähigkeit sogar insgesamt von § 1030 ZPO ausklammern.

Aus diesen Gründen ist – ungeachtet der Neufassung des § 1025 I ZPO a.F. – an dem Erfordernis der subjektiven Schiedsfähigkeit auch im Rahmen des § 1030 I ZPO festzuhalten.[452] Hierfür spricht letztlich auch die durch das Reformgesetz vorgenommene Unterscheidung zwischen objektiver und subjektiver Schiedsfähigkeit im Rahmen der Aufhebungsgründe für einen Schiedsspruch gemäß § 1059 II Nr. 1 a) Alt. 1 bzw. Nr. 2 a), wodurch das gesetzgeberische Festhalten an dem Kriterium der subjektiven Schiedsfähigkeit dokumentiert wird.[453] Von diesem Bereich abzugrenzen ist hingegen der Aspekt der Legitimation für die Verbindlichkeit des Schiedsspruchs gegenüber sämtlichen Betroffenen, der vom BGH als Grund für die Beibehaltung des Erfordernisses der subjektiven Schiedsfähigkeit angeführt wird.[454] Denn hierbei handelt es sich allein um das Problem der Rechtskrafterstreckung im Sinne von § 248 I S. 1 AktG und nicht um die Frage nach der individuellen Verfügungsbefugnis.[455]

2. Maßgebliche Partei

a. Kriterium der Identität

Der vorangestellte Meinungsstreit beschäftigt sich insbesondere mit der Frage, ob im Rahmen der subjektiven Schiedsfähigkeit auf die Gesellschaftergesamtheit oder die Gesellschaft als maßgebliche Partei abzustellen ist. Diesem Ansatz liegen zwei grundsätzliche Vermutungen zugrunde. Zum einen wird davon ausgegangen, dass bei gesellschaftlichen Beschlussstreitigkeiten die Parteien der Schiedsvereinbarung sowie die des späteren Schiedsverfahrens auseinanderfallen. Die Erheblichkeit dieser Annahme bei der Beurteilung der subjektiven Vergleichsbefugnis weist zum anderen darauf hin, dass ein solches Auseinanderfallen dem prozessualen System der Schiedsverfahrensregeln grundsätzlich fremd ist. Andernfalls bestünde nämlich die Möglichkeit, die Behandlung jener gesellschaftsrechtlichen Besonderheit direkt aus den §§ 1025 ff. ZPO abzuleiten, um auf diese Weise Aufschluss über die subjektive Schiedsfähigkeit gesellschaftsrechtlicher Beschlussstreitigkeiten zu erlangen.

Im Folgenden sollen daher beide Vermutungen auf ihre Richtigkeit überprüft werden. Es wird dabei zunächst darum gehen, inwieweit das (nachreformatorische) Regelwerk des Schiedsverfahrens eine Identität von Vertrags- und Pro-

---

[452] So i.E. auch BGH ZIP 1996, 830, 832; Ebbing, NZG 1998, 281, 284; Holzner, Immaterialgüterrechtsstreitigkeiten, S. 39; Lachmann, Schiedsgerichtspraxis, Rn 210; Papmehl, Schiedsfähigkeit, S. 228; Schlosser, JZ 1996 1020; Schwab/Walter, Schiedsgerichtsbarkeit, S. 35 f.; Trittmann, ZGR 1999, 340, 347 f. (*Trittmann* versteht allerdings unter der subjektiven Schiedsfähigkeit ‚im Wesentlichen' die Geschäftsfähigkeit der Parteien.)

[453] Vgl. auch BegRegE, BT-Drucks. 13/5274, S. 59.

[454] BGH ZIP 1996, 830, 832.

[455] So zu Recht Schröder, Schiedsgerichtliche Konfliktbeilegung, S. 87 ff.

zessparteien vorsieht. Anschließend wird die konkrete Situation – namentlich das Bestehen einer (faktischen) Identität sämtlicher Parteien – im Gesellschaftsrecht erörtert. Sofern sich eine Diskrepanz zwischen dem allgemeinen Schiedsverfahrensrecht und dem speziellen Gesellschaftsrecht ergibt, sind in einem letzten Schritt die sich daraus ergebenden Konsequenzen darzustellen.

(1) Systematik der §§ 1025 ff. ZPO

Vor der Schiedsrechtsreform leitete man vor allem aus § 1027a ZPO a.F. ein grundsätzliches Identitätserfordernis bei den Parteien der Schiedsvereinbarung sowie denen des späteren Schiedsverfahrens ab.[456] Danach sollte das (staatliche) Gericht jene Klagen über Rechtsstreitigkeiten abweisen, ‚für die die Parteien einen Schiedsvertrag geschlossen [hatten]'. Die Formulierung bezog sich also sowohl auf den Akt der Schiedsvereinbarung als auch auf den späteren Prozess, wodurch beide Ebenen und mithin die jeweils involvierten Parteien in einen derart engen Zusammenhang gebracht wurden, dass sich hieraus ihre Identität ergeben musste.[457]

In § 1032 ZPO, der Neufassung des § 1027a ZPO a.F., kam es zwar nicht zu einer wesentlichen Inhaltsänderung hinsichtlich der Einrede des Schiedsvertrags,[458] allerdings wurde insoweit auf die herkömmliche Formulierung, welche den Parteibegriff umfasste, verzichtet. Nach § 1032 ZPO soll nunmehr das staatliche Gericht eine Klage abweisen, wenn ‚vor einem Gericht Klage in einer Angelegenheit erhoben [wird], die Gegenstand einer Schiedsvereinbarung ist'. Hiernach ist nicht mehr ersichtlich, ob zwischen den Schiedsvertragsparteien und den Prozessparteien eine solche Verbindung bestehen soll, wie sie zulässigerweise aus § 1027a ZPO a.F. herausgelesen werden konnte. In diesem Zusammenhang bleibt die Schiedsverfahrensreform auf die Frage zur Parteiidentität also eine Antwort schuldig.[459]

Es ist indessen zweifelhaft, ob der konkreten Formulierung des § 1032 I ZPO überhaupt eine Aussagefähigkeit über dessen Funktion hinaus – namentlich die

---

[456] BGH ZIP 1996, 830, 832; Böcker, Objektive Schiedsfähigkeit, S. 95; OLG Hamm ZIP 1987, 780, 783; Petermann, BB 1996, 277, 279; Schmidt, ZGR 1988, 523, 530; ders. AG 1995, 551, 552; H. P. Westermann, Schiedsfähigkeit, S. 40.

[457] Vgl. hierzu vor allem OLG Hamm ZIP 1987, 780, 783.

[458] Abgesehen von der Einschränkung der Einrede im Falle der Nichtigkeit, Unwirksamkeit oder Undurchführbarkeit der Schiedsvereinbarung sowie den Absätzen II und III wurde die alte Regelung – und damit auch ihr Grundgedanke – beibehalten.

[459] Einen ähnlichen Schluss zieht auch Wagner, Prozessverträge, S. 491 f.; a.A. indessen Böcker, Objektive Schiedsfähigkeit, S. 95; Papmehl, Schiedsfähigkeit, S. 229. Nach Lachmann, Schiedsgerichtspraxis, Rn 227 a.E., indiziere der Wortlaut des § 1032 I ZPO, dass es nicht darauf ankomme welche Parteien die Schiedsvereinbarung abgeschlossen haben, sondern vielmehr darauf, welche an sie gebunden sind.

Statuierung eines Prozesshindernisses – beizumessen ist. Die Bedeutung des § 1027a ZPO innerhalb der Diskussion zur subjektiven Vergleichsbefugnis musste dem Gesetzgeber zwar hinlänglich bekannt sein, doch wurde sich in den Gesetzesmaterialien damit nicht befasst. Es zeigt sich daher, dass sich die Funktion des § 1032 ZPO bei der hier vorzunehmenden Untersuchung außer Betracht bleiben muss.[460]

Dessen ungeachtet gibt es in anderem Zusammenhang Hinweise darüber, ob zwischen den Prozess- sowie den Vertragsparteien im Schiedsrecht getrennt werden kann oder nicht. Der Parteibegriff taucht – ähnlich wie in § 1027a ZPO a.F. – an zahlreichen Stellen auf, wobei gleichzeitig deutlich wird, dass er einheitlich verwendet wird; es wird also gleichermaßen auf die Parteien der Schiedsvereinbarung wie auch die Schiedsprozessparteien Bezug genommen. Beispielhaft lassen sich etwa die §§ 1042 I, III, IV S. 1, 1044 S. 1, 2, 1046 I S. 1, 2, 1048 III, IV S. 2, 1049 I S. 1, II S. 2 ZPO anführen, bei denen in engem Zusammenhang wechselweise unter den ‚Parteien' jene der Schiedsvereinbarung sowie die des Schiedsgerichtsverfahrens zu verstehen sind. Darüber hinaus ergibt sich sogar eine unmittelbare Gleichsetzung beider Parteien vor allem aus den §§ 1027 S. 1, 1034 II S. 1, 1035 IV, 1037 III S. 1, 1041 I S. 1, 1046 II, 1047 I S. 2, 1049 II S. 1, 1057 I S. 1 ZPO, da der Wortlaut es nicht zulässt, zwischen beiden Parteien in nachvollziehbarer Weise zu trennen, ohne dass es zu einer völligen Sinnentstellung käme.

Die Auswertung der Gesetzesmaterialien zum Schiedsverfahrensrecht lassen somit darauf schließen, dass unter den Parteien der schiedsrechtlichen Vereinbarung auch die späteren Parteien des dadurch legitimierten Verfahrens zu verstehen sind.[461]

Dieses Ergebnis überrascht nicht, da sich die Aussage einer Schiedsvereinbarung so umschreiben lässt, dass zwei Parteien ihre Streitigkeiten der schiedsrichterlichen Entscheidung unterwerfen. Wenn aber hierdurch über gegenwärtige oder künftige Rechtspositionen disponiert wird, können in einem anschließenden Verfahren im Normalfall diese Parteien nicht einfach ausgewechselt werden. Vielmehr werden – ebenso wie beim staatlichen Prozess – Rechtspositionen in einem Gerichtsverfahren von ihren Inhabern prozessual vertreten. Der Unterschied zu dem staatlichen Verfahren besteht insoweit allein darin, dass für ein Schiedsverfahren über jene Rechtspositionen zunächst vertraglich disponiert werden muss. Dies darf indes nicht dazu führen, dass zwei zusammenhängende Vorgänge – Schiedsvereinbarung und Schiedsprozess – im Hinblick auf deren Beteiligte künstlich aufgespaltet werden.

---

[460] Ob dies schon für § 1027a ZPO a.F. gelten mussten, kann gleichwohl dahingestellt bleiben. In diesem Sinne jedenfalls Ebenroth/Bohne, BB 1996, 1393, 1395; Ebenroth/Müller, DB 1992, 361, 363.

[461] So i.E. auch Schröder, Schiedsgerichtliche Konfliktbeilegung, S. 100.

In gleichem Maße verbietet sich allerdings auch der Schluss, die Identität beider Parteien zu einer Wirksamkeitsvoraussetzung des Schiedsvertrags zu erheben. Richtig ist allein, dass diese Parteien typischerweise zusammenfallen, so dass deswegen eine – sich im Gesetzestext widerspiegelnde – Verallgemeinerung zulässig ist. Somit erweist sich das Kriterium der Parteiidentität als Charakteristikum des Schiedsverfahrens, nicht aber als dessen Bedingung.

(2) Identität von Gesellschaft und Gesellschaftergesamtheit

Die gesetzesimmanente Identitätsvermutung bei den Parteien der Schiedsvereinbarung und denen des Prozesses soll nun zum Anlass genommen werden, die Gesellschaft und Gesellschaftergesamtheit unter diesem Aspekt zu untersuchen. Die Feststellung einer diesbezüglichen Identität hätte zweierlei Vorteile. Zum einen wäre den Vorgaben der §§ 1025 ff. ZPO entsprochen, was zumindest insoweit zu ihrer direkten Anwendung auf gesellschaftsrechtliche Beschlussmängelstreitigkeiten führen würde. Darauf aufbauend müsste sich im Rahmen der Frage nach der subjektiven Schiedsfähigkeit zum anderen nicht für eine der beiden Parteien – der Gesellschaftergesamtheit als Partei der Schiedsvereinbarung und der Gesellschaft sowie dem klagenden Gesellschafter als Prozessparteien – entschieden werden, da die subjektive Schiedsfähigkeit dann ja gerade einheitlich festgestellt werden könnte.

Es lässt sich hierbei zunächst anführen, dass einer Identität bereits ein begrifflicher Unterschied entgegensteht, da insoweit zwischen der Gesellschaftergesamtheit – sei es in Form der Hauptversammlung oder der Gesellschafterversammlung – sowie der Gesellschaft unterschieden wird. Letztere ist ferner eine uneingeschränkt rechtsfähige juristische Person, wohingegen die Gesellschaftergesamtheit für die individuellen und individualisierbaren Anteilseigner steht.

Um eine Identität in diesem Zusammenhang dennoch bejahen zu können, muss demgemäß verlangt werden, dass sich im Schiedsprozess zumindest *faktisch* – also vor allem ungeachtet der verbandsspezifischen Erwägungen – die gleichen Parteien wiederfinden, wie bei dem Abschluss der hierzu erforderlichen Schiedsvereinbarung. In diesem Fall nämlich dürfte sich im Rahmen der subjektiven Schiedsfähigkeit hinsichtlich der einen oder anderen Partei kein Unterschied ergeben. Da die Schiedsvereinbarung von sämtlichen Gesellschaftern mitgetragen wird, müssen diese folglich auch an dem späteren Schiedsprozess beteiligt werden. Prozessparteien sind aber niemals alle Gesellschafter; es klagen vielmehr einzelne (Minderheits-) Gesellschafter gegen die Gesellschaft, vertreten durch das (oder die) zur Prozessvertretung berufene(n) Organ(e).[462] Allein diese Tatsache steht einer Identität jedoch solange nicht entgegen, wie das prozessführende Organ dem Willen der den Gesellschafterbeschluss tragenden –

---

[462] Vgl. insoweit auch Lüke/Blenske, ZGR 1996, 253, 264; Schmidt, ZGR 1988, 523, 529.

und damit beklagten – Gesellschaftermehrheit Rechnung trägt. Im Recht der GmbH liegt es nahe, hierbei auf die Überwachungskompetenz der Gesellschafterversammlung zu verweisen, aus der sich der Grundsatz der Weisungsabhängigkeit und Folgepflicht des Geschäftsführers ableiten lässt.[463]

Für die AG hat dieses Argument indes keine Geltung. Der Vorstand ist als weisungsunabhängiges Vertretungsorgan nämlich gerade nicht verpflichtet, sich bei der Erfüllung seiner Leitungsaufgaben allein von Aktionärsinteressen leiten zu lassen. Neben jenen Interessen der Anteilseigner sind zusätzlich auch die der Arbeitnehmer sowie Erwägungen des Gemeinwohls maßgebliche Faktoren bei den Vertretungshandlungen des Vorstands. Dieser gesellschaftsspezifischen Vertretungsform wird gleichwohl im Rahmen der aktienrechtlichen Beschlussmängelklagen durch § 246 II S. 2 AktG mit Einschränkungen Einhalt geboten, wenn die Gesellschaft neben dem Vorstand auch durch den Aufsichtsrat vertreten wird. Mit dieser Doppelvertretung soll verhindert werden, dass der Vorstand gemeinsam mit dem Kläger den von der Mehrheit getragenen Beschluss im Schiedsprozess zu Fall bringt.[464] Zusammen mit dem Aufsichtsrat als zusätzliche Prozessvertretung werden also (neben den Arbeitnehmern) auch die Gesellschafter repräsentiert. Der Gegensatz zwischen Prozessparteien einerseits und Vertragsparteien andererseits scheint also auch bei der AG in gewissem Sinne aufgehoben zu sein.[465] Allerdings ist bereits in jenen Fällen eine Ausnahme zu machen, in denen ein Aufsichtsratsmitglied gegen die Gesellschaft klagt, da diese dann gemäß § 246 II S. 3 Alt. 3 AktG allein durch den Vorstand vertreten wird.[466]

Schwerwiegender ist indes eine andere Erwägung, welche gleichermaßen für die GmbH und AG gilt. Während nämlich bei Abschluss der Schiedsvereinbarung der Wille sämtlicher Gesellschafter Beachtung findet, vertritt die gesellschaftsrechtliche Prozessvertretung lediglich den Willen der *Mehrheit* aller den Beschluss tragenden Gesellschafter. Allein dieser Wille gilt auch als Wille der Gesellschaft, welcher nur im besten Fall mit den Interessen jedes einzelnen Gesellschafters übereinstimmt. Dass dies nicht unbedingt sein muss, zeigt das folgende Beispiel. Nachdem ein Gesellschafter einer GmbH, der gegen den – aufgrund einer hinreichenden Mehrheit zustande gekommenen – Beschluss gestimmt hatte, ein schiedsgerichtliches Anfechtungsverfahren angestrengt hat, vernichten er sowie die beklagte Gesellschaft diesen Beschluss vorzeitig im Wege eines Anerkenntnisses. Hierzu kam es, weil die Mehrheit der übrigen Gesellschafter die Rechtswidrigkeit des Beschlusses, welchen sie zuvor mit ihrer Stimme unterstützt hatten, einsahen und dem Geschäftsführer eine entsprechen-

---

[463] In diese Richtung weist etwa Kornmeier, Vergleichsbefugnis und Schiedsfähigkeit, S. 99 f.

[464] Kropff/Semler – Hüffer, MüKo-AktG, § 246 Rn 52.

[465] So jedenfalls Schröder, Schiedsgerichtliche Konfliktbeilegung, S. 83.

[466] Dies erkennt auch Schröder, Schiedsgerichtliche Konfliktbeilegung, S. 83.

de Weisung erteilten, das Verfahren zu beenden.[467] Die übrigen Gesellschafter, die von der Rechtmäßigkeit des Beschlusses weiterhin überzeugt sind, haben indessen das Anerkenntnis hinzunehmen und dies – aufgrund der Mehrheitsverschiebung – ohne Aussicht darauf, einen Beschluss gleichen Inhalts zu einem späteren Zeitpunkt zu beschließen.

Hieran wird deutlich, dass sich in einem Gerichtsverfahren faktisch nur der oder die klagenden Gesellschafter sowie die durch das prozessführende Gesellschaftsorgan vertretene Mehrheit der übrigen Gesellschafter gegenüberstehen. Aufgrund dieser Bündelung kommt es mithin zu einer Reduzierung aller potenziellen Interessen auf lediglich zwei, welche sich letztlich prozessual artikulieren. Dagegen kommt bei Abschluss einer Schiedsvereinbarung stets dem Willen jedes einzelnen Gesellschafters entscheidende Bedeutung zu, da insoweit eine allseitige Willensübereinstimmung erforderlich ist.[468] Aus diesen Gründen verbietet sich die Annahme einer (faktischen) Identität von Gesellschaftergesamtheit und Gesellschaft sowie dem klagenden Gesellschafter.[469]

(3) Überbrückung der fehlenden Identität

Aus der grundsätzlichen Identitätsvermutung von Vertrags- und Prozesspartei im Rahmen der §§ 1025 ff. ZPO sowie dem Fehlen einer solchen Identität bei gesellschaftsrechtlichen Beschlussmängelklagen stellt sich die Frage, ob diese Diskrepanz in irgendeiner Weise überbrückt werden kann, oder ob bereits deswegen die subjektive Schiedsfähigkeit verneint werden muss. Fest steht jedenfalls, dass – sofern der Mangel an Parteiidentität kein erhebliches Defizit darstellt – um eine Entscheidung, auf welche Partei hinsichtlich der subjektiven Schiedsfähigkeit abzustellen ist, nicht umhingekommen werden kann.

(a) Anwendung der §§ 1029 ff. ZPO mittels § 1066 ZPO

Die Unerheblichkeit der fehlenden Identität von Gesellschaftergesamtheit und Gesellschaft könnte sich in erster Linie aus § 1066 ZPO ergeben. Diese Vorschrift, welche den § 1048 ZPO a.F. wörtlich ersetzt, behandelt diejenigen Schiedsgerichte, die ihre Entscheidungsgewalt nicht aus einem Schiedsvertrag,

---

[467] Ganz ähnlich könnte es bei einer aktienrechtlichen Beschlussmängelklage verlaufen, wenn Vorstand und Aufsichtsrat bemüht sind, die Mehrheit der Anteilseigner zu vertreten.

[468] Näher zu dem Zustimmungserfordernis unten Dritter Teil, B. I.

[469] So i.E. auch Lüke/Blenske, ZGR 1996, 253, 264; vgl. auch Schröder, Schiedsgerichtliche Konfliktbeilegung, S. 83 f., 99 f. Etwa anderes gilt allerdings dann, wenn an der Gesellschaft lediglich zwei Gesellschafter beteiligt sind, da sich faktisch dieselben Parteien im Schiedsverfahren gegenüberstehen, die auch an der Schiedsvereinbarung mitgewirkt haben.

sondern aus einem einseitigen privatrechtlichen Rechtsgeschäft ableiten.[470] Hierzu gehört einmal der im Gesetz ausdrücklich erwähnte Fall, dass der Erblasser in einer letztwilligen Verfügung für die sich aus der Verfügung bei den Erben untereinander bzw. zwischen jenen und den Vermächtnisnehmern ergebenden Streitigkeiten ein Schiedsgericht einsetzt. Dieses Beispiel zeigt, dass das Fehlen einer zweiseitigen Schiedsvereinbarung im Sinne von § 1029 I ZPO der Einsetzung eines Schiedsgerichts nicht entgegensteht; gleichzeitig wird hierdurch von der grundsätzlich erforderlichen Identität der involvierten Parteien abgewichen. Denn es ist zum einen der Erblasser, der im Wege einer letztwilligen Verfügung die Einsetzung eines Schiedsgerichts anordnet, und zum anderen sind es die Erben und Vermächtnisnehmer, welche letztlich als Parteien vor das Schiedsgericht treten. Wo dem Idealfall der §§ 1025 ff. ZPO nicht entsprochen wird, leistet § 1066 ZPO demgemäß insoweit Abhilfe, als er dort eine analoge Anwendung der schiedsrechtlichen Verfahrensregeln anordnet, wo die Schiedsgerichtseinsetzung auf einem einseitigen privatrechtlichen Rechtsgeschäft beruht und hierdurch andere (oder weitere) Parteien die Einrede des Schiedsvertrags gegen sich gelten lassen müssen, obwohl sie sich nicht an der Schiedsvereinbarung beteiligt haben.

Die Schiedsklauseln über gesellschaftsrechtliche Beschlussstreitigkeiten sind also darauf zu überprüfen, ob insofern nach § 1066 ZPO ‚in gesetzlich statthafter Weise durch andere nicht auf Vereinbarung beruhende Verfügungen' ein Schiedsgericht angeordnet wird. Für die Bejahung dieser Frage müsste es sich bei der satzungsmäßigen Schiedsklausel demnach um eine Verfügung handeln.

Der Rechtscharakter satzungsmäßiger Schiedsklauseln in Satzungen einer AG und GmbH oder – bzw. vor allem – in einer Vereinssatzung ist seit jeher umstritten. Der Meinungsstreit erschöpft sich dabei nicht allein in der rechtlichen Einordnung der Schiedsklausel, sondern behandelt generell die Rechtsnatur der verbandsrechtlichen Satzung. Hierbei stehen sich im Wesentlichen drei Ansätze gegenüber, für die sich die Bezeichnungen Vertrags-, Normen- und modifizierte Normentheorie eingebürgert haben.

(i) Normentheorie

Die Normentheorie oder auch Theorie des sozialen Konstitutivakts sieht in der Satzung ein auf die Vereinsautonomie gegründetes objektives Gesetz, welchem sich das Mitglied unterwirft.[471] Dementsprechend wird die Verbandsauto-

---

470 Vgl. zum Zweck der Norm Lüke/Wax – Münch, MüKo-ZPO, § 1066 Rn 1; Schwab/Walter, Schiedsgerichtsbarkeit, S. 335 f.; Stein/Jonas – Schlosser, ZPO, § 1066 Rn 1 ff.; Zöller – Geimer, ZPO, § 1066 Rn 1.

471 Vor allem Gierke, Deutsches Privatrecht, S. 132 ff., 486; ihm folgend: Anbuhl, Außervertragliche Schiedsgerichtsanordnung, S. 104; Kornblum, Schiedsrichterliche Unabhängigkeit, S. 215; Meyer-Cording, NJW 1966, 225, 226; ders., Die Vereinsstrafe, S. 43, 46 ff.;

nomie nicht als Ausprägung der allgemeinen Privatautonomie gesehen, sondern als Rechtsquelle einer grundsätzlich staatsfreien ‚Vereinsgewalt', die auf der Stufe des Vereins als der Staatsgewalt ähnlich gewertet wird.[472] Dies erkläre sich daraus, dass die Satzung einer Körperschaft nicht das Ergebnis von Verhandlungen zwischen Individuen sei, die ihre Interessen im Wege eines Kompromisses miteinander koordinieren. Vielmehr versuche sie, ‚eine Ordnung des Vereinslebens zu schaffen, die die Verwirklichung eines überindividuellen Zwecks sicherstellt'.[473] Insoweit erfülle die Satzung für den engen Bereich des Vereinslebens die gleiche Funktion, die das staatliche Gesetz für den weiten Bereich des gesellschaftlichen Lebens wahrnimmt.[474] Sowohl die Gründungsmitglieder als auch die später beitretenden Mitglieder seien aus dem gleichen Geltungsgrund, nämlich das dem Verein durch das objektive Recht zuerkannte eigene Recht zur einseitigen Gestaltung der Vereinsangelegenheiten, gebunden, so dass es sich aufgrund dieser rechtlichen Besonderheit bei satzungsmäßigen Schiedsklauseln um nicht auf Vereinbarung beruhende Schiedsverfügungen im Sinne des § 1048 ZPO a.F. bzw. § 1066 ZPO handele.[475] Konsequenz dieser Auffassung ist schließlich, dass die Formvorschrift des § 1031 ZPO nicht anzuwenden ist und eine Inhaltskontrolle nach § 1034 II ZPO (ehemals § 1025 II ZPO a.F.) unterbleibt.[476] Dies folge daraus, dass der Entwurf der ZPO aus dem Jahre 1931 in seinem ansonsten mit dem § 1048 ZPO a.F. (= § 1066 ZPO) identischen § 768 ZPO ursprünglich noch einen weiteren Absatz vorgesehen habe, der für ‚angeordnete' Schiedsgerichte ausdrücklich eine dem § 1027 ZPO a.F. entsprechende Regelung enthielt, diese dann aber nicht in das Gesetz übernom-

---

Rebmann/Säcker/Rixecker – Reuter, MüKo-BGB, § 25 Rn 16 f. m.w.N.; Soergel – Siebert, BGB, § 25 Rn 9 f.; Vollmer, Satzungsmäßige Schiedsklauseln, S. 20 ff. m.w.N.; Wünsch, Schiedsgerichtsbarkeit, S. 80 f.

472 Gierke, Deutsches Privatrecht, S. 142f, 148, 486.

473 Gierke, Deutsches Privatrecht, S. 29 ff., 459 ff.; Rebmann/Säcker/Rixecker – Reuter, MüKo-BGB, § 25 Rn 17; Vollmer, Satzungsmäßige Schiedsklauseln, S. 21.

474 Rebmann/Säcker/Rixecker – Reuter, MüKo-BGB, § 25 Rn 17.

475 Anbuhl, Außervertragliche Schiedsgerichtsanordnung, S. 103; Vollmer, Satzungsmäßige Schiedsklauseln, S. 23.

476 Vgl. Ebbing, NZG 1998, 281; Schmidt, ZHR 162 (1998), 265, 277; Schulze, Grenzen der objektiven Schiedsfähigkeit, S. 135; Schwab/Walter, Schiedsgerichtsbarkeit, S. 337; Wagner, Prozessverträge, S. 489 f., der diesen Schluss allerdings nicht als zwingend erachtet. Vgl. auch die insoweit bestehende ständ. Rspr.: RGZ 80, 189; 88, 395, 397 ff.; 144, 96, 99; BGHZ 38, 155, 159; 48, 35, 43; 88, 314, 316; BGH MDR 1951, 674. Kleinmann, BB 1970, 1076, plädiert dagegen für eine – zumindest – entsprechende Anwendung der Formvorschriften; kritisch auch Lousanoff, Wirksamkeit von Schiedsklauseln, S. 13.

men worden sei.[477] Auch setze § 1048 ZPO a.F. die Anordnung des Schiedsgerichts bereits voraus bzw. verweise für den Fall statutarischer Schiedsklauseln auf das Verbandsrecht; und allein in dessen Zuständigkeit falle die Legitimation für die gesellschafterliche Bindung an die Schiedsklausel.[478] Demnach werden insoweit die allgemeinen Vorschriften lediglich hinsichtlich des in statthafter Weise angeordneten Schiedsgerichts für anwendbar erklärt. An die Stelle der zivilprozessualen Formvorschriften treten vielmehr die materiell-rechtlichen Regeln für einseitige Rechtsgeschäfte.[479]

(ii) Vertragstheorie

Nach dem rechtsgeschäftlichen Verständnis der Grundlagen des Vereins- bzw. Gesellschaftsrechts ist die Satzung ein von den Gründern geschlossener Vertrag, d.h. ein mehrseitiges Rechtsgeschäft, das durch den wechselseitigen Zugang der übereinstimmenden Willenserklärungen zustande kommt, in denen das Einverständnis mit dem Inhalt der Satzung ausgedrückt wird.[480] Hiernach soll die Satzung zugleich schuldrechtlicher Vertrag wie auch Organisationsvertrag sein, da sowohl die Organe mit ihren Zuständigkeiten als auch die Rechte und Pflichten der Mitglieder geregelt werden. An der rechtsgeschäftlichen Qualität der Satzung ändere sich auch dann nichts, wenn der Verein bzw. die Gesellschaft ‚ins Leben' tritt, was an der Satzungsänderung deutlich werde. Denn die Änderung wird durch einen Beschluss der Mitgliederversammlung herbeigeführt, welcher wiederum als Rechtsgeschäft zu qualifizieren sei.[481] Gleiches gelte im Übrigen für den Beitritt eines Mitgliedes.[482] Zwar unterwerfen sich die Mitglieder einer Verbandsordnung und damit auch späteren Mehrheitsbeschlüssen, doch werde die verbandsmäßige Regelungsbefugnis von den Mitgliedern

[477] Bork, ZHR 1993 (1993), 48, 60; Schmidt, JZ 1989, 1077, 1080 f.; Schütte, Einsetzung von Schiedsgerichten, S. 86 f.; Trotha, DB 1988, 1367, 1369; Vollmer, Satzungsmäßige Schiedsklauseln, S. 82.

[478] Bork, ZHR 157 (1993), 48, 59; Musielak – Voit, ZPO, § 1066 Rn 7; Schmidt, JZ 1989, 1077, 1081.

[479] So etwa §§ 59, 81, 657, 784 II, 793 BGB; vgl. Schütte, Einsetzung von Schiedsgerichten, S. 30.

[480] BegRegE, BT-Drucks. 13/5274, S. 66; Bötticher, ZfA 1970, 3, 45; Kees, Schiedsgerichtsklauseln, S. 22 ff.; Kleinmann, BB 1970, 1076; Kornmeier, Vergleichsbefugnis und Schiedsfähigkeit, S. 137 ff.; Lutter, AcP 180 (1980), 84, 95, 97; Scholz – Emmerich, GmbHG, § 2 Rn 5; Schütte, Einsetzung von Schiedsgerichten, S. 71, 106, 128; Soergel – Hadding, BGB, § 25 Rn 17 ff. m.w.N.; Schwab/Walter, Schiedsgerichtsbarkeit, S. 337 f.; Tuhr, BGB-AT, S. 504; Wiedemann, Gesellschaftsrecht, S. 163; ähnlich auch Stein/Jonas – Schlosser, ZPO, § 1066 Rn 10 ff.

[481] Kornmeier, Vergleichsbefugnis und Schiedsfähigkeit, S. 142 ff.

[482] Soergel – Hadding, BGB, § 25 Rn 17; Tuhr, BGB-AT, S. 504 f.

selbst legitimiert, die sich im Übrigen jener Unterworfenheit durch Austritt oder Veräußerung der Mitgliedschaft wieder entziehen könnten.[483] Dass ein Mitglied durch eine Mehrheitsentscheidung auch gegen seinen Willen gebunden wird, sei ferner auch keine Besonderheit des Verbandsrechts, sondern – wie eine Fülle von Gestaltungsrechten der Vertragspartner zeige – auch sonst im Privatrecht geläufig.[484]

Was die satzungsmäßigen Schiedsklauseln anbelange, so handele es sich – aufgrund ihrer rechtsgeschäftlichen Natur – um Schiedsvereinbarungen im Sinne von § 1029 I ZPO.[485] Jedenfalls müsse man zumindest konzedieren, dass eine Schiedsgerichtseinsetzung durch Satzung einem Vertrag näher komme, als die Einsetzung mittels Verfügung gemäß § 1066 ZPO.[486] Dies gelte sowohl für die Einsetzung eines Schiedsgerichts durch eine Gründungssatzung als auch für den Fall der Einführung einer Schiedsgerichtsvereinbarung durch eine spätere Satzungsänderung.[487] Mit diesem Ergebnis werde überdies der Schutzbedürftigkeit desjenigen Rechnung getragen, der wegen der Schiedsklausel auf seinen staatlichen Richter verzichten soll. Denn bei Abschluss der satzungsmäßigen Schiedsklauseln seien – wie bei allen anderen Schiedsvereinbarungen – die einschlägigen Formvorschriften zu beachten.[488] Des Weiteren dürfe aus dem Umstand, dass satzungsmäßige Schiedsklauseln Bestandteile der Satzung sind, nicht notwendigerweise geschlossen werden, dass sie auch durch satzungsändernde Mehrheiten beschlossen werden könnten. Das Recht auf einen gesetzlichen Richter gemäß Art. 101 I S. 2 GG könne insoweit nur einvernehmlich und in den Formen und Voraussetzungen der §§ 1025 ff. ZPO abbedungen werden.[489]

---

[483] Wiedemann, Gesellschaftsrecht, S. 162.

[484] Tuhr, BGB-AT, S. 504; Wiedemann, Gesellschaftsrecht, S. 162 m.w.N.

[485] Kleinmann, BB 1970, 1076; Kornmeier, Vergleichsbefugnis und Schiedsfähigkeit, S. 137 ff.; Schwab/Walter, Schiedsgerichtsbarkeit, S. 338; Schütte, Einsetzung von Schiedsgerichten, S. 71, 106, 128; Soergel – Hadding, BGB, § 25 Rn 26 m.w.N.; dagegen ist für Kees, Schiedsgerichtsklauseln, S. 28 ff., - ungeachtet der rechtsgeschäftlichen Natur – die Aufnahme einer Schiedsklauseln eine *einseitige* Willensartikulation des Vereins, was zur Anwendbarkeit des § 1048 ZPO a.F. führe.

[486] So Schwab/Walter, Schiedsgerichtsbarkeit, S. 338; Stein/Jonas – Schlosser, ZPO, § 1066 Rn 10. Allerdings postuliert Schlosser, Neue Recht, S. 204 f., die Befugnis zur gesellschaftsrechtlichen Gerichtsstandsbestimmung aufgrund ungeschriebenen Verbandsrechts.

[487] Schütte, Einsetzung von Schiedsgerichten, S. 71, 106, 128.

[488] Schwab/Walter, Schiedsgerichtsbarkeit, S. 338; Soergel – Hadding, BGB, § 25 Rn 26; Stein/Jonas – Schlosser, ZPO, § 1066 Rn 10; Kleinmann, BB 1970, 1976. Hierbei wurde sich vor allem auf die §§ 1025 II, 1027 ZPO a.F. bezogen, die heute durch §§ 1031, 1034 II ZPO ersetzt sind.

[489] Schwab/Walter, Schiedsgerichtsbarkeit, S. 338; Soergel – Hadding, BGB, § 25 Rn 26; Stein/Jonas – Schlosser, ZPO, § 1066 Rn 12 (zumindest für die GmbH). Näher zu dem Zustimmungserfordernis unten Dritter Teil, B. I.

Jener vertraglichen Sichtweise für satzungsmäßige Schiedsklauseln hat sich im Zuge der Schiedsverfahrensrechtsreform auch der Gesetzgeber[490] angeschlossen, der sich dabei auf ein Urteil des EuGH[491] beruft, in welchem die Gerichtsstandsvereinbarung in der Satzung einer AG als Vertrag gewertet wurde. Von einer ausdrücklichen Bestimmung hat die Reformkommission letztlich jedoch abgesehen, da die künftige Rechtsentwicklung insofern nicht präjudiziert werden soll.

(iii) Modifizierte Normentheorie

Die wohl herrschende Meinung[492] führt die vorangegangenen Ansätze zusammen, indem sie die Satzung zunächst als einen von den Gründern geschlossenen Vertrag ansieht, welcher sich jedoch mit Entstehung des Vereins bzw. der Gesellschaft von den Personen löse. Die Satzung erlange sodann ein unabhängiges rechtliches Eigenleben, werde zur körperschaftlichen Verfassung des Verbands und objektiviere dessen rechtliches Wollen als Zusammenfassung seiner Mitglieder.[493]

Für satzungsmäßige Schiedsklauseln müsse danach bei einer bereits im Zeitpunkt der Gesellschaftsgründung in die Satzung aufgenommenen Schiedsklausel § 1029 ZPO sowie die Formvorschrift des § 1031 ZPO einschlägig sein,[494] ansonsten gelte jedoch § 1066 ZPO,[495] so dass die schiedsrechtlichen Formvor-

---

[490] BegRegE, BT-Drucks. 13/5274, S. 66.

[491] EuGH RIW 1992, 492. Wagner, Prozessverträge, S. 495, führt indes aus, dass sich aus dieser Rechtsprechung keineswegs die Anwendung des § 1031 ZPO ergibt, da nach Ansicht des EuGH dem Formzwang dann Genüge getan sei, ‚wenn die Satzung der Gesellschaft an einem ihm zugänglichen Ort hinterlegt ist oder in einem öffentlichen Register enthalten ist'; kritisch auch Schmidt, ZHR 162 (1998), 265, 276 f., der an der dogmatischen Aussagekraft des Urteils zweifelt.

[492] Baumbach/Hueck – Hueck/Fastrich, GmbHG, § 2 Rn 3 ff.; BGHZ 21, 370, 373 ff.; BGHZ 47, 172, 179 f.; BGHZ 96, 245 ff.; Ebbing, NZG 1998, 281; Ermann – H. P. Westermann, BGB, § 25 Rn 12; Hachenburg – Ulmer, GmbHG, § 2 Rn 5; Hüffer, AktG, § 23 Rn 7; Lutter/Hommelhoff, GmbHG, § 2 Rn 10; Noack, Gesellschaftervereinbarungen, S. 107 m.w.N.; Schmidt, JZ 1989, 1077, 1079 ff.; ders., Gesellschaftsrecht, S. 69; Scholz – Emmerich, GmbHG, § 2 Rn 7.

[493] Vgl. etwa BGHZ 21, 370, 373; 47, 172, 179, sowie bereits RGZ 165, 140, 143 f.; vgl. auch Hüffer, AktG, § 23 Rn 7. Allein die Einmanngründung sei ein Sonderfall und aus sich heraus ein einseitiges Errichtungsgeschäft.

[494] Vgl. vor allem RGZ 153, 267, 270. I.Ü. wird auf diese Konsequenz erstaunlicherweise nur vereinzelt hingewiesen: vgl. Kleinmann, BB 1970, 1076; Schröder, Schiedsgerichtliche Konfliktbeilegung, S. 120 f.; Wagner, Prozessverträge, S. 489.

[495] Ebbing, NZG 1998, 281; Hachenburg – Raiser, GmbHG, Anh. § 47 Rn 206; Hüffer, AktG, § 246 Rn 19; Kropff/Semler – Hüffer, MüKo-AktG, § 246 Rn 30; Lüke/Wax – Münch, MüKo-ZPO, § 1066 Rn 4; Musielak – Voit, ZPO, § 1066 Rn 7; Schmidt, JZ 1989, 1079 ff.;

schriften auszuklammern seien.[496] Dem Bedürfnis nach Rechtssicherheit werde durch die satzungsmäßige Form ausreichend Genüge getan.[497] Dagegen wird innerhalb dieser Meinung stellenweise hinsichtlich des Mehrheitserfordernisses bei einer Satzungsänderung differenziert. Zumindest bei dem Verein, auf dessen Mitgliedschaft das Vereinsmitglied nicht angewiesen ist, soll prinzipiell weiterhin das Mehrheitsprinzip gelten, da stets die Möglichkeit besteht, aus dem Verein auszutreten.[498] Die Einführung von Schiedsklauseln im Wege einer Satzungsänderung bei Kapitalgesellschaften könne indessen nur mit Zustimmung aller Gesellschafter beschlossen werden.[499] Dies ergebe sich vor allem aus dem Schutzgedanken der gesellschaftsrechtlichen Kernbereichslehre.[500]

---

ders., Gesellschaftsrecht, S. 70; ders., ZHR 162 (1998), 265, 275 (Die Einschlägigkeit des § 1066 ZPO ergebe sich nicht aus der Rechtsnatur der Satzung, sondern aus dem Umstand, dass die Satzung das Mitglied als solches bindet); Vetter, DB 2000, 705, 706; Wieczorek/Schütze – Schütze, GK-ZPO, § 1025 Rn 22; Wellmann, BB 1961, 695; Wolany, Rechte und Pflichten, S. 190; Zöllner, AG 2000, 145, 150; für die Rechtsprechung vgl. etwa RGZ 144, 96, 99 f.; RGZ 153, 267, 270; RGZ 165, 140, 143 (Verein); BGH LM § 199 AktG a.F. Nr.1 (AG); BGHZ 38, 155, 159 (GmbH); vgl. i.Ü. auch BGH NJW 1980, 1049; BGH NJW 2000, 1713 (*analoge* Anwendung des § 1066 ZPO).

[496] BGH NJW 1963, 203, 204 ; BGH LM § 199 AktG a.F. Nr. 1; BGH NJW 1980, 1049 (Ausdehnung auf Publikums-AG ablehnend); Ebbing, NZG 1998, 281; Hachenburg – Raiser, GmbHG, § 13 Rn 18; Lüke/Wax – Münch, MüKo-ZPO, § 1066 Rn 6; Musielak – Voit, ZPO, § 1066 Rn 7; RGZ 153, 267; RGZ 144, 96, 93 f.; RGZ 153, 167, 270; RGZ 165, 140; Rowedder – Rowedder, GmbHG, § 13 Rn 8; Vetter, DB 2000, 705, 706; Wellmann, BB 1961, 695; Wieczorek/Schütze – Schütze, GK-ZPO, § 1027 Rn 2; offengelassen in BGHZ 38, 155, 159; für eine Anwendung von § 1034 II ZPO allerdings: Thomas – Putzo, ZPO, § 1066 Rn 3; Zöller – Geimer, ZPO, § 1066 Rn 3.

[497] BGH NJW 1980, 1049; BGH NJW 2000, 1713; Zöller – Geimer, ZPO, § 1066 Rn 2. Vgl. auch Schmidt, JZ 1989, 1077, 1081, der in dem Schutz der beitretenden Mitglieder ein verbandsrechtliches Problem sieht, so dass es nicht auf § 1027 I ZPO a.F. ankomme. Dagegen will Baumbach/Lauterbach/Albers/Hartmann – Albers, ZPO, § 1066 Rn 5, zwar nicht § 1031 ZPO, sehr wohl jedoch § 1034 ZPO anwenden.

[498] Anbuhl, Außervertragliche Schiedsgerichtsanordnung, S. 110; BGH NJW 2000, 1713; Kees, Schiedsgerichtsklauseln, S. 32; OLG München 1999, 780, 781; Schmidt, JZ 1989, 1077, 1082; Vollmer, Satzungsmäßige Schiedsklauseln, S. 66, 127 ff.

[499] Hachenburg – Schilling, GmbHG, § 13 Rn 17; Schmidt, JZ 1989, 1077, 1082; Scholz – Emmerich, GmbHG, 13 Rn 31; Schütte, Einsetzung von Schiedsgerichten, S. 79 ff., 106 f.; so wohl auch BGH NJW 2000, 1713; a.A., allerdings ohne nähere Auseinandersetzung, im Rahmen der AG: Ebbing, NZG 1998, 281; Zöllner – Lutter, KK-AktG, Vorb. § 53a Rn 20; Roth, FS Nagel, S. 326. Vgl. auch unten Dritter Teil, B. I.

[500] Hachenburg – Schilling, GmbHG, § 13 Rn 17; Schmidt, JZ 1989, 1077, 1082; Scholz – Emmerich, GmbHG, 13 Rn 31.

(iv) Stellungnahme

Der Streit um die Rechtsnatur von Satzungen stellt sich als ein in dogmatischer Hinsicht klassischer Meinungsstreit dar, da sich zwei unversöhnliche Ansätze gegenüberstehen, welche ein dritter Ansatz versucht zusammenzuführen. Während auf der einen Seite der Aspekt der überindividuellen Organisationsform sowie des Weiteren funktionale und ökonomische Gründe – denen allein ein verbandsinternes Subordinationsverhältnis Rechnung tragen soll – in den Vordergrund gestellt wird, betont die andere Seite, dass Rechtsverhältnisse entweder in rechtsgeschäftlicher oder gesetzlicher, nicht aber in einer weiteren – ‚korporativen' – Weise entstehen, enden oder geändert werden können. Der Meinungsstreit wird also aus völlig unterschiedlichen Perspektiven geführt. Sofern man auf die Wirkungsweise und die inhaltliche Gestaltung der Satzungsbestimmungen schaut, liegt ihr Rechtsnormcharakter nahe; Begründung und Änderung weisen dagegen auf ein rechtsgeschäftliches Erklärungsmodell hin,[501] wobei man auch dort weiter zwischen Mehrheits- und Einstimmigkeitsentscheidungen unterscheiden kann. Demnach lassen sich gesellschaftsrechtliche Satzungen angesichts ihrer spezifischen Eigenarten insgesamt dogmatisch nicht eindeutig einem der Fälle der §§ 1029, 1066 ZPO zuordnen.[502] Im Weiteren soll sich der Blick daher ausschließlich auf die satzungsmäßige Schiedsklausel beschränken, um auf diese Weise ihren Rechtscharakter mit dem Anwendungsbereich des § 1066 ZPO in Relation zu setzen.

Im Rahmen der statzungsmäßigen Schiedsklauseln wird der Blickwinkel maßgeblich von der Frage nach der Einschlägigkeit der schiedsrechtlichen Formvorschriften beeinflusst.[503] Abgesehen von Hinweisen rechtshistorischer Art sowie der dogmatischen Einordnung der Bindungsproblematik der Gesellschafter in das Verbandsrecht, dominieren in dieser Diskussion Erwägungen der Zweckmäßigkeit sowie Erforderlichkeit einer (zusätzlichen) Formvorschrift, mithin also eine wertende, von der Rechtsnatur der Satzung losgelöste Betrachtungsweise.[504] Die einzelnen Argumente lassen sich folglich dogmatisch auch nicht mehr eindeutig einer bestimmten Theorie zuweisen, so dass der Aspekt der Anwendbarkeit des § 1031 ZPO an dieser Stelle ausgeklammert werden soll. Dies muss umso mehr gelten, als die Anwendbarkeit bzw. Nichtanwendbarkeit

---

[501] Hierauf weist zu Recht Wiedemann, Gesellschaftsrecht, S. 162 f.; insoweit zustimmend: Noack, Gesellschaftervereinbarungen, S. 107; Schmidt, Gesellschaftsrecht, S. 78.

[502] So schon Schütte, Einsetzung von Schiedsgerichten, S. 59; zustimmend: Schröder, Schiedsgerichtliche Konfliktbeilegung, S. 120.

[503] Siehe oben Zweiter Teil, B. II. 2. a. (3) (a) .

[504] Näher hierzu unten Dritter Teil, B. III.

des § 1031 ZPO keineswegs untrennbar an dem jeweiligen Ansatz haftet.[505] Denn ebenso wenig wie die Vertragstheorie einer teleologischen Reduktion des § 1031 ZPO im Wege steht, muss diese Vorschrift umgekehrt durch die Anwendung von § 1066 ZPO kategorisch ausgeklammert werden.[506] Vor allem das Argument der Entstehungsgeschichte des § 1048 ZPO a.F. stellt sich in diesem Zusammenhang nämlich als nicht zwingend dar. Denn die letzten Endes verbindlich gewordene Version gemäß § 1048 ZPO a.F. bzw. § 1066 ZPO lässt nun einmal aufgrund einer fehlenden gesetzgeberischen Regelung sowohl eine Subsumtion der satzungsmäßigen Schiedsklauseln unter § 1066 ZPO als auch ihre Einordnung unter § 1029 ZPO, zu. Diese Unklarheit wurde im Rahmen der Reform des Schiedsrechts abermals vom Gesetzgeber hingenommen, der sich insoweit gemäß seiner Gesetzesbegründung nicht festlegen will, so dass also von dieser Seite eine Klärung des Problems gar nicht möglich ist.[507]

Das Verhältnis der verklausulierten Schiedsabrede zu § 1066 ZPO ist indes aus den speziellen Umständen dieser Abredeform – und nicht etwa aus einer generellen Einordnung der Rechtsnatur der Satzung – abzuleiten. Während nämlich bestimmte Entscheidungen innerhalb einer GmbH oder AG keine Rücksicht auf eine diesbezüglich bestehende Ablehnungshaltung einer Gesellschafterminderheit zu nehmen brauchen bzw. dies aus funktionalen Erwägungen sogar nicht sollten, ist der mit der Unterwerfung gewisser oder sämtlicher Streitigkeiten unter ein Privatgericht verbundene rechtliche Bedeutungsgehalt zu beachten. Ohne an dieser Stelle näher darauf einzugehen[508] kann festgestellt werden, dass sowohl bei der GmbH als auch der AG insoweit die Zustimmung sämtlicher Anteilseigner – sei es bei der Gründungssatzung, sei es bei einer späteren Satzungsänderung – einzufordern ist. Die Ausschaltung des Mehrheitsprinzips impliziert aber gerade einen individualisierten Einigungsprozess im Sinne einer klassischen Vereinbarung gemäß § 1029 ZPO. Von einer einseitig erfolgten ‚Anordnung', auf welche sich in § 1066 ZPO bezogen wird, kann demzufolge keine Rede sein.

Neben dieser legitimationsrechtlichen Erwägung sprechen letztlich auch das Fallbeispiel des § 1066 ZPO sowie die weiteren Anwendungsfälle gegen dessen Anwendung auf satzungsmäßige Schiedsklauseln. Es lässt sich hierbei die Situation bei den letztwilligen Schiedsklauseln so beschreiben, dass es dem Erblasser völlig frei steht, ob und in welchem Umfang er zu Gunsten bestimmter Personen

---

[505] In diesem Sinne auch Lousanoff, Wirksamkeit von Schiedsklauseln, S. 13 f., der ausführt, dass das in diesem Zusammenhang oft zitierte Urteil des RG (RGZ 144, 96, 99 f.) gerade nicht darüber entschieden hat, ob § 1027 ZPO a.F. von dem Verweise in § 1048 ZPO a.F. auszunehmen ist oder nicht, so dass es sich hierbei um ein klassisches Fehlzitat handele.

[506] So relativiert zu Recht auch Wagner, Prozessverträge, S. 490.

[507] BegRegE, BT-Drucks. 13/5274, S. 66; vgl. auch Wagner, Prozessverträge, S. 491 f.

[508] Ausführliche Begründung unten Dritter Teil, B. I.

Rechte begründen will oder nicht. Wenn also dem Testament eine Schiedsklausel beigefügt ist, so wird dadurch nicht in die materiellen Rechte der Erben eingegriffen, da ihrerseits kein Anspruch auf ein ‚schiedsklauselfreies' Erbe besteht. Die Erbeinsetzung ist vielmehr als freiwillige einseitige Zuwendung zu verstehen, welche von dem Erblasser frei gestaltet werden kann. Das schiedsklauselbehaftete Erbe stellt mithin eine Modifizierung der den Erben zugewandten Rechte dar,[509] an deren Ausgestaltung sie selbst nicht beteiligt waren bzw. diese vielmehr machtlos zu dulden hatten. Ganz ähnlich verhält es sich auch bei den Stiftungssatzungen, der Auslobung sowie dem Vertrag zu Gunsten Dritter, die allesamt unter § 1066 ZPO fallen. Stets erhalten die Leistungsempfänger bestimmte (modifizierte) Rechte, die sie vorher nicht beanspruchen konnten, so dass eine Schiedsklausel diese Rechte auch nicht in der prozessualen Durchsetzbarkeit gefährdet oder beeinträchtigt,[510] wie es etwa im Falle des § 1029 ZPO möglich sein kann, da dort beiden Parteien – welche zugleich Rechtsinhaber sind – die Entscheidung frei steht, Streitigkeiten durch ein staatliches oder ein privates Gericht beizulegen. Eine derartige Situation besteht indes gerade auch bei den statzungsmäßigen Schiedsklauseln, da hierbei keine (Prozess-) Partei als Zuwendungsempfänger anzusehen ist.[511] Vielmehr disponieren Gesellschafter bei Aufnahme einer Schiedsklausel auch gleichzeitig über ihre gesellschaftsrechtlichen Rechte und Pflichten. Sie haben insoweit die Wahl zwischen den unterschiedlichen Rechtsschutzmöglichkeiten, da sie bereits im Zeitpunkt dieser Entscheidung Inhaber der davon betroffenen Rechte sind. Anders als die oben erwähnten Leistungsempfänger haben sie die Schiedsklausel also gerade nicht hinzunehmen. Dass satzungsmäßige Schiedsklauseln als Schiedsgerichtseinsetzung in eigener Sache anzusehen sind, wird auch nicht dadurch widerlegt, dass die späteren Prozessparteien mit den Vertragsparteien nicht identisch sind. Denn hiervon bleibt die Tatsache unberührt, dass es sich bei den Beschlussmängelstreitigkeiten um Rechte der Gesellschafter handelt, welche lediglich durch die entsprechenden Organe vertretungsweise geltend gemacht werden.

Somit ergibt sich auch aus der Gegenüberstellung der satzungsmäßigen Schiedsklauseln mit den klassischen Anwendungsfällen des § 1066 ZPO, dass die Schiedsgerichtseinsetzung nicht einseitig verfügt wird, sondern dass sich hierüber rechtsgeschäftlich zu einigen ist. Demzufolge ist die Anwendbarkeit des § 1066 ZPO in diesem Zusammenhang zu verneinen. Die mangelnde Identität von Vertrags- und Prozessparteien lässt sich hierdurch also nicht überbrücken.

---

[509] Vgl. hierzu auch Vollmer, Satzungsmäßige Schiedsklauseln, S. 75 f.

[510] Vgl. hierzu auch Vollmer, Satzungsmäßige Schiedsklauseln, S. 75 f.

[511] In diesem Sinne auch Kornmeier, Vergleichsbefugnis und Schiedsfähigkeit, S. 143 f.

(b) Analoge Anwendung der §§ 1025 ff. ZPO

Der Umstand, dass § 1066 ZPO auf satzungsmäßigen Schiedsklauseln nicht (direkt) anwendbar ist, legt die Erwägung einer entsprechenden Anwendung jener Vorschrift nahe.[512] Die analoge Verwendung dieser – wenn auch gesetzlichen – Entsprechungsregelung birgt allerdings nicht nur das Risiko der unzulässigen Gesetzesüberdehnung, sondern ist umgekehrt dort überflüssig, wo bereits die anzuwendenden Vorschriften ohne Umweg mittels Analogie einschlägig sind. Folglich sollen nunmehr die §§ 1025 ff. ZPO darauf überprüft werden, ob sie in entsprechender Weise auf gesellschaftsrechtliche Beschlussstreitigkeiten angewandt werden können.

Das Vorliegen einer planwidrigen Regelungslücke zeigte bereits die vorangestellte Untersuchung des § 1066 ZPO. Denn die hiervon betroffenen Fälle entbehren nicht nur einer rechtsgeschäftlichen Schiedsgerichtseinsetzung, sondern auch einer Identität von Verfügungs- und Prozessparteien. Da es im Rahmen der satzungsmäßigen Schiedsklauseln zwar an einer Identität aller beteiligten Parteien fehlt, die Einführung dieser Schiedsklausel jedoch nicht – wie von § 1066 ZPO gefordert – durch eine Verfügung erfolgt, muss insoweit im Hinblick auf den Regelfall der §§ 1025 ff. ZPO eine Abweichung weniger überbrückt werden, denn die gesellschaftsrechtliche Schiedsgerichtseinsetzung erweist sich sehr wohl als rechtsgeschäftlicher Akt, zumindest steht sie der Schiedsvereinbarung im Sinne von § 1029 I ZPO näher als der Verfügung gemäß § 1066 ZPO.[513] Es ist indessen nicht ersichtlich, warum gerade die Abredeform, welche in geringerem Maße als die Fälle des § 1066 ZPO vom Regelfall der §§ 1025 ff. ZPO abweicht, von der Schiedsgerichtsbarkeit ausgeklammert werden soll.

Ganz ähnlich lässt sich im Übrigen auch die bei satzungsmäßigen Schiedsklauseln sowie der Schiedsvereinbarung gemäß § 1029 I ZPO bestehende vergleichbare Interessenlage begründen. Ungeachtet der fehlenden Parteiidentität stimmen beide Formen – wie bereits angedeutet – darin überein, dass sie beide auf rechtsgeschäftliche Weise entstehen bzw. sich in diesem Punkt stark annähern.

Aus alledem ergibt sich, dass die §§ 1025 ff. ZPO auf satzungsmäßige Schiedsklauseln in entsprechender Weise anzuwenden sind, was nicht zuletzt mit dem aus einem Vergleich zu § 1066 ZPO gezogenen Erst-Recht-Schluss dokumentiert wird. Demzufolge wird hierdurch die fehlende Identität der Schieds-

---

[512] Jedenfalls geht der BGH – ohne nähere Begründung – insoweit von einer analogen Anwendung des § 1048 ZPO a.F. bzw. § 1066 ZPO aus: BGH NJW 1980, 1049; BGH NJW 2000, 1713. Vgl. auch Bork, ZHR 157 (1993), 49, 58 ff.; Schlosser, Neue Recht, S. 204; Wieczorek/Schütze – Hausmann, GK-ZPO, § 38 Rn 89.

[513] In diesem Sinne auch Schwab/Walter, Schiedsgerichtsbarkeit, S. 338; Stein/Jonas – Schlosser, ZPO, § 1066 Rn 10.

vertragsparteien und der Schiedsprozessparteien überbrückt, so dass zumindest dieser Umstand der subjektiven Schiedsfähigkeit gesellschaftsrechtlicher Beschlussmängelklagen nicht im Wege steht.

b. Vertrags- oder Prozesspartei

(1) Aussagefähigkeit der §§ 1025 ff. ZPO

Bei der Frage nach der maßgeblichen Partei für die Beurteilung der subjektiven Schiedsfähigkeit richtete sich das Augenmerk des Schrifttums zunächst auf die Gesetzesmaterialien, um dort nach ausdrücklichen oder immanenten Hinweisen zu suchen.

Die Aussagefähigkeit der §§ 1025 ff. ZPO ist indessen fraglich, da insoweit – wie oben gezeigt – von der Identität der Vertrags- und Prozessparteien ausgegangen wird. Den speziellen Umständen, welche bei den hier zu behandelnden gesellschaftsrechtlichen Schiedsvereinbarungen auftreten, wird demzufolge nicht Rechnung getragen.[514] Zwar musste dem Gesetzgeber bei der Neuformulierung des Schiedsverfahrensrecht im Zuge der Schiedsgerichtsreform die Problematik der gesellschaftsrechtlichen Beschlussmängelklagen hinreichend bekannt gewesen sein, doch finden sich weder in den Gesetzesmaterialien noch in ihrer Begründung Hinweise darauf, dass insoweit auf die eine oder andere Partei abzustellen ist. Soweit sich derartige Andeutungen dennoch in bestimmte Gesetzesformulierungen hineininterpretieren lassen, kann hieraus jedenfalls kein Argument für oder gegen die Maßgeblichkeit der in Frage stehenden Parteien bei der Beurteilung der subjektiven Schiedsfähigkeit abgeleitet werden. So legt etwa § 1059 II Nr. 1 a) Alt. 1 ZPO, der die fehlende subjektive Schiedsfähigkeit bei einer der Parteien, ‚die eine Schiedsvereinbarung nach den §§ 1029, 1031 ZPO geschlossen haben' als Aufhebungsgrund für einen Schiedsspruch statuiert, den Schluss nahe, dass es auf die Partei der Schiedsvereinbarung ankommt. Zu beachten bleibt unterdessen weiterhin, dass das System der §§ 1025 ff. ZPO in den Parteien der Schiedsvereinbarung auch jene des Schiedsverfahrens sieht. Für die hier zu behandelnde Frage bietet also weder § 1059 II Nr. 1 a) Alt. 1 ZPO noch irgendeine andere Vorschrift des 10. Buches der ZPO eine Lösung.

(2) Funktion der subjektiven Schiedsfähigkeit

Anstelle von gesetzessemantischer und –systematischer Erwägungen soll nunmehr die Funktion der subjektiven Schiedsfähigkeit in den Vordergrund gerückt werden. Das Erfordernis der subjektiven Schiedsfähigkeit im Rahmen der Schiedsgerichtseinsetzung dient der Einhaltung der Grenzen der Privatautonomie. Diese Grenzen sind regelmäßig dann überschritten, wenn die Parteien über

[514] So auch – allerdings für das alte Recht – Schröder, Schiedsgerichtliche Konfliktbeilegung, S. 83.

Rechtspositionen verfügen, welche nicht ihnen, sondern anderen Rechtssubjekten zustehen und sie aus diesem Grund ‚persönlich nicht fähig sind', darüber eine Schiedsvereinbarung zu treffen (§ 1059 II Nr. 1 a) Alt. 1 ZPO). Hieran wird deutlich, dass – rein begrifflich – an der herkömmlichen Bezugnahme, namentlich der subjektiven ‚Verfügungsbefugnis', auch im neuen Recht festgehalten werden kann, da sich insofern auf das klassische Merkmal der Rechtsinhaberschaft bezogen wird, wohingegen der Terminus der objektiven Verfügungs- bzw. Vergleichsbefugnis durch die Neufassung des § 1025 ZPO a.F. zumindest im Rahmen vermögensrechtlicher Streitigkeiten obsolet geworden ist.

Generell wird man wohl sagen können, dass die subjektive Verfügungsbefugnis dann gegeben ist, wenn der Inhaber des Rechts, auf welches sich der Schiedsspruch bezieht, auch für den Schiedsspruch verantwortlich gemacht werden kann, d.h. diesen auch durch rechtsgeschäftliches Handeln herbeiführte. Wäre dies hingegen nicht der Fall, ließen sich also die Voraussetzungen für das schiedsrichterliche Urteil auf einen Dritten zurückführen, so muss davon ausgegangen werden, dass jener Dritte – sofern nicht etwa Vertretungsregeln bzw. Gutglaubensvorschriften einschlägig sind – in unzulässiger Weise über fremde Rechtspositionen verfügt hat und mithin subjektiv nicht verfügungsbefugt war.

Ob in diesem Zusammenhang die Grenzen der privatautonomen Dispositionsbefugnis überschritten wurden, lässt sich in aller Regel vor allem anhand derjenigen Parteien bestimmen, die an der Schiedsvereinbarung beteiligt waren. Denn bereits auf dieser Ebene – und nicht erst im späteren Schiedsprozess – wird auf Rechtspositionen insoweit eingewirkt, als ihr rechtliches Schicksal der Einwirkungsmöglichkeit einer staatlichen Kontrolle entzogen sowie gleichzeitig der Zuständigkeit eines Privatgerichts überantwortet wird. Somit findet der Schiedsspruch seine Legitimation in der ihm vorgelagerten Schiedsvereinbarung, wobei bereits bei dieser Schiedsvereinbarung die Frage nach der subjektiven Vergleichsbefugnis gestellt werden muss.[515]

Es erscheint indessen als fraglich, ob das Einwirken auf jene Rechtspositionen damit auch abgeschlossen ist. Sofern sich dies bejahen ließe, müsste im Weiteren die Rechtsinhaberschaft nicht mehr problematisiert werden, so dass es insoweit bei einer Beschränkung auf die Schiedsvertragsparteien bliebe, die allein als subjektiv verfügungsbefugt zu gelten hätten.

Richtig ist zunächst nur, dass mit dem Schiedsspruch keine der Prozessparteien, sondern das von den Vertragsparteien eingesetzte Schiedsgericht über die betroffenen Rechtspositionen verfügt. Allerdings stehen den Prozessparteien bis zur Verkündung des schiedsrichterlichen Urteils zahlreiche Möglichkeiten der Einflussnahme auf das Schiedsverfahren und damit nicht zuletzt auf das Zustandekommen des Schiedsspruchs, zu. Beispielhaft lässt sich hierbei sicherlich § 1042 I S. 2 ZPO anführen, wonach jeder Partei rechtliches Gehör zu gewähren

---

[515] So vor allem auch Schröder, Schiedsgerichtliche Konfliktbeilegung, S. 86.

ist. Die Parteien müssen also Gelegenheit erhalten, all das vorzubringen, was ihnen für die Entscheidung des Rechtsstreits von Bedeutung zu sein scheint. Dieses Recht auf persönliche Stellungnahme im Schiedsverfahren überlässt den Parteien ein nicht unerhebliches Maß an Einflussnahme, welches sich dann auch im Urteilsspruch widerspiegeln kann. Auch ist es stets eine Prozesspartei, die mit Erhebung der Einrede der Schiedsgerichtsbarkeit gemäß § 1032 ZPO die Einleitung eines staatlichen Gerichtsverfahrens abwendet. In derartigen Fällen liegt es demgemäß in der Hand einer einzelnen Partei, ob die in der Schiedsvereinbarung getroffene Anordnung auch tatsächlich umgesetzt wird. Im Übrigen sind weitere Formen der prozessualen Einflussnahme seitens der Prozessparteien zahlreich und praktisch in sämtlichen, gesetzlich oder privatautonom legitimierten, Prozesshandlungen zu sehen. Hierzu gehört nicht zuletzt die Möglichkeit eines Anerkenntnisses, eines Vergleichs nach § 1053 ZPO sowie eines Säumnisses im Sinne von § 1048 ZPO, da ja gerade in diesen Fällen die Prozessparteien den Schiedsrichtern deren – zuvor von den Parteien selbst erteilte – Entscheidungsmacht entziehen können, um so – de facto – selbst die streitige Angelegenheit zu beenden.[516] Zu erwähnen ist schließlich die der Schiedsgerichtsbarkeit eigene Befugnis der Verfahrensparteien zur privatautonomen Konstituierung des Schiedsrichtergremiums, welcher ebenfalls eine erhebliche Bedeutung für den Ausgang des Prozesses beigemessen wird.[517]

Es kann daher festgestellt werden, dass die Parteien des Schiedsprozesses nicht nur in gewissem Maße Herr dieses Verfahrens sind, sie müssen vielmehr als diejenigen Personen angesehen werden, welche für die Umsetzung der Schiedsvereinbarung verantwortlich gemacht werden können. Als Initiatoren des jeweiligen Rechtsstreits werden sie ferner zum Subjekt der von der Streitigkeit betroffenen Rechte und nehmen mithin an der Verfügung (in Gestalt des Schiedsspruches) aktiv teil. Dies geschieht nicht in der konstitutiven Qualität, wie es bei dem Akt der Schiedsabrede der Fall ist, denn auf dieser Ebene werden die Weichen für einen späteren Schiedsspruch in ganz entscheidendem Maße gestellt. Allerdings ist das Einwirken auf bestimmte Rechtspositionen mit Abschluß der Schiedsvereinbarung nicht erledigt, sondern setzt sich im Rahmen des Schiedsverfahrens bis zur Verkündung des Schiedsspruchs fort. Solange dieser Prozess nicht abgeschlossen ist, besteht weiterhin die Gefahr der unzulässigen Einwirkung auf die von der Schiedsvereinbarung betroffenen Rechtspositionen durch Dritte und dies gerade im Hinblick darauf, dass bei den gesellschaftsrechtlichen Beschlussstreitigkeiten die Schiedsvertragsparteien mit den späteren Prozessparteien infolge sondergesetzlicher Regelung (teilweise) auseinanderfallen. Dann aber müssen zu jedem Zeitpunkt die Voraussetzungen der subjektiven

---

516 Zu weiteren Formen der Einflussnahme vgl. etwa §§ 1033, 1034 II, 1035, 1036, 1039, 1041, 1046 ZPO.

517 Näher hierzu unten Dritter Teil, D. III.

Verfügungsbefugnis vorliegen, um dadurch die persönliche Rechtsinhaberschaft mit den zur schiedsrichterlichen Disposition gestellten Rechtspositionen zu gewährleisten.

Aus den genannten Gründen verbietet es sich, dass sich die Beurteilung der subjektiven Verfügungsbefugnis ausschließlich auf die Parteien der Schiedsvereinbarung bezieht. Ebenso wenig können in diesem Zusammenhang die Parteien des Schiedsprozesses für sich genommen maßgebliche Subjekte sein. Die Funktion der subjektiven Schiedsfähigkeit sowie die besonderen verbandsspezifischen Umstände machen es vielmehr erforderlich, insofern eine Gesamtschau vorzunehmen. Hiernach muss die Rechtsinhaberschaft hinsichtlich der von der Schiedsvereinbarung betroffenen Rechte sowohl bei den Vertragsparteien als auch bei den späteren Verfahrensparteien vorliegen, so dass es im Rahmen der subjektiven Verfügungsbefugnis bei gesellschaftsrechtlichen Beschlussstreitigkeiten letztlich auf *sämtliche* Parteien ankommt, die in diesem Zusammenhang unterschieden werden können.

3. Verfügungsbefugnis der Vertrags- und Prozessparteien

a. Verfügungsbefugnis der Vertragsparteien

Da es sich bei den Parteien des Schiedsvertrags stets um sämtliche Gesellschafter handelt, ist ihre subjektive Vergleichsbefugnis hinsichtlich der durch die Beschlussmängelklage geltend gemachten Streitgegenstände zu bejahen. Denn die Gesamtheit der Gesellschafter ist als originärer Inhaber der insoweit betroffenen Rechtspositionen anzusehen, so dass sie hierüber auch im Wege satzungsmäßiger Schiedsklauseln dispositionsbefugt sind.

b. Verfügungsbefugnis der Prozessparteien

Hinsichtlich der Prozessparteien ist zu unterscheiden: Stets ist es die Gesellschaft – vertreten durch das oder die jeweiligen Organ(e) –, die als passiv legitimierte Prozesspartei gilt. Kläger sind – neben einem oder mehreren Gesellschaftern – bei der GmbH u.U. auch der Geschäftsführer sowie bei der AG gemäß §§ 245 Nr. 4 und 5, 249 I AktG neben dem Vorstand mit Einschränkungen einzelne Mitglieder des Vorstands bzw. des Aufsichtsrats.

(1) Beklagte Gesellschaft

Zwar ist die Gesellschaft als uneingeschränkt rechtsfähige juristische Person von der Gesellschaftergesamtheit abzugrenzen, doch muss man sehen, dass über die entsprechenden Vertretungsorgane der Wille der Gesellschafter artikuliert wird, so dass es sich auch bei dem prozessualen Handeln der Gesellschaft stets um abgeleitete und nicht etwa eigenständige Akte handelt. Freilich kann insofern aus den dargelegten Gründen[518] nur dem Willen der Gesellschaftermehrheit Rechnung getragen werden, was dazu führt, dass die Gefahr einer überstimmten Minderheit besteht. Es lassen sich unterdes aus prozessökonomischen Erwägungen nicht sämtliche Gesellschafterinteressen durch die Gesellschaft wahrnehmen. Damit diese überhaupt funktions- und handlungsfähig ist, muss sich ‚ihr' Wille grundsätzlich aus Mehrheitsentscheidungen bilden, welchem sich die diesbezüglich ablehnende Gesellschafterminderheit unterzuordnen hat. Demgemäß sind es vor allem auch verbandstechnische Gründe, die zu dieser Interessenbündelung führen. Allerdings erscheinen diese selbst für die überstimmten Anteilseigner nicht zuletzt unter dem Aspekt als hinnehmbar, als sich bei der Bildung des Gesellschaftswillens ausschließlich Gesellschafter und keine außenstehenden Dritte beteiligen. Es bleiben somit die Rechtsinhaber unter sich, so dass zumindest die Interessenrichtung bei allen Gesellschaftern die Gleiche sein wird.

Dessen ungeachtet ist es an dieser Stelle weiterhin erforderlich, auf das obligatorische Vertretungserfordernis bei Gesellschaften einzugehen. So trägt zumindest im Recht der GmbH die Weisungsbefugnis der Gesellschafter gegenüber dem Geschäftsführer Sorge dafür, dass die Gesellschaftermehrheit die tatsächliche Urheberin des von der Gesellschaft (durch den Geschäftsführer) im Beschlussmängelprozess zu verteidigenden Gesellschaftswillens bleibt. Dagegen ist der Vorstand von der Hauptversammlung gänzlich weisungsunabhängig und hat zusätzlich – neben den Aktionärsinteressen – die Interessen der Arbeitnehmer sowie Erwägungen des Gemeinwohls bei seinem Vertretungshandeln miteinzubeziehen.[519] In den meisten Fällen vermag die in § 246 II S. 2 AktG angeordnete Doppelvertretung in ‚rechtstechnisch höchstmöglichem Maße'[520] den Mehrheitswillen der Anteilseigner zur Geltung zu bringen. Abermals ergibt sich in diesem Zusammenhang jedoch dann ein Problem, wenn ein Aufsichtsratsmitglied als Kläger auftritt und gemäß § 246 II S. 3 Alt. 3 AktG die Gesellschaft allein durch den Vorstand vertreten wird.[521] In diesem Fall wird der Beschluss der Gesellschaftermehrheit nämlich lediglich durch den – weisungsunabhängigen – Vorstand verteidigt. Die durch den Beschluss betroffenen Rechtspositionen liegen folglich in den Händen von gesellschafterfremden Dritten, die hierüber zumindest keine originäre Dispositionsbefugnis aufweisen können.

Doch selbst wenn es sich bei dem Vorstand mit diesem Verständnis um einen gesellschafterfremden Dritten handelt, heißt dies nicht, dass er auch als *gesellschafts*fremd einzustufen ist; das Gegenteil ist der Fall. Der Vorstand ist neben

---

[518] Siehe oben Zweiter Teil, B. II. 2. a. (2).

[519] Siehe bereits oben Zweiter Teil, B. II. 2. a. (2).

[520] Schröder, Schiedsgerichtliche Konfliktbeilegung, S. 85.

[521] Vgl. die hinsichtlich der Identität von Gesellschaft und Gesellschaftergesamtheit gemachten Ausführungen unter Zweiter Teil, B. II. 2. a. (2).

der Hauptversammlung und dem Aufsichtsrat notwendiges Organ der AG und hat als solches für den Bestand des Unternehmens zu sorgen.[522] Ungeachtet der Wahrnehmung jener unterschiedlichen Interessen, entspricht wenigstens dieses Unternehmensziel nicht nur (wohl aber primär) dem Interesse der Aktionäre sowie der Arbeitnehmer, sondern letztlich auch dem Gemeinwohl.[523] Demgemäß besteht eine gewisse Gewähr dafür, dass der Vorstand seine prozessualen Aufgaben bei den Beschlussstreitigkeiten in Bezug auf die Anteilseigner interessennah ausüben wird. Den Gesellschaftern steht zudem über den Aufsichtsrat durch §§ 84, 111 AktG die Möglichkeit zur Verfügung, den Vorstand ‚ihres Vertrauens' zu bestellen sowie dessen Geschäftsführung zu überwachen, um hierdurch – mittelbar – für die Wahrnehmung ihrer Interessen zu sorgen.

Dessen ungeachtet erfolgt die Zuweisung der Beschlussstreitigkeiten an ein Privatgericht durch die Gesellschafter gerade vor dem Hintergrund der Anfechtungs- und Nichtigkeitsvorschriften mitsamt ihren speziellen Vertretungsmodalitäten gemäß § 246 II AktG. Diesem erklärten und einvernehmlich gefassten Willen aufgrund verbandstechnisch erforderlicher Regelungen nicht zu entsprechen, obwohl diese bei allen Beteiligten als bekannt und akzeptiert vorausgesetzt werden können, dürfte die Schutzfunktion des Erfordernisses der subjektiven Verfügungsbefugnis eher überspannen, anstatt ihr Genüge zu tun.

Ausschlaggebend für die Bejahung der subjektiven Verfügungsbefugnis auf Seiten der beklagten Gesellschaft ist letztlich der Umstand, dass die Situation bei einem staatlichen Prozess keine andere ist. Auch dort steht der Gesellschaft die Möglichkeit zu, mittels entsprechender Prozesshandlungen auf den Urteilsspruch und somit auf die dadurch betroffene Rechtsposition der Gesellschaftergesamtheit einzuwirken. Sämtliche sich hieraus ergebenden und soeben aufgezeigten Bedenken bezüglich der Verfügungsbefugnis der Gesellschaft stehen einem staatlichen Beschlussmängelverfahren in keiner Weise entgegen. Gleiches muss dann konsequenterweise auch für das entsprechende Schiedsverfahren gelten. Die zwischen der Schiedsgerichtsbarkeit und der ordentlichen Gerichtsbarkeit bestehenden Unterschiede dürfen dabei keine entscheidende Rolle spielen,[524] da es insofern allein – d.h. unabhängig vom angestrengten Gerichtsverfahren – um die Befugnis der Gesellschaft geht, im Rahmen der Rechtsposition der Gesellschaftergesamtheit auf dem Prozesswege eine materiell-rechtliche Entscheidung herbeiführen zu lassen. Da an diese Verfügungsbefugnis im

---

[522] Vgl. Hüffer, AktG, § 76 Rn 13; OLG Hamm AG 1995, 512, 514; Zöllner – Mertens, KK-AktG, § 76 Rn 17, 22.

[523] Ein öffentliches Interesse an dauerhaft unrentabel arbeitenden Wirtschaftseinheiten dürfte jedenfalls nicht bestehen; vgl. Hüffer, AktG, § 76 Rn 13.

[524] Hinsichtlich der Schiedsrichterbenennung, welche als Unikum der Schiedsgerichtsbarkeit eine gewisse mittelbare Einflussnahme auf das Verfahrensgeschehen gewährt, sei auf die Ausführungen unter Dritter Teil, D. III. verwiesen.

Schiedsrecht nicht höhere Anforderungen gestellt werden dürfen als in einem staatlichen Verfahren, muss sie auch dort für gegeben erachtet werden.

(2) Klagender Gesellschafter

Was den oder die klagenden Gesellschafter anbelangt, so kann auf die Ausführungen zu den Vertragsparteien verwiesen werden, da jedem einzelnen Gesellschafter die ursprüngliche Rechtsinhaberschaft bezüglich der in Frage stehenden Rechte zusteht und sich daran auf der Ebene der Prozessführung auch nichts ändert.

(3) Sonstige Kläger

Die weiteren Kläger einer Anfechtungs-, aber auch Nichtigkeitsklage bestimmen sich bei der AG nach §§ 245 Nr. 4 und 5, 249 AktG. Danach soll der Vorstand uneingeschränkt anfechtungsbefugt und damit in einem Anfechtungsprozess aktivlegitimiert sein. Dagegen müssen bei den einzelnen Mitgliedern des Vorstands bzw. des Aufsichtsrats für deren Klagebefugnis bei einer Anfechtungsklage zwei Voraussetzungen hinzutreten. Es muss sich bei dem in Frage stehenden Gesellschafterbeschluss um einen ausführungsbedürftigen Beschluss handeln; außerdem ist es erforderlich, dass dessen Ausführung im Sinne von § 245 Nr. 5 AktG mit Sanktionen bedroht ist. Zur Erhebung einer Nichtigkeitsklage sind indessen gemäß § 249 I AktG sämtliche Parteien, d.h. der Vorstand sowie die Mitglieder des Vorstands bzw. des Aufsichtsrats (nicht aber der Aufsichtsrat als solcher), berechtigt.

Im Recht der GmbH verhält es sich dagegen etwas anders, was vor allem an der schwächeren Stellung des Geschäftsführers sowie der Wahlmöglichkeit hinsichtlich der Einrichtung eines Aufsichtsrats liegt.[525] Sofern den Geschäftsführern und Aufsichtsratsmitgliedern überhaupt ein Anfechtungsrecht zugebilligt wird,[526] soll es ihnen in Anlehnung an § 245 Nr. 5 AktG lediglich dann zustehen, wenn sie im Fall der Ausführung des Gesellschafterbeschlusses eine strafbare Handlung, eine Ordnungswidrigkeit oder eine zum Schadensersatz verpflichtende unerlaubte Handlung begehen würden.[527] Dies gelte mit der Maßga-

---

[525] Siehe hierzu BGH NJW 1980, 1527; Hachenburg – Raiser, GmbHG, Anh. § 47 Rn 161; Rowedder – Koppensteiner, GmbHG, § 47 Rn 118.

[526] Ablehnend etwa BGH NJW 1980, 1527; weitere Nachweise bei Hachenburg – Raiser, GmbHG, Anh. § 47 Rn 162 (Fn 335).

[527] Vgl. Baumbach/Hueck – Zöllner, GmbHG, Anh. § 47 Rn 75 f.; Lutter/Hommelhoff, GmbHG, Anh. § 47 Rn 64; Rowedder – Koppensteiner, GmbHG, § 47 Rn 124; Scholz – Schmidt, GmbHG, § 45 Rn 134 m.w.N.

be, dass es sich um reine Inhaltsmängel handeln muss.[528] Dagegen steht nach allgemeiner Meinung die kassatorische Nichtigkeitsklage den Geschäftsführern und Aufsichtsratsmitgliedern – ebenso wie im Recht der AG – uneingeschränkt zu.[529]

Bei der subjektiven Verfügungsbefugnis dieser Parteien ist zu beachten, dass es sich – mit Ausnahme derjenigen Mitglieder des Aufsichtsrats, die gleichzeitig an der Gesellschaft beteiligt sind – bei ihnen (auch) um gesellschafterfremde Dritte handeln kann, so dass ihnen in diesem Fall die originäre Dispositionsbefugnis über die von der Schiedsvereinbarung umfassten Rechtspositionen fehlt. Es ist also danach zu fragen, ob der gesellschafterliche Einfluss auf jene Rechtspositionen durch die Klagebefugnis dieser Parteien von den Anteilseignern in unzulässiger Weise aus der Hand gegeben wird, mit der Konsequenz, dass die subjektive Schiedsfähigkeit in diesem Zusammenhang gegebenenfalls zu verneinen ist.

Hinsichtlich der Geschäftsführer besteht aufgrund deren Weisungsabhängigkeit ein ausreichendes Maß an Einflussnahme. Schwieriger gestaltet sich die Lage – wie auch schon bei der Untersuchung der Gesellschaft als passiv legitimierte Prozesspartei – bei der AG angesichts der Handlungsfreiheit des Vorstands. Zunächst kann das Argument der Einwirkungsmöglichkeit durch den Aufsichtsrat gemäß §§ 84, 111 AktG angeführt werden.[530] Daneben ist von großer Bedeutung, dass zumindest das Anfechtungsrecht des Vorstands ausschließlich dazu dienen soll, die Rechtmäßigkeit der Hauptversammlungsbeschlüsse überprüfen zu lassen. Es geht insofern mithin um ein Beanstandungsrecht, das nur im Gesellschaftsinteresse ausgeübt werden darf. Demgemäß handelt der Vorstand im Sinne von § 242 BGB schon dann pflichtwidrig, wenn die Anfechtung nicht im Gesellschaftsinteresse erfolgt, sondern eigennützigen Zielen dient.[531] Ein solches Verhalten kann dann etwa die Maßnahmen der §§ 84 III, 93 AktG zur Konsequenz haben.[532] Hieraus wird ersichtlich, dass der Vorstand bei der Ausübung seines Anfechtungsrechts in erheblichem Maße interessengebunden ist und der Wahrnehmung der Rechtspositionen der Aktionäre dadurch weitestgehend Rechnung getragen wird.

---

[528] Scholz – Schmidt, GmbHG, § 45 Rn 134; ähnlich auch Hachenburg – Raiser, GmbHG, Anh. § 47 Rn 163.

[529] Baumbach/Hueck – Zöllner, GmbHG, Anh. § 47 Rn 33; BGH NJW 1984, 733; Hachenburg – Ulmer, GmbHG, Anh. § 47 Rn 194; Scholz – Schmidt, GmbHG, § 45 Rn 134.

[530] Siehe auch schon oben Zweiter Teil, B. II. 3. b. (1).

[531] Gadow – Schilling, GK-AktG, § 245 Anmerk. 14; Geßler/Hefermehl/Eckhardt/Kropff – Hüffer, AktG, § 245 Rn 57; Hüffer, AktG, § 245 Rn 4.

[532] Geßler/Hefermehl/Eckhardt/Kropff – Hüffer, AktG, § 245 Rn 57.

Dies gilt auch für den Aufsichtsrat, wenn er als solcher von seinem Klagerecht Gebrauch macht, da auf diese Weise durch seinen Anteil an Aktionären immer auch Gesellschafterinteressen Beachtung finden. Allein der Fall, dass ein Arbeitnehmer in seiner Funktion als Aufsichtsratsmitglied einen Gesellschafterbeschluss im Klagewege in Frage stellt, entzieht sich dem Einfluss der anderen, an der AG beteiligten Aufsichtsratsmitgliedern. Die hieraus möglicherweise resultierenden Gefahren lassen sich gleichwohl mit allgemeinen Erwägungen, welche im Übrigen auch für die anderen Verfahrensparteien gelten, zerstreuen. So birgt die Initialisierung einer Anfechtungs- bzw. Nichtigkeitsklage hinsichtlich der – von einem stattgebenden Urteil betroffenen – Rechtspositionen ein geringeres Risiko des prozessualen Einflussverlusts, als es auf der Beklagtenseite der Fall ist. Denn es ist zum einen für die Gesellschafter leichter, bei Klageabweisung das Ziel mit einer weiteren Klage zu erreichen als umgekehrt einen vernichteten Beschluss wiederherzustellen bzw. diesen durch einen neuen zu ersetzen. Zum anderen bietet sich die gesellschafterliche Einflussnahme auf den prozessualen Vorstoß durch einen gesellschafterfremden Dritten – etwa einem Arbeitnehmer – im Wege einer gemeinsamen Klage oder aber auch der Nebenintervention an. Dagegen erscheinen die Mittel des gesellschafterlichen Einwirkens auf den Vorstand, der die passiv legitimierte Gesellschaft vertritt, als vergleichsweise begrenzt, obwohl sich auch dieser Umstand nicht negativ hinsichtlich dessen subjektiver Vergleichsbefugnis auswirkt.[533] Die Anstrengung einer gerichtlichen Rechtmäßigkeitskontrolle hinsichtlich eines Beschlusses durch einen gesellschafterfremden Dritten ist aus Sicht der Aktionäre demgemäß durchaus akzeptabel.

Schließen greifen in diesem Zusammenhang jene Aspekte, auf welche zuvor auch schon im Rahmen der beklagten Gesellschaft hingewiesen wurde. Namentlich geht es vor allem um den Vergleich zu dem staatlichen Verfahren mit der Feststellung, dass die Gleichartigkeit beider Situationen der subjektiven Vergleichsfähigkeit nicht im Wege stehen darf, sowie dem Umstand, dass sich die Gesellschafter, wohl wissentlich ob der besonderen Klagemodalitäten für die Schiedsabrede entschieden haben und diesem Willen konsequenterweise auch entsprochen werden muss.

Aus all den genannten Gründen folgt, dass die subjektive Schiedsfähigkeit ungeachtet der Klagebefugnis von gesellschafterfremden Dritten keinen Schaden nimmt und mithin zu bejahen ist.

4. Ergebnis

Das Erfordernis der subjektiven Schiedsfähigkeit bzw. der subjektiven Vergleichsfähigkeit hat sich auch durch die Schiedsrechtsreform keineswegs erledigt. In diesem Zusammenhang geht das System der §§ 1025 ff. ZPO grundsätz-

---

[533] Vgl. oben Zweiter Teil, B. II. 3. b. (1).

lich von der Identität der Parteien der Schiedsvereinbarung sowie der Schiedsprozessparteien aus. Dagegen kann bei der GmbH und der AG eine solche Parteiidentität nicht festgestellt werden. Allerdings ist diese Diskrepanz für die Anwendung der Schiedsverfahrensregeln auf gesellschaftsrechtliche Beschlussstreitigkeiten unschädlich, da die §§ 1025 ff. ZPO zwar nicht über § 1066 ZPO, jedoch im Wege der Analogie einschlägig sind.

Als für die Beurteilung der subjektiven Vergleichsbefugnis maßgeblich müssen sowohl die Vertragsparteien als auch die Prozessparteien angesehen werden, wobei sich keine Bedenken bezüglich des Vorliegens dieser Vergleichsbefugnis ergeben haben. Denn bei den Vertragsparteien handelt es sich um die Gesamtheit der Gesellschafter als originärer Inhaber der von der Schiedsvereinbarung betroffenen Rechtspositionen. Gleiches gilt bei den Prozessparteien, soweit es sich um Gesellschafter handelt. Doch auch sonstige Kläger und vor allem die beklagte Gesellschaft sind als verfügungsbefugt anzusehen. Hierfür sprechen die gesellschaftsrechtlichen Kontroll- und Einwirkungsmöglichkeiten sowie der Umstand, dass jenen Parteien auch im staatlichen Prozess die Beteiligung am Verfahren und mithin die insofern bestehende Dispositionsbefugnis über den Streitgegenstand zugebilligt wird.

Dritter Teil Legitimationsvoraussetzungen für die erweiterte Rechtskrafterstreckung

In den Ausführungen zur objektiven und subjektiven Schiedsfähigkeit der Gesellschafterbeschlüsse wurde stellenweise angedeutet, dass diese Voraussetzungen für sich genommen noch nicht ausreichen, um eine Zulassung privater Schiedsgerichte im Rahmen der gesellschaftsrechtlichen Beschlussstreitigkeiten zu erreichen. Die Besonderheit, dass dort aus Gründen der Rechtssicherheit die Urteilswirkung auch auf nicht am Verfahren beteiligte Anteilseigner erstreckt werden muss, führt im Rahmen der Schiedsgerichtsbarkeit zu der Frage, ob und wie eine derartige Erweiterung der Rechtskraft[534] zu erreichen ist. Dass es sich hierbei um einen eigenständigen Problemkreis handelt, welcher von dem Institut der (objektiven) Schiedsfähigkeit zu trennen ist, wurde bereits dargetan.[535]

Anknüpfungspunkt für die Behandlung der Rechtskrafterstreckung bei gesellschaftsrechtlichen Schiedsklauseln ist in erster Linie der damit verbundene Verzicht der Parteien auf einen umfangreichen staatlichen Rechtsschutz.[536] Die Zuständigkeit der staatlichen Gerichte ist in einem Schiedsverfahren gemäß § 1026 ZPO auf die in § 1062 ZPO genannten Bereiche beschränkt. Dieses bezüglich des staatlichen Rechtsschutzes bestehende Minus hat zur Folge, dass die Wirkung der Schiedssprüche hinsichtlich ihrer Rechtskraft nicht ohne weiteres ausdehnbar, sondern in erster Linie gemäß § 1055 ZPO auf die Verfahrensparteien reduziert ist. In Frage steht also das rechtliche Schicksal der am Verfahren unbeteiligten Personen.

Im Folgenden soll nunmehr zunächst die Rechtskrafterstreckung von der Gestaltungswirkung abgegrenzt werden. Anschließend geht es um die speziellen Anforderungen für die grundsätzliche Legitimation des Schiedsspruchs gegenüber sämtlichen Gesellschaftern, um darauf folgend die Analogiefähigkeit des § 248 I S. 1 AktG zu untersuchen. Gegebenenfalls ergeben sich hieraus gewisse prozessuale Modalitäten, welche innerhalb der Schiedsklausel aufgegriffen wer-

---

534 Gemäß § 248 I S. 1 AktG bzw. §§ 249 I, 248 I S. 1 AktG gilt die Rechtskrafterstreckung sowohl für Anfechtungsklagen, als auch für Nichtigkeitsklagen. Die weiteren Ausführungen beziehen sich demgemäß auf beide Klagearten, ohne dass auf sie jedes Mal explizit Bezug genommen wird.

535 Siehe oben Zweiter Teil, A. II. 5. b. (6); dagegen wollen Kornmeier, Vergleichsbefugnis und Schiedsfähigkeit, S. 28, und Petermann, BB 1996, 277, 283, die Voraussetzungen einer wirksamen Schiedsvereinbarung auf § 1025 ZPO a.F. bzw. § 1030 ZPO n.F., der eine besondere Urteilswirkung ja gerade nicht vorschreibt, beschränken. Diese Sichtweise trägt freilich nicht der besonderen Funktion der §§ 246 ff. AktG Rechnung und ist demzufolge abzulehnen.

536 Vgl. auch Ch. Berger, ZHR 164 (2000), 295, 300; Schröder, Schiedsgerichtliche Konfliktbeilegung, S. 95.

den müssen, damit die Rechtskraft auf sämtliche Anteilseigner zulässigerweise erstreckt werden kann.

A. Abgrenzung zur Gestaltungswirkung

In einigen älteren Ausführungen der Rechtsprechung und Literatur wurde die Zulässigkeit von gesellschaftsrechtlichen Schiedsvereinbarungen mit Verweis auf die Gestaltungswirkung und Rechtskrafterstreckung des gerichtlichen Urteils abgelehnt, ohne dass es zu einer Trennung beider Rechtsinstitute kam.[537] Bei der Behandlung der einzelnen Legitimationsvoraussetzungen ist eine Abgrenzung der Gestaltungswirkung von der Rechtskrafterstreckung indessen unabkömmlich, zumal Gestaltungsklagen und Gestaltungsurteile vor Schiedsgerichten mittlerweile allgemein anerkannt sind,[538] wohingegen der BGH in jüngster Zeit die Anerkennung einer gesellschaftsrechtlichen Schiedsvereinbarung in Ermanglung einer statuierten Anordnung der Rechtskrafterstreckung nicht akzeptierte.[539]

So bewirkt das Urteil einer begründeten Gestaltungsklage eine unmittelbare Änderung der Rechtsverhältnisse und ist somit – im Gegensatz zum Leistungs- bzw. Feststellungsurteil – nicht nur von den am Verfahren beteiligten Parteien, sondern von jedermann zu beachten.[540] Allerdings liegt hierin noch keine Aussage darüber, ob der Inhalt der Entscheidung für die Parteien des Rechtsstreits (sowie gegebenenfalls auch Dritte) eine inhaltliche Bindungswirkung im Sinne der – materiellen – Rechtskraft entfaltet.[541] Dieser Aspekt kann allein mit dem Institut der Rechtskrafterstreckung beantwortet werden. Der Zweck der Rechtskraft ist nämlich, im Interesse der Rechtssicherheit und des Rechtsfriedens die streitigen Beziehungen der Parteien endgültig zu ordnen. Hieraus folgt, dass die Rechtskraft – im Gegensatz zur Gestaltungswirkung – vor allem im Interesse *dieser* Parteien geschaffen ist.[542] Die Adressaten des rechtskräftigen Urteils und mithin der Rechtskraft ergeben sich in diesem Zusammenhang grundsätzlich aus § 325 I ZPO. Das Urteil wirkt danach prinzipiell für und gegen die ‚Parteien', d.h. diejenigen Personen, auf deren Namen das Urteil lautet.[543] Es gibt unterdes-

---

[537] Vgl. hierzu die obigen Ausführungen unter Zweiter Teil, A. I. 3. b.

[538] Siehe Zweiter Teil, A. I. 3. b.

[539] BGH ZIP 1996, 830, 832; aber auch schon OLG Hamm DB 1987, 680. Siehe i.Ü. auch Lüke/Blenske, ZGR 1998, 253, 270, die hinsichtlich der Notwendigkeit einer Unterscheidung beider Rechtsinstitute auf den familienrechtlichen Statusprozess – allerdings nach alter Gesetzeslage – verweisen.

[540] Vgl. Baumbach/Lauterbach/Albers/Hartmann – Hartmann, ZPO, Grundz. § 253 Rn 10; Zöller – Greger, ZPO, Vor § 253 Rn 8; Zöller – Vollkommer, ZPO, § 322 Rn 3.

[541] Vgl. hierzu auch Lüke/Blenske, ZGR 1998, 253, 270.

[542] Vgl. hierzu etwa Lüke/Wax – Gottwald, MüKo-ZPO, § 322 Rn 2; Stein/Jonas – Leipold, ZPO, § 322 Rn 32.

[543] Baumbach/Lauterbach/Albers/Hartmann – Hartmann, ZPO, § 325 Rn 4; RGZ 148, 169; Stein/Jonas – Leipold, ZPO, § 325 Rn 11.

sen Ausnahmefälle, in welchen aufgrund der besonderen Umstände die Rechtskraft – neben den Prozessparteien – auch bestimmte am Verfahren unbeteiligte Dritte erfasst. Einen solchen Fall stellt § 248 I S. 1 AktG dar, in welchem ein den Gesellschafterbeschluss für nichtig erklärendes Urteil für und gegen alle Aktionäre sowie die Mitglieder des Vorstands und des Aufsichtsrats bzw. für und gegen alle Gesellschafter und Geschäftsführer wirkt, auch wenn sie eben nicht Partei im Sinne des § 325 I ZPO waren. Insofern werden also die subjektiven Grenzen der Rechtskraft einer Entscheidung in einem Beschlussanfechtungsverfahren über den Kreis der am Verfahren beteiligten Personen ausgedehnt.[544]

Stellenweise wird demgegenüber vertreten, dass die gemäß § 248 I S. 1 AktG inter omnes wirkende Unwirksamkeitserklärung des Beschlusses auf die Gestaltungswirkung zurückzuführen sei.[545] Dieser Betrachtungsweise stehen jedoch gesetzessystematische Erwägungen entgegen. Denn die Tatsache, dass mit dem Richterspruch bei einem erfolgreich angefochtenen Gesellschafterbeschluss die materielle Rechtslage umgestaltet wird, wird in § 241 Nr. 5 AktG erkennbar; dagegen ergibt sich aus § 248 I S. 1 AktG zweifelsfrei die Ausdehnung der – durch § 325 I ZPO prinzipiell festgelegten – subjektiven Grenzen der Rechtskraft.[546] Im Übrigen bestimmt sich naturgemäß bereits aus dem streitigen Rechtsverhältnis, ob eine umfassende Gestaltungswirkung vonnöten ist. Einer ausdrücklichen gesetzlichen Erwähnung bedarf es demzufolge nicht.[547] Die Ansicht, welche in § 248 I S. 1 AktG das Statut einer Gestaltungswirkung zu erkennen meint, kann darüber hinaus auch nicht erklären, warum lediglich auf die dort aufgeführten Personen Bezug genommen wird, obgleich sich die Gestaltungswirkung, wie gezeigt, auf jedermann erstreckt.[548] Dieser Vorschrift muss

---

[544] So auch die h.M.: Baumbach/Hueck – Zöllner, GmbHG, Anh. § 47 Rn 90; Ch. Berger, ZHR 164 (2000), 295, 296 f.; BGH ZIP 1996, 830, 833; Bork, ZHR 160 (1996), 374, 375; Henze, ZGR 1988, 542, 556; Ebenroth/Müller, BB 1992, 361, 362; Kornmeier, DB 1980, 193, 195; ders., Vergleichsbefugnis und Schiedsfähigkeit, S. 36; Kropff/Semler – Hüffer, MüKo-AktG, § 248 Rn 8; Lüke/Blenske, ZGR 1998, 253, 269 f.; Noack, Fehlerhafte Beschlüsse, S. 85; OLG Hamm DB 1987, 680; Schick, Schiedsfähigkeit, S. 45 f.; Schröder, Schiedsgerichtliche Konfliktbeilegung, S. 101; Vollmer, ZGR 1982, 15, 24; H.P. Westermann, Schiedsfähigkeit, S. 38; wohl auch Schlosser, JZ 1996, 1020, 1022.

[545] Schmidt, ZGR 1988, 523, 527; ders. FS Stimpel, S. 237 f.; ders., AG 1995, 551 f.; wohl auch Hoffmann-Becking – Semler, MüHdB-AG, S. 573; Rowedder – Koppensteiner, GmbHG, § 47 Rn 130; Timm, FS Fleck, S. 376; unschlüssig ist Petermann, BB 1996, 277, 278.

[546] So zu Recht Lüke/Blenske, ZGR 1998, 253, 270; Noack, Fehlerhafte Beschlüsse, S. 85; Schulze, Grenzen der objektiven Schiedsfähigkeit, S. 117 f.

[547] So auch Kornmeier, Vergleichsbefugnis und Schiedsfähigkeit, S. 36; Schick, Schiedsfähigkeit, S. 45; Stein/Jonas – Leipold, ZPO, § 325 Rn 7 f.

[548] Vgl. auch Kropff/Semler – Hüffer, MüKo-AktG, § 248 Rn 8.

vielmehr ein anderer Regelungsgehalt als der der Gestaltungswirkung – nämlich der der Rechtskrafterstreckung – zukommen.

Festzuhalten ist also, dass § 248 I S. 1 AktG die in § 325 I ZPO getroffene Anordnung, welche die materielle Rechtskraft auf die Verfahrensparteien erstreckt, auf bestimmte Nichtparteien ausweitet, mit der Folge, dass ein erneutes Verfahren zwischen diesen Personen nicht mehr möglich ist. Einem nicht zu diesem Personenkreis gehörenden Dritten bleibt ein derartiges Verfahren indessen unbenommen. Davon zu unterscheiden ist die mit dem Gestaltungsurteil notwendigerweise einhergehende Gestaltungswirkung, welche von jedermann als Umgestaltung der materiellen Rechtslage hinzunehmen ist.

B. Einführung der Schiedsklausel

Grundbedingung für einen rechtlich verbindlichen Schiedsspruch ist die freiwillige Unterwerfung der materiellrechtlich betroffenen Personen unter die Schiedsabrede. Erst dann verzichten sie auf den staatlichen Rechtsschutz, dessen Gerichtsbarkeit sie andernfalls automatisch unterworfen wären. In aller Regel geschieht dies durch die Aufnahme einer entsprechend ausgestalteten Satzungsklausel. Möglich ist weiterhin ein Gesellschafterbeschluss, welcher die schiedsgerichtliche Zuständigkeit hinsichtlich Streitigkeiten bei nur bestimmten Beschlüssen begründet.[549] Im Recht der Kapitalgesellschaften stellt sich in diesem Zusammenhang die Frage, ob allein die Zustimmung sämtlicher Anteilseigner die Schiedsgerichtszuständigkeit legitimieren kann, oder ob bereits ein Mehrheitsbeschluss ausreichend ist. Klärungsbedürftig ist des Weiteren die Bindung der am Einigungsprozess unbeteiligten Personen, wie etwa die Gesellschaft als solche sowie die jeweiligen Gesellschaftsorgane. Daneben sollte der Gesichtspunkt des Formerfordernisses bei der schiedsgerichtlichen Unterwerfung hinreichend Beachtung finden. Aufgrund des Umstands, dass sich diese Probleme gleichermaßen bei der Einführung einer Satzungsbestimmung sowie bei einem singulären Gesellschafterbeschluss stellen bzw. im Rahmen der Formproblematik ausschließlich bei satzungsmäßigen Schiedsklauseln,[550] wird sich im Weiteren übersichtshalber auf die satzungsmäßige Schiedsklausel beschränkt.

Schließlich taucht im Rahmen der AG die Frage auf, ob sich die Schiedsklausel mit der aktienrechtlichen Satzungsstrenge gemäß § 23 V AktG vereinbaren lässt.

I. Unzulässigkeit von Mehrheitsentscheidungen

Die Frage nach der Zulässigkeit eines Mehrheitsentscheids hinsichtlich einer Schiedsabrede und damit die Frage der Zulässigkeit ihrer Aufnahme gegen den Willen einer Minderheit stellt sich in ihrer vollen Schärfe dann, wenn die Zuweisung der Beschlussmängelstreitigkeiten an ein Privatgericht erst nachträglich angestrebt wird. Sofern nämlich eine entsprechende Klausel schon in der Grün-

---

[549] Noack, Gesellschaftsvereinbarungen, S. 228; Schmidt, ZGR 1988, 523, 531; ders., AG 1995, 551, 553; Schröder, Schiedsgerichtliche Konfliktbeilegung, S. 206 ff. Dagegen tritt bei Konsortialvereinbarungen und der (allseitigen) Schiedsabrede das Problem auf, dass neu eingetretene Anteilseigner hieran nicht gebunden sind; der normative – die generelle Schiedsgerichtszuständigkeit bewirkende – Beschluss ist dagegen aufgrund des gesellschaftsrechtlichen Organisationsinstruments in Form der Satzung unzulässig, so dass es auch insofern zu keiner Legitimationswirkung kommt; vgl. hiezu Hachenburg - Raiser, GmbHG, Anh. § 47 Rn 209; Schröder, Schiedsgerichtliche Konfliktbeilegung, S. 189 ff.

[550] Ein Gesellschafterbeschluss fällt dagegen von vornherein schon unter den Anwendungsbereich des § 1031 ZPO.

dungssatzung enthalten ist, erfuhr diese bereits die Akzeptanz sämtlicher Anteilseigner und wurde somit in größtmöglichem Umfang legitimiert. Zu einer ‚klassischen' Einigung kommt es dabei zunächst unter den Gründungsmitgliedern, da diese als Urheber der Satzung bzw. des Gesellschaftsvertrags in jedem Fall nur einvernehmlich agieren können.[551] Die später hinzugekommenen Gesellschafter haben hingegen ihr Einverständnis mit den Satzungsbestimmungen und mithin der Schiedsklausel – zumindest konkludent – durch Übernahme eines Geschäftsanteils bzw. einer Aktie kundgetan.[552]

Mit Bezug auf die nachträgliche Aufnahme einer Schiedsabrede wird aufgrund ihrer unterschiedlichen rechtlichen Ausgestaltung zwischen der GmbH einerseits und der AG andererseits wie folgt zu unterscheiden sein:

1. Situation bei der GmbH

a. Meinungsstand

Im Schrifttum wird fast ausschließlich die Zustimmung sämtlicher Gesellschafter einer GmbH zur Legitimation einer Schiedsabrede verlangt.[553] Begründet wird diese Ansicht zumeist mit der Regelung des § 53 III GmbHG (analog), da auf Seiten der Gesellschafter ein Verpflichtungszuwachs insoweit entstehe, als ihnen durch die Schiedsklausel die Pflicht zur Ermöglichung und Förderung

[551] Vgl. etwa § 2 I S. 2 GmbHG; bei der AG stellt die Feststellung der Satzung i.S.v. § 23 I S. 1 AktG die Einigung der Gründer über ihren Inhalt dar, vgl. Geßler/Hefermehl/Eckhardt/Kropff – Eckhardt, AktG, § 23 Rn 14; Kropff/Semler – Pentz, MüKo-AktG, § 23 Rn 10.

[552] In diesem Sinne wohl auch Bork, ZHR 160 (1996), 374, 384.

[553] Baumbach/Hueck – Schulze-Osterloh, GmbHG, § 61 Rn 20; Baumbach/Hueck – Zöllner, GmbHG, Anh. § 47 Rn 18; Becker, ZZP 97 (1984), 314, 319 (Fn 20); Ch. Berger, ZHR 164 (2000), 295, 300 f.; Ebbing, NZG 1998, 281 (der seinen Standpunkt jedoch später aufgibt, vgl. NZG 1999, 754, 755); Ebenroth/Müller, DB 1989, 361, 362, 364; Hachenburg – Raiser, GmbHG, Anh. § 47 Rn 209; Hachenburg – Schilling, GmbHG, § 13 Rn 17; Hachenburg – Ulmer, GmbHG, § 61 Rn 38; Jänich, LM 8 (1996), Bl. 6; Kornmeier, Vergleichsbefugnis und Schiedsfähigkeit, S. 147 f.; Lachmann, Schiedsgerichtspraxis, Rn 1394; Lutter/Hommelhoff, GmbHG, Anh. § 47 Rn 79; Michalski – Römermann, GmbHG, Anh. § 47 Rn 559; Raeschke-Kessler/K. P. Berger, Recht und Praxis, Rn 361; Roth, FS Nagel, S. 326; Rowedder – Rasner, GmbHG, § 61 Fn 11; Rowedder – Rowedder, GmbHG, § 13 Rn 8; Roth/Altmeppen – Altmeppen, GmbHG, § 61 Rn 11; Schick, Schiedsfähigkeit, S. 51; Schmidt, ZGR 1988, 523, 531; Scholz – Emmerich, GmbHG, § 13 Rn 31; Zöller – Geimer, ZPO, § 1066 Rn 7; vgl. auch BGH ZIP 1996, 830, 834, sowie – ohne speziellen Bezug auf die GmbH – Papmehl, Schiedsfähigkeit, S. 81; Reichert, NZG 2003, 379, 381; Schulze, Grenzen der objektiven Schiedsfähigkeit, S. 141; Schwab/Walter, Schiedsgerichtsbarkeit, S. 342; Schütte, Einsetzung von Schiedsgerichten, S. 83 ff., 106 f.; Stein/Jonas – Schlosser, ZPO, § 1066 Rn 12. Einen Mehrheitsentscheid lassen demgegenüber Bender, DB 1998, 1900, 1901; Ebbing, NZG 1999, 754, 755; Wolany, Rechte und Pflichten, S. 190, genügen; insoweit wohl auch Musielak – Voit, ZPO, § 1066 Rn 7.

des Schiedsverfahrens auferlegt werde.[554] Jedenfalls werde durch einen entsprechenden Beschluss in die Rechtsstellung des Gesellschafters eingegriffen, so dass auch in dieser Hinsicht die Einschlägigkeit des § 53 III GmbHG bzw. eine gesellschafterliche Zustimmungspflicht im Sinne der ‚Kernbereichslehre' begründet sei.[555] So ist dann wohl auch der Hinweis gemeint, dass eine durch Mehrheitsbeschluss aufgenommene Schiedsabrede das in Art. 101 I S. 2 GG verbriefte Recht des überstimmten Gesellschafters auf einen gesetzlichen Richter verletze.[556] Insoweit komme gleichwohl ein statutarischer Verzicht auf das Zustimmungserfordernis bei Kernbereichseingriffen in Betracht.[557]

Vereinzelt wird das Regelwerk der §§ 1025 ff. ZPO als lex specialis gegenüber den gesellschaftsrechtlichen Vorschriften gesehen. So belege das in § 1027 I S. 1 ZPO a.F. (= § 1031 V S. 3 ZPO) enthaltene Trennungsgebot, dass die Schiedsabrede gerade keinen Bestandteil des Gesellschaftsvertrags darstelle und die §§ 53, 54 GmbHG demzufolge auch nicht gelten können.[558]

Eine allgemeine Zustimmung soll auch deswegen erforderlich sein, weil man in dem Erwerb der Gesellschafterstellung zwar eine grundsätzliche Unterwerfung unter das verbandsrechtliche Mehrheitsprinzip sehen könne, welche im Übrigen aufgrund der Möglichkeit, die Beschlüsse durch ein staatliches Gericht auf ihre Rechtmäßigkeit überprüfen zu lassen, zumutbar sei, jedoch keinen Blankowillen als Grundlage für einen Verzicht auf staatlichen Rechtsschutz.[559] Etwas anderes könne allenfalls dann gelten, wenn die Satzung zum Zeitpunkt des Erwerbs der Gesellschafterstellung bereits die Möglichkeit einer späteren Einführung der Schiedsklausel durch einen satzungsändernden Mehrheitsbeschluss

---

[554] So vor allem Kornmeier, Vergleichsbefugnis und Schiedsfähigkeit, S. 147 f.; vgl. i.Ü. Hachenburg – Raiser, GmbHG, Anh. § 47 Rn 209; Lutter/Hommelhoff, GmbHG, Anh. § 47 Rn 79; Roth, FS Nagel, S. 326; Schmidt, ZGR 1988, 523, 531; Zöller – Geimer, ZPO, § 1066 Rn 7.

[555] Bork, ZHR 157 (1993), 48, 62; Kornmeier, Vergleichsbefugnis und Schiedsfähigkeit, S. 148; Roth, FS Nagel, S. 326; Schmidt, GmbHR 1990, 16, 17; ders., JZ 1989, 1077, 1082; Zöller – Geimer, ZPO, § 1066 Rn 7. In diese Richtung tendiert wohl auch Becker, ZZP 97 (1984), 314, 319 (Fn 20), der geltend macht, dass die Schiedsgerichtsbarkeit in der Effektivität der Rechtsschutzgewährung hinter der staatlichen Gerichtsbarkeit zurückbleibe.

[556] Ebenroth/Müller, DB 1989, 361, 362, 364; Hachenburg - Raiser, GmbHG, § 13 Rn 18; Michalski – Römermann, GmbHG, Anh. § 47 Rn 559; Reichert, NZG 2003, 379, 381; Rowedder – Rowedder, GmbHG, § 13 Rn 8; Scholz – Emmerich, GmbHG, § 13 Rn 31; Schütte, Einsetzung von Schiedsgerichten, S. 99; Stein/Jonas – Schlosser, ZPO, § 1066 Rn 12; kritisch: Ebbing, NZG 1999, 754, 755. Kritisch: Raeschke-Kessler, SchiedsVZ 2003, 145, 154.

[557] Reichert, NZG 2003, 379, 381; wohl auch Raeschke-Kessler, SchiedsVZ 2003, 145, 154.

[558] Becker, ZZP 97 (1984), 314, 319 (Fn 20).

[559] Vgl. Schütte, Einsetzung von Schiedsgerichten, S. 83 ff.; Vollmer, Satzungsmäßige Schiedsklauseln, S. 22, 64.

vorsehe.[560] Schließlich wird ein Einstimmigkeitserfordernis wenigstens vor dem Hintergrund der Treuepflicht im Einzelfall verlangt.[561]

Der BGH hat im Übrigen entschieden, dass eine Schiedsklausel in einer Vereinssatzung nicht für Mitglieder gilt, die der Aufnahme der Klausel nicht zugestimmt haben.[562] Das Recht auf Zugang zu den staatlichen Gerichten sowie das Recht auf den gesetzlichen Richter hätten Verfassungsrang. Ein diesbezüglicher Verzicht könne nur auf dem freien Willen eines jeden Betroffenen ruhen.[563]

b. Stellungnahme

Jedenfalls der Verweis auf das in § 1031 V S. 3 ZPO statuierte Trennungsgebot erweist sich bei näherer Prüfung als kein zwingendes Argument für eine einvernehmlich zu fassende Schiedsabrede. Abgesehen davon, dass sich diese Vorschrift lediglich auf eine Schiedsvereinbarung bezieht, an der sich ein Verbraucher beteiligt, soll darüber hinaus durch die separate Urkunde allein ein Schutz dagegen gewährt werden, dass sich jemand einem Schiedsgericht unterwirft – etwa durch Erwerb eines Gesellschaftsanteils oder einer Aktie –, ohne die Urkunde wirklich gelesen zu haben.[564] Ein Ausschluss der gesellschaftsrechtlichen Regelungen – selbst aus Gründen des Verbraucherschutzes – würde den Aussagegehalt des § 1031 V S. 1 ZPO hingegen in unzulässiger Weise überdehnen.[565] Die Zulässigkeit bzw. Unzulässigkeit einer Mehrheitsentscheidung hinsichtlich der Schiedsvereinbarung kann sich vielmehr nur nach den gesellschaftsrechtlichen Beschlussmodalitäten richten.

Im Gegensatz zu den Personengesellschaften ist die GmbH sowohl bei statutarischen als auch sonstigen Beschlüssen vom Mehrheitsprinzip beherrscht, d.h., dass in aller Regel die einfache Mehrheit der Gesellschafterversammlung für die Verbindlichkeit des konkreten Beschlussgegenstands ausreicht. Das hierdurch zum Ausdruck kommende Prinzip der kollektiven Willensbildung erfährt aus Gründen des Minderheitenschutzes auf bestimmten Gebieten gesetzlich normierte bzw. richterlich anerkannte Einschränkungen. Eine davon stellt § 53 III GmbHG dar, wonach eine satzungsmäßig angeordnete Vermehrung der gesellschafterlichen Pflichten die Zustimmung sämtlicher betroffener Personen erfor-

---

560 Schütte, Einsetzung von Schiedsgerichten, S. 86; Stein/Jonas – Schlosser, ZPO, § 1066 Rn 12.

561 Ebbing, NZG 1999, 754, 755, der Mehrheitsbeschlüsse grundsätzlich für zulässig erachtet.

562 BGH NZG 2000, 897; vgl. auch die damit revidierte Entscheidung des OLG München NZG 1999, 781.

563 BGH NZG 2000, 897, 898.

564 Vgl. Musielak – Voit, ZPO, § 1031 Rn 11; Schwab/Walter, Schiedsgerichtsbarkeit, S. 51 f.

565 I.E. auch Lousanoff, Wirksamkeit von Schiedsklauseln, S. 26; Schröder, Schiedsgerichtliche Konfliktbeilegung, S. 175.

dert. Obwohl der Anwendungsbereich dieser Vorschrift nach ganz herrschender Meinung weit zu ziehen ist,[566] ist zweifelhaft, ob mit der Aufnahme einer Schiedsklausel in diesem Sinne tatsächlich eine zusätzliche Gesellschafterpflicht begründet wird. Gemäß der Schutzfunktion des § 53 III GmbHG müsste dadurch jedenfalls unmittelbar eine Leistungsvermehrung zu Lasten eines jeden Gesellschafters einhergehen, damit es zu einem Zustimmungserfordernis kommt; bloße Reflexwirkungen fallen dagegen nicht in seinen Anwendungsbereich.[567] Im Rahmen des Rechtsschutzgesuches durch die gesellschafterliche Beschlussmängelklage steht es – unabhängig von der jeweiligen Verfahrensart – jedem Gesellschafter indessen frei, sich überhaupt an dem Verfahren zu beteiligen. Von einem prozessualen Beteiligungszwang kann also keine Rede sein;[568] richtigerweise muss in diesem Zusammenhang wohl eher von einem Recht zur Mitwirkung gesprochen werden,[569] wobei dessen unterlassene Wahrnehmung sich lediglich für den betreffenden Gesellschafter selbst nachteilig auswirkt.[570] Allerdings darf ungeachtet dieser begrifflichen Klarstellung nicht außer Betracht bleiben, dass die §§ 246 ff. AktG das Zustandekommen eines rechtsstaatlichen Richterspruches gänzlich ohne aktive Einwirkung durch die Verfahrensparteien garantieren. Im Schiedsverfahren kann eine sämtlichen rechtsstaatlichen Anforderungen entsprechende Rechtmäßigkeitskontrolle hingegen u.U. nur dann erreicht werden, wenn etwa das Recht auf Einflussnahme bei der Schiedsrichterbestellung auch tatsächlich von den Prozessparteien wahrgenommen wird. Aus dieser Perspektive erscheint jenes gesellschafterliche Verfahrensrecht durchaus als zusätzliche Belastung und mithin Pflicht im Sinne des § 53 III GmbHG. Letztlich ist jedoch eine Verfahrensausgestaltung in der Weise denkbar, dass eine aktive Beteiligung der Gesellschafter, welche über die bei einem staatlichen Verfahren erforderliche Mitwirkung hinausgeht, überhaupt nicht vorgesehen ist.[571] Jedenfalls in diesem Fall kann in einer Schiedsabrede keine Leistungs-

---

[566] Vgl. etwa Hachenburg - Ulmer, GmbHG, § 53 Rn 75; Rowedder – Zimmermann, GmbHG, § 53 Rn 45.

[567] Hachenburg – Ulmer, GmbHG, § 53 Rn 75; Rowedder – Zimmermann, GmbHG, § 53 Rn 46.

[568] So auch Lutter/Hommelhoff, GmbHG, Anh. § 47 Rn 80, Schröder, Schiedsgerichtliche Konfliktbeilegung, S. 222 f. Dagegen will Jänich, LM 8 (1996), Bl. 6, eine Pflicht zur Mitwirkung nicht ausschließen.

[569] In diesem Sinne auch Ch. Berger, ZHR 164 (2000), 295, 300; Timm, ZIP 1996, 445, 448; Wagner, Prozessverträge, S. 592; Zilles, BB 1999, Beilage 4, S. 4.

[570] In diesem Sinne für die AG auch Schröder, Schiedsgerichtliche Konfliktbeilegung, S. 164.

[571] Dies lässt auch der BGH durchblicken; vgl. BGH ZIP 1996, 830, 834; vgl. auch Zilles, BB 1999, Beilage 4, S. 4. Vgl. auch unten Dritter Teil, D. III. 6.

vermehrung gesehen werden, welche eine Zustimmungspflicht sämtlicher Anteilseigner erforderlich macht.[572]

Ein Zustimmungsvorbehalt könnte sich indes aus den Grundsätzen der Kernbereichslehre ergeben. Grundgedanke dieser Lehre ist, dass gewisse Rechtspositionen wegen ihrer erheblichen Bedeutung für den Bestand der Gesellschafterstellung der Einflussnahme des betroffenen Gesellschafters unterliegen und so notwendigerweise verteidigungsfähig sein müssen.[573] Die dispositive bzw. zwingende Natur der Mitgliedsrechte ist mit Blick auf den konkreten Inhalt und dessen Bedeutung durch Auslegung zu ermitteln.[574] Man unterscheidet allgemein zwischen absolut unentziehbaren Gesellschafterrechten und relativ unentziehbaren Mitgliedschaftsrechten.[575] Zu den generell unverzichtbaren Rechten zählen etwa das gesellschafterliche Anfechtungsrecht sowie das Recht auf Erhebung der Nichtigkeitsklage.[576] Nicht davon erfasst ist das Recht zur Erhebung der Klage vor einem staatlichen Gericht, da die Streitbeilegung vor einem Schiedsgericht als Ausfluss des in Art. 2 GG verankerten Grundrechts der Handlungsfreiheit und Privatautonomie vereinbart werden kann. Trotzdem wird man zumindest den damit einhergehenden Anspruch auf einen gesetzlichen Richter gemäß Art. 101 I S. 2 GG zu den relativ unentziehbaren Rechtspositionen zählen müssen. Danach haben alle an einem gerichtlichen Verfahren beteiligten Personen das subjektive Recht darauf, dass der Rechtsstreit nur von einem Gericht entschieden wird, welches dem Art. 101 GG entspricht. Aus verbandsrechtlicher Sicht muss man hierin zudem ein allgemeines Gesellschafterrecht erkennen, welches nach Art und Bedeutung – ebenso wie auch schon die gesellschafterlichen Sonderrechte – zumindest geeignet ist, ein Zustimmungserfordernis auszulösen.[577]

Der Schiedsrichter ist indessen zweifellos nicht unter den Begriff des ‚gesetzlichen Richters' subsumierbar, da es insofern allein um die staatliche Gerichtsbarkeit geht. Ungeachtet der durchaus vergleichbaren Qualität bei der privaten und staatlichen Gerichtsbarkeit, führt die gegen das Votum einer Minderheit in die Satzung aufgenommene Schiedsabrede daher in jedem Fall zu einem Verstoß gegen die in Art. 101 I S. 2 GG konkretisierte und gleichermaßen garantierte Rechtsstaatlichkeit des Grundgesetzes. Eine Rechtfertigung für diesen Ein-

[572] I.E. auch Wolany, Rechte und Pflichten, S. 190, der darauf verweist, dass durch die Einführung einer Schiedsklausel lediglich eine andere Art der prozessualen Streiterledigung angeordnet werde.

[573] BGH NJW 1985, 972, 973; BGH NJW 1985, 974; vgl. auch BGH WM 1975, 662, 663.

[574] Baumbach/Hueck – Hueck/Fastrich, GmbHG, § 14 Rn 13.

[575] Hachenburg – Raiser, GmbHG, § 14 Rn 28 f.; Rowedder – Rowedder, GmbHG, § 14 Rn 6.

[576] Rowedder – Rowedder, GmbHG, § 14 Rn 6; Scholz – Winder, GmbHG, § 14 Rn 32.

[577] Siehe Zöllner, Schranken mitgliedschaftlicher Stimmrechtsmacht, S. 110.

griff ist nicht ersichtlich; die rechtliche Ausgestaltung eines Personenverbands – hier in Gestalt des Mehrheitsprinzips – kann für sich genommen jedenfalls keinen Ausnahmetatbestand des Art. 101 I S. 2 GG postulieren.

Die verfassungsmäßige Rechtsschutzgarantie ist – neben ihrer generellen Einordnung als grundrechtsähnliches Recht – für den einzelnen Anteilseigner auch deshalb von erheblicher Wichtigkeit, weil mit seiner Stellung als Gesellschafter bzw. seiner kapitalmäßigen Beteiligung erhebliche wirtschaftliche Interessen verbunden sind, deren Beeinträchtigung zu finanziell nachteiligen Konsequenzen führen kann. Dieser Gesichtspunkt wird dann auch bei der Rechtsprechung zu der Aufnahme von Schiedsabreden in Vereinssatzungen berücksichtigt, da dort nur dann eine diesbezügliche (konkludente) Zustimmung des ursprünglich ablehnenden Mitglieds in dessen Aufrechterhaltung der Mitgliedschaft gesehen werden kann, wenn es frei und unabhängig von ‚wirtschaftlichen, sozialen und sonstigen faktischen Sachzwängen auslösenden Umständen' darüber entscheiden kann, ob es aufgrund der schiedsgerichtlichen Zuständigkeit im Falle einer vereinsinternen Streitigkeit austreten will oder nicht.[578] So mag der staatliche Rechtsschutz etwa bei den sogenannten ‚Geselligkeits- oder Liebhabervereinen' eine untergeordnetere Bedeutung haben,[579] nicht aber bei den Kapitalgesellschaften. Andernfalls würde aufgrund der finanziellen Bedeutung der Beteiligung für diejenigen Gesellschafter, die sich einer Schiedsklausel nicht zu unterwerfen gedenken, eine Hemmschwelle mit der Konsequenz entstehen, dass sie letztlich doch in eine (ungewollte) Rechtsschutzvereinbarung einwilligen, weil die Unterwerfung unter eine Schiedsklausel leichter hinnehmbar ist als die endgültige Veräußerung der Beteiligung an der Gesellschaft.

Da das Recht des Gesellschafters einer GmbH zum Kernbereich dessen gesellschaftsrechtlicher Position gehört, kann eine Schiedsabrede lediglich mit Zustimmung sämtlicher Anteilseigner getroffen werden.

2. Situation bei der AG

a. Meinungsstand

Soweit in der Literatur auch im Aktienrecht die Zustimmung sämtlicher Anteilseigner bei der Einführung einer Schiedsabrede gefordert wird,[580] werden

---

[578] BGH NZG 2000, 897, 898, der diese ‚Austrittsfreiheit' bei der Mitgliedschaft in einem Tierzuchtverein *verneint*.

[579] So jedenfalls Vollmer, Satzungsmäßige Schiedsklauseln, S. 121 f.

[580] Bork, ZHR 160 (1996), 374, 384; ders., ZHR 157 (1993), 48, 63; Papmehl, Schiedsfähigkeit, S. 81; Schmidt, JZ 1989, 1077, 1082; Schulze, Grenzen der objektiven Schiedsfähigkeit, S. 141; Schwab/Walter, Schiedsgerichtsbarkeit, S. 342. Einstimmigkeit hinsichtlich eines Schieds*vertrags* verlangen auch Henze, Aktienrecht, Rn 1033; Hüffer, AktG, § 246 Rn 19a; Kropff/Semler – Hüffer, MüKo-AktG, § 246 Rn 31; Schmidt, AG 1995, 551, 553, die

dabei größtenteils dieselben Argumente angeführt, wie auch schon im Rahmen der GmbH. So wird vereinzelt eine entsprechende Anwendung des § 180 AktG, welcher mit Einschränkungen die Parallelvorschrift zu § 53 III GmbHG darstellt, gefordert,[581] oder aber das gesellschafterliche Zustimmungserfordernis aus der Kernbereichslehre abgeleitet.[582]

Es mehren sich demgegenüber Stimmen, die insoweit einen Mehrheitsbeschluss für ausreichend erachten.[583] Zur Begründung wird die wertpapiermäßige Ausgestaltung der Mitgliedschaft in einer AG angeführt.[584] Ähnlich wie auch schon der Verein, unterscheide sich die AG von der GmbH dadurch, dass sie von den Personen ihrer Gesellschafter gänzlich unabhängig und auf eine Vielzahl von Verbandsangehörigen angelegt sei. Auch könne sich der Aktionär aus der Bindung an eine Schiedsabrede, welcher er nicht zugestimmt hat, ohne Probleme durch Anteilsveräußerung lösen.[585] Das Zustimmungserfordernis müsse daher auf die bereits anerkannten Fälle, wie etwa den des § 180 AktG bzw. die Änderung des Unternehmenszwecks, beschränkt bleiben, zumal § 23 V AktG die Aufgabe der Kernbereichslehre wahrnehme und mithin für hinreichenden Minderheitenschutz sorge.[586] Eine Analogie zu § 180 AktG scheitere im Übrigen an der mangelnden Vergleichbarkeit der Interessenlage, da durch die Aufnahme einer Schiedsklausel die Bindung des Aktionärs an die Gesellschaft nicht verstärkt würde, obwohl dieser Effekt gerade den Rechtsgrund des § 180 AktG ausmache.[587] Dessen ungeachtet bedeute die Einsetzung eines Schiedsgerichts aufgrund dessen Vergleichbarkeit mit der staatlichen Gerichtsbarkeit auch keinen derart schweren Eingriff in die Mitgliedschaft der einzelnen Aktionäre wie bei den anderen Fällen, die ein Zustimmungserfordernis verlangen.[588] Schließ-

---

indessen die Zulässigkeit von Schiedsklauseln wegen § 23 V AktG ablehnen; siehe hierzu unten Dritter Teil, B. IV.

[581] So Bork, ZHR 157 (1993), 48, 62 (Fn 71), der i.Ü. auf die fehlende Kompensation durch die Austrittsmöglichkeit – wie etwa im Vereinsrecht – hinweist.

[582] Bork, ZHR 157 (1993), 48, 62; ders., ZHR 160 (1996), 374, 384; Schmidt, JZ 1989, 1077, 1082. Kritisch: Raeschke-Kessler, SchiedsVZ 2003, 145, 154.

[583] Bender, DB 1998, 1900, 1901; Ebbing, NZG 1998, 281 (qualifizierte Mehrheit); Schröder, Schiedsgerichtliche Konfliktbeilegung, S. 170 ff. (10 % Sperrminorität), 212 (für den singulären Hauptversammlungsbeschluss); Stein/Jonas – Schlosser, ZPO, § 1066 Rn 12; Vetter, DB 2000, 705, 708; Zöllner – Lutter, KK-AktG, Vorb. § 53a Rn 20; in diese Richtung tendiert wohl auch Roth, FS Nagel, S. 326 f.

[584] Schröder, Schiedsgerichtliche Konfliktbeilegung, S. 170, 174; Stein/Jonas – Schlosser, ZPO, § 1066 Rn 12.

[585] Schröder, Schiedsgerichtliche Konfliktbeilegung, S. 170, 173.

[586] Schröder, Schiedsgerichtliche Konfliktbeilegung, S. 170 f., 174; Vetter, DB 2000, 705, 708.

[587] Schröder, Schiedsgerichtliche Konfliktbeilegung, S. 172 f.

[588] Schröder, Schiedsgerichtliche Konfliktbeilegung, S. 174 f.; Vetter, DB 2000, 705, 708.

lich unterliege der Beschluss, durch den die Schiedsklausel in die Satzung aufgenommen wird, gemäß § 1040 III S. 2 ZPO der Kontrolle der staatlichen Gerichte, so dass auf diese Weise einem etwaigen Missbrauch der Mehrheitsherrschaft wirksam begegnet werden könne.[589]

b. Stellungnahme

Auch wenn das Prinzip der aktienrechtlichen Satzungsstrenge dem Schutz der Gesellschafterminderheit Rechnung trägt und daher für außergesetzliche Rechtsschutzinstitute wenig Raum besteht, findet durch § 23 V AktG dennoch keine vollständige Verdrängung des Anwendungsbereichs der Kernbereichslehre statt. Vielmehr wird die Zustimmung sämtlicher Anteilseigner auch in Fällen, welche nicht den Tatbeständen der gesetzlich normierten Zustimmungserfordernisse entsprechen, verlangt.[590] Verfehlt wäre es deshalb, nach der Vergleichbarkeit der Einführung einer Schiedsabrede mit der Auferlegung von Nebenpflichten bzw. Vinkulierung von Aktien zu fragen, um anschließend eine analoge Anwendung des § 180 AktG auf die hier zu behandelnden Beschlussinhalte zu verneinen. Denn auch bei der Änderung des Unternehmenszwecks – ebenso wie etwa der Verletzung des Gleichheitssatzes oder der Beeinträchtigung von Sonderrechten, die beide zu einer generellen Zustimmungspflicht führen – kommt es nicht zu einer verstärkten Bindung des Aktionärs an die Gesellschaft wie es in § 180 II AktG der Fall ist. Da gemäß § 180 I AktG eine Vinkulierung und mithin die engere Bindung an die AG wegen § 55 AktG bereits besteht, wird das Zustimmungserfordernis auch dort aus einem anderen Grund – namentlich dem der Leistungsvermehrung – ausgelöst. Der Rechtsgrund für die einzelnen Zustimmungserfordernisse ist demgemäß jedes Mal ein anderer, so dass fehlende Analogievoraussetzungen in Bezug auf § 180 AktG kein Argument gegen das Zustimmungserfordernis bei beschlussmäßig gefassten Schiedsabreden darstellen.

Es sind auch keine weiteren – zwingenden – Gründe ersichtlich, welche einer Erweiterung der rechtlich anerkannten zustimmungsbedürftigen Satzungsänderungen im Wege stehen. Dass es sich bei dem verfassungsmäßig verankerten und jedermann zustehenden Anspruch auf den gesetzlichen Richter um ein bedeutendes Recht handelt, wurde bereits dargetan.[591] Insofern besteht sogar eine gewisse Parallelität zu dem Zustimmungserfordernis bei einem Eingriff in Sonderrechte, welches sich aus einer Unverzichtbarkeit kraft individueller Rechts-

---

[589] Schröder, Schiedsgerichtliche Konfliktbeilegung, S. 176.

[590] Namentlich sind es die Änderung des Unternehmenszwecks, die Beeinträchtigung von Sonderrechten sowie Abweichungen vom Gleichbehandlungsgebot; vgl. Gadow – Wiedemann, GK-AktG, § 179 Anmerk. 8; Geßler/Hefermehl/Eckhardt/Kropff – Bungenroth, AktG, § 179 Rn 113 ff.; Hüffer, AktG, § 180 Rn 1.

[591] Siehe oben Dritter Teil, B. I. 1. b.

position ableitet;[592] auch das Recht aus Art. 101 I S. 2 GG muss in dieser Hinsicht als unentziehbar eingestuft werden. Wie auch schon bei der GmbH kann die Möglichkeit der Veräußerung eine rechtliche Einbuße wegen der wirtschaftlichen Signifikanz des Gesellschaftsanteils nicht kompensieren – ganz unabhängig davon, dass die Aktie in höchstem Maße verkehrsfähig ist. Denn mit der Leichtigkeit der Anteilsveräußerung kann ein verfassungsmäßiges Recht nicht relativiert werden. Selbst die jüngste Entwicklung in Rechtsprechung und Gesetzgebung, wonach es dem Mehrheitsaktionär nunmehr möglich ist, den Minderheitsaktionär gegen eine Abfindung aus der Gesellschaft hinauszudrängen, erscheint nur auf dem ersten Blick als Argument für die Liberalisierung der Einführung von Schiedsklauseln. Denn sowohl bei der Moto-Meter-Entscheidung des Bundesverfassungsgerichts[593] als auch bei dem Squeeze-out-Verfahren gemäß §§ 327a ff. AktG geht es um den Eigentumsschutz, welcher durch Art. 14 I S. 1 GG eben nur nach Maßgabe der Gesetze gewährt wird. Das Eigentumsrecht an der Aktie wird dann auch durch §§ 179a, 262 I AktG, die die sogenannte übertragende Auflösung ermöglichen, sowie §§ 327a ff. AktG, in welchen das Squeeze-out-Verfahren geregelt ist, modifiziert. Ein Eingriff in das Eigentumsrecht der Minderheitsaktionäre ist insofern folglich nicht möglich. Das Recht auf den gesetzlichen Richter wird dagegen schrankenlos gewährt. Beide Fälle lassen sich also nicht miteinander vergleichen.

Schließlich darf das Zustimmungserfordernis bei der Einführung von Schiedsabreden auch nicht im Interesse der Praktikabilität der Beschlussfassung und mithin der Funktionsfähigkeit der AG verwehrt werden, was nicht zuletzt die Existenz anderer Zustimmungserfordernisse, wo praktische Erwägungen hinter Erwägungen des Minderheitenschutzes – ausnahmsweise – zurückstehen, zeigen. Sofern nämlich ein bestimmtes Recht der Anteilseigner als unentziehbar eingestuft wird, können letztlich funktionale Gesichtspunkte keinesfalls dem Individualinteresses zum Nachteil gereichen.

3. Ergebnis

Sowohl bei der GmbH als auch bei der AG verbieten sich Mehrheitsentscheidungen zur Aufnahme einer Schiedsabrede, denn der Anspruch auf einen gesetzlichen Richter gemäß Art. 101 I S. 2 GG ist als (relativ) unentziehbares Gesellschafterrecht zu werten, welches das Prinzip der kollektiven Willensbildung insoweit ausschaltet. Vor allem bei der AG und dort insbesondere bei der Publikums-AG wird sich die nachträgliche Aufnahme einer Schiedsklausel angesichts der Vielzahl der Anteilseigner daher als überaus problematisch erweisen. Um der Gefahr der Zustimmungsverweigerung zu entgehen, empfiehlt sich daher die

---

[592] Vgl. auch Gadow – Wiedemann, GK-AktG, § 179 Anmerk. 8.

[593] BVerfG BB 2000, 2011 ff.

Aufnahme einer Schiedsklausel in die Gründungssatzung bzw. in den Gründungsvertrag.

II. Bindung der nicht am Einigungsprozess beteiligten Personen

Die Aufnahme einer Schiedsabrede erfolgt durch einen Willensakt der Anteilseigner, der sie dann auch als potentielle Kläger einer Beschlussmängelklage an die Schiedsabrede bindet. Zu den Verfahrensparteien gehören in jedem Fall aber auch die beklagte Gesellschaft, vertreten durch den Geschäftsführer bzw. den Vorstand und Aufsichtsrat sowie u.U. die in §§ 245, 249 I AktG aufgeführten Klagebefugten, die nicht ohne weiteres zu den Anteilseignern gehören. Alle diese Personen haben sich in keiner Weise an der Einführung der Schiedsvereinbarung beteiligt, so dass sich die Frage stellt, wodurch es bei ihnen zu jener Gerichtsunterworfenheit kommt.

Unter dem Gesichtspunkt der Überbrückung der fehlenden Identität der Schiedsvertrags- und Schiedsverfahrensparteien im Rahmen der subjektiven Schiedsfähigkeit wurde bereits angedeutet, dass es nach einer verbreiteten Ansicht seitens der Gesellschaft zu einer Bindung aufgrund ‚verbandsrechtlicher Erwägungen' kommt.[594] So sei die Gesellschaft nach den Grundsätzen des Gesellschaftsrechts an die darin enthaltenen körperschaftsrechtlichen Regelungen gebunden.[595] Demgegenüber wird die Rechtsnatur der gesellschaftsrechtlichen Bindung dogmatisch mit dem Institut der gesetzlichen Prozessstandschaft begründet.[596] Die Bindung werde danach durch die Prozessführungsermächtigung der Gesellschaft gemäß § 246 II S. 1 AktG legitimiert.

Ähnlich wie bei der Figur der actio pro socio wird man auch in diesem Zusammenhang prinzipiell eine gesetzliche Prozessstandschaft bejahen können.[597] Zwar geht es bei gesellschaftlichen Beschlussmängelklagen streng genommen um eine Streitigkeit zwischen dem Kläger und der Gesellschaftermehrheit, doch können die den Beschluss tragenden Gesellschafter schwerlich vor einem Gericht auftreten. Demzufolge weist § 246 II S. 1 AktG der Gesellschaft die Prozessführungsbefugnis zu, welche damit zur formellen Verfahrenspartei wird, obwohl allein die Gesellschafter in ihrer Gesamtheit berechtigt sind, über das Schicksal ihrer Beschlüsse materiell zu entscheiden. An dieser Stelle wird auch deutlich, dass es sich nicht um einen klassischen Fall der gesetzlichen Prozessstandschaft handelt, da sich die Gesellschaft aus sämtlichen Anteilseignern

---

[594] Siehe oben Zweiter Teil, B. I.3.

[595] BGH ZIP 1996, 830, 832; Bork, ZHR 160 (1996), 374, 379; Lüke/Blenske, ZGR 1998, 253, 266; Schlosser, JZ 1996, 1020; Schröder, Schiedsgerichtliche Konfliktbeilegung, S. 88.

[596] Ch. Berger, ZHR 164 (2000), 295, 302.

[597] So dann auch Bork, ZIP 1992, 1205, 1210; Becker, ZZP 97 (1984), 314, 337 (Fn 76); Schröder, Schiedsgerichtliche Konfliktbeilegung, S. 106.

zusammensetzt, im Beschlussmangelverfahren gleichwohl – faktisch – lediglich Interessensubjekt der Gesellschaftermehrheit ist.[598]

Fraglich ist allerdings, ob sich die Bindung der Gesellschaft an die Schiedsabrede gänzlich ohne Hilfe des Verbandsrechts herleiten lässt. Die gesetzliche Manifestation der gesellschaftsrechtlichen Prozessstandschaft in § 246 II S. 1 AktG enthält nämlich keine ausdrückliche Aussage des Inhalts, dass sich die Gesellschaft den – von den Gesellschaftern vereinbarten – prozessualen Modalitäten zu unterwerfen hat. Vielmehr ist diese Vorschrift grundsätzlich auf die staatliche Gerichtsbarkeit zugeschnitten, was letztlich durch § 246 III S. 1 AktG dokumentiert wird.[599] Doch selbst bei einer ‚verfahrensneutralen' Auslegung des § 246 AktG wird man nicht umhin können, bei der hier vorliegenden Frage auf verbandsspezifische Aspekte zu verweisen. Hierbei existiert für die Gesellschaft keine andere Möglichkeit, als dass sie der Schiedsvereinbarung unterworfen ist, da diese auf dem Willen sämtlicher Gesellschafter beruht und es in höchstem Maße widersinnig wäre, das gesellschaftsrechtliche Subjekt der Anteilseigner von deren Willensakten unbeeinflusst zu lassen. Diese Sichtweise erlaubt es demgemäß, ungeachtet der fehlenden Beteiligung der Gesellschaft bei der Einführung einer Schiedsabrede, ihre insofern bestehende Bindung anzuerkennen.

Was die Gesellschaftsorgane bzw. deren Mitglieder als mögliche Kläger anbelangt, ist in diesem Zusammenhang auf die gesetzliche Kompetenzverteilung zu verweisen. So folgt ihre Bindung an die Schiedsvereinbarung aus der Entscheidungszuständigkeit der Gesellschafter und deren Auswirkung auf das gesellschaftsrechtliche Organgefüge. Mit der den Gesellschaftern auf diese Weise zustehenden Beschluss- bzw. Satzungsautonomie sind sie dazu ermächtigt, die Gesellschaft – innerhalb des gesetzlichen Rahmens – inhaltlich und organisatorisch auszugestalten. Die gesellschafts-rechtlichen Organe sowie deren Mitglieder erfahren ihre Legitimation in diesem Zusammenhang durch die Gesellschaftergesamtheit und haben sich mithin deren Willen zu unterstellen.

Festzuhalten ist demgemäß, dass es in jedem Fall die verbandsrechtliche Struktur ist, die eine Bindung der nicht an der Schiedsabrede beteiligten Personen und Organe veranlasst.

III. Formvorschriften

Im alten Recht stellte § 1027 I ZPO a.F. im Regelfall drei Anforderungen an die Schiedsvereinbarung. Sie sollte ausdrücklich, schriftlich und vor allem separat von anderen Vereinbarungen geschlossen werden. Gemäß § 1027 II ZPO a.F. reichte hingegen ein mündlicher Abschluss, sofern alle Parteien Vollkaufleute

---

[598] In diesem Sinne auch Bork, ZIP 1992, 1205, 1210.

[599] Eine Garantie für staatlichen Rechtsschutz lässt sich hieraus jedoch nicht ableiten; vgl. unten Dritter Teil, B. IV. 2.

waren und die Schiedsabrede für sie ein beiderseitiges Handelsgeschäft darstellte. Demgegenüber hat das neue Recht jenes Regel-Ausnahme-Verhältnis umgekehrt, indem es gemäß § 1031 V ZPO das Trennungsgebot lediglich bei solchen Schiedsvereinbarungen anordnet, an denen ein Verbraucher beteiligt ist und keine notarielle Beurkundung erfolgt.

Die Frage nach der Einschlägigkeit der schiedsrechtlichen Formvorschrift im Falle satzungsmäßiger Schiedsklauseln tauchte bereits im Zusammenhang mit der Identitätsproblematik der Schiedsvertrags- und Schiedsprozesspartei auf.[600] Je nachdem, ob man in der satzungsmäßigen Schiedsklausel eher eine rechtsgeschäftliche Vereinbarung oder aber eine einseitige Anordnung sieht, sollte dies zur Einschlägigkeit bzw. Nichteinschlägigkeit des Formerfordernisses gemäß § 1031 ZPO führen. Es wurde demgegenüber aufgezeigt, dass Erwägungen der Formbedürftigkeit keinerlei Auswirkungen auf die Festlegung der Rechtsnatur von Satzung und Satzungsbeschlüssen haben.[601] Umgekehrt muss das Gleiche gelten, so dass allein eine wertende Betrachtungsweise Aufschluss über das Anwendungserfordernis des § 1031 ZPO auf gesellschaftsrechtliche Schiedsklauseln geben kann.[602] Der hierzu geführte Meinungsstreit wird daher ausschließlich unter diesem Gesichtspunkt dargestellt[603] und hat zumindest insoweit – trotz der Neufassung des § 1027 ZPO a.F. – nichts an Aktualität eingebüßt, als auch Anteilseigner einer GmbH, vor allem aber Aktionäre, durchaus als Verbraucher im Sinne von § 1031 V S. 3 ZPO eingestuft werden können,[604] so dass grundsätzlich die speziellen Formvorschriften gelten könnten.

1. Meinungsstand

a. Nichtanwendung des § 1031 ZPO

Vor allem in der Rechtsprechung wird ausgeführt, dass aufgrund des ‚ohnehin urkundlichen' Wesens von satzungsmäßigen Schiedsklauseln eine Wiederholung der Schriftform zum Schutze der Beteiligten nicht erforderlich sei. Auch bestünde kein Bedürfnis danach, dass Urkunden, wie etwa Testamente und Sat-

---

600 Siehe oben Zweiter Teil, B. II. 2. a. (3) .

601 Oben Zweiter Teil, B. II. 2. a. (3) (a) (iv.)

602 So auch Kornmeier, Vergleichsbefugnis und Schiedsfähigkeit, S. 137; Schröder, Schiedsgerichtliche Konfliktbeilegung, S. 121; Trotha, DB 1988, 1367, 1368 f.; Wagner, Prozessverträge, S. 492.

603 Zu den rechtshistorischen und rechtsdogmatischen Argumenten siehe oben Zweiter Teil, B. II. 2. a. (3) (a) (i).

604 Siehe etwa Schmidt, ZHR 162 (1998), 265, 274; Schröder, Schiedsgerichtliche Konfliktbeilegung, S. 110; widersprüchlich dagegen Schwab/Walter, Schiedsgerichtsbarkeit, S. 52, 339; vgl. auch Baumbach/Hueck – Zöllner, GmbHG, Anh. § 47 Rn 18, der sich insoweit auf die ‚Unberechenbarkeit der Rechtsprechung' bezieht.

zungen, gemäß § 1027 I S. 1 HS 2 ZPO a.F. (bzw. § 1031 V S. 3 ZPO) andere Anordnungen nicht enthalten dürften.[605] Die Schiedsklausel könne demzufolge auch nicht überraschend sein, so dass das Schutzbedürfnis der Beteiligten in diesem Fall wesentlich geringer sei als in den üblichen Fällen des § 1027 ZPO a.F.[606] Im Gegensatz zu Austauschverträgen stünden sich die Gesellschafter bei Satzungen auch nicht als Gegner gegenüber. Vielmehr seien ihre Interessen angesichts der Verfolgung eines gemeinsamen Zwecks im Wesentlichen gleichgerichtet.[607] Nichts anderes komme auch in § 23 AGBG (= § 310 IV S. 1 BGB) zum Ausdruck, welcher die Beteiligten eines gesellschaftsrechtlichen Rechtsverhältnisses ausdrücklich vom Schutz des AGBG ausnehme.[608] Des Weiteren sei zum Ausgleich dazu durch § 1025 II ZPO a.F. (nunmehr generell § 138 BGB) ein hinreichender Schutz vor missbräuchlichen Schiedsgerichtsbarkeiten sichergestellt.[609] Schließlich bestünden auch praktische Bedenken. Schließlich bestünden auch praktische Bedenken.[610]

Im Übrigen wird innerhalb dieser Meinung hinsichtlich der Erreichung des Schutzzwecks gemäß § 1031 ZPO zwischen den bei Einführung einer satzungsmäßigen Schiedsklausel bereits vorhandenen Gesellschaftern einerseits und künftigen Gesellschaftern andererseits differenziert, um den jeweils unterschiedlichen Bindungsvoraussetzungen Rechnung zu tragen.

Sofern die Schiedsklausel bereits Bestandteil der Gründungssatzung sei, wurde sie im Sinne von § 23 I S. 1 AktG bzw. § 2 I S. 1 GmbHG notariell beurkundet. Dabei wäre es Aufgabe des Notars, gemäß § 17 I S. 1 BeurkG den wirklichen Willen der Beteiligten zu erforschen sowie diese über die rechtliche Tragweite des Geschäfts zu belehren. Hiermit werde das mit dem Trennungsgebot des § 1027 I S. 1 HS 2 ZPO a.F. (= § 1031 V S. 3 HS 1 ZPO) verfolgte Ziel in gleicher – wenn nicht sogar in besserer – Weise erreicht.[611] Dieser Auffassung

---

[605] RGZ 153, 267, 270 (für den rechtsfähigen Verein); RGZ 165, 140, 144 (für den nichtrechtsfähigen Verein); BGH NJW 1980, 1049 (für Publikums-Kommanditgesellschaften).

[606] BGH NJW 1980, 1049.

[607] So deuten jedenfalls Trotha, DB 1988, 1367, 1368, und Vollmer, Satzungsmäßige Schiedsklauseln, S. 83, die Urteilsbegründung des RG (RGZ 153, 267, 270), was allerdings in dieser Form nicht hineinlesbar ist; so zu Recht auch Schröder, Schiedsgerichtliche Konfliktbeilegung, S. 113 (Fn 368).

[608] Trotha, DB 1988, 1367, 1369.

[609] Roth, FS Nagel, S. 325; Schmidt, JZ 1989, 1077, 1083; Trotha, DB 1988, 1367, 1370. In diese Richtung tendiert auch Wagner, Prozessverträge, S. 493.

[610] Stein/Jonas – Schlosser, ZPO, § 1066 Rn 10.

[611] Trotha, DB 1988, 1367, 1372 f.; zustimmend: Schlosser, Neue Recht, S. 204; Schröder, Schiedsgerichtliche Konfliktbeilegung, S. 123. Vgl. auch Schulze, Grenzen der objektiven Schiedsfähigkeit, S. 135; Schütze, Schiedsgericht und Schiedsverfahren, Rn 105; Stein/Jonas – Schlosser, ZPO, § 1066 Rn 11.

hat sich inzwischen ausdrücklich der Gesetzgeber angeschlossen, der gemäß § 1031 V S. 3 HS 2 ZPO im Falle notarieller Beurkundung von der Einhaltung des insoweit grundsätzlich geltenden Trennungsgebots absieht.

Zumindest bei der AG gestalte sich die Situation bei der nachträglichen Änderung der Satzung durch Aufnahme einer Schiedsklausel ein wenig anders. Dann nämlich sei der Satzungsänderungsbeschluss gemäß § 130 I S. 1 AktG lediglich in eine notarielle Niederschrift aufzunehmen, so dass die Belehrungspflicht nach § 17 BeurkG entfalle.[612] Für eine eigenständige Willensbildung sorge allerdings der formale Ablauf der Beschlussfassung gemäß den §§ 123 f. AktG. Denn nach § 124 II S. 2 AktG sei der vollständige Wortlaut der geplanten Satzungsänderung mindestens einen Monat vor dem Tag der Hauptversammlung bekannt zu machen, so dass die Aufmerksamkeit des Aktionärs gezielt auf die zu beschließende Schiedsklausel gelenkt werde und darüber hinaus genügend Zeit vorhanden sei, fachkundigen Rat einzuholen.[613] Angesichts der aktienrechtlichen Satzungsstrenge im Sinne von § 23 V AktG sei auch der Katalog der Änderungsvorschläge überschaubar und kalkulierbar.[614] Dem Trennungsgebot könne schließlich durch eine gesonderte Beschlussfassung entsprochen werden.[615]

Derart förmlich ausgestaltet wie die notarielle Beurkundung sowie die aktienrechtliche Beschlussfassung sei die Rechtsnachfolge bzw. der Gesellschafterbeitritt demgegenüber nicht. Dennoch bedürfe es auch insoweit nicht der besonderen schiedsrechtlichen Form.[616] Zweifelhaft sei zunächst, ob § 1031 ZPO (bzw. § 1027 ZPO a.F.) seinem Wortlaut nach überhaupt einschlägig ist. Denn die

---

612 Schröder, Schiedsgerichtliche Konfliktbeilegung, S. 124. Bei der GmbH bleibt die notarielle Beurkundung gemäß § 53 II S. 1 GmbHG auch bei einer späteren Satzungsänderung Wirksamkeitsvoraussetzung.

613 Schröder, Schiedsgerichtliche Konfliktbeilegung, S. 124 f.

614 Schröder, Schiedsgerichtliche Konfliktbeilegung, S. 124.

615 Schröder, Schiedsgerichtliche Konfliktbeilegung, S. 125. Vgl. auch Roth, FS Nagel, S. 325, der sich in diesem Zusammenhang generell gegen eine Sonderstellung der Schiedsklausel im Vergleich zu anderen Satzungsänderungen ausspricht.

616 So vor allem die höchstrichterliche Rechtsprechung: BGH NJW 1978, 1585, 1586 (für die Nachfolge in einem KG-Anteil); BGH NJW 1979, 1166 (für die Vertragsübernahme); BGH NJW 1979, 2567, 2568 (für Erwerb eines Gesellschaftsanteils in einer GmbH); BGH NJW 1980, 1797 (für den Beitritt zu einer oHG). Vgl. für das Schrifttum etwa Baumbach/Hueck – Zöllner, GmbHG, Anh. § 47 Rn 18; Baumbach/Lauterbach/Albers/Hartmann – Albers, ZPO, § 1029 Rn 24; Ch. Berger, ZHR 164 (2000), 295, 303; Bork, ZHR 157 (1993), 48, 62; Lachmann, Schiedsgerichtspraxis, Rn 271; Musielak – Voit, ZPO, § 1031 Rn 2; Papmehl, Schiedsfähigkeit, S. 80, 94 (der auf § 1066 ZPO verweist); Rebmann/Säcker/Rixecker – Roth, MüKo-BGB, § 401 Rn 12; Raeschke-Kessler/K. P. Berger, Recht und Praxis, Rn 385; Roth/Altmeppen – Altmeppen, GmbHG, § 3 Rn 42, § 15 Rn 22; Schlosser, Neue Recht, S. 207; Schröder, Schiedsgerichtliche Konfliktbeilegung, S. 125 ff.; Schütze, Schiedsgericht und Schiedsverfahren, Rn 80; weitere Verweise bei Schröder, Schiedsgerichtliche Konfliktbeilegung, S. 115 (Fn 379).

Formbedürftigkeit beziehe sich ausschließlich auf die zum Abschluss einer Schiedsvereinbarung führende Einigung.[617] Hätte auch der Eintritt eines Dritten in die Rechte und Pflichten aus einem bereits geschlossenen Schiedsvertrag als Folge des Erwerbs der Rechte aus dem Hauptvertrag unter Formzwang gestellt werden sollen, so sei dies durch eine ausdrückliche Gesetzesbestimmung geschehen.[618] Durch die Formulierung des § 1027 ZPO a.F. (bzw. § 1031 ZPO) habe der Gesetzgeber indes zum Ausdruck gebracht, dass die Rechtsnachfolge sowie der Beitritt von den speziellen Formalien ausgenommen sind.[619] Darüber hinaus greife der Grundgedanke des § 401 BGB, in dessen Sinne die Schiedsklausel eine Eigenschaft des abgetretenen Rechts selbst darstelle und mit diesem auf den Erwerber übergehe.[620] Von einem davon abweichenden Willen der Vertragspartner könne im Zweifel nicht ausgegangen werden, so dass sein Vorliegen besonders nachgewiesen werden müsse.[621] Hieran wird jedoch stellenweise kritisiert, dass § 401 BGB den Übergang von Neben- und Vorzugsrechten betreffe, der Schiedsvertrag gleichwohl ein ‚Gefüge' von Rechten und Rechtslagen, aber gerade auch Pflichten bilde.[622] Auch ließe sich eine Schiedsklausel als Abtretungsausschluss für den Fall der Ablehnung ihrer Übernahme interpretierten.[623] Man müsse den Rechtsübergang viel eher auf § 404 BGB stützen.[624] Denn entgegen seinem Wortlaut erfasse diese Vorschrift nicht nur die ‚Einwendungen' des Schuldners, sondern bringe zum Ausdruck, dass die Forderung so abgetreten werde, wie sie in den Vertrag eingebettet ist.[625] Hinzu komme das

---

[617] BGH NJW 1978, 1585, 1586; Schröder, Schiedsgerichtliche Konfliktbeilegung, S. 125; Stein/Jonas – Schlosser, ZPO, § 1027 Rn 7; in diesem Sinne auch Bork, ZHR 157 (1993), 48, 62. Vgl. auch Reichert, NZG 2003, 379, 380, der auf § 1066 ZPO verweist.

[618] BGH NJW 1978, 1585, 1586; BGH NJW 1980, 1797.

[619] BGH NJW 1978, 1585, 1586.

[620] BGH NJW 1978, 1585, 1586; BGH NJW 1980, 1797; BGH NJW 1998, 371; Raeschke-Kessler/K. P. Berger, Recht und Praxis, Rn 384; Schütze, Schiedsgericht und Schiedsverfahren, Rn 80.

[621] Von anderer Seite wird dagegen gefordert, dass sich bei der Abtretung eines Gesellschaftsanteils die Gesellschaft und der neue Gesellschafter mit dem Übergang der Schiedsvereinbarung ausdrücklich einverstanden erklären; vgl. Baur, FS Fasching, S. 91; Schricker, FS Quack, S. 104 f.; Schwab/Walter, Schiedsgerichtsbarkeit, S. 73.

[622] Baur, FS Fasching, S. 91; Schricker, FS Quack, S. 101, 103; Schwab/Walter, Schiedsgerichtsbarkeit, S. 72 f.; Stein/Jonas – Schlosser, ZPO (21. Auflage), § 1025 Rn 41; kritisch insoweit auch Roth, FS Nagel, S. 325 f.

[623] Schricker, FS Quack, S. 105; Stein/Jonas – Schlosser, ZPO (21. Auflage), § 1025 Rn 41.

[624] Rebmann/Säcker/Rixecker – Roth, MüKo-BGB, § 401 Rn 12, § 404 Rn 5; Schröder, Schiedsgerichtliche Konfliktbeilegung, S. 126; Stein/Jonas – Schlosser, ZPO (21. Auflage), § 1025 Rn 41; ders.; JZ 1996, 1020, 1021.

[625] Stein/Jonas – Schlosser, ZPO (21. Auflage), § 1025 Rn 41.

Interesse der Gesellschaft an der Gleichförmigkeit der Rechtspositionen ihrer Anteilseigner, so dass der Erwerber darauf beschränkt sei, die rechtliche Ausgestaltung des Anteils zu akzeptieren oder von dem Erwerb gänzlich abzusehen.[626] Der zweifellos bestehenden Schutzbedürftigkeit des Erwerbers sei durch die ursprünglich schriftlich gefasste Schiedsabrede hinreichend Rechnung getragen, wobei es nicht darauf ankomme, ob diese in Form einer gesonderten Urkunde existiert oder aber in dem Hauptvertrag enthalten ist.[627] Hierbei sei es dem Erwerber zumutbar, sich nach Existenz und Inhalt einer solchen Urkunde zu erkundigen.[628] Im Recht der AG sei im Übrigen § 23 V AktG als lex specialis zu § 1031 V ZPO anzusehen, da hiermit der privatautonome Regelungsspielraum der Satzung inhaltlich begrenzt und das Vertrauen potentieller Anteilserwerber auf eine den gesetzlichen Anforderungen entsprechende Satzung somit geschützt werde.[629]

b. Anwendung des § 1031 ZPO

Die Gegenmeinung hob vor der Schiedsrechtsreform die Besonderheit der schiedsrechtlichen Formvorschrift hervor. Es ginge dabei nicht um die bloße Anordnung der Schriftform, sondern zusätzlich um das Erfordernis einer eigenständigen Urkunde. Daher konnte die notarielle Beurkundung der Satzung von Kapitalgesellschaften zwar jener Schriftform genügen und die damit intendierte Beweisfunktion wahrnehmen, das Trennungsgebot ersetze sie dagegen nicht.[630] Die Regelung in § 1027 ZPO a.F. sei demzufolge gegenüber § 2 I S. 1 GmbHG bzw. § 23 I S. 1 AktG ein aliud gewesen.[631] Auch habe nicht zugetroffen, dass es an der typischen Gefahr des § 1027 ZPO a.F. (§ 1031 ZPO) fehlte. Denn zum einen ginge es insbesondere bei Gesellschaftsverträgen einer GmbH häufig um erhebliche Vermögenswerte. Zum anderen seien die Vertragsschließenden nicht

---

[626] BGH NJW 1978, 1585, 1586; BGH NJW 1980, 1797; Musielak – Voit, ZPO, § 1066 Rn 7; Schröder, Schiedsgerichtliche Konfliktbeilegung, S. 126 f.

[627] So vor allem BGH NJW 1980, 1797. In BGH NJW 1978, 1585, 1586, entsprach die ursprüngliche Schiedsabrede dagegen dem Formerfordernis des § 1027 ZPO a.F., wobei offengelassen wurde, ob ihre Aufnahme in den Hauptvertrag ausreichend gewesen wäre.

[628] BGH NJW 1978, 1585, 1586; BGH NJW 1980, 1797; vgl. auch Roth, FS Nagel, S. 327 f., der hierin sogar einen besseren Rechtsschutz als den durch § 1031 ZPO erzielten sieht.

[629] Schulze, Grenzen der objektiven Schiedsfähigkeit, S. 135 f.; Schröder, Schiedsgerichtliche Konfliktbeilegung, S. 128 f.

[630] Kleinmann, BB 1970, 1076, 1077; Kornmeier, Vergleichsbefugnis und Schiedsfähigkeit, S. 140 f.; Lousanoff, Wirksamkeit von Schiedsklauseln, S. 9, 21; Schütte, Einsetzung von Schiedsgerichten, S. 16, 40 f.; vgl. auch BGH NJW 1963, 203, 205.

[631] Kornmeier, Vergleichsbefugnis und Schiedsfähigkeit, S. 141.

notwendigerweise hinreichend geschäftsgewandt.[632] Darüber hinaus sei der Schutzzweck jener Vorschrift deswegen zum Tragen gekommen, weil zweifelhaft gewesen sei, ob durch ein Schiedsgericht überhaupt ausreichender Rechtsschutz gewährleistet werden könne.[633]

Im Übrigen müsse auch die spätere Aufnahme einer entsprechenden Schiedsklausel den – gegebenenfalls analog anzuwendenden – Formalien des Schiedsverfahrensrechts genügen.[634] Hierbei bestünde nämlich die Möglichkeit, dass die Beschlussvorlage – neben der Schiedsabrede – weitere Tagesordnungspunkte umfasst, so dass es angesichts einer insoweit bestehenden ‚Überrumpelungsgefahr' notwendig sei, die Schiedsgerichtsvereinbarung besonders hervorzuheben.[635] Sofern in diesem Zusammenhang Mehrheitsbeschlüsse für zulässig erachtet werden, will man innerhalb dieser Meinung wenigstens sicherstellen, dass niemand unbewusst und ungewarnt den Rechtsschutz durch ordentliche Gerichte verliert.[636] Schließlich stünden dem Erfordernis einer gesonderten Urkunde auch keine unüberwindlichen praktischen Barrieren entgegen.[637]

2. Stellungnahme

Zumindest hinsichtlich der Formbedürftigkeit der Gründungssatzung einer Kapitalgesellschaft ist der Meinungsstreit hinfällig geworden. Denn mit der notariellen Beurkundung gemäß § 2 I S. 1 GmbHG bzw. § 23 I S. 1 AktG wird den Voraussetzungen des § 1031 ZPO hinreichend Genüge getan, da auf diese Weise die Schiedsvereinbarung schriftlich fixiert und gemäß § 13 BeurkG von sämtlichen Beteiligten unterschrieben wird. Das Trennungsgebot ist dabei wegen § 1031 V S. 3 HS 2 ZPO ausgeschaltet. Die Frage, ob die satzungsmäßigen Schiedsklauseln hierbei überhaupt gemäß § 1031 ZPO formbedürftig wären, stellt sich demzufolge allenfalls in dogmatischer Hinsicht.[638]

---

[632] Kleinmann, BB 1970, 1076, 1077. In diesem Sinne auch Schwab/Walter, Schiedsgerichtsbarkeit, S. 338; vgl. ferner Stein/Jonas – Schlosser, ZPO, § 1031 Rn 4, § 1066 Rn 13.

[633] Vollmer, Satzungsmäßig Schiedsklauseln, S. 84. So wohl auch Schwab/Walter, Schiedsgerichtsbarkeit, S. 338 (jedenfalls für die Verbandsgerichtsbarkeit bei Sportvereinen).

[634] Schwab/Walter, Schiedsgerichtsbarkeit, S. 342; Stein/Jonas – Schlosser, ZPO (21. Auflage), § 1048 Rn 12.

[635] Kornmeier, Vergleichsbefugnis und Schiedsfähigkeit, S. 145 f.

[636] Kleinmann, BB 1970, 1076, 1077.

[637] Kleinmann, BB 1970, 1076, 1077.

[638] So befindet auch der Gesetzgeber den hierzu geführten Meinungsstreit für entschärft; vgl. BegRegE, BT-Drucks. 13/5274, S. 66. Unverständlich hingegen die Einwendungen von Schmidt, ZHR 162 (1998), 265, 274; Schwab/Walter, Schiedsgerichtsbarkeit, S. 339, die – ungeachtet § 13 BeurkG – das Erfordernis der eigenhändigen Unterschrift problematisieren.

a. Aufnahme durch Satzungsänderung

Sofern eine Schiedsvereinbarung durch Satzungsänderung nachträglich aufgenommen werden soll, wird ein entsprechender Beschluss lediglich bei der GmbH notariell beurkundet (§ 53 II S. 2 GmbHG). Das Recht der AG lässt demgegenüber in § 130 I S. 1 AktG eine notarielle Niederschrift ausreichen, welche weder unter die Ausnahmevorschrift des § 1031 V S. 3 HS 2 ZPO subsumierbar ist noch die eigenhändige Unterzeichnung eines jeden Beteiligten abverlangt. Fraglich ist daher, ob jene notarielle Niederschrift bzw. – wie vorgeschlagen[639] – die Formalien der Beschlussfassung gemäß §§ 123 f. AktG in vergleichbarer Weise den Normzweck des § 1031 ZPO erfüllen.

Die Funktion des § 1031 ZPO geht nach allgemeiner Meinung in zwei Richtungen: Zum einen übernimmt das Erfordernis der schriftlichen Niederlegung – und zwar unabhängig davon, ob ein Verbraucher involviert ist – zu Gunsten der Rechtssicherheit eine Beweisfunktion,[640] welche mit einer notariellen Niederschrift und ebenso dem privatschriftlichen Protokoll gemäß § 130 I S. 3 AktG ohne weiteres erfüllt ist. Zum anderen kommen dem Trennungsgebot sowie dem Erfordernis der eigenhändigen Unterzeichnung eine Warnfunktion zu. Denn hierdurch soll den Beteiligten nicht nur die Unterwerfung unter die private Schiedsgerichtsbarkeit als solche, sondern auch deren Tragweite deutlich vor Augen geführt sowie verhindert werden, dass die Erklärung des Verzichts auf den staatlichen Richter sich versteckt innerhalb eines umfangreichen Regelungswerks befindet, somit leicht übersehen und daher akzeptiert wird, ohne dass sich die Beteiligten des darin liegenden Rechtsverlusts bewusst sind.[641] Eine derartige Schutzrichtung ist dagegen dem reinen Schriftformerfordernis des § 1031 I ZPO nicht beizumessen.[642] Dessen Zweck erschöpft sich vielmehr in der Nachweisbarkeit der Schiedsvereinbarung im Rechtsverkehr, mithin also in der Beweisfunktion, was vor allem die vorreformatorische Formulierung der Formvorschrift belegt, denn gemäß § 1027 II ZPO war eine mündlich vereinbarte Schiedsabrede rechtswirksam, sofern sie für beide Teile als Handelsgeschäft galt. Zu dem – nunmehr – generellen Schriftlichkeitsverlangen im Sinne von § 1031 I ZPO kam es allein aus Gründen der Praktikabilität vor dem Hinter-

---

639 Vgl. oben Dritter Teil, B. III. 1.a.

640 Schröder, Schiedsgerichtliche Konfliktbeilegung, S. 122; Vollmer, Satzungsmäßige Schiedsklauseln, S. 82.

641 BGH NJW 1978, 212; BGH NJW 1978, 1585, 1586; RGZ 153, 267, 269; Kornmeier, Vergleichsbefugnis und Schiedsfähigkeit, S. 140 f.; Schröder, Schiedsgerichtliche Konfliktbeilegung, S. 122; Trotha, DB 1988, 1367, 1369; Wagner, Prozessverträge, S. 492.

642 In diesem Sinne wohl auch BGH NJW 1978, 212; Schröder, Schiedsgerichtliche Konfliktbeilegung, S. 122; Wagner, Prozessverträge, 492 (mit Verweis auf die Entstehungsgeschichte des § 1027 ZPO a.F.).

grund des internationalen Geltungsanspruchs des Schiedsverfahrensrechts.[643] Folglich beziehen sich die hier angestellten Überlegungen allein auf den Fall des § 1031 V ZPO, da sich in allen anderen Fällen angesichts der gesellschaftsrechtlich vorgeschriebenen Schriftlichkeit der Satzungsklauseln keine Schwierigkeiten bezüglich ihrer Formbedürftigkeit auftun.

Die notarielle Niederschrift sowie das privatschriftliche Protokoll sind bereits deswegen untauglich, die Aktionäre über den mit ihrer Unterwerfung unter eine Schiedsklausel verbundenen Rechtsverlust aufzuklären, weil beides zeitlich nach der Beschlussfassung erfolgt, die Hauptversammlung sich also zu diesem Zeitpunkt schon für oder gegen die Satzungsänderung entschieden hat. Hiermit wird demgemäß das mit § 1031 V ZPO verfolgte Ziel nicht erreicht. Es ist indessen auch zweifelhaft, ob die schriftliche Bekanntgabe der Satzungsänderung gemäß § 124 II S. 2 AktG einen adäquaten Ersatz darstellt. Sinn und Zweck dieser Regelung ist die Ermöglichung einer angemessenen Vorbereitung auf die Hauptversammlung.[644] Dies impliziert ein fakultatives Element dergestalt, dass dem Aktionär die Kenntnisnahme von der Satzungsänderung sowie eine entsprechende Vorbereitung eben nur ermöglicht wird. Es fehlt insoweit gänzlich an einem konkreten Aufklärungsakt, welcher auf die Bedeutung des Beschlussgegenstands hinweist. Die Bekanntgabe der Schiedsabrede in der Tagesordnung weist dieser vielmehr den Bedeutungsgehalt einer ‚gewöhnlichen' Satzungsänderung zu, so dass der Anteilseigner – sofern er sie überhaupt hinreichend zur Kenntnis nimmt – sich nicht in besonderem Maße dazu angehalten fühlen muss, hierauf sein spezielles Augenmerk zu richten. In jedem Fall bleibt es ganz allein ihm selbst überlassen, sich den rechtlichen Hintergrund zu erarbeiten, um so zu einer bewussten Entscheidung imstande zu sein. Dagegen will es § 1031 V AktG bei einem solchen autonomen Entscheidungsprozeß nicht belassen, sondern mit größtmöglicher Deutlichkeit eine Warnung an die potentielle Schiedsvertragspartei aussprechen, die dann ihrerseits nicht umhin kann, ihre Entscheidung genau zu überdenken. In Ermangelung einer solchen Einwirkung auf die Beschlussfassung kann weder der notariellen Niederschrift noch dem privatschriftlichen Protokoll die wegen § 1031 V ZPO zu fordernde Warnfunktion beigemessen werden.

Zu einem hinreichend deutlichen Hinweis auf die Bedeutung der Aufnahme einer Schiedsvereinbarung kommt es gleichwohl bei einer Abstimmung, welche

---

[643] Vgl. BegRegE, BT-Drucks. 13/5274, S. 36, wonach eine § 1027 II ZPO a.F. vergleichbare Regelung für ausländische Rechtsordnungen kaum praktikabel wäre, weil diesen der Begriff des Handelsgeschäfts fremd sei. Ein echtes Bedürfnis für die Gültigkeit mündlicher Schiedsvereinbarungen bestehe somit nicht. I.Ü. entspreche die Fassung des § 1031 ZPO auch der Regelung in dem Übereinkommen über die Anerkennung und Vollstreckung ausländischer Schiedssprüche von 1958.

[644] Geßler/Hefermehl/Eckhardt/Kropff – Eckhardt, AktG, § 124 Rn 9; Hüffer, AktG, § 124 Rn 9.

ausschließlich diese Satzungsänderung zum Inhalt hat. Eine separate Beschlussfassung hat nämlich – ebenso wie jene Urkunde im Sinne von § 1031 V S. 3 ZPO – lediglich *eine* Rechtsänderung zum Gegenstand, so dass sich die Beweggründe des Aktionärs bei dessen Entscheidungsprozeß auch nur auf die Schiedsvereinbarung beziehen können. Die Gefahr der Überlagerung vermeintlich wichtigerer Bestandteile eines umfangreichen Änderungspakets kommt hierbei nicht zum Tragen. Das Fehlen einer ausdrücklichen Unterzeichnung wird im Übrigen durch das Zustimmungserfordernis[645] kompensiert. Denn in beiden Fällen wird von der zukünftigen Schiedsvertragspartei ein Zutun verlangt, ohne das die Schiedsvereinbarung nicht wirksam zustande kommt.

Festzuhalten ist also, dass diese Modalitäten der aktienrechtlichen Beschlussfassung mit der notariellen Beurkundung gleichgesetzt werden können. Demgemäß stellen sie eine Kompensation im Sinne des § 1031 V S. 3 HS 2 ZPO dar, so dass insoweit der Anwendungsbereich des § 1031 ZPO teleologisch zu reduzieren und eine zusätzliche Beachtung des § 1031 V ZPO entbehrlich ist.

b. Rechtsnachfolge und Beitritt

Soweit ersichtlich, gibt es nur wenige Stimmen, welche die Anwendbarkeit des § 1031 ZPO bei dem – originären wie derivativen – Erwerb eines Gesellschaftsanteils im Falle einer schon existierenden Schiedsklausel fordern.[646] Dies erscheint vor allem aus Funktionalitätsgründen als angezeigt. Die Bindung des neuen Gesellschafters an eine Schiedsklausel kann gerade beim freien Handel von Geschäftsanteilen oder Aktien nicht davon abhängig gemacht werden, ob den Voraussetzungen des § 1031 ZPO entsprochen wurde. Diese Vorschrift ist im Falle der Rechtsnachfolge und des Beitritts auch bereits nicht einschlägig. Denn dort geht es nicht um die originäre Vereinbarung einer Schiedsklausel. Vielmehr übernimmt der neue Anteilseigner bei Erwerb eines Geschäftanteils ein bereits existierendes ‚Rechtspaket', und ein Verhandlungsspielraum steht ihm nicht zu. Diese Situation lässt sich dann auch mit jener gemäß § 404 BGB vergleichen, so dass sich das Zurückstehen der Interessen des neuen Gesellschafters mit § 404 BGB dogmatisch begründen lässt. Anders als § 401 BGB, der dafür sorgt, dass bei der Übertragung einer Forderung die mit ihr verbundenen rechtlichen Vergünstigungen und Vorteile auch dem neuen Gläubiger erhalten bleiben, dient § 404 BGB dazu, dass die Rechtspositionen des Gläubigers, aber vor allem eben des Schuldners, von dem Gläubigerwechsel unberührt bleiben. So wird demzufolge das Interesse des Schuldners, durch den ohne seine Mitwirkung vollzogenen Gläubigerwechsel nicht benachteiligt zu werden, durch

[645] Vgl. oben Dritter Teil, B. I. 2. b.

[646] Stein/Jonas – Schlosser, ZPO, § 1066 Rn 13. Auch die oben (Dritter Teil, B. III. 1.b.) dargestellte Ansicht bezieht sich bei ihren Ausführungen nicht auf die Rechtsnachfolge bzw. den Beitritt.

diese Vorschrift für schutzbedürftig befunden.[647] Diese gesetzgeberische Interessenwertung lässt sich auch auf die gesellschaftsrechtliche Rechtsnachfolge übertragen, da sich die Situation dort als mit der in § 404 BGB als vergleichbar darstellt. Denn gerade für die Gesellschaft ist es von großer Bedeutung, dass die Rechtsstellung des neuen Gesellschafters mit der des alten übereinstimmt.

Nichts anderes darf für den Gesellschaftsbeitritt gelten. Zwar passt § 404 BGB seinem Wortlaut nach insoweit nicht, als darin von einer Weiterveräußerung ausgegangen wird, ein Inhaber der in Frage stehenden Rechte und Pflichten also bereits existierte, wohingegen beim Beitritt eine neu hinzutretende Person zum originären Erwerber eines Gesellschaftsanteils wird. Allerdings ist nicht einzusehen, warum die Rechtsnachfolge einerseits sowie der Gesellschaftsbeitritt andererseits an dieser Stelle unterschiedlich zu behandeln sind. Dies ließe sich allein mit einer erhöhten Schutzbedürftigkeit der beitretenden Person rechtfertigen, woran es jedoch mangelt.

Demzufolge bedarf wegen der in § 404 BGB zum Ausdruck kommenden Wertung weder der Erwerb eines bereits vorhandenen Gesellschaftsanteils noch der Erwerb eines neu geschaffenen Anteils der Form des § 1031 ZPO.

c. Ergebnis

Sofern bereits die Gründungssatzung eine Schiedsklausel enthält, sorgen die Formvorschriften der §§ 2 I S. 1 GmbHG, 23 I S. 1 AktG dafür, dass auch den Voraussetzungen des § 1031 ZPO entsprochen wird. Bei der GmbH ist auch die nachträgliche Aufnahme einer Schiedsvereinbarung unproblematisch, denn § 53 II S. 2 GmbHG schreibt insofern ebenfalls die notarielle Beurkundung vor.

Die Vorschrift des § 130 I S. 1 AktG sieht indes für die AG lediglich die notarielle Niederschrift vor, so dass Sinn und Zweck des § 1031 ZPO allein durch eine separate Beschlussfassung erreicht werden können.

Besondere Formvorschriften für die Rechtsnachfolge und den Beitritt gibt es dagegen nicht.

IV. Vereinbarkeit mit § 23 V AktG

Der schiedsrichterlichen Beilegung von gesellschaftsrechtlichen Beschlussmängelstreitigkeiten könnte im Rahmen der AG der Grundsatz der Satzungsstrenge gemäß § 23 V AktG entgegenstehen. Denn § 23 V AktG statuiert eine Beschränkung der Satzungsautonomie, so dass die Aufnahme einer korporativen Schiedsklausel für Beschlussmängelklagen insofern u.U. ausgeschlossen sein könnte. Das Verhältnis der aktienrechtlichen Satzungsstrenge zu satzungsmäßigen Schiedsklauseln ist dabei freilich umstritten.

---

[647] Vgl. hierzu auch Rebmann/Säcker/Rixecker – Roth, MüKo-BGB, § 404 Rn 1.

1. Meinungsstand

a. Verstoß gegen § 23 V AktG

Der BGH sowie Teile des Schrifttums sehen in der satzungsmäßigen Zuweisung gesellschaftsrechtlicher Beschlussmängelklagen zu einem Privatgericht eine im Sinne des § 23 V S. 1 AktG unzulässige Abweichung von den aktienrechtlichen Vorschriften.[648] So folge aus dem System der §§ 241 ff. AktG, dass dem Aktionär im Falle einer Beschlussmängelstreitigkeit staatlicher Rechtsschutz zu gewähren ist.[649] Die Zuständigkeitsregelung des § 246 III S. 1 AktG sei zwar auf die ordentliche Gerichtsbarkeit beschränkt und demzufolge kein Hinderungsgrund für die objektive Schiedsfähigkeit, doch ändere dies nichts an dessen Aussage, dass die Streitgegenstände in diesem Zusammenhang staatsgerichtlich beizulegen sind,[650] was letztlich auch der Sachzusammenhang der §§ 246 ff. AktG hinreichend deutlich mache.[651] Hierbei habe der Gesetzgeber sich ganz bewusst für eine förmliche Ausgestaltung entschieden, von welcher es nicht abzuweichen gilt.[652]

Davon abgesehen würde die aktienrechtliche Verbandsverfassung bei Zulässigkeit satzungsmäßiger Schiedsklauseln um ein viertes Organ, namentlich das Schiedsgericht, erweitert werden.[653] Dies hätte eine Veränderung des – gesetzlich geregelten – Entscheidungsprozesses zur Folge, da das Schiedsgericht als verbindliche Entscheidungsinstanz keine lediglich beratende Funktion einnehme.[654] Die gesetzliche Organisationsstruktur der AG erfahre hierdurch eine ver-

---

648 Baums, DJT Gutachten, F97; BGH ZIP 1996, 830, 832; Geimer, DZWir 1997, 119, 120; Hommelhoff, ZHR 143 (1979), 288, 312, 313; Henze, Aktienrecht, Rn 1030 ff.; ders., ZIP 2002, 97, 99; Hüffer, AktG, § 246 Rn 19; Kropff/Semler – Hüffer, MüKo-AktG, § 246 Rn 29 f.; Musielak – Voit, ZPO, § 1066 Rn 8; Noack, Gesellschaftervereinbarungen, S. 225; Raeschke-Kessler/K. P. Berger, Recht und Praxis, Rn 179; Schmidt, ZGR 1988, 523, 537 f.; ders.; JZ 1989, 1077, 1083 f.; ders., AG 1995, 551, 553; ders., ZHR 162 (1998), 265, 282; Schulze, Grenzen der objektiven Schiedsfähigkeit, S. 135 f.; H. P. Westermann, Schiedsfähigkeit, S. 40, 46.

649 BGH ZIP 1996, 830, 832; Henze, Aktienrecht, Rn 1032; ders., ZIP 2002, 97, 99; Hüffer, AktG, § 246 Rn 19; Schmidt, ZGR 1988, 523, 537; ders., BB 2001, 1857, 1861; H. P. Westermann, Schiedsfähigkeit, S. 40. Vgl. auch Henze, ZGR 1988, 542, 555.

650 Henze, Aktienrecht, Rn 1032; Schmidt, AG 1995, 551, 553; Schulze, Grenzen der objektiven Schiedsfähigkeit, S. 136.

651 Henze, Aktienrecht, Rn 1032.

652 Noack, Gesellschaftervereinbarungen, S. 225. Vgl. auch BGH ZIP 1996, 830, 833.

653 Hommelhoff, ZHR 143 (1979), 288, 312.

654 Hommelhoff, ZHR 143 (1979), 288, 312; in diesem Sinne auch Schröder, Schiedsgerichtliche Konfliktbeilegung, S. 160 f., sofern das Schiedsgericht zu Billigkeitsentscheidungen ermächtigt ist.

tikale Ausdehnung, indem ein hierarchisches Element in sie hineingetragen werde, welches als Fremdkörper ihre organschaftliche Gleichordnung störe.[655]

b. Vereinbarkeit mit § 23 V AktG

Die immer stärker werdende Gegenmeinung sieht in § 23 V AktG dagegen kein Hindernis für die schiedsrichterliche Erledigung aktienrechtlicher Beschlussmängelklagen.[656] Die Garantie eines staatlichen Rechtsschutzes ließe sich nämlich gerade nicht dem Aktienrecht entnehmen.[657] Die Konfliktbeilegung durch staatliche Institutionen stelle zwar die Grundform des Rechtsschutzes dar, von der die gesamte Rechtsordnung als Regelfall ausgehe, allerdings sei dadurch nichts über die Inanspruchnahme privater Gerichte als Rechtsschutzalternative ausgesagt.[658] Insbesondere aus § 246 III S. 1 AktG folge allein eine auf die ordentliche Gerichtsbarkeit beschränkte Zuständigkeitsanordnung.[659] Es sei demgegenüber widersprüchlich, diese Norm im Zusammenhang mit § 23 V AktG anders zu interpretieren.[660] Vielmehr sei § 1025 ZPO a.F. (= § 1030 ZPO) dem § 23 V AktG als spezielle Verfahrensnorm vorrangig.[661]

Der Grundsatz der aktienrechtlichen Satzungsstrenge könne allenfalls aus Gründen der Rechtssicherheit und des Minderheiten- sowie Anlegerschutzes greifen. Weder das eine noch das andere sei durch die Zuständigkeit eines Schiedsgerichts gefährdet, da hiermit ein grundsätzlich vergleichbarer Rechtsschutz erreicht werde.[662] Der Anlegerschutz werde durch eine Sonderbestimmung zur gerichtlichen Zuständigkeit gar nicht erst betroffen.[663] Dessen unge-

655 Hommelhoff, ZHR 143 (1979), 288, 312 f.

656 Bender, DB 1998, 1900, 1901; Bork, ZHR 160 (1996), 374, 377; Lüke/Blenske, ZGR 1998, 253, 257 ff.; Mertens, ZGR 1994, 426, 438 f.; Papmehl, Schiedsfähigkeit, S. 102 ff.; Schröder, Schiedsgerichtliche Konfliktbeilegung, S. 134 ff.; Stein/Jonas – Schlosser, ZPO, § 1034 Rn 29; Vetter, DB 2000, 705, 706; Vollmer, ZGR 1982, 15, 30 f.; Wagner, Prozessverträge, S. 593; Zöller – Geimer, ZPO, § 1030 Rn 9; Zöllner, AG 2000, 145, 150.

657 Bender, DB 1998, 1900, 1901; Mertens, ZGR 1994, 426, 438 f.; Raeschke-Kessler, SchiedsVZ 2003, 145, 152; Vollmer, ZGR 1982, 15, 30.

658 Lachmann, Schiedsgerichtspraxis, Rn 225; Schröder, Schiedsgerichtliche Konfliktbeilegung, S. 143.

659 Bender, DB 1998, 1900, 1901; Bork, ZHR 160 (1996), 374, 377; Lachmann, Schiedsgerichtspraxis, Rn 225; Lüke/Blenske, ZGR 1998, 253, 258; Schröder, Schiedsgerichtliche Konfliktbeilegung, S. 142; Stein/Jonas – Schlosser, ZPO (21. Auflage), § 1025 Rn 27f; Zöllner, AG 2000, 145, 150. In diesem Sinne nun auch Schmidt, BB 2001, 1857, 1861.

660 Bork, ZHR 160 (1996), 374, 377; Papmehl, Schiedsfähigkeit, S. 103.

661 Lüke/Blenske, ZGR 1998, 253, 259.

662 Lüke/Blenske, ZGR 1998, 253, 258. In diesem Sinne auch Schröder, Schiedsgerichtliche Konfliktbeilegung, S. 143; Vollmer, ZGR 1982, 15, 30.

663 Lüke/Blenske, ZGR 1998, 253, 258.

achtet haben die Gläubiger, Anleger, Arbeitnehmer und sonstigen Interessenten hinreichende Möglichkeiten, sich über die Beschlussmängelverfahren an einem Schiedsgericht zu informieren, so dass dem Bedürfnis nach Transparenz, welches vor allem bei der Publikumsgesellschaft bestehen kann, Genüge getan werde.[664] Das Nichtbestehen eines erhöhten Rechtsschutzbedürfnisses bei aktienrechtlichen Beschlussmängelstreitigkeiten werde darüber hinaus dadurch gezeigt, dass der Gesetzgeber dies – wie etwa für Wohnraummietstreitigkeiten in § 1030 II ZPO – klar zum Ausdruck gebracht hätte, zumal diese Problematik insbesondere der Reformkommission hinreichend bekannt gewesen wäre.[665]

Auch sei das Argument, mit der Zulässigkeit eines satzungsmäßigen Schiedsgerichts würden die Entscheidungsprozesse innerhalb der AG durch ein zusätzliches weiteres Organ verändert, unzutreffend. Das Schiedsgericht sei nämlich auf die Aufgabe beschränkt, eine Rechtmäßigkeitskontrolle auszuüben, eine darüber hinaus gehende Entscheidungskompetenz gäbe es dagegen nicht.[666] Eine Verschiebung der aktienrechtlichen Organisationsstruktur wird allerdings vereinzelt bejaht, sofern die Schiedsrichter gemäß § 1051 III ZPO ermächtigt sind, Billigkeitsentscheidungen zu treffen. Denn indem dem Schiedsgericht auf diese Weise eine an Zweckmäßigkeitsgesichtspunkten orientierte Entscheidung ermöglicht wird, würde es sich zu einem Organ der Unternehmensführung wandeln, das mithin auch unternehmerische Entscheidungen fällen könnte.[667] Gleichzeitig würde die so erreichte Bindung der Minderheitsaktionäre an rechtswidrige Beschlüsse deren Legitimation entbehren. Der gesetzmäßige Rechtsschutz sei in diesem Zusammenhang ein unverzichtbares Rechtfertigungselement für das aktienrechtliche Mehrheitsprinzip, so dass in dem Anteilserwerb auch keine Blankoermächtigung zur Statuierung von gesellschaftsrechtlichen Bindungen jedweden Inhalts zu sehen sei.[668] Schließlich sei die Zulässigkeit schiedsrichterlicher Billigkeitsentscheidungen auch im Hinblick auf das Gleichbehandlungsgebot in § 53a AktG bedenklich.[669]

Im Übrigen führen auch nicht die Besonderheiten der §§ 246 ff. AktG – wie etwa die Streitwertspaltung gemäß § 247 AktG, die erweiterte Rechtskrafterstreckung gemäß § 248 I S. 1 AktG sowie der Gestaltungscharakter der Anfechtungsklage – zu der Einschlägigkeit des § 23 V AktG, da das Schiedsverfahren

---

664 Schröder, Schiedsgerichtliche Konfliktbeilegung, S. 162 f.

665 Schröder, Schiedsgerichtliche Konfliktbeilegung, S. 144 f.

666 Papmehl, Schiedsfähigkeit, S. 103; Vollmer, ZGR 1982, 15, 30 f.

667 Schröder, Schiedsgerichtliche Konfliktbeilegung, S. 161 f. Vgl. auch Bork, ZHR 160 (1996), 374, 380, derr sich eine Entscheidung nach Billigkeit in einem Beschlussmängelstreit bereits gar nicht vorstellen kann.

668 Schröder, Schiedsgerichtliche Konfliktbeilegung, S. 146 f.

669 Schröder, Schiedsgerichtliche Konfliktbeilegung, S. 147.

jenen Institutionen keineswegs im Wege steht.[670] Letztlich würde es auch als äußerst widersprüchlich erscheinen, GmbH-Beschlüsse und AG-Beschlüsse allein wegen § 23 V AktG unterschiedlich zu behandeln.[671]

2. Stellungnahme

Die Bestimmung des § 23 V AktG unterscheidet zwischen Abweichungen vom Gesetz und Ergänzungen desselben. Bei der Abweichung wird an die Stelle der gesetzlichen Vorschrift eine andere gesetzt, während eine Ergänzung die gesetzliche Regel im Grundsatz unberührt lässt. Die Grenzen sind hierbei naturgemäß fließend, da eine ergänzende Bestimmung zu einer abschließenden Regelung immer auch als eine unzulässige Abweichung der aktienrechtlichen Vorschriften gesehen werden kann.[672] Die Aufnahme einer satzungsmäßigen Schiedsklausel wäre also dann wegen § 23 V AktG unwirksam, wenn das Aktiengesetz im Bereich der gesellschaftsrechtlichen Beschlussmängelstreitigkeiten den Rechtsschutz vor den ordentlichen Gerichten vorsehen und insofern keine Ausnahmevorschrift bzw. ein abschließendes Regelwerk enthalten würde.

Dass sich die ausschließliche Landgerichtszuständigkeit gemäß § 246 III S. 1 AktG nicht nachteilig auf die objektive Schiedsfähigkeit auswirkt, wurde schon an anderer Stelle ausgeführt.[673] Vor diesem Hintergrund ist es im Rahmen der aktienrechtlichen Satzungsstrenge unmöglich, satzungsmäßige Schiedsklauseln für unzulässig zu befinden, ohne sich dabei in klarem Widerspruch zu sich selbst zu setzen. Denn § 246 III S. 1 AktG kann nicht in dem einen Zusammenhang für die Schiedsgerichtsbarkeit unschädlich sein, weil er ausschließlich die Frage des staatlichen Gerichtsstands beantwortet und in dem anderen Zusammenhang die grundsätzlich zulässige Wahlmöglichkeit zwischen staatlicher und privater Gerichtsbarkeit unterbinden. Die erste Interpretation impliziert ja gerade die Aussage, dass sich die ausschließliche Landgerichtszuständigkeit in keiner Weise – also auch nicht über § 23 V AktG – nachteilig für die Schiedsgerichtsbarkeit auswirkt.

Fraglich ist jedoch, ob sich eine Garantie bzw. Notwendigkeit staatlichen Rechtsschutz aus dem Regelungssystem der §§ 241 ff. AktG insgesamt ableiten lässt. Hierzu ist zunächst zu sagen, dass die institutionalisierte Beilegung der Beschlussmängelstreitigkeiten in der Tat prinzipiell vor ordentlichen Gerichten

---

[670] Schröder, Schiedsgerichtliche Konfliktbeilegung, S. 155, 158; Wagner, Prozessverträge, S. 593.

[671] Lüke/Blenske, ZGR 1998, 253, 257 (die zudem darauf hinweisen, dass § 23 V AktG der Auskunftsklage gemäß § 132 I S. 1 AktG offenbar nicht entgegen steht); Wagner, Prozessverträge, S. 593.

[672] Vgl. auch Henn, Aktienrecht, Rn 161; Schröder, Schiedsgerichtliche Konfliktbeilegung, S. 134; Zöllner – Kraft, KK-AktG, § 23 Rn 82.

[673] Siehe oben Zweiter Teil, A. I. 3. a.

geschieht, wohingegen die private Gerichtsbarkeit insoweit eher einen Ausnahmefall darstellt, welcher ausschließlich in den §§ 1025 ff. ZPO geregelt wird. Allein dort ist es notwendig, aber auch ausreichend, die Schiedsgerichtsbarkeit als alternative Rechtsschutzform ausdrücklich zur Geltung zu bringen, so dass an anderer Stelle – namentlich bei den gesellschaftsrechtlichen Beschlussstreitigkeiten – eine zusätzliche Erwähnung nicht nur unnötig, sondern auch überflüssig wäre. Im Rahmen der §§ 241 ff. AktG vermag also weder das gesetzgeberische Schweigen zur schiedsrichterlichen Konfliktbeilegung noch der dort u.U. ableitbare Rechtsschutz durch staatliche Gerichte für sich genommen eine im Sinne des § 23 V AktG verbindliche Regelung zu begründen. Zu einem derartigen Ergebnis muss man allenfalls dann kommen, wenn der durch das Schiedsverfahren ermöglichte Rechtsschutz ein Minus im Vergleich zu der ordentlichen Gerichtsbarkeit darstellt. Mit anderen Worten kann von der Zuständigkeit des Landgerichts in aktienrechtlichen Beschlussmängelstreitigkeiten dann nicht abgewichen werden, wenn sich die besonders gesetzlich ausgestaltete Konfliktbeilegung durch ein privates Gerichtsverfahren nicht in dieser Form erreichen lässt. Als Beurteilungsmaßstab lässt sich insbesondere die erweiterte Rechtskrafterstreckung gemäß § 248 I S. 1 AktG anführen, da sich dieses Rechtsinstitut, wie noch zu zeigen sein wird,[674] sämtliche spezielle Modalitäten der §§ 241 ff. AktG – wie beispielsweise die Verfahrenskonzentration, die Streitwertspaltung sowie die Rechtsschutzmöglichkeit potentieller Prozessparteien – zur Bedingung macht. Insoweit besteht ein systemimmanenter Regelungszusammenhang, so dass nunmehr danach zu fragen ist, ob das Schiedsverfahren in der Lage ist, den rechtlichen Anforderungen der erweiterten Rechtskrafterstreckung Rechnung zu tragen, um auf diese Weise selbst die verbindliche Wirkung des § 248 I S. 1 AktG erzeugen zu können. Ohne die hierzu angestellten Untersuchungen vorweg zu nehmen, soll dies an dieser Stelle bereits bejaht werden. Sofern nämlich das privatgerichtliche Verfahren in der erforderlichen Weise ausgestaltet ist, stehen der Rechtskrafterstreckung keinerlei Bedenken gegenüber.[675] Demzufolge bestehen hinsichtlich des Schiedsverfahrens im Rahmen der §§ 241 ff. AktG keine unüberwindlichen Hindernisse, so dass es insoweit im Vergleich zum ordentlichen Gerichtsverfahren als echte Rechtsschutzalternative einzustufen ist. Aus der Perspektive der aktienrechtlichen Satzungsstrenge ist der staatliche Rechtsschutz also keineswegs unabdingbar vorgeschrieben.

Fraglich ist indessen, ob satzungsmäßige Schiedsklauseln vor dem Hintergrund des aktienrechtlichen Prinzips der Gewaltenteilung und der Ausbalancierung der Gewalten zwischen ihren Organen ebenfalls keinen Verstoß gegen § 23 V AktG darstellen. Sofern das Schiedsgericht zur bloßen Rechtmäßigkeitskon-

[674] Siehe unten Dritter Teil, C. II.

[675] Siehe unten Dritter Teil, C. II. 2. und Dritter Teil, D.

trolle nach den gesetzlichen und satzungsrechtlichen Vorgaben eingesetzt wird, stimmt dieser Aufgabenkreis mit dem eines ordentlichen Gerichts, welches wegen Beschlussstreitigkeiten angerufen wurde, überein. Insoweit wird die Verhältnismäßigkeit der verfassungsrechtlichen Ordnung der AG nicht oder nur in gesetzlich zulässiger Weise gestört.[676]

Die Gleichsetzung von staatlicher und privater Kontrolle ist hingegen dann nicht möglich, wenn die Schiedsrichter gemäß § 1051 III ZPO dazu ermächtigt worden sind, nach Gesichtspunkten der Billigkeit zu entscheiden, da dies der staatlichen Gerichtsbarkeit – bis auf wenige Ausnahmen – prinzipiell fremd ist.[677] Zwar erlaubt eine Ermächtigung im Sinne von § 1051 III ZPO dem Schiedsgericht, nicht völlig unabhängig von den Regelungen der maßgeblichen materiellen Rechtsordnung zu entscheiden.[678] Dennoch ist zumindest theoretisch denkbar, dass einer Beschlussmängelklage trotz Rechtmäßigkeit des Beschlusses stattgegeben, oder aber dass sie trotz dessen Rechtswidrigkeit abgewiesen wird.[679] Die Konsequenz ist, dass in dem einen Fall die Gesellschaftermehrheit in ihrem Recht auf (rechtmäßige) Beschlussfassung und in dem anderen Fall die Gesellschafterminderheit in ihrem Recht auf eine (auf Gesetz und Satzung beruhende) Rechtmäßigkeitskontrolle beeinträchtigt wird, da sich eine mit der Hauptversammlung nicht übereinstimmende Instanz darüber hinwegsetzen kann. Angesichts des hier geforderten Zustimmungserfordernisses bei der Aufnahme satzungsmäßiger Schiedsklauseln[680] begegnen diesem wenigstens in legitimationsrechtlicher Hinsicht keine Bedenken.[681] Denn in der Zustimmung liegt im Falle des § 1051 III ZPO auch das Einverständnis jedes einzelnen Aktionärs, an Schiedssprüche gebunden zu sein, welche bestimmte Gesellschafterbeschlüsse entgegen der materiellen Rechtslage ausnahmsweise für wirksam bzw. unwirksam erklären. Daneben verhindert die in der Schiedsklausel anzuordnende Verfahrenskonzentration im Sinne von § 246 III S. 3 AktG, dass bei Klagen über Hauptversammlungsbeschlüsse, die an demselben rechtlichen Mangel leiden, aus Billigkeitserwägungen verschiedentlich entschieden wird, so dass insoweit zu keiner Störung des aktienrechtlichen Gleichbehandlungsgebots gemäß § 53a AktG kommen kann.[682]

---

676 So auch Schröder, Schiedsgerichtliche Konfliktbeilegung, S. 159 f.; Vollmer, ZGR 1982, 15, 30 f.

677 Vgl. Lüke/Wax – Münch, MüKo-ZPO, § 1051 Rn 22.

678 So zu Recht Lüke/Wax – Münch, MüKo-ZPO, § 1051 Rn 23.

679 Siehe Schröder, Schiedsgerichtliche Konfliktbeilegung, S. 160.

680 Siehe oben Dritter Teil, B. I. 2. b.

681 So aber Schröder, Schiedsgerichtliche Konfliktbeilegung, S. 146 f.

682 Dagegen sieht Schröder, Schiedsgerichtliche Konfliktbeilegung, S. 147, jenes Gebot ‚ernsthaft in Frage gestellt'.

Dennoch steht der Umstand, dass das Schiedsgericht ungeachtet der materiellen Rechtslage und unabhängig vom Willen der Hauptversammlung über das rechtliche Schicksal des zur richterlichen Entscheidung vorgelegten Beschlusses entscheiden kann, der aktienrechtlichen Kompetenzzuweisung entgegen. In erster Linie geht es dabei um die gesetzliche Zuständigkeitsverteilung zwischen den Organen, namentlich der Hauptversammlung, dem Vorstand sowie dem Aufsichtsrat, untereinander. Insoweit schreibt § 23 V AktG jene ‚Macht-Zentren' mit ihren jeweiligen Zuständigkeitsbereichen zwingend vor,[683] d.h. ein dem einen Organ zugewiesener Entscheidungsspielraum darf sich weder zu Gunsten noch zu Lasten des oder der anderen verändern. Ein zu Billigkeitsentscheidungen ermächtigtes Schiedsrichtergremium stärkt die Stellung des Vorstands und die des Aufsichtsrats unmittelbar zwar nicht, da deren Kompetenzbereiche hierdurch in keiner Weise erweitert werden. Allerdings werden die der Hauptversammlung zugewiesenen Kompetenzen beeinträchtigt und mithin zumindest deren Stellung geschwächt, was wiederum zu einer mittelbaren Stärkung des Vorstands sowie des Aufsichtsrats führt. In jedem Fall kommt es hierdurch bei dem aktienrechtlich festgeschriebenen Triumvirat zu einer Veränderung der Machtbalance, was durch das Institut der aktienrechtlichen Satzungsstrenge gerade vermieden werden soll.

3. Ergebnis

Der Schiedsklausel steht die aktienrechtliche Satzungsstrenge grundsätzlich nicht entgegen. Denn ausschließlich staatlicher Rechtsschutz wird durch die §§ 241 ff. AktG nicht vorgeschrieben, so dass alternativ auch Schiedsverfahren vereinbart werden können. Gleichwohl sind satzungsmäßige Schiedsklauseln nur insoweit zulässig, als von einer Ermächtigung der Schiedsrichter zu Billigkeitsentscheidungen abgesehen wird.[684]

---

[683] Henn, Aktienrecht, Rn 161 f.; Hoffmann-Becking – Wiesner, MüKo-AktG, S. 45; Hüffer, AktG, § 23 Rn 36; Timm, DB 1980, 1201, 1204.

[684] So auch Schröder, Schiedsgerichtliche Konfliktbeilegung, S. 160 f., 165; wohl auch Vollmer, ZGR 1982, 15, 30 f.

C. Analoge Anwendung des § 248 I S. 1 AktG

Wie sich gezeigt hat, wird die Erstreckung der Rechtskraft auf am Verfahren Unbeteiligte bei der staatlichen Gerichtsbarkeit durch § 248 I S. 1 AktG angeordnet. Für das Schiedsverfahren bietet sich die Untersuchung der entsprechenden Verwendung jener Norm an. Sofern sich dieser Weg als nicht gangbar erweist, könnten zumindest die insofern ermittelten Unterschiede zwischen dem staatlichen und dem privaten Gerichtsverfahren Aufschluss über die – kautelarjuristisch – durchzuführenden Maßnahmen zur Legitimation einer erweiterten Rechtskrafterstreckung geben.[685]

I. Bestehen einer Regelungslücke

Das Bestehen einer Regelungslücke kann jedenfalls dann verneint werden, wenn die Erstreckungsnorm des § 248 I S. 1 AktG *direkt* auch im Schiedsverfahren Anwendung findet. Allerdings folgt bereits aus der Systematik der §§ 241 ff. AktG und insbesondere aus dem Wortlaut in § 246 III S. 1 AktG, dass mit dem Urteilsbegriff im Sinne von § 248 I S. 1 AktG nur ein staatliches Urteil gemeint sein kann, so dass sich dessen direkte Anwendung auf Schiedsverfahren verbietet.[686]

Im Übrigen kann auch nicht das Argument greifen, die erweiterte Rechtskraft von § 248 I S. 1 AktG sei privaten Gerichten zuzusprechen, weil § 1040 ZPO a.F. (= § 1055 ZPO n.F.) eine Gleichstellung des Schiedsspruchs mit einem gerichtlichen Urteil bestimme[687] bzw. zumindest nicht zwangsläufig anordne, dass der Schiedsspruch die Wirkung eines rechtskräftigen Urteils ‚nur' oder ‚ausschließlich' unter den Parteien habe.[688] Zwar lässt sich der insofern übereinstimmende Regelungsgehalt von §§ 325, 1055 ZPO nicht ohne weiteres mit dem

---

[685] Insoweit auch Schmidt, ZHR 162 (1998), 265, 286; ders., BB 2001, 1857, 1859.

[686] So auch BGH ZIP 1996, 830, 833. Allerdings ist die Rechtskrafterstreckung freilich dann entbehrlich, wenn sämtliche Gesellschafter – gleichberechtigt – am Schiedsverfahren teilnehmen; vgl. auch Bredow, DStR 1996, 1653, 1654; Schröder, Schiedsgerichtliche Konfliktbeilegung, S. 220 (Fn 759 m.w.N.).

[687] Kornmeier, Vergleichsbefugnis und Schiedsfähigkeit, S. 38; Petermann, BB 1996, 277, 278; Schick, Schiedsfähigkeit, S. 52; ähnlich auch Bosch, WiB 1996, 718, 720; Trittmann, ZGR 1999, 340, 352 f. Kritisch zur Aussagefähigkeit des § 1040 ZPO a.F. dagegen Ebenroth/Bohne, BB 1996, 1393, 1396; Henze, ZGR 1988, 542, 557.

[688] So aber Kornmeier, Vergleichsbefugnis und Schiedsfähigkeit, S. 38; Papmehl, Schiedsfähigkeit, S. 92 f. Schröder, Schiedsgerichtliche Konfliktbeilegung, S. 219, sieht hierin zumindest den richtigen Kern, dass § 1055 ZPO die spezielle gesellschaftsrechtliche Konstellation, welcher durch § 248 I S. 1 AktG Rechnung getragen wird, ‚wohl gar nicht im Auge gehabt hat und daher hierüber keine Aussage trifft'; ebenso: H. P. Westermann, Schiedsfähigkeit, S. 38.

Wortlaut des § 1055 ZPO begründen, da bereits § 866 CPO im Jahre 1877 ebenso lautete wie § 1055 ZPO, die Vorschriften der heutigen §§ 325-327 ZPO unterdessen erst durch die Novelle von 1898 in die ZPO aufgenommen wurden.[689] Allerdings kann damit die gemeinsame Richtung der §§ 325, 1055 ZPO auch nicht bestritten werden. Vielmehr ist davon auszugehen, dass der Gesetzgeber im Laufe der Jahre eine ausdrückliche Klarstellung – ungeachtet der geäußerten Irritationen – bewusst unterließ, da sich die Grenzen des § 1055 ZPO ja gerade aus dessen Parallelnorm gemäß § 325 ZPO ergeben. Im Übrigen hätte auch nicht die Beschränkung, sondern vielmehr die Ausdehnung der subjektiven Grenzen der Rechtskraft einer besonderen gesetzlichen Ausdehnung bedurft.[690] Ein solches Statut ist indessen weder im 10. Buch der ZPO noch an anderer Stelle existent.

Aus diesen Gründen ist hierbei von einer Regelungslücke im Rahmen der Schiedsgerichtsbarkeit auszugehen.[691]

II. Vergleichbarkeit der Interessenlage

Die zweite Analogievoraussetzung ist das Vorliegen zweier vergleichbarer Interessenlagen. Gegenstand der Betrachtung ist in diesem Zusammenhang das staatliche Gerichtsverfahren einerseits sowie das private Gerichtsverfahren andererseits. Allerdings soll keine reine Gegenüberstellung beider Rechtsfindungsinstitute stattfinden, um auf diese Weise sämtliche Unterschiede und Gemeinsamkeiten herauszuarbeiten. Vielmehr geht es zunächst darum, die ratio legis des § 248 I S. 1 AktG vor dem Hintergrund des staatlichen Beschlussmängelverfahrens aufzuzeigen, um anschließend die Übertragbarkeit jener Regelung auf das Schiedsverfahren zu prüfen.

1. Rechtsgrund für die erweiterte Rechtskrafterstreckung

Die ratio legis für die Ausdehnung der subjektiven Grenzen der Rechtskraft bei der gerichtlichen Nichtigerklärung eines Gesellschafterbeschlusses wurde in den jeweiligen Gesetzgebungsverfahren[692] nicht thematisiert.[693] Insoweit bestand

[689] Vgl. auch Schlosser, JZ 1996, 1020, 1022. Zu den geschichtlichen Hintergründen siehe i.Ü. Bosch, Rechtskraft und Rechtshängigkeit, S. 124.

[690] So zu Recht BGH ZIP 1996, 830, 833; Schlosser, JZ 1996, 1020, 1022.

[691] Ebenso: BGH ZIP 1996, 830, 833; Schröder, Schiedsgerichtliche Konfliktbeilegung, S. 221.

[692] Die Regelung des § 248 I S. 1 AktG ist dem § 200 AktG 1937 bzw. § 273 HGB a.F. entlehnt, so dass sie Gegenstand von insgesamt drei Gesetzgebungsverfahren war.

[693] Siehe etwa Begründung zu dem Entwurf eines Handelsgesetzbuches für das Deutsche Reich von 1895, S. 134 ff. (abgedruckt in Schubert/Schmiedel/Krampe, Quellen zum Handelsgesetzbuch, S. 134 ff.); Denkschrift zu Entwurf eines Handelsgesetzbuches, S. 153 ff.

offensichtlich Einvernehmlichkeit über die Erforderlichkeit einer derartigen Regelung; etwaige Probleme der Legitimation des Nichtigkeitsurteils wurden jedenfalls nicht behandelt.

Generell wird man sagen können, dass der Zweck des § 248 I S. 1 AktG die Gewährleistung von Rechtsklarheit und Rechtssicherheit innerhalb der Gesellschaft ist.[694] Die dort angeordnete erweiterte Rechtskrafterstreckung sorgt dafür, dass nach einer erfolgreich geführten Beschlussmängelklage künftig keine weiteren Verfahren desselben Streitgegenstands geführt werden können. Die durch die in Frage gestellte Rechtmäßigkeit eines Beschlusses erzeugte Rechtsunsicherheit soll vielmehr durch einen einzigen Prozess verbindlich beendet werden, damit sich jeder Anteilseigner sowie die Gesellschaftsorgane auf den richterlichen Urteilsspruch einstellen können.

Eine solche Art und Weise der Streitbeilegung muss aber vor dem Hintergrund der Funktion des gerichtlichen Beschlussmängelverfahrens gesehen werden. Aufgabe der Anfechtungs- und Nichtigkeitsklage ist eine Rechtmäßigkeitskontrolle der Gesellschafterbeschlüsse. Das Klagerecht des Gesellschafters dient als Schutzrecht dazu, diesen vor der Macht der Mehrheit und der Verwaltung zu bewahren.[695] In der Verteidigung der individuellen Interessen des einzelnen Anteilseigners lag ursprünglich die Hauptaufgabe der Beschlussmängelklage.[696] Im Zuge der fortschreitenden gesamtwirtschaftlichen Bedeutung der Kapitalgesellschaften seit Beginn des 20. Jahrhunderts wird das gesellschafterliche Klagerecht immer stärker als objektiv-rechtliches Instrument verstanden, da mit Hilfe der Anfechtungs- bzw. Nichtigkeitsklage für eine gesetz- und satzungsmäßige Beschlussfassung gesorgt wird.[697] Der Aktionär handelt hierzu – im untechnischen Sinne – als Vertreter der Gesellschaft, welche sich dessen Initiative als eigene Rechtmäßigkeitskontrolle zunutze macht.[698] Ziel der §§ 241 ff. AktG ist demgemäß die Wahrung der verbandlichen Rechtsordnung.[699]

Das Mittel für diesen Zweck stellt das staatliche Verfahren – und letztlich das Urteil eines staatlichen Richters – dar. So haben die Prozessparteien, aber vor allem auch die am Verfahren unbeteiligten Gesellschafter, die gerichtliche Entscheidung als Ergebnis des Rechtsgesuches hinzunehmen. Der Gesetzgeber – so

---

(abgedruckt in Schubert/Schmiedel/Krampe, Quellen zum Handelsgesetzbuch, S. 1076 f.); Referentenentwurf eines Aktiengesetzes von 1958, S. 372; Regierungsentwurf eines Aktiengesetzes von 1969, S. 204.

694 Vgl. Kropff/Semler – Hüffer, MüKo-AktG, § 248 Rn 3.

695 BVerfGE 14, 263, 283; vgl. auch Vollmann, Minderheitenschutz, S. 47 m.w.N.

696 Lutter, NJW 1969, 1873, 1877; Vollmann, Minderheitenschutz, S. 48.

697 Vgl. Vollmann, Minderheitenschutz, S. 48; aber auch schon RGZ 85, 311, 313.

698 Hüffer, AktG, § 245 Rn 3; Vollmann, Minderheitenschutz, S. 48 m.w.N., die den Aktionär als ‚Funktionär der Rechtsordnung' bezeichnet.

699 So auch Noack, Fehlerhafte Beschlüsse, S. 86.

jedenfalls die Rechtsprechung[700] – hält dies indes mit Blick auf die Neutralität und Unabhängigkeit des Gerichts sowie einem streng förmlichen, öffentlichen Verfahren für zumutbar. Es wird damit deutlich, dass das staatliche Verfahren als verobjektiviertes Rechtsfindungsinstitut nicht nur Mittel zur erweiterten Rechtskrafterstreckung, sondern gleichzeitig auch deren Bedingung ist. Offenbar wird dadurch dem gesellschafterlichen Rechtsschutzbedürfnis – trotz fehlender prozessualer Parteistellung – hinreichend Rechnung getragen, so dass insofern bestimmte, überschaubare Einbußen zu akzeptieren sind.

Im Weiteren soll deswegen näher darauf eingegangen werden, welche konkreten prozessualen Aspekte dem Rechtsschutz des unbeteiligten Gesellschafters derart Rechnung tragen, dass dieser ein zu dem Beschlussmängelverfahren ergehendes Urteil hinzunehmen hat. Begonnen wird unterdes mit dem Aufzeigen typischer Risiken, die sich aus dem Nebeneinander von Verfahrensparteien und unbeteiligten, aber dennoch betroffenen Personen ergibt. Anschließend werden jene Gesichtspunkte, die sich aus der besonderen Systematik der §§ 246 ff. AktG ergeben, behandelt. Namentlich geht es um die Verfahrenskonzentration, den Rechtsschutz potentieller Verfahrensparteien sowie die Streitwertspaltung. Die letzten drei Punkte befassen sich schließlich mit Verfahrensprinzipien allgemeiner Natur.

a. Missbrauch der Einflussmöglichkeiten

Die Tatsache, dass bei dem gesellschaftsrechtlichen Beschlussmängelverfahren Gesellschafter – ohne am Prozess beteiligt zu sein – die Urteilswirkung hinzunehmen haben, wirft die Frage auf, inwieweit die Prozessparteien über den Streitgegenstand im Wege prozessualer Handlungen faktisch disponieren können. Sofern nämlich jene prozessualen Maßnahmen einer der involvierten Parteien zu einer verbindlichen Rechtslage führen, kann sich hieraus durchaus die Gefahr des Missbrauchs ergeben. Diese könnte wiederum der ratio legis des § 248 I S. 1 AktG entgegenstehen bzw. diese zumindest hinsichtlich deren Übertragbarkeit auf das Schiedsverfahren relativieren.

Jedenfalls enspricht es der allgemeinen Meinung, dass zumindest der Kläger über den Streitgegenstand mittels der ihm zur Verfügung stehenden Prozesshandlungen frei disponieren kann.[701] Ihm steht es also frei, im Rahmen des § 269 ZPO die Klage zurückzunehmen, gemäß § 306 ZPO auf den Klageanspruch zu verzichten oder im Sinne von § 288 ZPO (nachteilige) Tatsachen zuzugestehen sowie zum Termin der mündlichen Verhandlung nicht zu erscheinen,

---

[700] BGH ZIP 1996, 830, 833; OLG Hamm DB 1987, 680; zustimmend: Henze, Aktienrecht, Rn 1022; Lüke/Blenske, ZGR 1998, 253, 268; Vetter, DB 2000, 705, 707.

[701] Siehe etwa Hachenburg – Raiser, GmbHG, Anh. § 47 Rn 223; Rowedder – Koppensteiner, GmbHG, § 47 Rn 129; Schick, Schiedsfähigkeit, S. 90; Scholz – Schmidt, GmbHG, § 45 Rn 158 m.w.N.

so dass nach § 330 ZPO ein Versäumnisurteil ergeht. Die beklagte Gesellschaft kann ihrerseits in diesen Fällen die dazu erforderlichen Prozesserklärungen abgeben.[702] Der Grund für die Geltung des Dispositionsgrundsatzes auf Klägerseite ist zum einen, dass dessen Prozesshandlungen den angegriffenen Beschluss in seinem Bestand unberührt lassen, so dass sich an der materiellen Rechtslage, die ja auf dem Beschlussverhalten der Gesellschaftermehrheit beruht, nichts ändert. Zum anderen bleibt es insofern bei einer Rechtskraftwirkung lediglich unter den Prozessparteien. Die übrigen Gesellschafter und u.U. potentiellen Kläger werden demgemäß in keiner Weise gebunden.[703] Ihnen steht – jedenfalls im Rahmen der Nichtigkeitsklage – der Weg zu einer erneuten Rechtmäßigkeitskontrolle des schon einmal angegriffenen Beschlusses weiterhin offen. Eine umfangreiche Rechtskrafterstreckung würde dagegen dazu führen, dass es in der Hand des ‚Erstklägers' läge, durch ungeschickte oder gar kollusive Prozessführung die Unangreifbarkeit des Beschlusses herbeizuführen.

Als problematischer erweist sich allerdings die Geltung der Dispositions- und Verhandlungsmaxime auf der Beklagtenseite bzw. auf Seiten der Gesellschaft, vertreten durch das entsprechende Vertretungsorgan. Anders als das klagabweisende Urteil, bewirkt das stattgebende Urteil eben gerade die Urteilswirkung gemäß § 248 I S. 1 AktG mit der Konsequenz, dass insoweit ein gewisses Missbrauchspotential besteht. Unstrittig ist zunächst, dass ein Vergleich, der den angegriffenen Beschluss für nichtig erklärt oder seine Nichtigkeit nach § 249 AktG feststellt, unzulässig und mithin unbeachtlich ist, da die beklagte Gesellschaft über den Streitgegenstand nicht verfügen kann.[704] Bei der Frage nach der Zulässigkeit eines gerichtlichen Geständnisses der Gesellschaft sowie eines Versäumnis- oder Anerkenntnisurteils zu ihren Lasten gehen die Meinungen hingegen auseinander. Teilweise wird angenommen, dass jedenfalls das Klageanerkenntnis sowie das Anerkenntnisurteil gleichfalls unzulässig seien.[705] Die Gegenansicht gesteht dies hingegen nur den Fällen zu, in welchen das Anerkenntnis ge-

---

[702] Hachenburg – Raiser, GmbHG, Anh. § 47 Rn 223.

[703] Ganz h.M.: Gadow – Schilling, GK-AktG, § 248 Anmerk. 2; Geßler/Hefermehl/Eckhardt/Kropff – Hüffer, AktG, § 248 Rn 30; Hachenburg – Raiser, GmbHG, Anh. § 47 Rn 233; Noack, Fehlerhafte Beschlüsse, S. 86; Scholz – Schmidt, GmbHG, § 45 Rn 176.

[704] BGH LM Nr. 1 zu § 199 AktG 1937; Gadow – Schilling, GK-AktG, § 246 Anmerk. 7; Hachenburg – Raiser, GmbHG, Anh. § 47 Rn 224; Hoffmann-Becking – Semler, MüHdB-AG, S. 572; Priester/Mayer – Ingerl, MüHdB-GmbH, S. 550; Rowedder – Koppensteiner, GmbHG, § 47 Rn 129; Schick, Schiedsfähigkeit, S. 90; Scholz – Schmidt, GmbHG, § 45 Rn 159 m.w.N.

[705] Gadow – Schilling, GK-AktG, § 246 Anmerk. 6 (zweifelnd indessen beim Geständnis mit Verweis auf die gemäß § 138 ZPO bestehende Wahrheitspflicht); Priester/Mayer – Ingerl, MüHdB-GmbH, S. 550; Rowedder – Koppensteiner, GmbHG, § 47 Rn 129; Scholz – Schmidt, GmbHG, § 45 Rn 159 m.w.N.; offengelassen in BGH NJW 1975, 1273; BGH ZIP 1993, 1228, 1229.

gen den Widerspruch eines in streitgenössischer Nebenintervention beigetretenen Gesellschafters erklärt wurde.[706] Im Übrigen wird darauf hingewiesen, dass auch ein zu Unrecht erlassenes Versäumnis- oder Anerkenntnisurteil gegen die Gesellschaft die Wirkung des § 248 I S. 1 AktG entfalte.[707] Davon abgesehen lasse sich selbst bei Unzulässigkeit dieser Urteilsarten nicht verhindern, dass die Vertreter der beklagten Gesellschaft zum Termin nicht erscheinen oder den Klagevortrag sachlich nicht bestreiten bzw. sogar dessen Richtigkeit eingestehen.[708] Allerdings stünde in diesem Zusammenhang bereits die besondere, gesellschaftsrechtliche Ausgestaltung der Vertretungsregelung denkbaren Missbräuchen entgegen. So sei im Aktienrecht in § 246 II S. 2 AktG die Doppelvertretung vorgeschrieben, welche ja gerade verhindern soll, dass der Beschluss der Hauptversammlung durch sachfremde Erwägungen beseitigt wird,[709] wohingegen die Gefahr einer Manipulation bei der GmbH bereits durch die Weisungsunterworfenheit des Geschäftsführers relativiert wird.[710] Schließlich bliebe denjenigen Anteilseignern, die eine unzureichende Prozessführung durch die Gesellschaftsorgane fürchten, immer noch der Weg der Nebenintervention.[711]

Die besseren Gründe sprechen für die Geltung der Dispositions- und Verhandlungsmaxime auch auf Seiten der beklagten Gesellschaft. Die oben aufgeführten Argumente zeigen deutlich, dass eine entsprechende Außerkraftsetzung zu praktischen Schwierigkeiten führen würde. Als wesentlich entscheidender ist indessen die Existenz gesellschaftsrechtlicher Vorkehrungen anzusehen, welche die Gefahr der missbräuchlichen Prozessführung in aller Regel auf ein Problem theoretischer Natur reduzieren. Neben der aktienrechtlichen Doppelvertretung sowie der Weisungsbefugnis der Gesellschafterversammlung wird zudem die Möglichkeit einer organschaftlichen Haftung zu einem pflichtgemäßen prozessualen Auftreten anhalten. Letztlich kann die Berufung auf ein missbräuchlich

---

[706] BGH ZIP 1993, 1228, 1229; vgl. auch Rowedder – Koppensteiner, GmbHG, § 47 Rn 129; Scholz – Schmidt, GmbHG, § 45 Rn 159.

[707] BGH NJW 1975, 1273 f.; Hachenburg – Raiser, GmbHG, Anh. § 47 Rn 225; aber auch Rowedder – Koppensteiner, GmbHG, § 47 Rn 129; Scholz – Schmidt, GmbHG, § 45 Rn 159.

[708] Hachenburg - Raiser, GmbHG, Anh. § 47 Rn 225; Zöllner – Zöllner, KK-AktG, § 246 Rn 74; bezogen auf Geständnis und Säumnis: Priester/Mayer – Ingerl, MüHdB-GmbH, S. 550; Rowedder – Koppensteiner, GmbHG, § 47 Rn 129; Scholz – Schmidt, GmbHG, § 45 Rn 160, da es im Gegensatz zu den echten Verfügungen über den Streitgegenstand insofern noch bei einer vollständigen rechtlichen Überprüfung durch das Gericht bliebe; i.Ü. auch Gadow – Schilling, GK-AktG, § 246 Anmerk. 7.

[709] BGHZ 32, 114, 117; Kropff/Semler – Hüffer, MüKo-AktG, § 246 Rn 52.

[710] Scholz – Schmidt, GmbHG, § 45 Rn 160; vgl. auch Baumbach/Hueck – Zöllner, GmbHG, Anh. § 47 Rn 82; Priester/Mayer – Ingerl, MüHdB-GmbH, S. 550 f.

[711] BGH ZIP 1993, 1228, 1229; Gadow – Schilling, GK-AktG, § 246 Anmerk. 7; Hoffmann-Becking – Semler, MüHdB-AG, S. 572; Kropff/Semler – Hüffer, MüKo-AktG, § 246 Rn 26.

herbeigeführtes Anfechtungs- oder Nichtigkeitsurteil u.U. dem Arglisteinwand entgegenstehen, wobei sich hier auf Fälle krasser Unredlichkeit und Treuwidrigkeit beschränkt werden dürfte.[712] In jedem Fall ist die Beschränkung des Dispositionsgrundsatzes an dieser Stelle allein Aufgabe des Gesetzgebers, und die Tatsache, dass hierzu indes noch keine legislative Regelung erfolgte, spricht schließlich auch gegen eine derartige Eindämmung.

Festzuhalten ist demzufolge, dass die Gefahr der missbräuchlichen Einwirkungsmöglichkeit auf das Beschlussmängelverfahren durch die Prozessparteien zumindest nicht in einem solchen Umfang besteht, dass die Wirkung des § 248 I S. 1 AktG in Frage zu stellen ist.

b. Verfahrenskonzentration

Aufgrund der Vielzahl von Klagebefugten bei der AG bzw. GmbH kann es durchaus vorkommen, dass derselbe Gesellschafterbeschluss von verschiedenen Anteilseignern, Organen oder Organmitgliedern – mit gleicher oder unterschiedlicher Begründung – angegriffen wird. Sofern es in derartigen Fällen eine Regelung wie die in § 248 I S. 1 AktG nicht gäbe, die Wirkung des Nichtigkeitsurteils also gemäß § 325 ZPO auf die jeweiligen Prozessparteien beschränkt wäre, hätte dies zur Konsequenz, dass mehrere Urteile nebeneinander stünden, welche sich u.U. ihrem Inhalt nach widersprächen. Die Untragbarkeit einer solchen Rechtsprechungspraxis liegt aus Gründen des Vertrauens in den staatlichen Rechtsschutz auf der Hand, selbst wenn letztlich allein das stattgebende Urteil zu einer generell verbindlichen Rechtslage führt, wohingegen der klagabweisende Richterspruch lediglich zwischen den Prozessparteien wirkt. Indes ist es gerade das Ziel der erweiterten Rechtskrafterstreckung, eine konkurrierende Rechtsprechung zu vermeiden. Zu dieser würde es aber kommen, wenn etwa einem klagabweisenden Urteil eine stattgebende Entscheidung folgen würde und so hinsichtlich der Parteien des ersten Prozesses Rechtswirkungen widersprüchlichen Inhalts entstünden. Die Gewährleistung einer einheitlichen Judikatur hat somit notwendigerweise eine obligatorische Verbindung sämtlicher Beschlussmängelverfahren, die sich auf denselben Beschluss beziehen, zur Folge.[713] Diesem praktischen Bedürfnis nach einer Verfahrenskonzentration tragen die §§ 246 III S. 3, 249 II AktG Rechnung. Die §§ 246 III S. 3, 249 II AktG einerseits und § 248 I S. 1 AktG andererseits stehen demgemäß in wechselseitiger Beziehung zueinander: Nur eine gesetzlich statuierte Prozessbündelung kann zu *einem* verbindlichen Urteilsspruch führen. Umgekehrt würde die Verbindung aller Beschlussmängelklagen zu einem einheitlichen Verfahren ohne die ratio

---

[712] Hachenburg - Raiser, GmbHG, Anh. § 47 Rn 243; Rowedder – Koppensteiner, GmbHG, § 47 Rn 131; Scholz – Schmidt, GmbH, § 45 Rn 159, 171.

[713] Vgl. auch Henze, Aktienrecht, Rn 1019; Lüke/Blenske, ZGR 1998, 253, 288.

legis des § 248 I S. 1 AktG keinen Sinn machen. Es folgt hieraus die Notwendigkeit einer Verfahrenskonzentration auch im schiedsgerichtlichen Prozess.[714]

Aus § 246 III S. 1 AktG ergibt sich zudem die ausschließliche Zuständigkeit des Landgerichts am Gesellschaftssitz. Gleichzeitig wird in § 246 III S. 2 AktG bestimmt, dass die mündliche Verhandlung frühestens dann stattfindet, wenn seit der Beschlussfassung ein Monat vergangen ist. Hierdurch soll zum einen die durch die Verfahrensverbindung auftretende Frage der gerichtlichen Zuständigkeit geklärt werden, und zum anderen sollen alle übrigen Gesellschafter ausreichend Gelegenheit erhalten, sich der Anfechtungsklage anzuschließen.[715]

Anders als §§ 246 III S. 3, 249 II AktG, die als Wegbereiter der erweiterten Rechtskrafterstreckung zu qualifizieren sind, ist in der ausschließlichen Landgerichtzuständigkeit sowie der Bestimmung des ersten Verhandlungstermins lediglich eine inhaltliche Ausgestaltung der Prozessverbindung zu sehen. So ist die Zuweisung der Beschlussmängelstreitigkeiten an ein Landgericht nur deswegen erforderlich, weil der staatliche Instanzenzug mehrere Alternativen bietet, so dass es sich insoweit um eine systembedingte Notwendigkeit handelt. Der Regelungsgehalt des § 246 III S. 1 AktG erschöpft sich somit in einer konkreten Aussage zur sachlichen, örtlichen und instanziellen Zuständigkeit.[716] Die alleinige Zuständigkeit eines Gerichts wird indes allein in § 246 III S. 3 AktG und mittelbar in § 248 I S. 1 AktG statuiert. Folglich steht die Regelung des § 246 III S. 1 AktG zwar in Zusammenhang mit der Rechtskrafterstreckung, trägt gleichwohl nicht notwendigerweise zu deren Legitimation bei.

Anders geartet ist die Situation bei der Verschiebung des mündlichen Verhandlungstermins bei der Anfechtungsklage gemäß § 246 III S. 2 AktG. Denn hierbei werden mögliche Klageerhebungen abgewartet, die anschließend zusammengeführt werden. Mit der mündlichen Verhandlung kann also notwendigerweise nur nach Ablauf der einmonatigen Anfechtungsfrist begonnen werden, da andernfalls die Gefahr von Parallelverfahren bestünde. Demzufolge dient auch § 246 III S. 2 AktG – jedenfalls bei der Anfechtungsklage – der Verfahrenskonzentration und mithin der Rechtskrafterstreckung.

c. Beteiligung am Prozess

Zwar dient § 248 I S. 1 AktG dem Bedürfnis nach einer klaren Beschlusslage, doch darf die damit einhergehende Prozessvereinheitlichung nicht so weit gehen, dass nur bestimmten Personen – namentlich dem ‚Erstkläger' sowie den zur

---

[714] So dann auch BGH ZIP 1996, 830, 833.

[715] Gadow – Schilling, GK-AktG, § 246 Anmerk. 15; Geßler/Hefermehl/Eckhardt/Kropff - Hüffer, AktG, § 246 Rn 70. Ein Klagebeitritt im Wege der Nebenintervention ist allerdings auch noch nach Ablauf dieser Monatsfrist möglich; vgl. Geßler/Hefermehl/Eckhardt/Kropff - Hüffer, AktG, § 246 Rn 9; Scholz – Schmidt, GmbHG, § 45 Rn 156.

[716] Siehe bereits oben Zweiter Teil, A. I. 3. a.

Vertretung berufenen Gesellschaftsorganen – die Beteiligung an dem Prozess ermöglicht wird. Vielmehr muss im gesellschaftsrechtlichen Beschlussmängelverfahren das Prinzip des rechtlichen Gehörs auch hinsichtlich potentieller Prozessparteien – zumal sie ebenso materiell-rechtlich betroffen sind – gültig sein.[717] Sofern ein Beschlussmängelverfahren angestrengt wird, bieten sich den übrigen klagebefugten Personen zwei Möglichkeiten der Prozessbeteiligung: Personen im Sinne von § 249 I S. 1 AktG können bei der Nichtigkeitsklage stets, Anfechtungsberechtigte nur innerhalb der Monatsfrist seit Erhebung der Anfechtungsklage Kläger des Verfahrens werden. Sämtliche Kläger werden dann gemäß § 62 I ZPO zu notwendigen Streitgenossen.[718] Daneben wird durch § 66 I ZPO die Möglichkeit des Beitritts eingeräumt, um auf diese Weise die Hauptpartei – sei es der klagende Gesellschafter, sei es die beklagte Gesellschaft – prozessual zu unterstützen. Wegen der erweiterten Rechtskrafterstreckung gilt der Nebenintervenient dann gemäß § 69 ZPO als Streitgenosse der Hauptpartei.

In diesem Zusammenhang spielt die (in § 246 IV AktG) dem Vorstand bzw. dem Geschäftsführer[719] auferlegte Bekanntmachungspflicht eine wichtige Rolle, da hierdurch sämtliche zur Prozessführung befugten Personen davon in Kenntnis gesetzt werden, dass die Gültigkeit des Gesellschafterbeschlusses in Frage gestellt wird und sie sich demzufolge ihre prozessuale Mitwirkung überlegen können. Das BVerfG hat darüber hinaus unter Hinweis auf Art. 103 I GG weitere Mitteilungspflichten etabliert. Es verlangt, dass auch das Gericht für die Information der unmittelbar materiell-rechtlich Drittbetroffenen sorgen muss.[720] Eine Beteiligung ist im Übrigen wegen § 248 I S. 1 AktG auch dann noch möglich, wenn die Anfechtungsfrist des § 246 I AktG verstrichen ist.[721]

In Anbetracht der unterschiedlichen Rechtskraft eines Urteils, welches zu einer Beschlussmängelklage ergehen kann, liegt die Überlegung nahe, dass sowohl die Streitgenossenschaft als auch die Nebenintervention verzichtbare Rechtsschutzinstrumente sein könnten. Denn einem klagebefugten Gesellschaf-

---

717 So auch BGH ZIP 1996, 830, 833 f.; K. P. Berger, RIW 2001, 7, 14; OLG Hamm DB 1987, 680; OLG Karlsruhe ZIP 1995, 915, 917; Noack, Fehlerhafte Beschlüsse, S. 86 f.; Wagner, Prozessverträge, S. 590.

718 Gadow – Schilling, GK-AktG, § 246 Anmerk. 16; Hachenburg - Raiser, GmbHG, Anh. § 47 Rn 199; Scholz – Schmidt, GmbHG, § 45 Rn 155.

719 Zwar ist § 246 IV AktG für die GmbH in dieser Form bedeutungslos, allerdings tritt an ihre Stelle ein Verpflichtung der Geschäftsführer, die Gesellschafter in entsprechender Weise zu informieren; vgl. BGHZ 97, 28, 31; Hachenburg - Raiser, GmbHG, Anh. § 47 Rn 200; Rowedder – Koppensteiner, GmbHG, § 47 Rn 121; Scholz – Schmidt, GmbHG, § 45 Rn 148.

720 BVerfGE 60, 7 ff., 15; vgl. auch BVerfGE 21, 132, 138 f. Hierzu auch Lüke/Blenske, ZGR 1998, 253, 291; Noack, Fehlerhaft Beschlüsse, S. 88.

721 Geßler/Hefermehl/Eckhardt/Kropff - Hüffer, AktG, § 246 Rn 9; Scholz – Schmidt, GmbHG, § 45 Rn 156.

ter könnte die Duldung eines Beschlussmängelverfahrens ohne Beteiligungsmöglichkeit deswegen zugemutet werden, weil ein klagabweisendes – staatliches oder privatgerichtliches – Urteil ihm gegenüber keine Rechtskraft erzeugt. Er kann somit eine neue Klage anstrengen bzw. ist diese bei einem stattgebenden (Schieds-) Richterspruch gar nicht mehr nötig, da er sein Rechtsschutzziel damit erreicht hat.[722] Obwohl dieser Weg – ungeachtet prozessökonomischer Bedenken[723] – aus Sicht der potentiellen Klägerparteien einer Nichtigkeitsklage als gangbar erscheint, versagt er gleichwohl, sofern es um die Anfechtung eines Beschlusses geht. Denn eine zweite Anfechtungsklage ist infolge des Ablaufs der Anfechtungsfrist nicht möglich, so dass dem Gesellschafter, welcher die erste Klage abgewartet hat, gegen den (nur) zur Anfechtung berechtigenden Mangel kein Rechtsmittel mehr zusteht und er den Beschluss letztlich hinzunehmen hat.

Darüber hinaus ist eine Prozessbeteiligung – wenigstens im Wege der Nebenintervention – sowohl bei der Anfechtungs- als auch der Nichtigkeitsklage dann erforderlich, wenn dem Gesellschafter an der aktiven Verteidigung des Beschlusses gelegen ist. Die Nebenintervention dient nämlich auch der Unterstützung der beklagten Gesellschaft. Wenn aber ein Klagebeitritt insoweit nicht mehr möglich sein soll, haben die (den Beschluss tragenden) Gesellschafter keine effektive Möglichkeit, den prozessführungsbefugten Organen beizustehen, mit der Konsequenz, dass die u.U. erfolgende Stattgabe des Klageantrags wegen § 248 I S. 1 AktG gegenüber allen Gesellschaftern wirkt.[724] Folglich kommt es auch an dieser Stelle zu einer Beeinträchtigung des Rechtschutzes.

Nachdem sich ergeben hat, dass zumindest die streitgenössische Nebenintervention als notwendiges Rechtsschutzinstrument zu werten ist, stellt sich die Frage, ob bereits diese prozessuale Beteiligungsform die Rechtskrafterstreckung unter dem Aspekt des Rechtsschutzes legitimieren kann, zumal der Nebenintervenient gemäß § 69 ZPO als Streitgenosse der Hauptpartei im Sinne des § 61 ZPO gilt.[725] Festzustellen ist zunächst, dass sowohl die notwendige Streitgenossenschaft als auch die Nebenintervention einen Anspruch auf rechtliches Gehör beinhaltet.[726] Insoweit bieten beide Beteiligungsformen den gleichen Rechtsschutz. Dies gilt auch mit Blick darauf, dass der Nebenintervenient nach § 67 ZPO den Rechtsstreit in der Lage annehmen muss, in welcher er sich zur Zeit des Beitritts befindet, so dass er das Prozessgeschehen bis dahin nicht mehr än-

---

[722] Vgl. hierzu Ch. Berger, ZHR 164 (2000), 295, 312 f., allerdings in Zusammenhang mit der Verfahrenskonzentration. Siehe i.Ü. auch die Ausführungen im Zusammenhang mit der Schiedsrichterbestellung; unten Dritter Teil, D. III. 3. a. (3).

[723] Siehe auch unten Dritter Teil, D. III. 3. a. (3).

[724] Vgl. auch Lüke/Blenske, ZGR 1998, 253, 292 f.

[725] In diese Richtung tendieren Lüke/Blenske, ZGR 1998, 253, 303.

[726] Vgl. etwa Zöller – Vollkommer, ZPO, § 67 Rn 2, Vor § 128 Rn 4.

dern kann. Zu einem späteren Beitritt muss es wegen der Informationspflicht des Vorstands bzw. des Geschäftsführers nämlich gar nicht erst kommen, da hiermit eine rechtzeitige Teilnahme an dem Verfahren ermöglicht wird.[727]

Der streitgenössische Nebenintervenient wird allerdings nach allgemeiner Meinung nicht zum Streitgenossen, sondern diesem im Wege der Fiktion lediglich prinzipiell gleichgestellt.[728] Hierzu zählt etwa, dass der streitgenössische Nebenintervenient selbständig – also auch bei Widerspruch der Partei – Angriffs- und Verteidigungsmittel aus deren Recht vorbringen kann. Namentlich ist er befugt, Einspruch oder Rechtsmittel einzulegen, deren Verwerfung oder Zurückweisung zu beantragen oder umgekehrt Rücknahme oder Verzicht des Gegners entgegenzunehmen.[729] Der Rücknahme der Klage durch die Hauptpartei kann er indessen nichts entgegensetzen. Insoweit ist er also ihrem Willen ausgeliefert, da er – mangels Parteistellung – den Rechtsstreit auch nicht selbständig weiterführen kann.[730] Im Rahmen der Nichtigkeitsklage wirkt sich dies nicht nachteilig auf den – weiterhin klagewilligen – Nebenintervenienten aus, da es ihm unbelassen ist, eine neue Klage anzustrengen, bei welcher nunmehr er selbst zur Hauptpartei wird. Anders verhält es sich wiederum bei der Anfechtungsklage, welche wegen § 246 I AktG nur einmal erhoben werden kann. Um sich vor einer – für ihn prozessual nachteilig auswirkenden – Gesinnungsänderung des Klägers, aber auch vor einer missbräuchlich vorgenommenen Klagerücknahme zu schützen, ist es für den klagewilligen Anteilseigner demgemäß erforderlich, zumindest die Anfechtungsklage als Streitgenosse zu führen. Nur so kann ihm der notwendige Rechtsschutz hinreichend gewährt werden.

Aus alledem folgt, dass die erweiterte Rechtskraft hinsichtlich des Rechtsschutzes aller potentiell prozessual aktiv werdenden Personen sowohl die Möglichkeit als Streitgenosse zu agieren als auch die Möglichkeit, dem Prozess (bzw. der beklagten Gesellschaft) als Nebenintervenient beizutreten erfordert, so

---

[727] Zwar schreibt § 246 IV AktG lediglich eine unverzügliche Bekanntgabe in den ‚Gesellschaftsblättern' vor, doch wird in § 25 AktG jedenfalls der täglich erscheinende Bundesanzeiger zwingend als Medium vorgeschrieben, so dass hiermit für eine rasche Bekanntgabe gesorgt ist.

[728] Vgl. BGH NJW 1965, 760; Baumbach/Lauterbach/Albers/Hartmann – Hartmann, ZPO, § 69 Rn 4; Lüke/Wax – Schilken, MüKo-ZPO, § 69 Rn 9; Stein/Jonas – Bork, ZPO, § 69 Rn 6; Wieczorek/Schütze – Mansel, GK-ZPO, § 69 Rn 37; Zöller – Vollkommer, ZPO, § 69 Rn 5.

[729] Siehe zu alledem Lüke/Wax – Schilken, MüKo-ZPO, § 69 Rn 11; Stein/Jonas – Bork, ZPO, § 69 Rn 8; Wieczorek/Schütze – Mansel, GK-ZPO, § 69 Rn 39; Zöller – Vollkommer, ZPO, § 69 Rn 7 (alle mit zahlreichen Rechtsprechungsverweisen).

[730] Baumbach/Lauterbach/Albers/Hartmann – Hartmann, ZPO, § 69 Rn 5; BGH NJW 1965, 760; OLG Köln NJW-RR 1995, 1251 (Anfechtungsklage gegen eine AG); Stein/Jonas – Bork, ZPO, § 69 Rn 7; Wieczorek/Schütze – Mansel, GK-ZPO, § 69 Rn 53 m.w.N.; Zöller – Vollkommer, ZPO, § 69 Rn 6.

dass diesbezüglich – auch im Schiedsverfahen – keine Einschränkungen möglich sind und beides vielmehr sicherzustellen ist.

d. Streitwerthöhe und Streitwertspaltung

Eine weitere Zentralvorschrift der speziellen Verfahrensgestaltung der §§ 241 ff. AktG stellt § 247 AktG dar. Als Anlass diente der in § 91 I S. 1 ZPO umschriebene Grundsatz, dass die unterliegende Partei die Kosten des Rechtsstreits zu tragen hat. Auf dieses Finanzierungsrisiko reagiert § 247 AktG, indem er in Absatz 1 das Prozessgericht verpflichtet, bei der Festsetzung des Regelstreitwerts die Bedeutung der Sache für beide Verfahrensparteien, aber auch für die anderen von der Urteilswirkung betroffenen Aktionäre, miteinzubeziehen, um so eine angemessene Höhe sicherzustellen.[731] Das Gericht darf, soweit die Bedeutung für den Kläger nicht höher zu bewerten ist, den Streitwert auf nicht mehr als ein Zehntel des Grundkapitals der beklagten Gesellschaft bzw. jedenfalls nicht mehr als auf 500.000 Euro festsetzen. Zweck dieser Höchstgrenze ist es, dem Interesse der beklagten Gesellschaft an der Aufrechterhaltung des Beschlusses keinen übermäßigen Einfluss auf die Streitwertbestimmung einzuräumen.[732] Diese Korrektur ist erforderlich, da das Gesellschaftsinteresse regelmäßig erheblich höher liegt als das Interesse des klagenden Gesellschafters an einer Nichtigerklärung des Beschlusses, welches normalerweise auf die Höhe seiner Beteiligung begrenzt ist.[733]

Durch § 247 II AktG kann das Gericht ferner auf Antrag die sogenannte Streitwertspaltung anordnen, d.h. die Herabsetzung des Gebührenstreitwerts zu Gunsten derjenigen Partei, deren wirtschaftliche Lage durch die Belastung mit den Prozesskosten erheblich gefährdet würde. Antragsteller ist praktisch stets der klagende Gesellschafter.[734] Insgesamt durchbricht § 247 AktG also den Grundsatz der vollen Kostenhaftung gegenüber der Staatskasse sowie dem Prozessgegner mit dem Ziel, wirtschaftliche Barrieren für die Erhebung einer Beschlussmängelklage abzubauen.[735]

Eine direkte Verbindung zu dem Institut der erweiterten Rechtskrafterstreckung im Sinne einer Legitimationsvoraussetzung lässt sich zwar nicht kon-

---

[731] BGH AG 1989, 19 f.; BGH WM 1981, 1344; Hüffer, AktG, § 247 Rn 1, 6; Kropff/Semler – Hüffer, MüKo-AktG, § 247 Rn 2.

[732] Kropff/Semler – Hüffer, MüKo-AktG, § 247 Rn 16. Allerdings ist die Geltung dieser Bestimmung im Recht der GmbH umstritten; siehe hierzu etwa Baumbach/Hueck – Zöllner, GmbHG, Anh. § 47 Rn 87; Hachenburg – Raiser, GmbHG, Anh. § 47 Rn 229; Scholz – Schmidt, GmbHG, § 45 Rn 153.

[733] Gadow – Schilling, GK-ZPO, § 247 Anmerk. 2.

[734] Gadow – Schilling, GK-ZPO, § 247 Anmerk. 4; Hüffer, AktG, § 247 Rn 11; Kroppf/Semler – Hüffer, § 247 Rn 6.

[735] Gadow – Schilling, GK-ZPO, § 247 Anmerk. 1; Hüffer, AktG § 247 Rn 1.

struieren, allerdings würde das Klagerecht eines jeden Gesellschafters ohne eine Regelung wie die in § 247 AktG aufgrund des Prozessrisikos praktisch nicht mehr wahrgenommen werden, und der für § 248 I S. 1 AktG erforderliche Rechtsschutz wäre mithin nicht länger existent. Dieses Zusammenspiel macht demzufolge § 247 AktG auch im Rahmen der Rechtskrafterweiterung unbedingt notwendig.[736]

e. Unabhängigkeit des Gerichts

Eine der wichtigsten Voraussetzungen für die Zulässigkeit einer Regelung wie die in § 248 I S. 1 AktG stellt sicherlich die Gewährleistung eines unabhängigen und neutralen Gerichts dar.[737] Denn allein ein unparteiischer Richter, den weder mit der Streitsache noch mit einer der beiden Prozessparteien Beziehungen verbinden, wird für die Durchführung einer objektiven Rechtmäßigkeitskontrolle zur verbindlichen Herstellung der verbandlichen Rechtsordnung nicht nur von Kläger- und Beklagtenseite, sondern vor allem auch von den übrigen Gesellschaftern als geeignetes Rechtsfindungssubjekt akzeptiert.

Das Prinzip der Unparteilichkeit des Richters hat allerdings nicht nur im Zusammenhang mit der erweiterten Rechtskrafterstreckung Bedeutung. Es gilt vielmehr generell als unabdingbare Grundregel eines geordneten Rechtsstreits und leitet sich unmittelbar aus der Verfassung ab.[738] Die institutionelle Garantie der Neutralität führt jedoch keineswegs zu einer Unvoreingenommenheit eines jeden Richters im konkreten Verfahren. Dies soll durch die §§ 41 ff. ZPO sichergestellt werden, in denen die Ausschließung und Ablehnung der Gerichtspersonen geregelt sind. Neben einer gerechten Entscheidung im Einzelfall soll hiermit auch der Vertrauensschutz der Allgemeinheit in die Integrität der Justiz bezweckt werden.[739]

Während die Ausschließung von der Ausübung des Richteramts im Sinne von § 41 ZPO eine von Amts wegen zu beachtende und mithin gesetzlich zwingende Disqualifizierung darstellt, gilt die Ablehnung gemäß § 42 ZPO als Befugnis der Verfahrensparteien, die Ausscheidung eines Richters, dessen Parteilichkeit zu befürchten ist, zu verlangen.[740] Letztere ist demgemäß von den Parteien in Form

---

[736] In diesem Sinne auch Ch. Berger, ZHR 164 (2000), 295, 316 f.; Schröder, Schiedsgerichtliche Konfliktbeilegung, S. 148; Wagner, Prozessverträge, S. 590; Vetter, DB 2000, 705, 707.

[737] Vgl. auch BGH ZIP 1996, 830, 833.

[738] Art. 97 I GG. Das Neutralitätsgebot wird vereinzelt auch aus Art. 101 I S. 2 GG hergeleitet; vgl. Lüke/Wax - Feiber, MüKo-ZPO, § 41 Rn 1.

[739] Lüke/Wax – Feiber, MüKo-ZPO, § 41 Rn 1; Wieczorek/Schütze – Niemann, GK-ZPO, § 41 Rn 2.

[740] Lüke/Wax - Feiber, MüKo-ZPO, § 41 Rn 2; Zöller – Vollkommer, ZPO, Vorb. § 41 ff. Rn 2.

eines Ablehnungsgesuches bzw. von dem betreffenden Richter selbst mittels einer Ablehnungsanzeige geltend zu machen und führt nur bei einer entsprechenden gerichtlichen Entscheidung zum Ausscheiden aus dem Prozess. Die Regelung in § 41 ZPO unterscheidet sich weiterhin von der in § 42 ZPO dadurch, dass in den dort gesetzlich normierten Fällen eine Befangenheit des Richters aufgrund der Eigenart jener Fälle unwiderleglich vermutet wird.[741] Im Übrigen ist der Katalog der Ausschließungsgründe gemäß § 41 ZPO enumerativ zu verstehen, da eine erweiternde Auslegung gegen das Bestimmtheitserfordernis in Art. 101 I S. 2 GG verstoßen würde.[742]

Eine gegebenenfalls erforderliche Korrektur wird durch § 42 ZPO vorgenommen, wonach eine Ablehnung stets dann zulässig ist, wenn ein Grund vorliegt, der geeignet ist, Misstrauen gegen die Unparteilichkeit eines Richters zu rechtfertigen.

Freilich dienen die §§ 41 ff. ZPO in erster Linie dem Interesse der Prozessparteien an einem neutralen Richter, da ihnen hiermit ein wirkungsvolles Kontrollinstrument in die Hände gelegt wird. Allerdings haben auch die verfahrensunbeteiligten Anteilseigner ein Interesse an der richterlichen Unabhängigkeit. Ohne weiteres kommen ihnen die Ausschlussgründe des § 41 ZPO zugute, da diese kraft Gesetzes beachtlich sind. Sofern hingegen aus anderen Gründen die Besorgnis der Befangenheit besteht, bleibt den unbeteiligten Gesellschaftern nur die Möglichkeit, entweder das Ablehnungsgesuch durch eine der Prozessparteien abzuwarten oder aber selbst im Wege der Nebenintervention dafür zu sorgen.

f. Öffentlichkeit des Verfahrens

Es wurde bereits angedeutet, dass die Öffentlichkeit des Verfahrens als weiteres maßgebliches Kriterium für die von den prozessual passiv bleibenden Gesellschaftern zu duldende Rechtskraft gilt.[743] Richtig ist zunächst, dass der Grundsatz der Öffentlichkeit im Sinne von § 169 GVG zu den grundlegenden Prinzipien der Rechtspflege gehört. Er lässt sich als logische Folge einer demokratischen und rechtsstaatlichen Staatsverfassung aus den in Art. 20 und 28 GG niedergelegten Prinzipien ableiten, wenngleich er verfassungsrechtlich nicht ausdrücklich festgeschrieben ist.[744] Die Ansicht, hieraus folge notwendigerwei-

---

[741] Musielak – Smid, ZPO, § 41 Rn 2; Stein/Jonas – Bork, ZPO, § 41 Rn 6.

[742] BGH LM Art. 101 Nr. 19; BGH MDR 1976, 574, 837; BGH NJW 1981, 1273; BGH NJW 1991, 425.

[743] Siehe oben: Dritter Teil, C. II. 1. sowie BGH ZIP 1996, 830, 833; OLG Hamm DB 1987, 680; das OLG Karlsruhe ZIP 1995, 915, 917, scheint die Öffentlichkeit des Verfahrens indes nicht als Bedingung für § 248 I S. 1 AktG anzusehen.

[744] Lüke/Wax – Wolf, Müko-ZPO, § 169 GVG Rn 3; Wieczorek/Schütze – Schreiber, GK-ZPO, § 169 GVG Rn 6.

se, dass allein ein öffentlich stattfindendes Beschlussmängelverfahren zulässigerweise in ein Urteil mit der in § 248 I S. 1 AktG beschriebenen Wirkung münden kann, ist indessen fraglich.

Der Zweck des Öffentlichkeitsprinzips erklärt sich maßgeblich aus seinem historischen Ursprung. So kam es in der Epoche der Aufklärung zu einem Bestreben, das Volk an der staatlichen Gewalt sowie an der Kontrolle über die staatliche Machtausübung zu beteiligen. Hierfür sollte die Öffnung staatlicher Gerichte und die damit einhergehende Transparenz sorgen, so dass das ursprünglich geheime und weitgehend schriftliche Verfahren durch eine mündliche und jedermann zugängliche Verhandlung ersetzt wurde.[745] Diese öffentliche Kontrolle diente zum einen dem Schutz der Individualinteressen der Verfahrensbeteiligten und zum anderen aber auch dem Schutz der Rechtspflege und mithin dem öffentlichen Interesse. Ferner war beabsichtigt, durch die Offenlegung des Verfahrensgangs das Vertrauen der Allgemeinheit in die Rechtsprechung der Gerichte zu stärken.[746]

Aufgrund der Eigenart der kapitalgesellschaftlichen Beschlussmängelklage ist es naheliegend, mit Blick auf den weiten Kreis der potentiellen Verfahrensbeteiligten eine ausreichende Prozessöffentlichkeit anzunehmen.[747] Hierdurch summieren sich nicht nur ganz unterschiedliche Interessen an dem weiteren Schicksal des Beschlusses, sondern die systemeigenen Vorschriften – wie etwa § 93 IV S. 1 AktG bzw. § 116 i.V.m. § 93 AktG – sorgen (bei Vorstand und Aufsichtsrat) für eine erhöhte Motivation, eine rechtmäßige Beschlusslage zu gewährleisten.

Diesem Ansatz ist allerdings vorzuwerfen, dass er die Öffentlichkeit im Sinne von § 169 GVG auf die (potentiellen) Verfahrensparteien einer gesellschaftsrechtlichen Beschlussmängelklage und damit auf die Anteilseigner sowie Geschäftsführer bzw. Vorstand und Aufsichtsrat beschränkt. Dies könnte dann noch hingenommen werden, wenn weiterhin die Aufgabe des Öffentlichkeitsprinzips erfüllt werden würde. Allerdings entspricht das Interesse der Beklagtenvertretung, einen offenbar rechtswidrigen Beschluss gerichtlich für nichtig erklären zu lassen bzw. einen rechtmäßigen Beschluss aufrechtzuerhalten, für sich genommen nicht der besonderen Stoßrichtung des Öffentlichkeitsprinzips. In diesem Zusammenhang geht es nämlich nicht um die Vorsorge einer Manipu-

---

[745] Siehe hierzu etwa Lüke/Wax – Wolf, Müko-ZPO, § 169 GVG Rn 1; Wieczorek/Schütze – Schreiber, GK-ZPO, § 169 GVG Rn 4.

[746] BGH NJW 1953, 312; BGH NJW 1956, 1646, 1647; BGH NJW 1966, 1570, 1571; BGH NJW 1969, 756, 758; vgl. auch Lüke/Wax – Wolf, MüKo-ZPO, § 169 GVG Rn 1; Wieczorek/Schütze – Schreiber, GK-ZPO, § 169 GVG Rn 4, die anmerken, dass jene Ziele im Laufe der Zeit zwar einen Bedeutungswandel erfahren haben, gleichwohl weiterhin von gewisser Erheblichkeit sind.

[747] So der Weg von Schröder, Schiedsgerichtliche Konfliktbeilegung, S. 308 ff.

lation durch das gesellschaftsrechtliche Vertretungsorgan,[748] sondern um die Kontrolle der staatlichen Gerichtsbarkeit. Diese lässt sich (allein) durch einen ‚gerecht' handelnden Beklagten aber gerade nicht erreichen. Kläger und Beklagte sind nicht imstande, die staatliche Rechtsprechung derart unter Druck zu setzen wie es etwa der ‚Öffentlichkeit' möglich ist. Vielmehr zeigt sich der unzureichende Einfluss der Prozessparteien auf das staatliche Gericht anhand der Existenz des Öffentlichkeitsgrundsatzes; diesem Umstand kann also nur mit einem öffentlichen Gerichtsverfahren begegnet werden. Der Ansatz beschränkt sich demzufolge auf den Hinweis, dass jedenfalls die Vielzahl potentieller Verfahrensbeteiligter einen ordnungsgemäßen Prozessablauf bewirkt. Doch auch insoweit ist anzumerken, dass es im Rahmen des Öffentlichkeitsprinzips gerade nicht um die (möglichen) Verfahrensbeteiligten geht, sondern um die Öffnung der Gerichte gegenüber *jedermann*. Eine andere Sichtweise würde dazu führen, dem § 169 GVG dessen Existenzgrundlage durch das Institut der Nebenintervention zu entziehen, was als systemwidrig abzulehnen ist.

Es soll nun stattdessen vor dem Hintergrund des Normzwecks des Öffentlichkeitsgrundsatzes auf dessen Verhältnis zu § 248 I S. 1 AktG geschlossen werden, um auf diese Weise dessen Entbehrlichkeit bzw. Unentbehrlichkeit hinsichtlich der Rechtskrafterstreckung festzustellen. Das Prinzip der Öffentlichkeit wäre zumindest dann speziell für die Ausdehnung der Urteilswirkung von Bedeutung, wenn hierdurch eine erhöhte Gefahr einer Beeinträchtigung der damit verfolgten Ziele begründet wäre. Mit anderen Worten müsste gerade das Institut der erweiterten Rechtskrafterstreckung ein Risiko für die rechtlichen Interessen der Prozessparteien, die Rechtspflege als solche sowie für das Vertrauen der Allgemeinheit in die Rechtsprechung darstellen und deswegen die Öffentlichkeit des Verfahrens erfordern. Eine solche Gefahr droht allerdings, wie es die Entstehungsgeschichte des Öffentlichkeitsprinzips zeigt, allein von staatlicher Seite – in Gestalt einer ‚totalitären Geheimjustiz'. Bei § 248 I S. 1 AktG beziehen sich die Erwägungen der Schutzbedürftigkeit hingegen auf die am Verfahren unbeteiligten Gesellschafter, da diesen ein Urteil zugemutet wird, auf dessen Entwicklung sie keinerlei Einfluss hatten. Insoweit ist allenfalls ein Problem der *Partei*öffentlichkeit berührt. Die Parteiöffentlichkeit beinhaltet das Recht der Verfahrensbeteiligten auf unmittelbare Teilnahme an allen Stadien der Verhandlung und zwar unabhängig von deren Öffentlichkeit.[749] Grundlage hierfür bildet der verfassungsmäßige Anspruch auf rechtliches Gehör gemäß Art. 103 I GG, so dass die Parteiöffentlichkeit von der allgemeinen Öffentlichkeit im Sinne von § 169 GVG zu unterscheiden ist. Abgesehen von den Interessen der prozessual unbeteiligten Gesellschafter werden alle übrigen Interessen – etwa die der Pro-

[748] Vgl. hierzu oben Dritter Teil, C. II. 1. a.

[749] Lüke/Wax – Wolf, MüKo-ZPO, § 169 GVG Rn 71; Wieczorek/Schütze – Schreiber, GK-ZPO, § 169 GVG Rn 2.

zessparteien oder die der Allgemeinheit – durch die Erweiterung der Rechtskraft nicht stärker beeinträchtigt oder gefährdet, als es nicht auch im Regelfall des § 325 ZPO geschieht.

Demzufolge ist im Grundsatz der Öffentlichkeit keine *spezielle* Voraussetzung für die Anordnung in § 248 I S. 1 AktG,[750] sondern lediglich eine allgemeine Verfahrensvorschrift zu sehen.

g. Weitere Verfahrensprinzipien

In Anknüpfung an die vorangegangenen Ausführungen zum Öffentlichkeitsprinzip kann generell konstatiert werden, dass alle übrigen Verfahrensgrundsätze – wie beispielsweise der Grundsatz der Mündlichkeit sowie der Anspruch auf rechtliches Gehör in seiner allgemeinen Ausgestaltung – grundsätzlich als elementare Voraussetzung für ein rechtsstaatliches Gerichtsverfahren anzuerkennen sind. Ihrer Schutzrichtung nach stellen sie jedoch keine spezielle Bedingung für die erweiterte Rechtskrafterstreckung dar.[751]

Weitere Bedingungen, welche vom Schiedsverfahren zu erfüllen sind, sind im Übrigen nicht ersichtlich.

2. Übertragbarkeit auf das Schiedsverfahren

Die Untersuchung der besonderen Gründe für die erweiterte Rechtskrafterstreckung hat ergeben, dass den am Beschlussmängelverfahren unbeteiligten Gesellschaftern die Bindungswirkung des Urteils, neben einer gering einzustufenden Gefahr des missbräuchlichen Prozesseinflusses, deswegen zuzumuten ist, weil ihnen die Möglichkeit der Parteistellung bzw. des Beitritts zusteht. Außerdem erfolgt die rechtliche Überprüfung des Beschlusses bei einem einzigen Gericht, welchem darüber hinaus ein größtmögliches Maß an Unabhängigkeit und Neutralität beizumessen ist. Schließlich wird der Rechtsschutz durch ein zumutbares Prozesskostenrisiko gewährleistet. Dagegen spielen die übrigen klassischen Verfahrensgrundsätze – wie etwa das Öffentlichkeitsprinzip – sowie die Zuständigkeit des Landgerichts gemäß § 246 III S. 1 AktG im Rahmen des § 248 I S. 1 AktG keine eigenständige Rolle. Fraglich ist nun, ob bzw. inwieweit sich jene Rahmenbedingungen in der Schiedsgerichtsbarkeit wiederfinden.

---

[750] I.E. auch Schröder, Schiedsgerichtliche Konfliktbeilegung, S. 310 f.; Zweifel bzgl. dem Erfordernis der Öffentlichkeit auch bei Schick, Schiedsfähigkeit, S. 50.

[751] Eine andere Frage ist freilich, ob diese Prinzipien in hinreichender Weise auch im Schiedsverfahren Beachtung finden, oder ob nicht aufgrund eines insoweit bestehenden Defizits die Urteilswirkung des § 248 I S. 1 AktG einem Schiedsspruch zu verwehren ist; dazu unten Dritter Teil, C. II. 2. f.

a. Missbrauch der Einflussmöglichkeiten

Was den Aspekt der missbräuchlichen prozessualen Einwirkung durch die Verfahrensbeteiligten anbelangt, so ist dieses Risiko im Schiedsverfahren nicht größer als im staatlichen Prozess, da die Umstände bei beiden Gerichtsbarkeiten die gleichen sind. So wird der klagabweisende Schiedsspruch aus den genannten Gründen[752] keine erweiterte Bindungswirkung entfalten. Andererseits ist die Interessenlage bei einem Anerkenntnis- bzw. Säumnisurteil, welches durch die beklagte Gesellschaft in einem Schiedsprozess herbeigeführt wird, keine andere als im staatlichen Verfahren. Auch hier lässt sich die Befürchtung eines rechtsmissbräuchlich herbeigeführten Schiedsspruchs durch das Institut der Doppelvertretung bzw. der Weisungsbefugnis sowie durch die gesellschaftsrechtliche Organhaftung, die Nebenintervention[753] und den Arglisteinwand hinreichend zerstreuen.

Eine entsprechende Anwendung des § 248 I S. 1 AktG im Schiedsverfahren scheitert demzufolge nicht an dieser Stelle.

b. Verfahrenskonzentration

Abgesehen davon, dass es Vorschriften wie die in §§ 246 III S. 3, 249 II AktG im Schiedsverfahrensrecht nicht gibt, lässt sich die Situation bei einem Schiedsverfahren auch nicht völlig hierauf übertragen. Während §§ 246 III S. 3, 249 II AktG eine Verbindung von mehreren Prozessen, die bei ein und demselben Gericht – namentlich dem Landgericht im Sinne von § 246 III S. 1 AktG – rechtshängig sind, anordnet, ist es nicht ausgeschlossen, dass die Schiedsklausel in einer gesellschaftsrechtlichen Satzung dazu führt, dass im Falle einer Beschlussstreitigkeit bereits mehrere Schiedsgerichte angerufen werden.[754] Hinsichtlich einer effektiven Verfahrenskonzentration gilt es also nicht nur zu verhindern, dass mehrere Beschlussmängelprozesse bei einem Schiedsgericht anhängig gemacht, sondern auch, dass verschiedene Schiedsgerichte angerufen werden. Hierzu verbietet sich eine Analogie zu den §§ 246 III S. 3, 249 II AktG, aber auch zu § 147 ZPO, da diese Vorschriften eine Verbindung nur solcher Verfahren erlauben, die bei ein und demselben Gericht anhängig gemacht wur-

---

[752] Siehe Dritter Teil, C. II. 1. a.

[753] Zwar kann die Nebenintervention im Schiedsverfahren grundsätzlich ausgeklammert werden, doch ist bei Beschlussmängelklagen insoweit eine schiedsrichterliche Ermessensreduzierung anzunehmen; siehe unten Dritter Teil, C. II. 2. c.

[754] Vgl. Bork, ZIP 1995, 609, 613; Ebbing, NZG 1998, 281, 286; Lüke/Blenske, ZGR 1998, 253, 282; Petermann, BB 1996, 277, 278; Schröder, Schiedsgerichtliche Konfliktbeilegung, S. 255.

den, nicht jedoch eine Verfahrensabgabe zwischen unterschiedlichen Gerichten.[755]

Fraglich ist also, ob die Konzentration sämtlicher Verfahren vor einem Gericht anderweitig gesichert werden kann. Dabei besteht die Gefahr einer judikativen Konkurrenz aus zwei Richtungen. Denkbar ist zum einen, dass sich sowohl ein Schiedsgericht als auch ein staatliches Gericht mit ein und derselben Beschlussmängelstreitigkeit befasst. Zum anderen kann es auch zu einer Konkurrenz mehrerer Schiedsgerichte untereinander kommen.[756]

Es erscheint auf den ersten Blick möglich, dass die Konzentration sämtlicher Klagen auf ein Gericht durch die in § 261 III Nr. 1 ZPO beschriebene Wirkung gesichert wird.[757] Danach kann die am Gericht zu entscheidende Streitsache während der Dauer der Rechtshängigkeit an keinem anderen Gericht anhängig gemacht werden. Der Einwand der anderweitigen Rechtshängigkeit setzt zunächst die Identität der Parteien voraus. Dazu ist nach allgemeiner Meinung nicht nur auf die am ersten Prozess als Kläger und Beklagter beteiligten Personen abzustellen, sondern es sind auch Dritte erfasst, auf die sich die Rechtskraft der in jenem bereits rechtshängigen Verfahren ergehenden Entscheidung erstrecken wird.[758] Mit § 248 I S. 1 AktG sind demgemäß auch nacheinander klagende Gesellschafter als mit dem ‚Erstkläger' identisch anzusehen.[759]

Neben der Parteiidentität muss es sich im Rahmen des § 261 III Nr. 1 ZPO zusätzlich um denselben Streitgegenstand handeln. Maßgebliches Kriterium bei der Definition des Streitgegenstands ist nach herrschender Meinung der Klageantrag sowie der zu dessen Begründung vorgetragene Lebenssachverhalt.[760] Jedenfalls das Rechtsschutzziel – und mithin der Antrag – richten sich bei einer Beschlussmängelstreitigkeit stets auf die (richterliche) Nichtigerklärung eines Beschlusses – sei es im Wege der Anfechtungsklage, sei es im Wege der Nich-

---

[755] So zu Recht Schröder, Schiedsgerichtliche Konfliktbeilegung, S. 255. Vgl. auch Lüke/ Blenske, ZGR 1998, 253, 282.

[756] So auch die Befürchtung des II. Zivilsenats: BGH ZIP 1996, 830, 833 f.; vgl. auch OLG Hamm DB 1987, 680, 681.

[757] So jedenfalls der Ansatz von Ch. Berger, ZHR 164 (2000), 295, 310 f.; Bork, ZHR 160 (1996), 374, 380; Lutter/Hommelhoff, GmbHG, Anh. § 47 Rn 83; Vetter, DB 2000, 705, 707; wohl auch Bender, DB 1998, 1900, 1903.

[758] Baumbach/Lauterbach/Albers/Hartmann – Hartmann, ZPO, § 261 Rn 18; Lüke/Wax – Lüke, MüKo-ZPO, § 261 Rn 52; Stein/Jonas – Schumann, ZPO, § 261 Rn 55.

[759] Hierbei wird freilich vorausgesetzt, dass § 248 I S. 1 AktG im Schiedsverfahren analog anwendbar ist, obwohl dies in diesem Zusammenhang ja gerade untersucht wird.

[760] Vgl. etwa Bork, ZIP 1995, 609, 612; Lüke/Wax – Lüke, MüKo-ZPO, § 261 Rn 56 ff.; Stein/Jonas – Schumann, ZPO, § 261 Rn 56 f.

tigkeitsklage.[761] Sofern allerdings die Klagen auf unterschiedliche Tatsachen gestützt werden, handelt es sich auch um unterschiedliche Streitgegenstände. Denkbar wäre beispielsweise der Fall, dass ein Kläger lediglich den Beschluss vorträgt und dessen inhaltliche Unvereinbarkeit mit der Satzung rügt, ein anderer hingegen geltend macht, er sei nicht geladen gewesen bzw. ihm seien beschlussrelevante Auskünfte nicht erteilt worden.[762] Mangels Identität der Streitsache käme der Einwand anderweitiger Rechtshängigkeit in diesen Fällen nicht in Betracht, so dass – insbesondere bei Beschlüssen, welche u.U. an nicht nur einem Fehler leiden – weiterhin die Gefahr mehrerer Parallelverfahren besteht.[763] Abgesehen davon ist die Rechtshängigkeit einer Streitsache bei einem Schiedsgericht von einem staatlichen Gericht nach herrschender Ansicht gerade nicht zu beachten,[764] so dass sich § 261 III Nr. 1 ZPO auch insoweit als zur Verfahrenskonzentration ungeeignet erweist.

Ebenso wenig lässt sich eine Prozessverbindung durch eine entsprechende Anwendung von § 148 ZPO erreichen. Zwar wäre der Gefahr divergierender Schiedssprüche durch die Aussetzung aller Schiedsverfahren, bis auf eines, Rechnung getragen, sofern jedoch jeweils unterschiedliche Beschlussmängel geltend gemacht werden, könnte es dazu kommen, dass – aufgrund klagabweisender Urteile – mehrere Beschlussmängelverfahren hintereinander geschaltet werden, was dem bei der Verfahrenskonzentration zum Tragen kommenden Interesse an Rechtssicherheit und Prozessökonomie zuwiderlaufen würde.[765] Im Übrigen verlören im Falle eines stattgebenden und mithin verbindlichen Urteils sämtliche materiell-rechtlich Betroffenen sowie die übrigen Kläger der wegen § 148 ZPO ausgesetzten Prozesse ihren Anspruch auf Einflussnahme bei der Schiedsrichterbestellung.[766]

---

[761] Gadow – Schilling, GK-ZPO, § 246 Anmerk. 5; Hachenburg – Raiser, GmbHG, Anh. § 47 Rn 195; Kropff/Semler – Hüffer, MüKo-AktG, § 246 Rn 18 f.; Scholz – Schmidt, GmbHG, § 45 Rn 151 f.; Zöllner – Zöllner, KK-AktG, § 246 Rn 47 ff. Die Rechtsprechung ist indessen uneinheitlich; vgl. RGZ 170, 83, 87 f.; BGH LM § 197 AktG 1937 Nr. 1; BGH NJW 1981, 1041; OLG Hamm GmbHR 1985, 119.

[762] So das Beispiel von Bork, ZIP 1995, 609, 613, dem er in ZHR 160 (1996), 374, 380, offenbar keine Beachtung mehr schenkt.

[763] Diese Bedenken erheben auch Lüke/Blenske, ZGR 1998, 253, 283; Papmehl, Schiedsfähigkeit, S. 96.

[764] BGHZ 41, 104, 107; BGH NJW 1958, 950; Lüke/Wax – Münch, MüKo-ZPO, § 1032 Rn 2; Stein/Jonas – Schlosser, ZPO, § 1044 Rn 3; Schwab/Walter, Schiedsgerichtsbarkeit, S. 59; Zöller – Geimer, ZPO, § 1044 Rn 5. Die Rechtshängigkeit bei einem staatlichen Gericht entfaltet i.Ü. auch keine Sperrwirkung für das Schiedsverfahren; vgl. Stein/Jonas – Schlosser, ZPO, § 1044 Rn 6.

[765] Schröder, Schiedsgerichtliche Konfliktbeilegung, S. 259 f.

[766] Schröder, Schiedsgerichtliche Konfliktbeilegung, S. 256.

Ein Nebeneinander von – zumindest – staatlichem Prozess und Schiedsverfahren kann demgegenüber in aller Regel aufgrund verbandsrechtlicher Pflichten ausgeschlossen werden.[767] Denn die vertretungsbefugten Gesellschaftsorgane sind insofern auch an die Schiedsklausel gebunden und daher verpflichtet, in jeder Verhandlung vor dem ordentlichen Gericht gemäß § 1032 I ZPO die Einrede des Schiedsvertrags zu erheben.[768] Es verbleibt gleichwohl die theoretische Möglichkeit einer pflichtwidrigen Unterlassung. Allerdings ist angesichts der Weisungsbefugnis der Gesellschafterversammlung bzw. des Instituts der Doppelvertretung gemäß § 246 II S. 2 AktG sowie der gesellschaftsrechtlichen Sanktionsmaßnahmen, wie etwa die organschaftliche Haftung, davon auszugehen, dass sich diese Gefahr praktisch nicht realisieren wird. Überdies ist es zudem schwer nachvollziehbar, welches Interesse an der Nichterhebung der Einrede bestehen sollte.[769]

Dessen ungeachtet lässt sich eine entsprechende Pflicht der Gesellschaftsorgane zur Bündelung mehrerer Schiedsprozesse nicht notwendigerweise aus der bloßen Existenz einer Schiedsklausel ableiten, da sich ihr Aussagegehalt regelmäßig darauf beschränkt, sämtliche Beschlussstreitigkeiten (überhaupt) privatgerichtlich entscheiden zu lassen; dass dies nur in einem einheitlichen Verfahren geschehen darf, kann daraus hingegen nicht ohne weiteres geschlossen werden.[770] Ebenso wenig kann eine Verpflichtung der Gesellschafter zur Unterlassung der Einleitung neuer Schiedsverfahren bejaht werden.[771] Vielmehr bedürfte die Verfahrenskonzentration – was letztlich auch die §§ 246 III S. 3, 249 II AktG zeigen – einer ausdrücklichen Erwähnung.[772] Im Übrigen entbehren die

[767] I.E. auch Ch. Berger, ZGR 164 (2000), 295, 310, 312 f., der dies indes im Wesentlichen mit der inter partes wirkenden Rechtskraft des klagabweisenden Urteils begründet, weil insofern weitere Prozesse möglich sind. Allerdings wird damit allein der Aspekt des rechtlichen Gehörs angesprochen. Dass aber gerade eine Verfahrens*konzentration* (auch) im Schiedsverfahren zu gewährleisten ist, wurde schon an anderer Stelle gezeigt (siehe oben Dritter Teil, C. II. 1. b.).

[768] So zu Recht Bender, DB 1998, 1900, 1903; Günther, EWiR § 45 GmbHG 1/87, 371, 371 f.; Michalski – Römermann, GmbHG, Anh. § 47 Rn 561; Papmehl, Schiedsfähigkeit, S. 94 f.; Schröder, Schiedsgerichtliche Konfliktbeilegung, S. 141; Timm/Witzorrek, EWiR § 248 AktG 1/96, 481, 482. Dagegen verlangen Bredow, DStR 1996, 1653, 1654; Lüke/Blenske, ZGR 1998, 253, 300; Vetter, DB 2000, 705, 707, dass eine derartige Pflicht ausdrücklich festzuschreiben ist.

[769] In diesem Sinne auch Henze, Aktienrecht, Rn 1023.

[770] Eine solche Pflicht unterstellt indes Bender, DB 1998, 1900, 1903.

[771] So aber Ebbing, NZG 1998, 281, 286.

[772] Eine entsprechende vertragliche Gestaltung verlangen auch Bredow, DStR 1996, 1653, 1654; Ebenroth/Bohne, BB 1996, 1393, 1397; Günther, EWiR § 45 GmbHG 1/87, 371 f.; Henze, Aktienrecht, Rn 1023 ff.; Lüke/Blenske, ZGR 1998, 253, 288; Michalski –

§§ 1025 ff. ZPO einer Vorschrift des Inhalts gemäß § 246 III S. 2 AktG, so dass mit der mündlichen Verhandlung einer Anfechtungsklage bereits innerhalb der Anfechtungsfrist begonnen werden könnte, die Unzulässigkeit weiterer Prozesse indes an keiner Stelle normiert ist. Eine Pflicht des Schiedsrichters – im Falle der Zuständigkeit eines bestimmten Schiedsgerichts – des Inhalts, das Verstreichen der Anfechtungsfrist abzuwarten bzw. weitere Klagen abzuweisen, erscheint in diesem Zusammenhang als äußerst zweifelhaft.[773]

Die vorangegangene Untersuchung zeigt, dass sich eine Verfahrenskonzentration im Sinne von §§ 246 III S. 3, 249 II AktG im Schiedsverfahren nur bedingt erreichen lässt. Die Gefahr parallel stattfindender Schiedsprozesse zu ein und demselben Beschluss kann demnach nicht komplett ausgeschlossen werden.[774] Insoweit mangelt es im schiedsgerichtlichen Prozess an der Legitimationsvoraussetzung für die erweiterte Rechtskrafterstreckung.

c. Beteiligung am Prozess

Im Rahmen der ratio legis des § 248 I S. 1 AktG hat sich herausgestellt, dass der Rechtsschutz der potentiellen Prozessparteien durch die Klagemöglichkeit sowie das Institut der streitgenössischen Nebenintervention – bei rechtzeitiger Benachrichtigung im Sinne von § 246 IV AktG – zu gewährleisten ist. Während das Recht auf Erhebung einer Klage auch im Schiedsverfahren sichergestellt ist, da entsprechend einschränkende Klauseln nichtig bzw. unter Verletzung dieses Rechts zustande gekommende Schiedssprüche aufhebbar sind, ist die Nebenintervention indessen nicht gesichert. Denn § 1042 IV ZPO legt die Beteiligung Dritter an dem Prozess in das freie Ermessen der Schiedsrichter.[775] Angesichts der verfassungsrechtlichen Verankerung des Anspruchs auf rechtliches Gehör sieht die inzwischen ganz herrschende Meinung allerdings das schiedsrichterliche Ermessen hierbei – zu Recht – als auf Null reduziert. Nebenintervention und

---

Römermann, GmbHG, Anh. § 47 Rn 561; Timm, FS Fleck, S. 375; Vetter, DB 2000, 705, 707; Wagner, Prozessverträge, S. 592; weniger strikt wohl Bender, DB 1998, 1900, 1901.

[773] So aber Ebbing, NZG 1998,281, 286; vgl. auch Schlosser, JZ 1996, 1020, 1022; Timm/Witzorrek, EWiR § 248 AktG 1/96, 481, 482, die ohne weiteres die ausschließliche Zuständigkeit des zuerst einberufenen Gerichts annehmen.

[774] I.E. auch BGH ZIP 1996, 830, 833; Lüke/Blenske, ZGR 1998, 253, 282; Raeschke-Kessler/K. P. Berger, Recht und Praxis, Rn 779 f.; Wagner, Prozessverträge, S. 592. A.A. Schulze, Grenzen der objektiven Schiedsfähigkeit, S. 128.

[775] So die ganz h.M.: OLG Hamm DB 1987, 680; Schmidt, ZGR 1988, 523, 534 m.w.N.; Schröder, Schiedsgerichtliche Konfliktbeilegung, S. 305; Stein/Jonas – Schlosser, ZPO, § 1042 Rn 27.

Beitritt sind also aus Rechtsgründen geboten, so dass für Rechtsschutz gesorgt ist.[776]

Was das Problem der rechtzeitigen Inkenntnissetzung der Betroffenen anbelangt, so ist in § 246 IV AktG keine spezielle prozessuale Modalität der ordentlichen Gerichtsbarkeit, sondern vielmehr eine rein organschaftliche Pflicht statuiert, welche nicht durch das Gericht zu erfüllen ist.[777] Sofern nicht bereits eine direkte Anwendung des § 246 IV AktG dem Benachrichtigungsinteresse der Gesellschafter Rechnung trägt, sind keine Hindernisse bezüglich einer Analogie im Rahmen der schiedsrechtlichen Klageerhebung erkennbar.[778] Der Rechtsschutz potentiell betroffener Personen findet demnach auch im Schiedsverfahren ausreichend Beachtung.

d. Streitwerthöhe und Streitwertspaltung

Das Problem der zumutbaren Kostenverteilung vor dem Hintergrund der Sicherstellung eines effektiven Rechtsschutzes stellt sich auch im Schiedsprozess. Denn entgegen einer verbreiteten Annahme, private Gerichtsverfahren seien im Vergleich zur ordentlichen Gerichtsbarkeit finanziell günstiger,[779] muss im Regelfall davon ausgegangen werden, dass auch das Schiedsgerichtsverfahren seinen Preis hat und u.U. sogar kostspieliger sein kann.[780] Fraglich ist also zum ei-

---

[776] K. P. Berger, RIW 2001, 7, 14; Bork, ZHR 160 (1996), 374, 383 (Fn 40); Ebenroth/Bohne, BB 1996, 1393, 1397; Günther, EWiR § 1025 ZPO 1/95, 519, 520; Henze, Aktienrecht, Rn 1028; Lüke/Blenske, ZGR 1998, 253, 268, 293 (Ergebnis folgt unmittelbar aus Art. 103 I GG); OLG Karlsruhe ZIP 1995, 915, 917; Petermann, BB 1996, 277, 279; Schmidt, ZGR 1988, 523, 534; Schröder, Schiedsgerichtliche Konfliktbeilegung, S. 306; Timm, ZIP 1996, 445, 448; Vetter, DB 2000, 705, 707; Vollmer, ZGR 1982, 15, 39; H. P. Westermann, Schiedsfähigkeit, S. 45; zweifelnd dagegen Jänich, LM 8 (1996), Bl. 6 f. Michalski – Römermann, GmbHG, Anh. § 47 Rn 51; Schulze, Grenzen der objektiven Schiedsfähigkeit, S. 138; Wagner, Prozessverträge, S. 592, halten es für erforderlich, die Verpflichtung des Schiedsgerichts zur Zulassung weiterer Prozessbeteiligte in der Satzung festzuschreiben. Vgl. auch Ch. Berger, ZHR 164 (2000), 295, 315, der die Unabdingbarkeit der Nebenintervention bereits aus § 1042 I S. 2 ZPO ableitet.

[777] Vgl. auch BGH NJW 1984, 489; BGH NJW 1986, 2051; Schmidt, ZGR 1988, 523, 533 m.w.N. Lüke/Blenske, ZGR 1998, 253, 293, gehen indes von einer gerichtlichen Pflicht zur Inkenntnissetzung der Betroffenen aus.

[778] I.E. auch Bender, DB 1998, 1900, 1903 (Fn 53); Ch. Berger, ZHR 164 (2000), 295, 314; Hachenburg – Ulmer, GmbHG, § 61 Rn 37; Lüke/Blenske, ZGR 1998, 253, 290; Lutter/Hommelhoff, GmbHG, Anh. § 47 Rn 80; Schmidt, ZGR 1988, 523, 533; Schröder, Schiedsgerichtliche Konfliktbeilegung, S. 304; Vetter, DB 2000, 705, 707; zweifelnd dagegen Jänich, LM 8 (1996), Bl. 6 f.

[779] Vgl. die Nachweise bei Lachmann, Schiedsgerichtspraxis, Rn 128 (Fn 2 und 3).

[780] Raeschke-Kessler/K. P. Berger, Recht und Praxis, Rn 106; Schütze, Schiedsgericht und Schiedsverfahren, Rn 11. Vgl. auch Schröder, Schiedsgerichtliche Konfliktbeilegung, S. 148 f.

nen, ob der klagende und letztlich obsiegende Gesellschafter im Sinne des § 91 I S. 1 ZPO von den Prozesskosten verschont bleibt, und zum anderen, ob seine Kostentragungspflicht im Falle eines abweisenden Schiedsspruchs gemäß § 247 AktG modifiziert wird.[781]

Die sogenannte Kostengrundentscheidung richtet sich im Schiedsverfahren nach § 1057 I ZPO. Der Gesetzgeber hat bei dieser Regelung davon abgesehen, die Kostenverteilungsgrundsätze der §§ 91 ff. ZPO zu übertragen und stattdessen einer flexiblen Lösung den Vorzug gegeben. Das Schiedsgericht entscheidet hier nach pflichtgemäßem Ermessen unter Berücksichtigung der Umstände des Einzelfalls. Den Schiedsvertragsparteien ist es freilich anheim gestellt, mittels ausdrücklicher Vereinbarung die Kostentragungspflicht nach den §§ 91 ff. ZPO bestimmen zu lassen, um auf diese Weise einer (für den Gesellschafter u.U. nachteiligen) Ermessensentscheidung vorzubeugen. Doch auch in Ermanglung eines solchen Verweises kann sich der Verteilungsschlüssel in erster Linie nach dem Grad des Obsiegens und Unterliegens richten, so dass das insoweit eingeräumte Ermessen diesbezüglich auf Null reduziert ist.[782] Es würde andernfalls rechtsstaatlichen Prinzipien widersprechen, wenn der sich im Recht befindlichen Partei die Verfahrenskosten aufgebürdet würden.[783] Insofern hat der klagende Gesellschafter also kein erhöhtes Finanzrisiko zu befürchten.

Hinsichtlich der konkreten Feststellung der Kosten gibt es im Schiedsprozess – anders als bei den staatlichen Gerichten – kein Kostenfestsetzungsverfahren, welches vom Rechtspfleger durchgeführt wird. Die betragsmäßige Festsetzung der Verfahrenskosten wird vielmehr in § 1057 II ZPO geregelt, wonach die Schiedsrichter selbst darüber zu befinden haben.[784] Auch in dieser Hinsicht besteht ein schiedsrichterlicher Ermessensspielraum,[785] welcher in ähnlicher Weise wie auch schon bei der Kostengrundentscheidung, durch eine entsprechende Vereinbarung ausgeschaltet werden kann. Wird nämlich beispielsweise hinsicht-

---

[781] In dem letzteren Fall will Bredow, DStR 1996, 1653, 1655, die anfallenden Kosten auf die Schiedskläger stets entsprechend dem Verhältnis des Nennwerts ihrer Kapitalbeteiligung aufteilen.

[782] Lachmann, Schiedsgerichtspraxis, Rn 1042; Raeschke-Kessler/K. P. Berger, Recht und Praxis, Rn 884, 894; Schröder, Schiedsgerichtliche Konfliktbeilegung, S. 154; Schütze, Schiedsgericht und Schiedsverfahren, Rn 225 m.w.N. (Fn 201); Schwab/Walter, Schiedsgerichtsbarkeit, S. 349. Selbst der Gesetzgeber geht davon aus, dass sich die Kostenquotelung zumeist nach den §§ 91 ff. ZPO richten wird; vgl. BegRegE, BT-Drucks. 13/5274, S. 57.

[783] So auch Schütze, Schiedsgericht und Schiedsverfahren, Rn 225.

[784] Dies kann allerdings nur hinsichtlich der Kosten geschehen, die bei Erlass des Schiedsspruchs der Höhe nach feststehen. Was die Gebühren der Schiedsrichter angeht, so müssen diese bereits vorschussweise gezahlt sein, weil das Gericht andernfalls in eigener Sache entscheiden würde; vgl. Schwab/Walter, Schiedsgerichtsbarkeit, S. 354.

[785] Schröder, Schiedsgerichtliche Konfliktbeilegung, S. 149; Schwab/Walter, Schiedsgerichtsbarkeit, S. 349; vgl. auch BegRegE, BT-Drucks. 13/5274, S. 57.

lich der Schiedsrichtervergütung an die BRAGO angeknüpft, so sind damit automatisch die Streitwertvorschriften der ZPO und des GKG einbezogen und mithin auch § 247 AktG.[786] Dessen ungeachtet ist dem Normzweck des § 247 AktG auch ohne vertragliche Vorkehrung in der Ermessensentscheidung Rechnung zu tragen, weil gleichermaßen rechtsstaatliche Erwägungen, wie schon zuvor im Rahmen der §§ 91 ff. ZPO, eine Rolle spielen. Wäre nämlich der prozessual unterlegene Gesellschafter dazu verpflichtet, sämtliche Kosten bzw. einen Großteil davon zu übernehmen, würde dies zu jenem Abschreckungseffekt führen, welchen § 247 AktG gerade vermeiden will. Eine solche Kostenentscheidung ist jedoch wegen des zu gewährenden Rechtsschutzes unzulässig; vielmehr existiert hierbei ebenfalls eine Ermessensreduzierung im Sinne des § 247 AktG. Folglich wird der Kläger auch im Zusammenhang mit der Kostenfestsetzung vor einer überhöhten Inanspruchnahme geschützt.[787]

Ungeklärt ist indessen der Aspekt, zu wessen Lasten sich die Modifikation der Kostentragungspflicht auswirkt. Was jedenfalls das staatliche Verfahren anbelangt, so kommt es durch § 247 AktG auf Seiten des Begünstigten zu einer dreifachen Haftungsreduzierung, namentlich gegenüber dessen Prozessbevollmächtigten, dem Staat sowie dem Prozessgegner bzw. der Gesellschaft. Keine Änderungen sind im Schiedsverfahren hinsichtlich der verringerten Gebühren des eigenen Anwalts sowie der Gebühren, welche die gegnerische Verfahrenspartei zu tragen hat, vorzunehmen. Denn in beiden Fällen kommt es zu keiner Schlechterstellung im Vergleich zu staatlichen Beschlussmängelverfahren. Es sind somit keine Gründe ersichtlich, warum die diesbezüglich Benachteiligten eine Kürzung ihrer Ansprüche nicht auch im Schiedsverfahren hinzunehmen haben, so dass die vom Gesetzgeber gewollten Konsequenzen der Streitwertspaltung gleichermaßen zum Tragen kommen müssen.[788]

Als zweifelhaft erscheint es gleichwohl, auch die Vergütung des Schiedsgerichts entsprechend § 247 AktG herabzusetzen. Ein solcher Schritt verbietet sich zunächst aus Gründen der gebotenen richterlichen Neutralität. Wenn nämlich die Schiedsrichter bei Abweisung der Beschlussmängelklage die Aussicht auf eine niedrigere Vergütung hätten, könnte dies u.U. zu einer gesteigerten Tendenz, dem Urteil stattzugeben, führen, um sich so die Bezahlung durch die Gesellschaft zu sichern. Langfristig würde das Schiedsverfahren zudem an Attraktivität und mithin Qualität verlieren, da die Gefahr bestünde, dass besonders fachkundige Persönlichkeiten die Übernahme eines Schiedsrichteramts ablehnen.[789]

---

[786] Lüke/Wax – Maier, MüKo-ZPO, 1. Auflage, § 1028 Rn 25; RG JW 1936, 2710; Schütze, Schiedsgericht und Schiedsverfahren, Rn 57.

[787] So auch Schröder, Schiedsgerichtliche Konfliktbeilegung, S. 149 f.; vgl. auch Lüke/Wax – Maier, MüKo-ZPO, 1. Auflage, § 1028 Rn 25.

[788] So auch Schröder, Schiedsgerichtliche Konfliktbeilegung, S. 154.

[789] Schröder, Schiedsgerichtliche Konfliktbeilegung, S. 150.

Mit Hinweis auf die gesamtschuldnerische Haftung beider Prozessparteien hinsichtlich der Schiedsrichtervergütung will *Schröder* an dieser Stelle das Institut der gestörten Gesamtschuld zur Anwendung bringen, welches sich weder zu Lasten des Gesellschafters noch zu Lasten der Schiedsrichter auswirken dürfe.[790] Letztlich müsste also die Gesellschaft für den Betrag, der die durch § 247 AktG ermittelten Verfahrenskosten des Anteilseigners übersteigt, aufkommen. Dieser Ansatz erscheint für die Gesellschaft insofern zumutbar, als sie – anders als ihre Anteilseigner – finanzielle Belastungen in aller Regel besser ertragen kann. Mit ihrer Entscheidung zu Gunsten der schiedsrichterlichen Konfliktbeilegung mitsamt ihren Vorteilen gegenüber dem staatlichen Rechtsschutz wird die nachteilige Kostentragungspflicht auch nicht weiter ins Gewicht fallen. Im Übrigen wird die Gefahr der missbräuchlichen Klageerhebung zum Zwecke eines finanziellen Aderlasses dadurch eingedämmt, dass stets ein mit der Prozessführung verbundenes Restrisiko besteht und das Gericht die Streitwertspaltung nicht vornehmen darf, wenn sich die Aussichtslosigkeit oder Mutwilligkeit ohne weiteres feststellen lässt.[791]

Festhalten lässt demnach, dass dem Schutzzweck des § 247 AktG im Schiedsverfahren ohne erhebliche Einbuße durchaus Rechnung getragen werden kann.

e. Unabhängigkeit des Gerichts

Nachdem hinsichtlich der ordentlichen Gerichtsbarkeit die richterliche Neutralität als unabdingbare Voraussetzung für eine Rechtskrafterweiterung identifiziert wurde, soll nun das schiedsrechtliche System daraufhin untersucht werden, ob es in ähnlicher Weise Instrumente bereithält, welche die Objektivität des Schiedsrichters sicherstellen. Der Umstand, dass es sich bei der schiedsrechtlichen Konfliktbeilegung nicht bloß um eine fakultative Schlichtungstätigkeit, sondern um materielle Rechtsprechung handelt, postuliert auch im Rahmen der Schiedsgerichtsbarkeit das Gebot der übergesetzlichen Rechtspflege.[792] Allerdings sind an die Neutralität des Schiedsrichters nicht die gleichen Anforderungen zu stellen wie bei einem staatlichen Richter. Bei der Schiedsgerichtsbarkeit dient das Neutralitätsgebot ausschließlich dem Schutz der Parteien, während bei der staatlichen Gerichtsbarkeit zusätzlich das öffentliche Interesse im Vordergrund steht.[793] Der BGH lässt demzufolge – ohne dies näher zu konkretisieren –

---

[790] Schröder, Schiedsgerichtliche Konfliktbeilegung, S. 151 f.

[791] Gadow – Schilling, GK-ZPO, § 247 Anmerk. 22; Hüffer, AktG, § 247 Rn 15; Kropff/Semler – Hüffer, MüKo-AktG, § 247 Rn 26. Eine generelle Prüfung der Erfolgsaussichten der Klage ist indessen nicht vorgeschrieben.

[792] Allgemeine Meinung: Baumbach/Lauterbach/Albers/Hartmann – Albers, ZPO, § 1036 Rn 1; BGHZ 51, 255, 258 f.; BGHZ 98, 70, 72; BGHZ 54, 392, 395, 400; BGHZ 65, 59, 61, 62; Schwab/Walter, Schiedsgerichtsbarkeit, S. 86; Zöller – Geimer, ZPO, § 1036 Rn 1.

[793] Siehe oben Dritter Teil, C. II. 1 e.

geringere Anforderungen in Abhängigkeit vom Inhalt der Schiedsklausel sowie den Umständen, die für die Einsetzung des Schiedsgerichts und die Ernennung des Schiedsrichters bestimmend waren, genügen.[794]

Dennoch enthalten die §§ 1025 ff. ZPO Vorschriften, welche dazu bestimmt sind, dem Gebot der überparteilichen Rechtspflege zu entsprechen. So gebietet § 1036 ZPO der Gefahr der Voreingenommenheit einzelner Schiedsrichter Einhalt, indem er diesen zum einen in Absatz 1 eine Offenlegungspflicht auferlegt und zum anderen in Absatz 2 die Ablehnung eines Schiedsrichters durch Intervention einer der beiden Prozessparteien[795] ermöglicht. Zwar wird insoweit – wie etwa bei § 1032 ZPO a.F. – nicht explizit auf die §§ 41, 42 ZPO verwiesen, sondern generell ‚Zweifel' an der schiedsrichterlichen Unparteilichkeit gefordert, doch hat der Gesetzgeber in seiner Begründung klargestellt, dass die Tatbestände des § 41 ZPO stets Zweifel an der Unvoreingenommenheit des Schiedsrichters begründen.[796] Prinzipiell beinhaltet § 1036 II ZPO also sowohl die Fälle des § 41 ZPO als auch die Generalklausel gemäß § 42 ZPO. Allein der Automatismus des § 41 ZPO, wonach der Ausschluss des staatlichen Richters kraft Gesetzes – und nicht lediglich auf Betreiben einer Verfahrenspartei – erfolgt, findet sich nicht im Schiedsverfahren wieder. Dort muss vielmehr jeder Ablehnungsgrund durch einen Ablehnungsantrag geltend gemacht werden. Allein die Parteien selbst sowie deren gesetzliche Vertreter schließt man per se vom Amt des Schiedsrichters aus.[797] Bei diesem Unterschied zwischen beiden Gerichtsbarkeiten ist unterdes zu beachten, dass die Rechtsfindung in einem Schiedsverfahren mangels Präzedenzwirkung des Schiedsspruchs einen geringen oder gar zu vernachlässigenden Öffentlichkeitsbezug hat. Es erscheint demzufolge grundsätzlich als hinnehmbar, die Sicherstellung des überparteilichen Entscheidungsprozesses insoweit zur alleinigen Sache der Prozessparteien zu machen. Letztlich wird auch der Offenlegungspflicht gemäß § 1036 I ZPO eine korrigierende Wir-

---

[794] BGHZ 65, 59, 64 f. m.w.N.

[795] Bei einer Mehrheit von klagenden Gesellschaftern bzw. Vertretern der beklagten Gesellschaft wird wohl auch ein Ablehnungsantrag gegen den ‚eigenen' Schiedsrichter zulässig sein, sofern dieser von einer anderen Person bestellt wurde. Demgemäß beschränkt sich § 1036 II ZPO nicht auf den Ausschluss des Schiedsrichters der gegnerischen Partei; vgl. unten Dritter Teil, D. III. 1.

[796] BegRegE, BT-Drucks. 13/5274, S. 40. Eine direkter Verweis auf § 41 ZPO wurde lediglich aus Gründen der internationalen Verständlichkeit der § 1025 ff. ZPO ausgespart.

[797] Schwab/Walter, Schiedsgerichtsbarkeit, S. 87 f.; Zöller – Geimer, § 1036 Rn 4; vgl. auch BGH NJW 1976, 245, der diesen Grundsatz im Gesellschaftsrecht nur dann anwendet, wenn das Organ einer Gesellschaft als solches zum Schiedsrichter bestellt wurde, lässt jedoch eine Ausnahme für den Fall zu, dass nach Entstehen des Rechtsstreits ein Mitglied des Vertretungsorgans einer Partei zum Schiedsrichter bestellt wurde.

kung beizumessen sein, so dass zumindest im Verhältnis der Parteien zueinander für ein hinreichend neutrales Entscheidungsgremium gesorgt ist.[798]

Eine weitere Frage ist, ob der Aspekt der Neutralität des Schiedsgerichts im Sinne des § 1036 ZPO auch gegenüber den am Prozess unbeteiligten Gesellschaftern gewahrt ist. Bedenken könnten insoweit bestehen, als diese Personen keine Prozessanträge stellen und somit auch – normalerweise – kein Ablehnungsverfahren im Sinne des § 1036 II ZPO anstrengen. Hieraus eine Beteiligungspflicht ableiten zu wollen, erscheint indes als unverhältnismäßig, da man generell davon ausgehen kann, dass die Prozessparteien in ausreichendem Maße darauf achten, ob ein Ablehnungsfall vorliegt, um dann die entsprechenden Konsequenzen zu ziehen. Etwas anderes gilt im Rahmen der Anfechtungsklage allerdings dann, wenn beide Verfahrensparteien kollusiv zusammenwirken und einen zu Gunsten der einen und zu Lasten der anderen Seite handelnden Schiedsrichter bestellen. Zwar dürfte dies wohl eher einen Ausnahmefall theoretischer Natur darstellen, zumal er sich in voller Schärfe nur bei der Anfechtungs- sowie bei der Nichtigkeitsklage dann stellt, wenn die Beklagtenseite mit den Klägern zusammenarbeitet, um ein für sämtliche Betroffenen verbindliches Urteil zu erwirken, was aus den genannten Gründen[799] höchst unwahrscheinlich ist. Doch erscheint es angesichts der Besonderheit der erweiterten Rechtskrafterstreckung als nicht unbedenklich, die am Verfahren unbeteiligten Gesellschafter deswegen gänzlich zu vernachlässigen. Es muss vielmehr auch ihnen möglich sein, in entsprechender Anwendung des § 1036 II ZPO die Ablehnung eines parteiischen Schiedsrichters zu bewirken. Eine Regelungslücke ist deshalb zu bejahen, weil sich § 1036 ZPO lediglich auf die klassische Konstellation bezieht, in welcher sich alle von dem Schiedsspruch Betroffenen auch an dem Prozess beteiligen. Im gesellschaftsrechtlichen Beschlussmängelverfahren verhält es sich anders, obwohl bei den unbeteiligten Gesellschaftern zweifellos ein schutzwürdiges Interesse an einem neutralen Schiedsrichtergremium und mithin an der Antragsbefugnis im Sinne von § 1036 II ZPO besteht. Der Weg über eine Gesetzesanalogie lässt sich indes dadurch vermeiden, dass die Schiedsrichterabbestellung – wie auch bei der ordentlichen Gerichtsbarkeit – über das Institut der streitgenössischen Nebenintervention ermöglicht wird. Denn jedenfalls Personen, die mit den Rechten im Sinne von §§ 61, 69 ZPO ausgestattet sind, dürften zu einem Antrag gemäß § 1036 II ZPO imstande sein.

---

798 So dann auch Bork, ZHR 160 (1996), 374, 380 f.; Koussoulis, ZZP 107 (1994), 195, 204; Schmidt, ZGR 1988, 523, 534 f.; (beide vor dem Hintergrund der alten Rechtslage); zweifelnd – allerdings eine Begründung schuldig bleibend – BGH ZIP 1996, 830, 833; Lüke/Blenske, ZGR 1998, 253, 268; Schlosser, JZ 1996, 1020, 1021; Schröder, Schiedsgerichtliche Konfliktbeilegung, S. 229 (Fn 783); Weber, Schiedsklauseln in Gesellschaftsverträgen, S. 54.

799 Siehe oben Dritter Teil, C. II. 1. a. und 2. a.

Schließlich bleibt immer noch die Möglichkeit, den Schiedsspruch parteiischer Richter nach § 1059 II Nr. 1 d) oder Nr. 2 b) ZPO aufzuheben.

Aller gesetzlichen Unterschiede zum Trotz bietet § 1036 ZPO demgemäß auch gegenüber den verfahrensunbeteiligten Gesellschaftern ein hinreichendes Instrumentarium, um die schiedsrichterliche Neutralität sicherzustellen.

Im Übrigen folgt eine nicht zu unterschätzende Gefahr für die Unparteilichkeit des Schiedsrichters aus der Möglichkeit der Verfahrensparteien zur privatautonomen Schiedsrichterbestellung. Denn in aller Regel werden auf diese Weise jeweils Schiedsrichter des individuellen Vertrauens nominiert, welche in rechtlicher und sachlicher Hinsicht zu den Interessen der benennenden Partei tendieren können. Dieser Gesichtspunkt wird jedoch ausführlich an anderer Stelle behandelt.[800] Es sei nur soviel gesagt, dass – sofern sich dennoch gewisse Loyalitäten zwischen dem Schiedsrichter und dessen Partei nicht vermeiden lassen – dieses Phänomen durch das in § 1034 II ZPO statuierte Gebot zu gleichem Einfluss auf die Weise kompensiert wird, dass bei der Zusammensetzung des Schiedsgerichts keiner Partei ein Übergewicht eingeräumt werden darf, welches die andere Partei benachteiligt. In der Praxis führt dies dazu, dass das Bestellungsverfahren jeder Partei einen gleichen Einfluss einräumt, so dass die potentiellen Loyalitätsempfindungen der Schiedsrichter zwar letztlich nicht verhindert, zumindest jedoch ausgeglichen werden. Die Gewährleistung einer individuellen richterlichen Neutralität erfordert, dass das Ernennungsverfahren komplett durch eine neutrale Instanz – etwa durch das OLG[801] – durchgeführt wird. Allerdings wird durch die Möglichkeit, einen Antrag im Sinne des § 1034 II ZPO zu stellen, die Neutralisation beider Schiedsrichter angestrebt, so dass zumindest die *Gesamtheit* des Spruchkörpers als objektiv bezeichnet werden kann.[802]

f. Weitere rechtsstaatliche Anforderungen

Ein Wesensmerkmal der Schiedsgerichtsbarkeit ist schließlich, dass gewisse Institute und Prinzipien keine obligatorische Geltung erlangen, obwohl sie bei dem staatlichen Verfahren in aller Regel zu den rechtsstaatlichen Anforderungen gehören. Zu erwähnen sind beispielsweise der Instanzenzug sowie der Grundsatz der Mündlichkeit wie auch das Öffentlichkeitsprinzip. Wie schon gezeigt, bilden jene Anforderungen unmittelbar keine Legitimationsvoraussetzungen des

---

[800] Siehe unten Dritter Teil, D. III. 1.

[801] Das OLG hat hierbei das Gebot der Überparteilichkeit von Amts wegen zu beachten; vgl. BegRegE, BT-Drucks. 13/5274, S. 39.

[802] So auch Ch. Berger, ZHR 164 (2000), 295, 305; BGHZ 54, 392, 396 f.; Lüke/Blenske, ZGR 1998, 253, 279; Raeschke-Kessler/K. P. Berger, Recht und Praxis, Rn 415; Schröder, Schiedsgerichtliche Konfliktbeilegung, S. 227; Stein/Jonas – Schlosser, ZPO, § 1036 Rn 16.

§ 248 I S. 1 AktG.[803] Dessen ungeachtet könnte ihr Fehlen in einem schiedsgerichtlichen Prozess zur Unzulässigkeit der erweiterten Rechtskrafterstreckung führen. Dies muss jedoch mit Blick auf das durch den Gesetzgeber ausgestaltete und der Rechtsprechung bestätigte Schiedsverfahren gemäß §§ 1025 ff. ZPO – im Bewusstsein aller seiner Unterschiede zum ordentlichen Gerichtsverfahren – verneint werden. Etwaige Zweifel würden dagegen nicht nur die Zulässigkeit schiedsrechtlicher Beschlussmängelverfahren, sondern generell die der Schiedsgerichtsbarkeit in Frage stellen. Derartige Bedenken sind mittlerweile als überkommen abzulehnen.

Festzuhalten ist demgemäß, dass die insoweit bestehenden Unterschiede zwischen privater und staatlicher Gerichtsbarkeit einer analogen Anwendung des § 248 I S. 1 AktG nicht entgegenstehen.

g. Schiedsprozessrechtliche Voraussetzungen

Neben den Voraussetzungen, die sich aus § 248 I S. 1 AktG ableiten lassen und demgemäß in der ordentlichen Gerichtsbarkeit bzw. in den dort anzuwendenden prozessualen Vorschriften verankert sind, könnte auch das Schiedsverfahren selbst mit all seinen gegenüber dem staatlichen Verfahren bestehenden Unterschieden bestimmte Postulate aufstellen, denen für die Legitimation eines Schiedsspruchs Rechnung zu tragen ist. Hierzu gehören beispielsweise die speziellen Anforderungen für die Einführung einer Schiedsklausel, welche bereits an anderer Stelle behandelt wurden.[804] Doch auch innerhalb des schiedsgerichtlichen Verfahrens existieren systemeigene Prozessrechte, deren Sicherstellung die Rechtskrafterstreckung bedingen. Denkbar wären daneben zusätzliche Wirksamkeitsvoraussetzungen, welche u.U. zu erfüllen sind, soll der Schiedsspruch eine dem staatlichen Urteil gleiche Rechtskraft entfalten.

(1) Schiedsrichterbenennung

Als wichtigstes schiedsgerichtliches Prozessrecht ist sicherlich die Möglichkeit der Verfahrensbeteiligten zur privatautonomen Zusammensetzung des Schiedsgerichts zu nennen. Insoweit geht es also nicht (nur) um die Gewährleistung eines neutralen Schiedsrichtergremiums,[805] sondern (auch) darum, jeder Person, die sich der Schiedsvereinbarung unterworfen hat, die Möglichkeit der individuellen Einflussnahme bei der Schiedsrichternominierung einzuräumen, was ihr als materiell-rechtlich Betroffene auch zusteht. Sofern ihr die Ausübung dieses prozessualen Anspruchs nämlich verwehrt werden würde, kann die Stattgabe einer Beschlussmängelklage ihr gegenüber auch schwerlich eine verbindli-

---

[803] Siehe oben Dritter Teil, C. II. 1. f.

[804] Siehe oben Dritter Teil, B.

[805] Vgl. oben Dritter Teil, C. II. 2. e.

che Wirkung entfalten.[806] Dem schiedsgerichtlichen Ernennungsverfahren muss daher – jedoch an anderer Stelle[807] – eine besondere Beachtung zuteil werden.

(2) Vollstreckbarerklärung

Nach teilweise vertretener Auffassung soll die stattgebende Entscheidung des Schiedsgerichts im Rahmen einer Anfechtungsklage – zumindest aber deren Eintragung in das Handelsregister – der Vollstreckbarerklärung gemäß § 1060 I ZPO (= § 1042 ZPO a.F.) bedürfen.[808] Nach § 1040 ZPO a.F. (= § 1055 ZPO) gelte nämlich der Schiedsspruch intern, d.h. lediglich unter den Parteien.[809] Erforderlich sei somit eine Legitimation, die dem Schiedsspruch eine Verbindlichkeit auch gegenüber Dritten verleiht. Diese Aufgabe könne nur § 1060 ZPO in entsprechender Anwendung erfüllen, dem insoweit, neben der Zulassung der Zwangsvollstreckung, eine zweite Funktion zukäme.[810] Mit Erklärung der Vollstreckbarkeit sei nämlich aufgrund der eingeschränkten nachträglichen Aufhebungsmöglichkeit gemäß § 1043 ZPO a.F. bzw. der diesbezüglichen Präklusion nach § 1059 III S. 4 ZPO der hier zu fordernden Rechtssicherheit größtmöglich Rechnung getragen.

Die Vollstreckbarerklärung wird dabei allerdings zur Voraussetzung der Gestaltungswirkung erhoben, wohingegen die Rechtskrafterstreckung auch nach dieser Meinung bereits mit Verkündung des Schiedsspruchs eintritt. Abgesehen davon, dass es in diesem Abschnitt allein um die speziellen Legitimationsvoraussetzungen für die erweiterte Rechtskrafterstreckung im Sinne von § 248 I S. 1 AktG, nicht aber um jene für die Gestaltungswirkung geht, ist das Verlangen nach einer durch staatliche Seite erfolgenden Vollstreckbarerklärung mit

---

[806] In diesem Sinne auch Schulze, Grenzen der objektiven Schiedsfähigkeit, S. 127, der in dem Gebot der Waffengleichheit offenbar den einzigen Hinderungsgrund für die Anwendbarkeit des § 248 I S. 1 AktG im Schiedsverfahren sieht. In diese Richtung geht auch Lachmann, Schiedsgerichtspraxis, Rn 228.

[807] Unten Dritter Teil, D. III.

[808] Baumbach/Hueck – Schulze-Osterloh, GmbHG, § 61 Rn 23; Bosch, Rechtskraft und Rechtshängigkeit, S. 54 ff.; Roth/Altmeppen – Altmeppen, GmbHG, § 61 Rn 11; Schmidt, ZGR 1988, 523, 545 f.; ders., BB 2001, 1857, 1860; Scholz – Schmidt, GmbHG, § 61 Rn 6; Westermann, Schiedsfähigkeit, S. 46; Wieczorek/Schütze – Schütze, GK-ZPO, § 1042 Rn 9; Wieser, ZZP 102 (1989), 261, 271; wohl auch Baumbach/Lauterbach/Albers/Hartmann – Albers, ZPO, § 1060 Rn 1. Im Zusammenhang mit der Handelsregistereintragung: Baumbach/Hueck – Schulze-Osterloh, GmbHG, § 61 Rn 23; BayObLG BB 1984, 746; Hachenburg - Ulmer, GmbHG, § 61 Rn 42; Rowedder – Rasner, GmbHG, § 61 Rn 11.

[809] BayObLG BB 1984, 746; Schmidt, ZGR 1988, 523, 536.

[810] BayObLG BB 1984, 746; Schmidt, ZGR 1988, 523, 536; ders., BB 2001, 1857, 1860; Wieser, ZZP 102 (1989), 261, 270 f.; wohl auch H. P. Westermann, Schiedsfähigkeit, S. 46.

dem übrigen Teil des Schrifttums abzulehnen.[811] Entscheidend ist hierbei vor allem die in § 1055 ZPO zum Ausdruck kommende Gleichstellung des Schiedsspruchs mit einem gerichtlichen Urteil.[812] Zusammen mit § 1060 ZPO ergibt sich dann auch die gesetzessystematische Trennung der Urteilswirkung von der Vollstreckbarkeit des Urteils.[813] Es folgt darüber hinaus aus der Schiedsvereinbarung, dass die Parteien bei der Lösung ihrer Konflikte die staatliche Zuständigkeit weitestgehend ausklammern wollen.[814] Der Ruf nach einer staatlichen Legitimation kann umgekehrt nur als Anzweifelung der Kompetenz der schiedsgerichtlichen Rechtsprechung gedeutet werden. Angesichts der Liberalisierung der objektiven Schiedsfähigkeit durch § 1030 I ZPO ist diese Skepsis zweifelsohne hinfällig geworden.[815]

Im Übrigen wird zu Recht darauf hingewiesen, dass die aus § 1055 ZPO ablesbare prozessuale Risikoverteilung nicht dadurch umgekehrt werden dürfe, dass der obsiegenden Partei das Kostenrisiko und die Angriffslast einer inzidenten Aufhebungsklage zukomme.[816] Das von der Gegenmeinung angeführte Argument des Drittschutzes könne ebenfalls nicht überzeugen, da die Gesellschafter jederzeit einen Beschluss privatautonom aufheben könnten, welches von jedermann hinzunehmen sei.[817] Schließlich entfalten auch Gestaltungsurteile ausländischer Gerichte eine Gestaltungswirkung, ohne dass ein besonderes Vollstreckungsurteil erforderlich sei.[818]

---

[811] Vgl. etwa Ch. Berger, ZHR 164 (2000), 295, 317 f.; Bork, ZHR 160 (1996), 374, 376 (Fn 10); Hachenburg - Raiser, GmbHG, Anh. § 47 Rn 210; Kornmeier, Vergleichsbefugnis und Schiedsfähigkeit, S. 31 f.; Lindacher, ZGR 1979, 201, 209; Loritz, ZZP 105 (1992), 1, 18 f.; Lüke/Blenske, ZGR 1998, 253, 273 ff.; Lüke/Wax - Münch, MüKo-ZPO, § 1060 Rn 1, 3; Lutter/Hommelhoff, GmbHG, § 61 Rn 6; Rowedder – Rasner, GmbHG, § 61 Rn 11; Schröder, Schiedsgerichtliche Konfliktbeilegung, S. 96, 157; Schwab/Walter, Schiedsgerichtsbarkeit, S. 231; Stein/Jonas – Schlosser, ZPO, § 1060 Rn 2; Vollmer, BB 1984, 1774, 1777; Walter, FS Schwab, S. 553 f.; Zöller – Geimer, ZPO, § 1060 Rn 2.

[812] So auch Loritz, ZZP 105 (1992), 1, 18; Lüke/Blenske, ZGR 1998, 253, 273, 275; Stein/Jonas – Schlosser, ZPO, § 1060 Rn 2; Vollmer, BB 1984, 1774, 1776; Walter, FS Schwab, S. 552 f.

[813] Bork, ZHR 160 (1996), 374, 376 (Fn 10); Walter, FS Schwab, S. 552.

[814] Vollmer, BB 1984, 1774, 1777; ähnlich auch Lüke/Blenske, ZGR 1998, 253, 273.

[815] So auch Hachenburg - Raiser, GmbHG, Anh. § 47 Rn 210. Dagegen sieht H. P. Westermann, Schiedsfähigkeit, S. 46, in der zusätzlichen staatlichen Kontrolle gerade einen Grund für die Zulässigkeit der objektiven Schiedsfähigkeit.

[816] Loritz, ZZP 105 (1992), 1, 18; Lüke/Blenske, ZGR 1998, 253, 275; vgl. auch Kornmeier, Vergleichsbefugnis und Schiedsfähigkeit, S. 32.

[817] Loritz, ZZP 105 (1992), 1, 18; Lüke/Blenske, ZGR 1998, 253, 275; Vollmer, BB 1984, 1774, 1777; Walter, FS Schwab, S. 554.

[818] Kornmeier, Vergleichsbefugnis und Schiedsfähigkeit, S. 32.

III. Ergebnis

Nachdem hinsichtlich der erweiterten Rechtskrafterstreckung bei der Schiedsgerichtsbarkeit eine Regelungslücke festgestellt wurde, ergab der Vergleich der Interessenlage, dass das Schiedsverfahren zumeist adäquate Rahmenbedingungen für die Legitimationsvoraussetzungen des § 248 I S. 1 AktG enthält. So ist auch dort die Gefahr des missbräuchlichen Prozesseinflusses weitgehend gering. Weiterhin wird den potentiellen Verfahrensparteien durch ihr Klagerecht und das Institut der streitgenössischen Nebenintervention mitsamt der Streitwertspaltung gemäß § 247 AktG der erforderliche Rechtsschutz sowie insgesamt ein neutraler Spruchkörper gewährt. Auch stellen die allgemeinen rechtsstaatlichen Anforderungen kein Hindernis dar. Allerdings kann das Schiedsverfahren keine umfassende Verfahrenskonzentration, wie es die §§ 246 III S. 3, 249 II AktG anordnen, sicherstellen. Mangels Vergleichbarkeit der Interessenlage scheidet eine entsprechende Anwendung des § 248 I S. 1 AktG auf das Schiedsverfahren demzufolge aus.[819]

---

819 I.E. auch BGH ZIP 1996, 830, 833 f.; Saenger, GmbHR 1997, 112, 119. Schröder, Schiedsgerichtliche Konfliktbeilegung, S. 221 ff., bejaht dagegen die Vergleichbarkeit der Interessenlage, fordert aber dennoch, dass das Schiedsverfahren weitere ‚rechtsstaatliche Mindestanforderungen' zu erfüllen hat; vgl. insoweit auch H. P. Westermann, Schiedsfähigkeit, S. 45.

D. Notwendige Verfahrensausgestaltung

Nachdem nunmehr feststeht, dass das Problem der erweiterten Rechtskrafterstreckung durch eine analoge Anwendung des § 248 I S. 1 AktG nicht zu lösen ist, steht die Frage im Raum, ob die Rechtskrafterweiterung durch eine entsprechend ausgestaltete Schiedsklausel bewirkt werden kann. Diese müsste jedenfalls in Anlehnung an die §§ 246 III S. 3, 248 II AktG die Verbindung sämtlicher Beschlussmängelprozesse anordnen. Ebenso wichtig ist die Sicherstellung eines dem Anspruch auf Einflussnahme an der Schiedsrichterwahl Rechnung tragenden Ernennungsverfahrens. Dem vorgelagert ist jedoch die Frage, ob hinsichtlich der erweiterten Rechtskrafterstreckung überhaupt ein kautelarjuristischer Spielraum besteht, oder ob allein ein formelles Gesetz den insoweit bestehenden Defiziten bei der schiedsrichterlichen Konfliktbeilegung wirksam begegnen kann.

I. Kautelarjuristischer Spielraum

Der II. Zivilsenat betonte in seiner zur Zulässigkeit des schiedsrechtlichen Beschlussmängelverfahrens ergangenen Entscheidung, dass nur der Gesetzgeber die Bedenken gegen die Schiedsfähigkeit von Beschlussmängelstreitigkeiten aus dem Weg räumen könne.[820] Dies geschah indes vor dem Hintergrund, dass das bereits formulierte Reformgesetz keine Lösung in diesem Zusammenhang vorsah. Der Versuch des BGH, mit Hilfe von angedeuteten Lösungskonzepten in seiner Urteilsbegründung eine legislative Lösung voranzutreiben, muss letztlich als gescheitert angesehen werden. Denn der Gesetzgeber blieb letzten Endes bei seiner unverbindlichen Haltung gegenüber der Schiedsfähigkeit von Gesellschafterbeschlüssen und hat die Zuständigkeit hinsichtlich einer diesbezüglichen Klärung – ‚angesichts der Vielschichtigkeit in tatsächlicher und rechtlicher Hinsicht' – sogar ausdrücklich der Rechtsprechung übertragen.[821] Demgemäß mussten beide Staatsgewalten damit rechnen, dass von anderer Stelle keine verbindliche Festlegung ausgehen würde, so dass sie sich sehenden Auges trotz des Bestehens eines Klärungsbedürfnisses ihrer Verantwortung entzogen haben.

Es muss jedoch feststehen, dass dieser ‚negative Kompetenzkonflikt',[822] der wohl letztlich aus einer zu dem damaligen Zeitpunkt ungenügenden Erforschung

---

[820] BGH ZIP 1996, 830, 833 f.; in diesem Sinne auch Bartl/Fichtelmann/Schlarb/Schulze – Fichtelmann, GmbHG, § 47 Rn 134; Henze, ZGR 1988, 542, 556; Hüffer, AktG, § 246 Rn 19a; Kropff/Semler – Hüffer, MüKo-AktG, § 246 Rn 32; Saenger, GmbHR 1997, 112, 119; kritisch auch Jänich, LM 8 (1996), Bl. 6.

[821] BegRegE, BT-Drucks. 13/5274, S. 35.

[822] Ch. Berger, ZHR 164 (2000), 295, 298.

des gesamten Problemfeldes entsprang,[823] nicht zu einem im Rahmen der gesellschaftsrechtlichen Beschlussmängelstreitigkeiten bestehenden rechtlichen Vakuum führen darf. Ebenso falsch wäre es, darüber hinaus in dem Urteil von 1996 ein generelles Verbot der schiedsrechtlichen Beilegung von Beschlussstreitigkeiten zu sehen, zumal sich der Gesetzgeber mit dem Schiedsverfahren-Neuregelungsgesetz eindeutig zur Schiedsgerichtsbarkeit als etabliertes Rechtsfindungsinstitut bekannt hat.[824] Vielmehr muss der Kautelarjurisprudenz die Befugnis zustehen, die genannten Probleme in einer Schiedsvereinbarung zu bewältigen, ohne dass dabei sogleich Vorwürfe formal-rechtlicher Natur erhoben werden. Die Vertragsgestaltung hat sich dabei innerhalb des gesetzlich vorgegebenen Rahmens zu bewegen. Sofern also den Legitimationsvoraussetzungen des § 248 I S. 1 AktG in ausreichendem Maße Rechnung getragen wird, dürften auch in materiell-rechtlicher Hinsicht keinerlei Bedenken mehr bestehen, so dass ein klärendes Gesetz – das ohnehin nicht absehbar ist – von der Praxis nicht abgewartet werden zu braucht.[825]

II. Gewährleistung der Verfahrenskonzentration

Der Umstand, dass sich im Schiedsverfahren eine Verfahrenskonzentration weder aufgrund prozessrechtlicher Vorschriften noch durch gesellschaftsrechtliche Pflichten erreichen lässt,[826] macht nunmehr entsprechende Bestimmungen in der Schiedsklausel erforderlich. Vor allem sollte die Pflicht sämtlicher Klagebefugten zur Erhebung der Beschlussmängelklage vor ein und demselben Schiedsgericht festgeschrieben werden. Die Zusammensetzung des Schiedsgerichts erfolgt nach dem im Rahmen der gesellschaftsrechtlichen Beschlussmängelverfahren vorzuschreibenden Bestellungsverfahren.[827] Ferner muss das Schiedsrichter-

---

[823] So konstatiert der BGH, dass entscheidende Gesichtspunkte ‚angesichts des Umstands, dass die Schiedsfähigkeit von Beschlussmängelstreitigkeiten in der Vergangenheit überwiegend verneint wurde, noch sehr wenig diskutiert' wurden; BGH ZIP 1996, 830, 834. Ähnlich auch der Gesetzgeber, der von einer ‚Vielschichtigkeit' der Problematik spricht; BegRegE, BT-Drucks. 13/5274, S. 34.

[824] Vgl. BegRegE, BT-Drucks. 13/5274, S. 34.

[825] In diesem Sinne auch der überwiegende Teil des Schrifttums: Baums, DJT Gutachten, F97 f.; Bender, DB 1998, 1900, 1901; Ch. Berger, ZHR 164 (2000), 295, 298; K. P. Berger, RIW 2001, 7, 14; Bork, ZHR 160 (1996), 374, 380; Bredow, DStR 1996, 1653, 1654; Ebbing, NZG 1998, 281, 285 ff.; Ebenroth/Bohne, BB 1996, 1393, 1396 f.; Lüke/Blenske, ZGR 1998, 253, 304; Lutter/Hommelhoff, GmbHG, Anh. § 47 Rn 77; Michalski – Römermann, GmbHG, Anh. § 47 Rn 559; Papmehl, Schiedsfähigkeit, S. 234 f.; Schlosser, JZ 1996, 1020, 1021 f.; Schmidt, ZHR 162 (1998), 265, 286 f.; Schröder, Schiedsgerichtliche Konfliktbeilegung, S. 225; Timm/Witzorrek, EWiR § 248 AktG 1/96, 481, 482; Wagner, Prozessverträge, S. 592. Skeptisch dagegen: Geißler, GmbHR 2002, 520, 529.

[826] Siehe oben Dritter Teil, C. II. 2. b.

[827] Dazu gleich; vgl. unten Dritter Teil, D. III.

gremium – in Anlehnung an § 246 III S. 2 AktG – dazu verpflichtet werden, mit der Verhandlung bis zum Ablauf der Monatsfrist im Sinne von § 246 I AktG zu warten, um für die Gesellschafter hinreichende Gelegenheit zu geben, Klage zu erheben. Mehrere Prozesse sind dann schließlich – entsprechend §§ 246 III S. 3, 249 II S. 1 und 2 AktG – zu verbinden.

Darüber hinaus empfiehlt sich eine Regelung, welche der Gesellschaft im Falle einer Klage vor dem Landgericht die Erhebung der Einrede des Schiedsverfahrens vorschreibt,[828] wenngleich sich eine solche Pflicht auch bereits aus verbandsrechtlichen Erwägungen ergibt.[829]

III. Verfahren zur Schiedsrichterbenennung

Die Notwendigkeit eines einheitlichen Schiedsverfahrens bringt gleichzeitig ein einheitliches Verfahren zur Schiedsrichterbestellung mit sich, was dann – als Regelfall der §§ 1025 ff. ZPO – unproblematisch ist, wenn sich im Prozess lediglich zwei Personen gegenüberstehen. Angesichts der passiven und aktiven Klagebefugnis sämtlicher Gesellschafter und der Gesellschaftsorgane dürfte dies allerdings bei den Beschlussmängelstreitigkeiten den Ausnahmefall darstellen. Regelmäßig setzen sich beide Prozessparteien aus mehreren Personen zusammen, so dass sich insofern – ähnlich wie bei Joint Ventures, Konsortial- oder Großanlagenverträgen – auch bei gesellschaftsrechtlichen Beschlussmängelstreitigkeiten die Problematik der gesetzlich nicht geregelten Mehrparteienschiedsgerichtsbarkeit stellt. Im Vordergrund steht dabei die Frage der verfahrensrechtlichen Modalität der Schiedsrichterbestellung, d.h., ob und wie sich die beteiligten Personen zu einigen haben, einschließlich der Vorgehensweise bei fehlender Einigung. Ihre Beantwortung hängt maßgeblich von der rechtlichen Einordnung des individuellen Anspruchs auf Ernennung eines Schiedsrichters ab, wobei – nachdem er im Folgenden prinzipiell herzuleiten ist – zwischen unterschiedlichen Verhältnissen zu differenzieren ist. So sind vor allem das Verhältnis beider Prozessparteien zueinander sowie das der Verfahrensbeteiligten einer Seite von Bedeutung. Aber auch das Verhältnis der Prozessparteien zu den am Verfahren unbeteiligten Gesellschaftern sowie – im Falle einer antizipierten Schiedsrichterbenennung durch die Schiedsklausel – jenes zwischen der Gesellschaft und potentiellen Anteilseignern bedürfen einer näheren Untersuchung.

1. Allgemeine Herleitung des Gleichbehandlungsgebots

Die allgemeine Meinung sieht in der Schiedsrichternominierung eine jeder Verfahrenspartei zustehende Rechtsposition bzw. gar ein prozessuales Grund-

---

[828] Bredow, DStR 1996, 1653, 1654; Lüke/Blenske, ZGR 1998, 253, 300; Vetter, DB 2000, 705, 707.

[829] Siehe oben Dritter Teil, C.II 2. b.

recht.[830] Eine ausdrückliche positivrechtliche Verankerung existiert indessen nicht, so dass der Anspruch auf Beteiligung an der Schiedsrichterbestimmung anderweitig herzuleiten ist. Das gemäß Art. 101 I S. 2 GG bestehende Recht auf einen gesetzlichen Richter erweist sich dabei als wenig hilfreich, da es insoweit allein um die ordentliche Gerichtsbarkeit geht.[831] Möglicherweise kann den einschlägigen Vorschriften zur Gestaltung des Schiedsverfahrens gemäß §§ 1034, 1035 ZPO eine entsprechende Aussagekraft beigemessen werden.[832] Festzuhalten ist zunächst, dass diese Paragraphen vor allem subsidiäre Vorschriften zur Bildung des Schiedsgerichts enthalten, es ansonsten aber den Parteien überlassen, für verbindliche Vereinbarungen zu sorgen. Danach liegt es grundsätzlich in deren Hand, ein für alle akzeptables Verfahren festzuschreiben, wobei sich diesem privatautonomen Spielraum noch kein Recht auf ein gewisses Maß an Einflussnahme entnehmen lässt.

Zu einer Einschränkung kommt es allerdings in § 1034 II ZPO, wonach ein Übergewicht bei der Zusammensetzung des Schiedsgerichts zu Gunsten einer Prozesspartei unzulässig ist. Eine derartige Grenzziehung rechtfertigt sich aus der Besonderheit der Einflussnahme jeder Prozesspartei bei der Bildung des Schiedsgerichts. Denn es ist nicht zuletzt der parteiernannte Schiedsrichter, welcher zur Attraktivität der privaten Gerichtsbarkeit beiträgt. Den Streitparteien ist es nicht nur möglich eine Person zu bestellen, welche in besonderem Maße fachlich qualifiziert ist, die konkrete Streitigkeit zu beurteilen, sondern zusätzlich auch ihr persönliches Vertrauen genießt.[833] Überdies darf nicht ausgeschlossen werden, dass der Schiedsrichter einen für dessen Partei vorteilhaften rechtlichen

---

[830] Vgl. etwa Ch. Berger, ZHR 164 (2000), 295, 305; BGH ZIP 1996, 830, 833 f.; Bredow, DStR 1996, 1653, 1654; Ebenroth/Bohne, BB 1996, 1393, 1397; Lionnet, Schiedsgerichtsbarkeit, S. 212; Lüke/Blenske, ZGR 1998, 253, 282 ff.; Nicklisch, FS Glossner, S. 226; Schröder, Schiedsgerichtliche Konfliktbeilegung, S. 228, 265; Schwab, FS Habscheid, S. 290; Trittmann, ZGR 1999, 340, 356; Weber, Schiedsklauseln in Gesellschaftsverträgen, S. 54; Zilles, BB 1999, Beilage 4, S. 4. Gegen die Einordnung als Grundrecht aufgrund der Übertragungsmöglichkeit richten sich Markfort, Mehrparteienschiedsgerichtsbarkeit, S. 100; Massuras, Mehrparteienschiedsgerichtsbarkeit, S. 323 ff.; Oswald, Mehrparteienschiedsgerichtsbarkeit, S. 27; Reiner, ICC-Schiedsgerichtsbarkeit, S. 93.

[831] I.E. auch Markfort, Mehrparteienschiedsgerichtsbarkeit, S. 98; vgl. auch Zöller – Geimer, ZPO, § 1034 Rn 7, 9. Siehe i.Ü. oben Dritter Teil, B. I. 1. b.

[832] So etwa Oswald, Mehrparteienschiedsgerichtsbarkeit, S. 26 (§ 1035 III S. 2 ZPO); Schröder, Schiedsgerichtliche Konfliktbeilegung, S. 267 f.; Trittmann, ZGR 1999, 340, 356 (§ 1034 II ZPO); Weber, Schiedsklauseln in Gesellschaftsverträgen, S. 54.

[833] Markfort, Mehrparteienschiedsgerichtsbarkeit, S. 99, stellt in diesem Zusammenhang auch darauf ab, dass der Schiedsrichter regelmäßig Verständnis für die Situation seiner Partei aufbringt.

Standpunkt vertreten oder sich sonst ihr gegenüber loyal verhalten kann.[834] Natürlich existieren auch in dieser Hinsicht gewisse Grenzen, denn schließlich hat auch im Schiedsverfahren der Grundsatz der richterlichen Neutralität seine Geltung.[835] Der Schiedsrichter ist also weder Bevollmächtigter noch ‚Mandatar' der ihn nominierenden Verfahrenspartei.[836] Folglich lässt sich der Schiedsspruch auch keinesfalls anhand eines bestimmten Schiedsrichters vorhersagen, zumal der Parteischiedsrichter nicht allein, sondern zusammen mit anderen Kollegen entscheidet, sein Einfluss demgemäß beschränkt ist. Daneben kann man davon ausgehen, dass jedem Richter daran gelegen ist, auf einen guten Ruf hinzuarbeiten, was wiederum ein professionelles Auftreten erfordert. Das besondere Verhältnis zwischen ihm und der Partei, die ihn gewählt hat, darf gleichwohl nicht unterschätzt werden, denn Art und Umfang der Berechtigung zur Schiedsrichterbestellung können unter dem Aspekt der Waffengleichheit eine Verschiebung des Kräfteverhältnisses zwischen den Prozessparteien bewirken.[837]

Angesichts der so beschriebenen Eigenart der Schiedsrichterbestellung wird nunmehr deutlich, dass es letztlich das Gebot der überparteilichen Rechtspflege ist, aus welchem sich der Grundsatz zur Gleichbehandlung ableiten lässt.[838] Dies kommt in § 1034 II ZPO schließlich zum Ausdruck. Demzufolge ist diese Vorschrift auch nicht auf ihren Anwendungsbereich – namentlich das Verhältnis beider Prozessparteien zueinander – beschränkt; ihr Aussagegehalt kann vielmehr auf die Mehrparteienschiedsgerichtsbarkeit, die per se eben gerade nicht unter § 1034 II ZPO subsumierbar ist, übertragen werden. Denn es kann auch dort zu einer Beeinträchtigung der prozessualen Waffengleichheit kommen, etwa wenn der Schwerpunkt des Nominierungsrechts auf einer oder bestimmten Personen lastet. Der Gleichbehandlungsgrundsatz muss somit grundsätzlich

---

[834] So die Einschätzung vieler: Ch. Berger, ZGR 164 (2000), 295, 304; Lüke/Blenske, ZGR 1998, 253, 268; Markfort, Mehrparteien-Schiedsgerichtsbarkeit, S. 103; Oswald, Mehrparteienschiedsgerichtsbarkeit, S. 28; Raeschke-Kessler/K. P. Berger, Recht und Praxis, Rn 415; Schlosser, JZ 1996, 1020, 1021; Schröder, Schiedsgerichtliche Konfliktbeilegung, S. 228; Stein/Jonas – Schlosser, ZPO, § 1036 Rn 16.

[835] Siehe auch schon oben Dritter Teil, C. II. 2. e.

[836] K. P. Berger, RIW 1993, 702, 706; Markfort, Mehrparteienschiedsgerichtsbarkeit, S. 99; Schlosser, Schiedsgerichtsbarkeit, Rn 565; Schröder, Schiedsgerichtliche Konfliktbeilegung, S. 285.

[837] In diesem Sinne auch K. P. Berger, RIW 1993, 702, 706; Schlosser, Schiedsgerichtsbarkeit, Rn 565. Dagegen meint Markfort, Mehrparteienschiedsgerichtsbarkeit, S. 106, dass die Parteien ohnehin lediglich einen Anspruch auf einen unabhängigen und fachkundigen Mitschiedsrichter hätten.

[838] Vgl. auch Baumbach/Lauterbach/Albers/Hartmann – Albers, ZPO, § 1034 Rn 3; K. P. Berger, RIW 1993, 702, 706; Koussoulis, ZZP 107 (1994), 195, 205; Markfort, Mehrparteienschiedsgerichtsbarkeit, S. 105; Schröder, Schiedsgerichtliche Konfliktbeilegung, S. 228; Zöller – Geimer, ZPO, § 1034 Rn 9.

auch im Verhältnis der Beteiligten ein und derselben Seite gelten. Dementsprechend wird auch vielerorts eine in dieser Hinsicht entsprechende Anwendung des § 1034 II ZPO gefordert.[839] Wie noch zu zeigen sein wird, muss Gleiches auch für die übrigen Verhältnisse – namentlich das der Verfahrensbeteiligten zu den unbeteiligten Gesellschaftern sowie das Verhältnis der Gesellschaft zu den künftigen Anteilseignern – gelten, da auch insoweit Ungleichbehandlungen denkbar sind.[840]

Im Übrigen zeigt § 1034 II ZPO, aber auch § 1035 III S. 1 und 3 ZPO sowie allgemein die freie Ausgestaltung des Ernennungsverfahrens, dass die Parteien nicht notwendigerweise zur eigenen Schiedsrichterbestellung angehalten sind. Vielmehr bietet sich ihnen auch die Möglichkeit, die Aufgabe einem neutralen Dritten zu überlassen und dadurch auf ihr Benennungsrecht zu verzichten,[841] wobei auch die zur Schiedsrichternominierung bestellte Instanz für eine prozessuale Waffengleichheit zu sorgen hat.[842]

Nachdem nun deutlich geworden ist, dass die Schiedsrichterbestellung prinzipiell vom Gleichheitssatz bzw. von dem Grundsatz der Waffengleichheit beherrscht ist, soll dessen konkrete Ausformung hinsichtlich der bei der gesellschaftsrechtlichen Beschlussmängelklage denkbaren Personenverhältnisse näher ausgelotet werden.

2. Verhältnis der Prozessparteien zueinander

a. Bestehen eines Interessenkonflikts

Die Interessendiversität zeigt sich im Verhältnis der Prozessparteien in ihrer krassesten Form. Während der Kläger einer Beschlussmängelklage die Nichtigerklärung und mithin Aufhebung des in Frage stehenden Beschlusses anstrebt, geht es der beklagten Gesellschaft um die Aufrechterhaltung der Beschlusslage. Es sind also in erster Linie die Klageziele als gegensätzlich einzustufen. Damit

---

839 Vgl. Baumbach/Lauterbach/Albers/Hartmann – Albers, ZPO, § 1034 Rn 4; Bender, DB 1998, 1900, 1902; K. P. Berger, DZWir 1998, 45, 50; ders., Neue Recht, S. 27; ders., RIW 2001, 7, 13 f.; Ebbing, NZG 1998, 281, 287; Kreindler, FS Sandrock, S. 529; Labes/Lörcher, MDR 1997, 420, 421; Raeschke-Kessler/K. P. Berger, Recht und Praxis, Rn 790; Schlosser, JZ 1996, 1020, 1022; ders., Neue Recht, S. 209; wohl auch Lüke/Blenske, ZGR 1998, 253, 302.

840 Siehe unten Dritter Teil, D. III. 4. und 5.

841 Ch. Berger, ZHR 164 (2000), 295, 305; Markfort, Mehrparteienschiedsgerichtsbarkeit, S. 100; Massuras, Mehrparteienschiedsgerichtsbarkeit, S. 324; Oswald, Mehrparteienschiedsgerichtsbarkeit, S. 27; Schlosser, Neue Recht, S. 208. Zur Wechselwirkung der Schiedsrichterbenennung bei einer einseitigen Drittbestellung siehe unten Dritter Teil, D. III. 2. b. (2).

842 So zu Recht Ch. Berger, ZHR 164 (2000), 295, 305; Markfort, Mehrparteienschiedsgerichtsbarkeit, S. 106.

einher gehen auch gegensätzliche Vorstellungen über die Person des Schiedsrichters, welcher möglichst im Sinne ‚seiner' Partei entscheiden soll. Naturgemäß lässt sich insofern eine einvernehmliche Schiedsrichterwahl nicht ohne Schwierigkeiten bewerkstelligen. Ebenso wenig kann ein ungleiches Bestellungsverfahren von der unterlegenen Seite toleriert werden.

b. Inhalt des Gleichbehandlungsgebots

Angesichts der sich unvereinbar gegenüberstehenden Interessen muss angenommen werden, dass bereits ein geringer Vorteil bei der Schiedsrichterbenennung auf Seiten einer Verfahrenspartei zu einer unzulässigen Beeinträchtigung der Waffengleichheit führen wird. Die Sicherstellung eines ausbalancierten Schiedsrichtergremiums und letztlich des nach rechtsstaatlichen Prinzipien erfolgenden Schiedsverfahrens erfordert demgemäß eine kompromisslose Einhaltung des Gleichbehandlungsgebots. Ausdruck und Konsequenz jener prozessualen Vereinheitlichung ist – wie bereits angedeutet – § 1034 II S. 1 ZPO. Im Einzelnen muss wie folgt differenziert werden:

(1) Ausgewogene Anzahl an Parteischiedsrichtern

Als klassischer Fall des § 1034 II S. 1 ZPO ist wohl der anzuführen, bei dem eine der Parteien mehr Schiedsrichter – und sei es nur einer – ernennen kann als die Gegenseite. Dann nämlich besteht die Gefahr, dass es auf der Schiedsrichterbank angesichts der Bedeutung eines Parteischiedsrichters zu einem Übergewicht zu Gunsten der einen und gleichzeitig zu Lasten der anderen Partei kommt, was wiederum dem Prinzip der Waffengleichheit widerspricht. Der Begriff des ‚Übergewichts' im Sinne des § 1034 II S. 1 ZPO bedeutet also vor allem die zahlenmäßige Übervorteilung einer Partei dergestalt, dass diese im Verhältnis zu der gegnerischen Partei mehr Schiedsrichter benennen darf. Dies folgt bereits aus der systematischen Auslegung, da sich § 1034 I ZPO ausdrücklich mit der Anzahl der Schiedsrichter befasst.

Darüber hinaus muss auch der Fall unter § 1034 II S.1 ZPO subsumierbar sein, in welchem der Personenkreis, aus welchem ein Schiedsrichter zu wählen ist, hinsichtlich einer Partei eingeschränkt wird.[843] Es besteht hierbei nämlich die Gefahr, dass die in Betracht kommenden Schiedsrichter indifferent oder gar feindlich hinsichtlich des Rechtsschutzziels ‚ihrer' Partei eingestellt sind, während die Gegenseite eine ihr wohlgesonnene Person bestellen konnte. Trotz zahlenmäßiger Übereinstimmung kann sich diese Konstellation ebenfalls zu Lasten der insoweit eingeschränkten Seite auswirken.

[843] Musielak – Voit, ZPO, § 1034 Rn 3.

Demzufolge verlangt der Grundsatz der Gleichbehandlung in jeder Hinsicht einen gleichen Einfluss bei der Schiedsrichterbestellung.[844]

(2) Wechselwirkung der (fehlgeschlagenen) Schiedsrichterbenennung

Als problematisch stellt sich die Konstellation dar, bei welcher es auf einer Seite der Verfahrensparteien zu keiner Einigung hinsichtlich der Schiedsrichterauswahl kommt, wohingegen auf der anderen Seite ein Schiedsrichter benannt werden konnte. Das Ernennungsrecht kann dann jedenfalls nicht auf die andere Partei oder deren Schiedsrichter übergehen, da dies wiederum einen Fall des § 1034 II S. 1 ZPO darstellen würde.[845] Auf den ersten Blick scheint Gleiches auch dann zu gelten, wenn die von einer Partei nicht durchgeführte Nominierung durch eine subsidiäre und neutrale Instanz nachgeholt wird. Im Richtergremium würde der eine Parteischiedsrichter nämlich nicht ‚kompensiert' werden.

Diese Schieflage der externen Schiedsrichterernennung wird gleichwohl von vielen Stimmen in der Literatur – allerdings überwiegend im Rahmen der bilateral bedingten Mehrparteienschiedsgerichtsbarkeit – als unschädlich angesehen.[846] Zur Begründung wird § 1035 III S. 3 Alt. 1 ZPO angeführt, wonach das Recht der Gegenpartei zur unmittelbaren Benennung von der Unfähigkeit zur Einigung auf Seiten der anderen Partei unberührt bliebe, zumal es sich dabei um eine rein interne Angelegenheit handele.[847] Die eine Einigung erzielende – und somit vertragstreue – Partei dürfe ferner nicht wegen der diesbezüglich unfähigen anderen Partei ihres Grundrechts auf die Auswahl eines Schiedsrichters be-

---

[844] Vgl. auch Ch. Berger, ZHR 164 (2000), 295, 305; Lüke/Wax – Münch, MüKo-ZPO, § 1034 Rn 6.

[845] BGH BB 1970, 1504; Lionnet, Schiedsgerichtsbarkeit, S. 122; Lüke/Wax – Münch, MüKo-ZPO, § 1034 Rn 6 m.w.N.; Zöller – Geimer, ZPO, § 1034 Rn 9.

[846] Für gesellschaftsrechtliche Beschlussmängelklagen: Ch. Berger, ZHR 164 (2000), 295, 309; Bork, ZHR 160 (1996), 374, 383 (Fn 37); Bredow, DStR 1996, 1653, 1654; Weber, Schiedsklauseln in Gesellschaftsverträgen, S. 59; H. Westermann, FS Fischer, S. 861. Allgemein für die bilateral bedingte Mehrparteienschiedsgerichtsbarkeit: Laschet, FS Bülow, S. 109; Luther, FS Caemmerer, S. 580; Markfort, Mehrparteienschiedsgerichtsbarkeit, S. 109, 114 f.; Reiner, ICC-Schiedsgerichtsbarkeit, S. 87, 93 ff.; Schlosser, Schiedsgerichtsbarkeit, Rn 581; Schwab, BB 1992, Beilage 15, S. 18; Stumpf, FS Bülow, S. 227 (insbesondere aus internationaler Sicht); Trittmann, ZGR 1999, 340, 357; Zöller – Geimer, ZPO; § 1034 Rn 10; wohl auch Habscheid, Mehrparteienschiedsgerichtsbarkeit, S. 188; Lüke/Wax – Münch, MüKo-ZPO, § 1035 Rn 37; Schwab/Walter, Schiedsgerichtsbarkeit, S. 97 f.

[847] Ch. Berger, ZHR 164 (2000), 295, 309; ähnlich auch Schröder, Schiedsgerichtliche Konfliktbeilegung, S. 286 f., der zusätzlich § 1035 IV ZPO anführt, wenngleich er unter Hinweis auf die einschlägige Rechtsprechung (BGHZ 54, 392, 397 f.; BGHZ 98, 70, 73) ein etwaig bestehendes Übergewicht an § 1034 II ZPO scheitern lassen will (vgl. allerdings Schröder, Schiedsgerichtliche Konfliktbeilegung, S. 297 f.).

raubt und auf diese Weise bestraft werden.[848] Im Übrigen bestünde das Risiko, dass es nicht zu einer einvernehmlichen Bestellung kommt, in gleicher Weise auf Seiten der Schiedskläger wie auch auf Seiten der Schiedsbeklagten, was zur Gewährleistung der Waffengleichheit beitrage.[849]

Eine derartige Sichtweise würde jedoch zumindest im Rahmen der gesellschaftlichen Beschlussmängelklage zu missbräuchlichem Klageverhalten führen. Es könnten nämlich diejenigen Gesellschafter die Einigung auf einen Schiedsrichter verweigern, die in Wirklichkeit das Klageziel der gegnerischen Seite favorisieren, um damit ein zu Gunsten jener Partei bestehendes Ungleichgewicht auf der Schiedsrichterbank zu bewirken.[850] Theoretisch bestünde die Möglichkeit, diesem unlauteren Prozessverhalten mit dem Instrument der gesellschaftlichen Treuepflicht zu begegnen. Allerdings wird es sich in praktischer Hinsicht als denkbar schwierig erweisen, dem sabotierenden Gesellschafter einen solchen Willen nachzuweisen; ebenso wenig lässt sich eine für die jeweilige Verfahrenspartei ungünstige Rechtseinstellung des Schiedsrichters darlegen.[851] Davon abgesehen behandeln die §§ 1034, 1035 ZPO gerade nicht den Fall der Mehrparteienschiedsgerichtsbarkeit. Die Situation dort ist vielmehr eine andere und zwar jene klassische, bei welcher es sich bei Kläger und Beklagtem um jeweils nur eine Person handelt. Jeder Verfahrenspartei ist dabei die – rechtzeitige – Benennung eines Schiedsrichters zumutbar, weil es nicht zu den Schwierigkeiten kommt, die bei der Schiedsrichternominierung mehrerer Personen bestehen. Wenn also selbst nach vier Wochen kein Schiedsrichter benannt wurde, ist es durchaus zulässig, der säumigen Person den Anspruch auf einen Schiedsrichter nach Wahl zu entziehen und mithin den Grundsatz der Waffengleichheit einzuschränken. Denn wer seinen Pflichten nicht nachkommt, obwohl ihm ein entsprechendes Handeln zumutbar war, ist dann nicht mehr schutzwürdig. Dagegen kann es bei mehreren Beteiligten durchaus auch nach einem Monat zu keiner Einigung auf einen gemeinsamen Schiedsrichter gekommen sein. Wenn in diesem Fall lediglich der Parteischiedsrichter ersatzweise ernannt wird, werden zumindest diejenigen Personen dieser Verfahrensseite bestraft, die die fehlende Einigung aufgrund ihrer Kompromissbereitschaft nicht zu verantworten hatten.

Im Falle der Mehrparteienschiedsgerichtsbarkeit ist es daher angezeigt, die Umsetzung des Gebots der Waffengleichheit in jedem Fall zu gewährleisten, selbst wenn sich dies zu Lasten derjenigen Beteiligten, die einer einvernehmli-

---

848 Weber, Schiedsklauseln in Gesellschaftsverträgen, S. 60; ebenso: Laschet, FS Bülow, S. 109 (allerdings im Zusammenhang mit der bilateral bedingten Mehrparteienschiedsgerichtsbarkeit).

849 Bredow, DStR 1998, 1653, 1654.

850 In diesem Sinne auch Schröder, Schiedsgerichtliche Konfliktbeilegung, S. 297 f.; Zilles, BB 1999, Beilage 4, S. 5 f.

851 Näher hierzu unten Dritter Teil, D. III 3. a. (1) und (2).

chen Schiedsrichterwahl nicht im Wege stehen, auswirkt. Verweigert also ein Gesellschafter seine Zustimmung zur Benennung eines Schiedsrichters oder kommt durch andere Weise auf einer Verfahrensseite eine Einigung nicht zustande, muss sich dies auch auf die (bereits erfolgte) Schiedsrichterernennung der Gegenseite auswirken und das gesamte Gremium von einem neutralen Dritten benannt werden.[852] Der damit einhergehende Verlust des Vorzugs, die Schiedsrichterzusammensetzung zu beeinflussen, ist zu Gunsten der Erhaltung der Waffengleichheit hinzunehmen.[853]

(3) Unzulässigkeit von Mehrheitsentscheidungen

Aus ähnlichen Missbrauchserwägungen wie bei der vorangegangenen Untersuchung verbietet sich auch die Ernennung eines Schiedsrichters durch eine Mehrheitsentscheidung sämtlicher Prozessbeteiligten.[854] Das Nominierungsrecht würde dann jedes Mal derjenigen Seite zukommen, die der anderen zahlenmäßig überlegen ist. Praktisch würde es sich dabei stets um die beklagte Gesellschaft handeln, welcher alle diejenigen Gesellschafter beitreten würden, die dem Beschluss zugestimmt haben, somit die Mehrheit bilden und als solche die Nichtigerklärung des Beschlusses verhindern wollen. Selbst eine vorherige Einwilligung sämtlicher Klagebefugten in eine Schiedsrichterernennung mittels Mehrheitsbeschlusses muss in Anbetracht der signifikanten Bedeutung des Gleichbehandlungsgebots zwischen beiden Prozessparteien ausscheiden.

(4) Unterschiedliche Anzahl an Prozessbeteiligten

In der Diskussion um die Schiedsrichterbenennung im Mehrparteienschiedsverfahren im Verhältnis der Verfahrensparteien zueinander wird schließlich stellenweise eine gestörte Waffengleichheit dann angenommen, wenn sich auf einer Verfahrensseite mehrere Beteiligte auf einen Schiedsrichter einigen müssen, während die Gegenseite – zumeist der Kläger – aus lediglich einer Person besteht, die insoweit keine Kompromisse eingehen muss.[855] In diesem Fall habe

---

[852] So dann auch K. P. Berger, Wirtschaftsschiedsgerichtsbarkeit, S. 222 (mit Nachweisen zum internationalen Schrifttum); ders., RIW 1993, 702, 707; Diesselhorst, Mehrparteienschiedsverfahren, S. 158; Hoffmann, FS Nagel, S. 116 f.; Hohner, DB 1979, 581, 583; Kornmeier, RIW 1980, 381, 386; Lachmann, Schiedsgerichtspraxis, Rn 1397; Massuras, Mehrparteienschiedsgerichtsbarkeit, S. 317 (‚brauchbarer' Gang); Nicklisch, FS Glossner, S. 227; Schröder, Schiedsgerichtliche Konfliktbeilegung, S. 298; Zilles, BB 1999, Beilage 4, S. 6. Offengelassen in BGH ZIP 1996, 830, 834.

[853] So auch Hohner, DB 1979, 581, 583.

[854] I.E. auch Ebenroth/Bohne, BB 1996, 1393, 1397 f.; Zöllner, AG 2000, 145, 151.

[855] So etwa K. P. Berger, RIW 1993, 702, 706; Hohner, DB 1979, 581, 582; Massuras, Mehrparteienschiedsgerichtsbarkeit, S. 326 (‚nicht unbedenklich'); Oswald, Mehrparteienschiedsgerichtsbarkeit, S. 25; Schlosser, Schiedsgerichtsbarkeit, Rn 568 (vgl. aber

die Einzelpartei gegenüber den Streitgenossen einen überwiegenden Einfluss auf die Zusammensetzung des Schiedsgerichts. Das Prinzip der Waffengleichheit erfordere mithin von Anfang an eine generelle Schiedsrichterernennung durch einen neutralen Dritten.[856]

Gegen diese Sichtweise argumentiert man, dass es mangels eines Anspruchs auf einen ‚eigenen' Schiedsrichter nicht erforderlich sei, dass die Parteien in gleichem Maße von einer ihnen eingeräumten prozessualen Möglichkeit Gebrauch machen. Es genüge vielmehr, wenn insoweit zumindest die Möglichkeit einer Einflussnahme bestehe.[857] Ferner sei es keineswegs zufällig zu einer Personenmehrheit auf einer Seite gekommen. So erwachse gerade aus den rechtlichen und tatsächlichen Gemeinsamkeiten der Streitgenossen die Verpflichtung zu gemeinsamen Prozesshandlungen.[858] In jedem Fall dürfe ein unzulässiger Einfluss einer Partei nur dann angenommen werden, wenn die Unparteilichkeit des Schiedsgerichts insgesamt in Frage gestellt wäre. Davon könne hierbei nicht die Rede sein, nur weil etwa der Kläger allein einen Parteischiedsrichter benennen dürfe, während die beklagten Streitgenossen dies nur gemeinsam tun könnten. Denkbar wäre dies allenfalls im konkreten Einzelfall, in welchem weitere besondere Umstände eine Rolle spielen.[859]

Nach der hier vertretenen Ansicht[860] bestehen bereits deswegen keine Bedenken hinsichtlich der Gewährleistung der Waffengleichheit beider Prozessparteien, weil die Beteiligten einer Seite angesichts der Wechselwirkungen bei der Ernennung eines Schiedsrichters keinerlei Kompromisse eingehen müssen. Sofern daher auf einer Seite kein Schiedsrichter gefunden wurde, der den Anforderungen sämtlicher Kläger bzw. Beklagten entspricht, kommt es ohnehin zu einer generellen Ersatzbestellung. Die befürchtete gestörte Waffengleichheit wird sich daher in der Praxis nicht realisieren.

Stein/Jonas – Schlosser, ZPO (21. Auflage), § 1032 Rn 18a); Schröder, Schiedsgerichtliche Konfliktbeilegung, S. 275; Schwab/Walter, Schiedsgerichtsbarkeit, S. 99.

[856] Schwab/Walter, Schiedsgerichtsbarkeit, S. 99; jedenfalls sofern sich die Streitgenossen weigern, einen gemeinsamen Schiedsrichter zu bestellen: K. P. Berger, RIW 1993, 702, 706 f.

[857] Markfort, Mehrparteienschiedsgerichtsbarkeit, S. 106; Reiner, ICC-Schiedsgerichtsbarkeit, S. 93 f.; kritisch hierzu Massuras, Mehrparteienschiedsgerichtsbarkeit, S. 326.

[858] Markfort, Mehrparteienschiedsgerichtsbarkeit, S. 106.

[859] Markfort, Mehrparteienschiedsgerichtsbarkeit, S. 106; Reiner, ICC-Schiedsgerichtsbarkeit, S. 93 f.; so dann auch Massuras, Mehrparteienschiedsgerichtsbarkeit, S. 326.

[860] Vgl. oben Dritter Teil, D. III. 2. b. (2).

3. Verhältnis der Prozessbeteiligten untereinander

Die prinzipielle Geltung des Gebots zur Gleichbehandlung bzw. zur Waffengleichheit im Verhältnis der einer Verfahrenspartei zugehörigen Personen zueinander wurde bereits dargetan.[861] Dennoch kann diese Situation mit jener, welche zwischen den Verfahrensparteien als solche besteht, nicht verglichen werden. Anders als dort besteht bei den Beteiligten einer Prozesspartei untereinander kein notwendiger Interessengegensatz. Es stellt sich im Gegenteil viel eher die Frage, ob insofern eine Beeinträchtigung der Waffengleichheit aufgrund einer natürlichen Interessenkongruenz gar nicht erst zum Zuge kommt.[862]

a. Bestehen eines Interessenkonflikts

Sofern es um das Klageziel geht, lässt sich die Übereinstimmung der Interessen ohne weiteres bejahen.[863] Denn was die Anfechtungs- und Nichtigkeitsklage anbelangt, beabsichtigen einerseits die Angehörigen der Klägerseite ausnahmslos die Vernichtung des fraglichen Beschlusses, wohingegen andererseits die Personen der beklagten Partei sich um dessen Aufrechterhaltung bemühen. Auch bei der positiven Beschlussfeststellungsklage sind lediglich zwei jeweils einer Verfahrenspartei und mithin deren Beteiligten zuzuordnende Klageziele denkbar; namentlich geht es darum, ob der Beschluss mit dem im Beschlussantrag formulierten Inhalt zustande gekommen ist oder nicht.[864] In diesem Zusammenhang kann es dann zu widersprüchlichen Interessen kommen, wenn ein das Klageziel oppositionierender Gesellschafter sich an der Schiedsrichternominierung der ‚anderen' Seite beteiligen will, um eine in Wirklichkeit auf seiner Seite stehende Person zu bestellen, zumindest aber die Bildung des Schiedsgerichts zu erschweren.[865] Ein derartiger Konflikt resultiert unterdessen aus treuwidrigem Verhalten, ist somit nicht schützenswert und verdient im Rahmen des Gleichbehandlungsgebots lediglich in präventiver Hinsicht Beachtung.

---

861 Siehe oben Dritter Teil, D. III. 1.

862 In diese Richtung tendieren Bender, DB 1998, 1900, 1902; Ebenroth/Bohne, BB 1393, 1397; Timm/Witzorrek, EWiR § 248 AktG 1/96, 481, 482; jedenfalls hinsichtlich der Beklagtenseite: Lüke/Blenske, ZGR 1998, 253, 294; Schröder, Schiedsgerichtliche Konfliktbeilegung, S. 289 f., 293 (vgl. allerdings S. 281). Offengelassen bei BGH ZIP 1996, 830, 834. Markfort, Mehrparteienschiedsgerichtsbarkeit, S. 107, sieht in einer möglichen unterschiedlichen Interessenlage zumindest kein Hindernis, sich auf einen Schiedsrichter zu einigen. Ein Risiko der Nichteinigung sieht hingegen Bredow, DStR 1996, 1653, 1654.

863 So auch Schröder, Schiedsgerichtliche Konfliktbeilegung, S. 278 f.; Timm/Witzorrek, EWiR § 248 AktG 1/96, 481, 482.

864 Schröder, Schiedsgerichtliche Konfliktbeilegung, S. 279.

865 Ch. Berger, ZHR 164 (2000), 295, 307; Markfort, Mehrparteienschiedsgerichtsbarkeit, S. 107; Reiner, ICC-Schiedsgerichtsbarkeit, S. 96.

Schwieriger gestaltet sich indessen die Beantwortung der Frage, ob eine derartige Interessenkongruenz ebenfalls bei der Art und Weise der Verfahrensausgestaltung bezüglich der Durchsetzung der oben genannten alternativen Klageziele besteht. Im Folgenden soll nun das Konfliktpotential bei einer Mehrheit von Beschlussfehlern sowie hinsichtlich der Einschätzung der Qualifikation des Schiedsrichters näher durchleuchtet werden.

(1) Mehrheit von Beschlussfehlern

Vor dem Hintergrund, dass die Verbindung zeitgleich erhobener Beschlussmängelklagen gemäß §§ 246 III S. 3, 249 II ZPO, ungeachtet einer u.U. bestehenden Vielzahl an unterschiedlichen Anfechtung- und Nichtigkeitsgründen, angeordnet wird,[866] muss davon ausgegangen werden, dass in solchen Fällen die Erfolgsaussicht der einzelnen Beschlussmängel von sämtlichen Beteiligten verschiedentlich beurteilt wird.[867] Aus Sicht der Kläger wird dies bereits dadurch indiziert, dass diese ihr Klagebegehren nicht auf denselben Klagegrund stützen. Zwar wirkt sich eine unterschiedliche Begründungsstrategie nicht zwangsläufig negativ auf die prozessuale Waffenbalance aus, denn die klagenden Gesellschafter können sich weiterhin auf einen Schiedsrichter einigen. Meinungsverschiedenheiten können indessen dann auftauchen, wenn den Schiedsrichtern bestimmte Rechtsansichten zu Eigen sind und sie die einzelnen Beschlussmängel demgemäß je nachdem für rechtserheblich oder aber irrelevant erachten, was sich wiederum auf den Schiedsspruch auswirken kann.[868] Aus der Klagestrategie kann sich folglich ein Interessenkonflikt bezüglich des schiedsrichterlichen Rechtsstandpunkts ergeben.

Auf der Beklagtenseite lassen sich dagegen gleichgerichtete Interessen nicht schon aus § 246 II AktG und dem darin zum Ausdruck kommenden Repräsentationsgedanken ableiten.[869] Die passive Prozessführungsbefugnis aller (Mehrheits-) Gesellschafter verbietet sich allein aus Gründen der Praktikabilität. Überdies sind diese Gesellschafter auch nicht von der Prozessführung ausgeschlossen, da ihnen die Möglichkeit zusteht, im Wege der streitgenössischen Nebenintervention der Beklagtenseite beizutreten. Ein Interessenkonflikt ist vielmehr – wenn auch in leicht abgeschwächter Form – auch bei den Teilneh-

---

[866] Dagegen führt Bender, DB 1998, 1900, 1902, – zu Unrecht – aus, dass eine widerläufige Prozessführung deswegen ausgeschlossen sei, weil die Prozessverbindung nicht nur Beschlussidentität, sondern auch die Zugrundelegung eines einheitlichen Lebenssachverhalts der jeweiligen Klagen voraussetze.

[867] So auch Lüke/Blenske, ZGR 1998, 253, 280 f.

[868] Vgl. Schröder, Schiedsgerichtliche Konfliktbeilegung, S. 281.

[869] Dies ziehen indessen Lüke/Blenske, ZGR 1998, 253, 294, in Betracht, halten letztlich jedoch ein Interessengegensatz zwischen der Beschlussmehrheit und den Gesellschaftsorganen für möglich.

mern der Beklagtenseite denkbar; abgeschwächt deswegen, weil die erfolgreiche Verteidigung eines Beschlusses die Abwehr sämtlicher gerügter Mängel erfordert, was bedeutet, dass die Auswahlkriterien faktisch von dem Inhalt der Klageschrift vorgegeben werden. Idealerweise gilt es somit einen Schiedsrichter zu finden, welcher hinsichtlich sämtlicher Angriffspunkte der Kläger die entsprechende Gegenauffassung vertritt.[870] Gesetzt den Fall, dass eine Schiedsrichterbestellung nach Maß – und zwar sowohl durch die Kläger als auch die Beklagten – angesichts der Spezialität der benötigten Rechtsauffassungen (sowie der diesbezüglich erforderlichen Publizität) grundsätzlich überhaupt möglich ist,[871] stößt man spätestens bei der Suche nach einem geeigneten ‚Verteidigungsschiedsrichter' auf praktische Grenzen. Die Kumulation sämtlicher notwendiger Standpunkte in einer Person bleibt wohl eher ein aus verfahrenstaktischen Erwägungen entsprungener frommer Wunsch.[872] Tatsächlich wird es sich so verhalten, dass die Beklagten einen jener Idealfigur am nächsten kommenden Schiedsrichter zu wählen haben. Der hierin liegende Kompromiss setzt wiederum eine Schwerpunktsetzung bei den Auswahlkriterien voraus, wobei sich dies wiederum als Konfliktpotential herausstellen kann, sofern die Beteiligten die Begründetheit der geltend gemachten Beschlussmängel unterschiedlich einschätzen.

Demzufolge sind im Falle der Mehrheit von Beschlussmängeln auf beiden Seiten Interessengegensätze nicht auszuschließen.

(2) Qualifikation des Schiedsrichters

Zu einer Beeinträchtigung der Waffengleichheit kann es selbst bei Zugrundelegung lediglich eines Beschlusses dann kommen, wenn der Schiedsrichter sich als unfähig erweist, im Gremium seinen Standpunkt überzeugend darzulegen, mithin also nicht hinreichend qualifiziert ist. Daher dürften sämtliche Beteiligte einer Seite ein im Grunde identisches Interesse daran haben, einen möglichst kompetenten Schiedsrichter zu bestellen.

Eine Beurteilung der schiedsrichterlichen Qualifikation ist aufgrund ihrer subjektiven Natur indessen überaus schwierig. Zwar lassen sich auch hier objektive Bewertungskriterien aufstellen, wie etwa die Art der Ausbildung oder Anzahl der Schiedsmandate. Doch werden auf diese Weise keine Grenzfälle ausgeschlossen, in welchen diese Qualifikationsmerkmale von mehreren Schiedsrich-

---

[870] Schröder, Schiedsgerichtliche Konfliktbeilegung, S. 287 f., 289.

[871] Schwierigkeiten bei der Definition der Interessen der Beteiligten sehen auch Berg, FS Glossner, S. 33; Reiner, ICC-Schiedsgerichtsbarkeit, S. 94; nicht dagegen offenbar Schröder, Schiedsgerichtliche Konfliktbeilegung, S. 276.

[872] Dagegen sieht Schröder, Schiedsgerichtliche Konfliktbeilegung, S. 289, hierin offenbar kein Problem und hält insoweit eine unterschiedliche Beurteilung des Beschlusses für ‚praktisch kaum vorstellbar' (S. 294 (Fn 967)).

tern komplett oder weitestgehend erfüllt werden und sich somit quasi mehrere Schiedsrichter qualifiziert haben. Im Übrigen ist auch keineswegs garantiert, dass alle Beteiligten die vermeintliche Qualifikation bzw. die vermeintlich existierende Rechtsauffassung einvernehmlich als prozesstaktisch vorteilhaft einstufen.[873] Insoweit können individuelle Ansichten oder gar persönliche Konflikte der Beteiligten untereinander für eine erhebliche Meinungsvielfalt sorgen.

Aufgrund der Vielzahl der Bewertungskriterien mitsamt deren subjektiven Charakter sowie der Einsicht, dass das prozessuale Verhalten des Schiedsrichters letztlich nicht vorhersehbar ist, kommt es insoweit zu dem Dilemma, dass sämtliche Beteiligten einerseits den qualifiziertesten Schiedsrichter nominieren wollen, dieser sich andererseits jedoch nicht eindeutig ermitteln lässt. Demzufolge besteht auch an dieser Stelle ein nicht zu vernachlässigendes Konfliktpotential, welches die gemeinsame Schiedsrichterbenennung erschwert.

(3) Praktische Relevanz des Interessenkonflikts

Nachdem nunmehr zu Tage getreten ist, dass auch im Verhältnis der jeweiligen Beteiligten einer Verfahrenspartei Interessenkonflikte auftreten können, welche die Sicherstellung der Waffengleichheit bedrohen, soll der praktischen Relevanz dieser potentiellen Interessenungleichheit nachgegangen werden. Betrachtet man beide Verfahrensparteien als Einheit, so kommt die zwischen ihnen bestehende Gegensätzlichkeit bei jedem Beschlussmängelprozess zum Tragen, da sich beide notwendigerweise daran zu beteiligen haben. Etwas anders könnte sich die Situation indessen hinsichtlich der einzelnen Prozessführungswilligen erweisen. Hierbei ist sowohl zwischen den Klagearten als auch den Verfahrensparteien zu unterscheiden.

So bietet aus Klägersicht die Nichtigkeitsklage den Vorteil, dass – wenn sie einmal erhoben wurde – kein Beteiligungszwang besteht. Es ist dem Klagewilligen vielmehr erlaubt, den Ausgang des Verfahrens abzuwarten. Sofern der Klage stattgeben wird, erübrigt sich eine weitere Klage. Aus der unterlassenen Teilnahme erwächst der betreffenden Person mithin kein Nachteil. Gleiches gilt aufgrund des inter partes wirkenden Schiedsspruchs bei Abweisung der Klage. Denn für jeden anderen Gesellschafter besteht weiterhin die Möglichkeit, einen zweiten Prozess – sogar unter Zugrundelegung des gleichen Beschlussmangels – mit einem von ihm benannten Schiedsrichter zu beginnen.[874] Demzufolge er-

873 Gegensätzliche Auffassungen bzgl. der fachlichen Qualifikation und Erfahrung des Schiedsrichters halten auch Berg, FS Glossner, S. 33; Schröder, Schiedsgerichtliche Konfliktbeilegung, S. 293, für möglich, wobei Letzterer die Gewährleistung der Waffengleichheit nicht als gefährdet ansieht, da sich ein diesbzgl. Mangel zu Lasten aller Beteiligten auswirke (S. 293 f.).

874 Zu alledem: Schröder, Schiedsgerichtliche Konfliktbeilegung, S. 282. Vgl. zudem oben Dritter Teil, C. II. 1. c.

möglichen die prozessualen Eigenheiten der Nichtigkeitsklage jedem potentiellen Kläger einen eigenen Prozess. Wenn sich aber auf Klägerseite nur eine Person befindet, ist den oben aufgeführten Konfliktmöglichkeiten der Boden entzogen, und ein Interessenstreit kann sich praktisch nicht realisieren.[875] Dem Abwarten einer Nichtigkeitsklage steht auch nicht die in § 249 II S. 1 AktG angeordnete Verfahrenskonzentration entgegen. Insoweit besteht nämlich keine Pflicht zur gleichzeitigen Klageerhebung. Die Regelung in § 249 II S. 1 AktG bezieht sich seinem Wortlaut nach allein auf bereits erhobene Nichtigkeitsklagen, welche zu verbinden sind. Auch fehlt in § 249 I S. 1 AktG ein Verweis auf die in § 246 I AktG statuierte einmonatige Anfechtungsfrist.[876] Im Übrigen würde eine solche Verpflichtung der gesetzgeberischen Intention, nichtige Beschlüsse jederzeit vernichten lassen zu können, widersprechen.

Allerdings bestehen diesbezüglich insoweit Bedenken, als umgekehrt auch keine Pflicht existiert, die Nichtigkeitsklage eines anderen abzuwarten, um diesem und sich selbst eine ungestörte Schiedsrichterwahl zu ermöglichen. Insbesondere leitet sich Derartiges nicht aus dem Gleichbehandlungsgebot ab, zumal – wie oben gezeigt – Interessengegensätze zwar möglich, jedoch nicht obligatorisch sind, das Geltungsbedürfnis dieses Grundsatzes folglich abgeschwächt ist. Zudem würde sich ein Gebot zur individuellen Klageerhebung in direkten Widerspruch zur Konzentrationsmaxime im Sinne des § 249 II S. 1 AktG setzen, welche ja gerade eine Prozessflut vermeiden will. Hiernach sind die klagewilligen Gesellschafter nicht nur berechtigt, sondern vielmehr dazu angehalten, ihre Bedenken gegen den Beschluss in einem einzigen Verfahren zum Ausdruck zu bringen. Für den Kläger einer Nichtigkeitsklage bedeutet dies, dass er sich nicht darauf verlassen kann, dass sich alle übrigen Klageinteressierten zunächst zurückhalten, um einem möglichen Konflikt bei der Zusammensetzung der Schiedsrichterbank aus dem Wege zu gehen. Er muss im Gegenteil mit einer Klageverbindung rechnen, da insofern ein Anreiz zur Klageerhebung besteht, als das Prozesskostenrisiko auf diese Weise aufgeteilt und mithin abgeschwächt wird. Aus diesen Gründen verbietet es sich, unter Verweis auf das unbefristete Recht auf Erhebung einer Nichtigkeitsklage, einen diesbezüglichen Interessenkonflikt in praktischer Hinsicht als Scheinproblem zu erklären.[877]

Nach den vorhergehenden Erwägungen muss man auch im Rahmen der Anfechtungsklage konsequenterweise zu dem Ergebnis kommen, dass es – erst recht – zu Konfrontationen bei der Schiedsrichterbestellung kommen kann. Denn die Fristsetzung des § 246 I AktG versperrt bereits den Weg, die gemeinsame Benennung des Schiedsrichters unter Beibehaltung des Anfechtungsrechts

---

[875] So auch der Schluss von Schröder, Schiedsgerichtliche Konfliktbeilegung, S. 282 f.

[876] So zu Recht Schröder, Schiedsgerichtliche Konfliktbeilegung, S. 282, der sich – irrtümlich – auf § 246 III S. 3 AktG bezieht.

[877] So aber Schröder, Schiedsgerichtliche Konfliktbeilegung, S. 282.

zu umgehen. Den Klagebefugten bleibt deswegen nichts anderes übrig, als innerhalb eines Monats aktiv zu werden. Dann aber sorgt § 246 III S. 3 AktG für eine obligatorische Verfahrensverbindung und somit auch für die praktische Relevanz der dargestellten Konfliktsituation.[878]

Was hingegen die Position der Beklagten anbelangt, so besteht zumindest für die Vertretungsorgane ein gesetzlicher Beteiligungszwang. Die Möglichkeit des Abwartens, wie sie auf Seiten der Kläger im Rahmen der Nichtigkeitsklage besteht, scheidet demgemäß aus. Wenn also auf dieser Seite insoweit eine Personenmehrheit besteht, was bei der AG wegen § 246 II S. 2 AktG regelmäßig der Fall ist, ist schon allein dann ein Interessenkonflikt denkbar. Aber auch die zur Verteidigung des Beschlusses entschlossenen Gesellschafter können aus der Natur ihres Klageziels heraus nicht anders, als sich bei jeder Klage zu beteiligen, wobei dies hinsichtlich der Anfechtungsklage bereits aus deren Befristung folgt. Dass sich der Interessenwiderstreit hierbei lediglich in abgeschwächter Form darstellt, weil sich die Auswahlkriterien an den von Klägerseite vorgebrachten Beschlussmängeln orientieren, gleichwohl aber nicht zu leugnen ist, wurde schon gezeigt.[879]

Demzufolge ist auch auf Beklagtenseite und den dortigen potentiellen Interessengegensätzen keine Einschränkung des Gleichbehandlungsgebots vorzunehmen.

b. Inhalt des Gleichbehandlungsgebots

Die Untersuchungen zu dem Interessengegensatz zwischen den Beteiligten einer Prozesspartei haben ergeben, dass dort die latente Gefahr einer Beeinträchtigung der Waffengleichheit und mithin des Gleichbehandlungsgrundsatzes existiert. Aufgrund des gemeinsamen Klageziels – Nichtigerklärung des Beschlusse einerseits, Aufrechterhaltung des Beschlusses andererseits – stellt sich ein denkbarer Konflikt im Vergleich zu den Prozessparteien als solche nicht in voller Schärfe. Es spielen insofern vielmehr unterschiedliche Einschätzungen der Person möglicher Schiedsrichter durch die Prozessbeteiligten eine Rolle. Nichtsdestoweniger darf es auch in diesem Zusammenhang bei der Schiedsrichterbestellung – zumindest ohne weiteres – zu keinem Übergewicht kommen. Vor diesem Hintergrund ist nunmehr der Inhalt des Gleichbehandlungsgebots zu konkretisieren.

---

[878] Dies erkennt im Grunde auch Schröder, Schiedsgerichtliche Konfliktbeilegung, S. 284, wenngleich er darin lediglich eine – für die Waffengleichheit unschädliche – Verengung des Kreises der in Betracht kommenden Personen sieht (S. 287).

[879] Siehe oben Dritter Teil, D. III. 3. a. (1). A.A. indessen Schröder, Schiedsrichterliche Konfliktbeilegung, S. 289.

(1) Adressaten des Gleichbehandlungsgebots

Innerhalb der Klägerseite sind zweifelsfrei sämtliche Beteiligte Inhaber der aus dem Prinzip der Waffengleichheit ableitbaren Rechtsposition. Sofern also an dieser Stelle differenziert werden sollte – etwa zwischen Streitgenossen und Nebenintervenienten –, würde dies bereits eine diesbezügliche unzulässige Beeinträchtigung darstellen.

Auf Beklagtenseite zählen – neben der Gesellschaft – alle der Gesellschaft beitretenden Anteilseinger zu den Rechtsinhabern. Hinsichtlich der passiv legitimierten Gesellschaft stellt sich die Frage, ob sie lediglich als Einheit Teilhaber des Gleichbehandlungsgrundsatzes ist, oder ob jeder einzelnen Person ihrer Vertreter, d.h. jedem Geschäftsführer bzw. Vorstand und Aufsichtsrat für sich genommen oder gar jedem der Mitglieder, eine Schutzposition bei der Schiedsrichternominierung zuerkannt werden soll. Richtigerweise wird man annehmen können, dass allein die Gesellschaft ein schutzwürdiges Interesse an dem Recht auf gleichen Einfluss bei der Schiedsrichterwahl hat. Da sie als Passivlegitimierte in Beschlussmängelprozessen jedoch handlungsunfähig ist, wird dieses Recht durch die gesetzlich vorgesehenen Vertreter wahrgenommen, also durch den oder die Geschäftsführer sowie gemäß § 246 II S. 2 AktG durch den Vorstand zusammen mit dem Aufsichtsrat. Dagegen stehen den Mitgliedern des Vorstands sowie des Aufsichtsrats mangels prozessualer Vertretungsbefugnis keine entsprechenden Rechtspositionen zu.

Für das Recht der GmbH bleibt noch anzumerken, dass der Geschäftsführer bei der Schiedsrichterwahl gegebenenfalls nach Weisungen der Gesellschaftermehrheit zu handeln hat. Auf diese Weise lässt sich der Wille der Gesellschafter, die den Beschluss tragen, bündeln, was den praktischen Vorteil hat, dass nicht jeder Anteilseigner der Beklagtenseite beitreten muss. Hierbei bestehen insofern keine Bedenken, als dem Geschäftsführer als Vertreter der Gesellschaft sowieso kein eigenes Benennungsrecht zusteht. Dem bei dem Weisungsbeschluss überstimmten Gesellschafter bleibt im Übrigen weiterhin die Möglichkeit des Beitritts erhalten, so dass für ihn die Ausübung seiner Rechtsposition bestehen bleibt, zumal er im Verhältnis der Gesellschaft als gleichberechtigt anzusehen ist.[880]

Dass sich auch das (weisungsunabhängige) Vertretungshandeln des Vorstands und Aufsichtsrats angesichts des Instituts der streitgenössischen Nebenintervention nicht zu Lasten der Aktionärsmehrheit auswirken kann, wurde bereits an anderer Stelle ausführlich dargestellt.[881]

---

[880] Zu der Unzulässigkeit von Mehrheitsentscheidungen vgl. unten Dritter Teil, D. III. 2. b. (3).

[881] Schröder, Schiedsgerichtliche Konfliktbeilegung, S. 243 ff. Siehe i.Ü. Zweiter Teil, B. II. 3. b. (1) und Dritter Teil, B. II. 1. a.

(2) Umfang des Beteiligungsrechts

Fraglich ist, ob jedem Verfahrensbeteiligten einer Seite ein originäres Recht auf Benennung eines ‚persönlichen' Schiedsrichters zusteht.[882] Für die Einräumung einer derart starken Rechtsposition spricht sicherlich, dass innerhalb einer Prozesspartei dem Gleichbehandlungsgebot in größtmöglicher Weise Genüge getan wird. Zu Problemen kommt es allerdings jedes Mal dann, wenn die Zahl der Schiedskläger nicht mit der Zahl der Schiedsbeklagten übereinstimmt. Dann nämlich wirkt sich ein individuelles Bestellungsrecht stets zu Lasten der zahlenmäßig unterlegenen Partei aus.[883] Freilich bestünde die Variante, ein mögliches Ungleichgewicht durch Aufstockung des Schiedsrichterkontingents der unterlegenen Partei zu kompensieren. Dies würde dann aber zu einer Aufblähung des Schiedsgerichts führen, was wiederum dessen Schwerfälligkeit oder gar Arbeitsunfähigkeit mit sich bringen würde.[884] Im Übrigen erhöhen sich mit steigender Schiedsrichterzahl auch die Kosten sowie die Dauer des Verfahrens.[885]

Sowohl aus praktischen Gründen als auch aus Gründen der Waffengleichheit muss demzufolge ein originäres Recht jedes Beteiligten auf die Ernennung eines eigenen Schiedsrichters abgelehnt werden. Es bleibt gleichwohl insoweit bei einem individuellen Anspruch auf gleichwertige Beteiligung bei der Schieds-

---

882 Bejahend: K. P. Berger, RIW 1993, 702, 706, zumindest bei personalistischen Gesellschaften (K. P. Berger, RIW 2001, 7, 14).

883 So auch K. P. Berger, Wirtschaftsschiedsgerichtsbarkeit, S. 221; Bredow, DStR 1996, 1653, 1654; Kornmeier, RIW 1980, 381, 386; Massuras, Mehrparteienschiedsgerichtsbarkeit, S. 325; Oswald, Mehrparteienschiedsgerichtsbarkeit, S. 21, 23; Reiner, ICC-Schiedsgerichtsbarkeit, S. 93 f. i.V.m. Fn 166; Schlosser, Schiedsgerichtsbarkeit, Rn 569; Schröder, Schiedsgerichtliche Konfliktbeilegung, S. 259; Schwab, BB 1992, Beilage 15, S. 18.

884 Vgl. Berg, FS Glossner, S. 37; Ch. Berger, ZHR 164 (2000), 295, 306; K. P. Berger, Wirtschaftsschiedsgerichtsbarkeit, S. 221; Bredow, DStR 1996, 1653, 1654; Diesselhorst, Mehrparteienschiedsverfahren, S. 133, 158; Ebenroth/Bohne, BB 1996, 1393, 1397; Hohner, DB 1979, 581, 582; Laschet, FS Bülow, S. 110; Lüke/Wax – Münch, MüKo-ZPO, § 1035 Rn 34; Markfort, Mehrparteienschiedsgerichtsbarkeit, S. 97; Nicklisch, FS Glossner, S. 226; Oswald, Mehrparteienschiedsgerichtsbarkeit, S. 22; Papmehl, Schiedsfähigkeit, S. 98; Schröder, Schiedsgerichtliche Konfliktbeilegung, S. 258; Stumpf, FS Bülow, S. 226; Weber, Schiedsklauseln in Gesellschaftsverträgen, S. 55.

885 Ch. Berger, ZHR 164 (2000), 295, 306; Diesselhorst, Mehrparteienschiedsverfahren, S. 133, 158; Geißler, GmbHR 2002, 520, 529; Hohner, DB 1979, 581, 582; Kornmeier, RIW 1980, 381, 386; Lüke/Wax – Münch, MüKo-ZPO, § 1035 Rn 34; Markfort, Mehrparteienschiedsgerichtsbarkeit, S. 97; Schlosser, Schiedsgerichtsbarkeit, Rn 569; Schröder, Schiedsgerichtliche Konfliktbeilegung, S. 259; Stumpf, FS Bülow, S. 226; wohl auch Michalski – Römerman, GmbHG, Anh. § 47 Rn 561.

richterbestellung.[886] Im Übrigen ergibt sich – neben den speziellen Anforderungen für die erweiterte Rechtskrafterstreckung[887] – auch aus diesem Gesichtspunkt die Notwendigkeit einer Verfahrensvereinheitlichung, da sich die gemeinsame Schiedsrichterwahl nur in einem einzigen Schiedsprozess verwirklichen lässt.

(3) Unzulässigkeit des Prioritätsprinzips

Vor dem Hintergrund, dass jedem einzelnen Prozessbeteiligten zwar kein eigenes, den Beteiligten einer Partei sehr wohl aber ein kollektives Benennungsrecht zusteht, muss das alleinige Recht des Erstklägers auf die Schiedsrichternominierung sowie die Bindung aller späteren Kläger an dessen Entscheidung für unzulässig erklärt werden. Gleiches gilt für die Beklagtenseite dergestalt, dass die gesetzlichen Vertreter der Gesellschaft insofern nicht ohne angemessenen Einfluss der beitretenden Gesellschafter agieren dürfen. Andernfalls wären diejenigen Personen von einer Beteiligung und mithin der Ausübung ihres insoweit bestehenden Rechts ausgeschlossen, die sich dem Prozess ‚verspätet' anschließen würden.[888] Unzureichend ist dabei die Tatsache, dass zunächst für sämtliche potentiellen Kläger eine reelle *Chance* besteht, als erster die Klage zu erheben.[889] Dies würde nämlich zwangsläufig zu einem ‚Wettlauf' der klagebefugten Personen führen, wobei diese sich dann als Konkurrenten gegenüberstehen würden, was der Natur der Verfahrenspartei, die tatsächlich ein einheitliches Klageziel verfolgt, freilich widerstrebt.[890] Des Weiteren darf auch die dabei bestehende Missbrauchsgefahr nicht unterschätzt werden. Denn es bietet sich den Klagebefugten, die an der Aufrechterhaltung des fraglichen Beschlusses interessiert sind, die Möglichkeit, sofort nach der Beschlussfassung Schiedsklage zu erheben, um auf diese Weise mit verbindlicher Wirkung für alle übri-

---

[886] So auch Ch. Berger, ZHR 164 (2000), 295, 305; Bredow, DStR 1996, 1653, 1654; Lüke/Blenske, ZGR 1998, 253, 284; Markfort, Mehrparteienschiedsgerichtsbarkeit, S. 98 ff., 108; Schröder, Schiedsgerichtliche Konfliktbeilegung, S. 267 f.

[887] Siehe oben Dritter Teil, C. II. 1. b.

[888] So auch BGH ZIP 1996, 830, 833 f. Vgl. auch Ebenroth/Bohne, BB 1996, 1393, 1397; Henze, Aktienrecht, Rn 1024; OLG Karlsruhe ZIP 1995, 915, 917; Petermann, BB 1996, 277, 278, die dieses Problem allesamt über das Institut der notwendigen Streitgenossenschaft gemäß § 62 I ZPO lösen wollen.

[889] Schröder, Schiedsgerichtliche Konfliktbeilegung, S. 253 f.

[890] Vgl. BGH ZIP 1006, 830, 834 (wobei auch auf die Schwierigkeit hingewiesen wird, die zeitliche Erhebung der Klage festzustellen, hierzu auch Schröder, Schiedsgerichtliche Konfliktbeilegung, S. 255); Lüke/Blenske, ZGR 1998, 253, 279; Schröder, Schiedsgerichtliche Konfliktbeilegung, S. 254.

gen klagewilligen Personen einen für diese nicht akzeptablen Schiedsrichter auszuwählen.[891]

Demzufolge darf bei der Anfechtungsklage ein Schiedsrichter nicht sofort nach Klageerhebung bestellt werden. Um sämtlichen Verfahrensbeteiligten die Möglichkeit einer Einflussnahme zu gewährleisten ist es vielmehr erforderlich, die Nominierung des Schiedsrichtergremiums zumindest bis zum Ablauf der Monatsfrist gemäß § 246 I AktG auszusetzen.[892] Eine solche Aufschiebung stellt im Übrigen eine Parallele zu § 246 III S. 2 AktG dar, wonach auch mit der mündlichen Verhandlung bis zum Ablauf der Monatsfrist zu warten ist. In diesem Zusammenhang finden sich also ebenfalls Elemente der Verfahrenskonzentration wieder.

Doch auch bei der Nichtigkeitsklage bedarf es einer Frist bis zur Schiedsrichterbenennung. Zwar verweist § 249 I S. 1 AktG nicht auf § 246 III S. 2 AktG, so dass im staatlichen Verfahren die Monatsfrist für den Beginn der mündlichen Verhandlung nicht abgewartet werden muss, allerdings fordert das Gebot der Waffengleichheit – das auch im Rahmen der Nichtigkeitsklage besteht[893] – auch insoweit die Ermöglichung einer Beteiligung an der Schiedsrichterbenennung. In Anlehnung an § 246 III S. 2 AktG könnte dabei etwa eine Monatsfrist vereinbart werden.

Tritt indessen ein Gesellschafter nach Errichtung des Schiedsgerichts und mithin nach Ablauf der Monatsfrist der Partei als Nebenintervenient bei, so ist er hinsichtlich seines zuvor bestehenden Rechts auf Mitwirkung bei der Schiedsrichterwahl nicht länger schutzwürdig, denn er hat die Möglichkeit der Einflussnahme untätig verstreichen lassen. Ein entsprechender Anspruch muss demzufolge als verwirkt angesehen werden, so dass sich der Beitretende der Wahl seiner Prozesspartei zu unterwerfen hat.[894] Im Rahmen der Nichtigkeitsklage hat der Klagewillige dagegen die Möglichkeit, das Verfahren abzuwarten, um – im

---

[891] So zu Recht Schröder, Schiedsgerichtliche Konfliktbeilegung, S. 254.

[892] In diesem Sinne auch Ch. Berger, ZHR 164 (2000), 295, 307 f., 313; Lachmann, Schiedsgerichtspraxis, Rn 1396; Lüke/Blenske, ZGR 1998, 253, 289, 296 f.; Schröder, Schiedsgerichtliche Konfliktbeilegung, S. 290; Schulze, Grenzen der objektiven Schiedsfähigkeit, S. 139 f.; Wagner, Prozessverträge, S. 592; vgl. auch den dahingehenden Formulierungsvorschlag von Bredow, DStR 1996, 1653, 1655.

[893] Siehe oben Dritter Teil, D. III. 3. a. (3).

[894] So auch Bender, DB 1998, 1900, 1902 f.; Ch. Berger, ZHR 164 (2000), 295, 316; Ebenroth/Bohne, BB 1996, 1393, 1397; Günther, EWiR § 1025 ZPO 1/95, 519, 520; Laschet, FS Bülow, S. 111; Lüke/Blenske, ZGR 1998, 253, 301; Lüke/Wax – Münch, MüKo-ZPO, § 1035 Rn 37; Lutter/Hommelhoff, GmbHG, Anh. § 47 Rn 82; Markfort, Mehrparteienschiedsgerichtsbarkeit, S. 116; OLG Karlsruhe ZIP 1995, 915, 917; Petermann, BB 1996, 277, 278; Timm/Witzorrek, EWiR § 248 AktG 1/96, 481, 482; wohl auch Lüke/Blenske, ZGR 1998, 253, 301. Vgl. auch Zilles, BB 1999, Beilage 4, S. 6.

Falle der Klagabweisung – sein Recht auf Einflussnahme bei der Schiedsrichterbestellung zu wahren.

(4) Unzulässigkeit von Mehrheitsentscheidungen

Um die Schiedsrichterwahl einer Verfahrenspartei mit mehreren Beteiligten zu beschleunigen wird erwogen, diesbezüglich eine Mehrheitsentscheidung zuzulassen.[895] Dieser Gedanke ist insofern nicht abwegig, als innerhalb der prozessualen Vertretungsorgane Entscheidungen in aller Regel mehrheitlich getroffen werden. Im Recht der AG einigen sich auf diese Weise die Vorstandsmitglieder einerseits sowie die Mitglieder des Aufsichtsrats andererseits, wenngleich Vorstand und Aufsichtsrat angesichts des Prinzips der Doppelvertretung gemäß § 246 II S. 2 AktG im Verhältnis zueinander gleichberechtigt sind. Zu einer Mehrheitsentscheidung kommt es ebenfalls bei mehreren Geschäftsführern bzw. den von diesen zu befolgenden Weisungen durch die (Mehrheit der) Gesellschaftsversammlung.

Allerdings trifft die generelle Zulässigkeit einer Mehrheitsentscheidung bei der Schiedsrichterbenennung auf Kritik. In praktischer Hinsicht wird zu bedenken gegeben, dass eine solche Lösung detaillierte Abstimmungsregeln enthalten müsste, welche den Rahmen der zu regelnden Verfahrensmodalitäten sprengen würde.[896] Überdies hätten sich die Gesellschafter bei Erwerb ihres Anteils zwar grundsätzlich, jedoch keineswegs in dieser Hinsicht, dem Mehrheitsprinzip unterworfen.[897]

Entscheidend ist letztlich allerdings das Recht eines jeden Klagebefugten auf gleichwertige Mitwirkung an der Schiedsrichterbestellung, welches bei einer Mehrheitsentscheidung unterlaufen werden würde, da dem unterlegenen Gesellschafter die Einwirkung verwehrt und ihm vielmehr gegen seinen Willen ein Schiedsrichter aufgezwungen würde.[898] Es bestünde zudem abermals die Gefahr des Missbrauchs, da nicht auszuschließen ist, dass sich die Mehrheit nicht auch aus den dem Klageziel entgegenstehenden Gesellschaftern zusammensetzen kann, die dann einen ihren Interessen entsprechenden Schiedsrichter bestellt.

---

[895] Ch. Berger, ZHR 164 (2000), 295, 307; BGH ZIP 1996, 830, 834; Timm/Witzorrek, EWiR § 248 AktG 1/96, 481, 482. Vgl. auch Kisch, Beiträge zum Schiedsverfahren, S. 47.

[896] Zilles, BB 1999, Beilage 4, S. 5. Auch Schmidt, BB 2001, 1857, 1859 (Fn 32), hält dies für ‚wenig praktikabel'.

[897] Schröder, Schiedsgerichtliche Konfliktbeilegung, S. 295 f.

[898] So auch Ch. Berger, ZHR 164 (2000), 295, 307; Lüke/Blenske, ZGR 1998, 253, 287; Papmehl, Schiedsfähigkeit, S. 98; Schröder, Schiedsgerichtliche Konfliktbeilegung, S. 295; Zilles, BB 1999, Beilage 4, S. 5. Vgl. auch Ebenroth/Bohne, BB 1996, 1393, 1397 f. Dagegen halten Bender, DB 1998, 1900, 1901, und Henze, Aktienrecht, Rn 1026 (vgl. aber auch Henze, ZGR 1988, 542, 555 f.), Mehrheitsentscheidungen ohne weiteres für zulässig.

Bedenkenswert ist indes der Vorschlag, ein derartiges Wahlverfahren dann zuzulassen, wenn diesem sämtliche Beteiligten einer Partei zugestimmt haben, nachdem ihr Kreis infolge Fristablaufs feststeht und bekannt ist.[899] Dem einzelnen Gesellschafter ist es dann in aller Regel möglich, die Erfolgschancen hinsichtlich der Durchsetzung seiner Wahl einzuschätzen. Es erscheint somit als unbedenklich, wenn er anschließend sein absolutes Mitwirkungsrecht – sehenden Auges – etwa zum Zwecke der Verfahrensbeschleunigung faktisch in ein relatives Mitwirkungsrecht umwandelt. Dies würde zudem der internationalen Rechtsprechung entsprechen: Im Jahre 1992 hat der französische Cour de Cassation[900] den Grundsatz der Gleichheit der Parteien zum (französischen) ordre public erklärt und einen diesbezüglichen Verzicht lediglich nach Entstehen des Streitfalls zugelassen.[901]

Probleme tauchen jedoch u.U. dann auf, wenn der Klagewillige gemäß § 245 Nr. 2 AktG an der Beschlussfassung nicht teilgenommen hat, er also nicht mit Sicherheit weiß, ob die anderen Beteiligten nicht doch auf der Seite der Gegenpartei stehen und die Schiedsrichterwahl sabotieren wollen. Verstärkt wird diese Gefahr, sofern die Gewichtung der Stimmkraft nach dem Verhältnis der Beteiligung an der Gesellschaft[902] zu erfolgen hat. Richtig ist zwar, dass die Höhe der Beteiligung das Maß der Auswirkung eines (rechtswidrigen) Beschlusses widerspiegelt,[903] allerdings hat die Intensität der materiell-rechtlichen Betroffenheit generell keine Auswirkungen auf Art und Umfang des Rechtsschutzes.[904] Dies gilt umso mehr vor dem Hintergrund, dass es sich bei dem gesellschaftsrechtlichen Beschlussmängelrecht nicht nur um eine verobjektivierte Rechtmäßigkeitskontrolle, sondern auch um ein Institut des Minderheitenschutzes handelt. Es kommt also allenfalls eine Abstimmung nach Köpfen in Betracht, so dass jedem Gesellschafter – unabhängig von seiner Beteiligung – ein gleicher Einfluss zu gewähren ist.[905] Dessen ungeachtet erscheint die hierzu erforderliche

---

[899] Ch. Berger, ZHR 164 (2000), 295, 307 f.; vgl. auch Lachmann, Schiedsgerichtspraxis, Rn 1397. Einen nachträglichen Verzicht auf die Parteiengleichheit bei der Bestimmung des Schiedsgerichts hält dagegen Koussoulis, ZZP 107 (1994), 195, 205, für generell unzulässig.

[900] Cour de Cassation, Entscheidung v. 7. Januar 1992, Revue de l'arbitrage 1992, 470 (deutsche Übersetzung in: BB 1992, Beilage 125, S. 27).

[901] Konkret ging es um die Frage, ob ein Schiedsgericht auch dann ordnungsgemäß gebildet sei, wenn sich auf der Beklagtenseite mehrere Personen auf einen Schiedsrichter einigen müssen, was letztlich – ohne tiefere Begründung – verneint wurde.

[902] So der Vorschlag von Ch. Berger, ZHR 164 (2000), 295, 308; in Erwägung zieht dies auch BGH ZIP 1996, 830, 834.

[903] Ch. Berger, ZHR 164 (2000), 295, 308.

[904] So zu Recht Lüke/Blenske, ZGR 1998, 253, 285.

[905] So wohl auch Wagner, Prozessverträge, S. 592 (Wahl nach ‚demokratischen Grundsätzen'); auch Ch. Berger, ZHR 164 (2000), 295, 308, hält diese Variante für unproblematisch.

Zustimmung jedes Beteiligten als ausgesprochen unwahrscheinlich, da jeder Klagebefugte bestrebt sein dürfte, sein (absolutes) Mitwirkungsrecht zu erhalten, um nicht zu riskieren, am Ende doch noch überstimmt zu werden. Es ist demgemäß davon auszugehen, dass sich Mehrheitsentscheidungen in der Praxis nicht realisieren lassen, so dass es bei einer einvernehmlichen Schiedsrichterbestellung bleiben wird.

(5) Unzulässigkeit des Einigungszwangs

Aus Gründen der Effektivität und vor allem Konstruktivität kann durchaus das Bedürfnis entstehen, eine einheitliche Schiedsrichterernennung notfalls zwangsweise durchzusetzen, die Beteiligten somit einem Einigungszwang zu unterwerfen.[906] Hierfür könnte jedenfalls die Überlegung sprechen, dass beide Verfahrensparteien für sich genommen und somit auch ihre jeweiligen Beteiligten ein einheitliches Klageziel verfolgen und hierbei nur gewisse Klagegründe eine Rolle spielen dürften, so dass sich zumindest eine grobe Richtung des Auswahlverfahrens bestimmen lässt.

Unter Zugrundelegung dieser Richtung dürfte es weiterhin möglich sein, mittels der Rechtsfigur des ‚verständigen Dritten' die Auswahlkriterien in sachliche und sachwidrige Aspekte einzuteilen. Wenn sich dann aber nur bestimmte Gründe bei der individuellen Auswahl eines Schiedsrichters anführen lassen sollten, könnte das Abstellen auf unsachliche und mithin unzulässige Gründe weniger schutzwürdig sein, so dass sich der entsprechende Gesellschafter – notfalls durch gerichtliche Hilfe – der nach ‚zulässigen' Kriterien erfolgten Schiedsrichterwahl zu unterwerfen hätte. Dogmatisch könnte man sich dabei dem Institut der gesellschaftsrechtlichen Treuepflicht bedienen. Da das Beschlussmängelverfahren (auch) im Interesse der Gesellschaft erfolgt und die Klagebefugnis sowie das Recht der Schiedsrichterbestellung demgemäß zu den gesellschaftsbezogenen Mitgliedsrechten gehört, dürften die Gesellschafter dazu verpflichtet sein, ihre Schiedsrichterwahl im Gesellschaftsinteresse auszuüben.[907]

Letzten Endes bestehen jedoch Bedenken dergestalt, dass sich die Auswahlkriterien – wie etwa die Qualifikation sowie die Rechtsauffassung des Schiedsrichters – aufgrund des subjektiven Charakters nicht eindeutig im Sinne einer Unterscheidung zwischen zulässigen und unzulässigen Gesichtspunkten einordnen lassen können.[908] Die Umsetzung des Einigungszwangs nach objektiven

[906] Soweit in Literatur und Schrifttum von ‚Einigungszwang' die Rede ist, geht es indessen um die freie und gemeinsame Schiedsrichternominierung mehrer Beteiligter und den darin liegenden Kompromiss; vgl. unten Dritter Teil, D. III. 3. b. (6).

[907] Vgl. auch Schröder, Schiedsgerichtliche Konfliktbeilegung, S. 272, der eine ‚Konsenspflicht' aufgrund der (aktienrechtlichen) Treuepflicht andeutet.

[908] Siehe auch schon oben Dritter Teil, D. III. 3. a. (1) und (2).

Maßstäben ist somit praktisch nicht möglich, ohne dass auch das Recht jedes Beteiligten zur eigenen und mithin eigenverantwortlichen Mitwirkung bei der Schiedsrichterwahl gefährdet ist. Darüber hinaus lässt sich die (richterliche) Beurteilung, ob ein Schiedsrichter den Interessen einer Verfahrenspartei entspricht, nur schwerlich mit dem Gebot der überparteilichen Rechtspflege vereinbaren. Denn ein Phänomen der Praxis – namentlich der einer Partei loyal gegenüberstehende Schiedsrichter –, dem das Gebot der Waffengleichheit nur notgedrungen Rechnung trägt, wird letztlich rechtlich anerkannt und als Anspruch verfestigt. Schwierigkeiten würde dann nämlich eine klare Abgrenzung zu denn Fällen des § 1036 ZPO bereiten.

Das Recht auf gleichwertige Beteiligung führt vielmehr dazu, dass eine Einigung nur dann zustande kommen kann, wenn sämtliche Beteiligten einer Seite der Wahl ein und desselben Schiedsrichters zustimmen. Mit anderen Worten leitet sich aus dem Gleichbehandlungsgebot ein absolutes Vetorecht jedes einzelnen Beteiligten ab,[909] was schlimmstenfalls dazu führt, dass es zu überhaupt keiner Einigung kommt, wobei dies – wie auch schon an anderer Stelle gesagt – zu Gunsten der Waffengleichheit hinzunehmen ist.[910]

(6) Legitimation der „Kompromissgefahr“ bei der Schiedsrichterbenennung

Die Notwendigkeit der Gewährleistung einer Gleichbehandlung bei der Schiedsrichterauswahl und mithin die Sicherstellung der Waffengleichheit ist verantwortlich für einen entscheidenden Unterschied zwischen der Mehrparteienschiedsgerichtsbarkeit und der klassischen Zweiparteienschiedsgerichtsbarkeit. Während zwei Personen – eine auf jeder Seite – unproblematisch ‚ihren' Schiedsrichter auswählen können, kann es bei der Beteiligung von mehreren Personen zu Unstimmigkeiten kommen. Eine freie Schiedsrichterwahl ist daher in aller Regel nicht mehr gewährleistet. Dieses Minus der Mehrparteienschiedsgerichtsbarkeit im Vergleich zur Zweipersonenschiedsgerichtsbarkeit wird allgemein unter dem Begriff des ‚Einigungszwangs' zusammengefasst, obwohl von einem *Zwang* zur Einigung keine Rede sein kann.[911] Seit vielen Jahren ist eine breite Diskussion darüber entfacht, ob und wie man dies praktisch oder zumindest dogmatisch rechtfertigen kann. Die unterschiedlichen Lösungsansätze, welche überwiegend anhand der bilateral bedingten (internationalen) Mehrparteienschiedsgerichtsbarkeit entwickelt wurden, sollen nunmehr dargestellt werden, um hierzu anschließend kritisch Stellung zu beziehen.

---

[909] Vgl. hierzu Lutter/Hommelhoff, GmbHG, Anh. § 47 Rn 81; Schröder, Schiedsgerichtliche Konfliktbeilegung, S. 287. Auch nach Lüke/Blenske, ZGR 1998, 253, 303; Wagner, Prozessverträge, S. 591 f., besteht keine Verpflichtung zu einer Einigung.

[910] Siehe oben, Dritter Teil, D. III. 2. b. (2).

[911] Vgl. hierzu auch oben Dritter Teil, D. III. 3. b. (5).

(a) Erfordernis einer Einwilligung

Eine Ansicht verlangt – ausgehend von dem konsensualen Charakter des Schiedsverfahrens –, dass in der Schiedsvereinbarung selbst und damit im Willen der Beteiligten eine Legitimation für die Kollektivierung des Benennungsrechts enthalten sein muss.[912] Dies sei jedenfalls bei einer ausdrücklichen Bestimmung dergestalt der Fall, dass mehrere Kläger nur gemeinschaftlich einen Schiedsrichter benennen dürfen.[913] Doch auch bei Fehlen einer derartigen Klausel könne die Auslegung der Schiedsvereinbarung einen Willen ergeben, dass auf die alleinige Ausübung des Benennungsrechts verzichtet wurde. Indiziert sei dies, wenn sich jedem Partner der Schiedsvereinbarung sowohl die Möglichkeit als auch Notwendigkeit eines Mehrparteienschiedsverfahrens aufdrängt, mit anderen Worten also die Klärung der Streitigkeiten in mehreren gesonderten Zweiparteienschiedsverfahren erkennbar nicht möglich oder zumindest nicht sinnvoll ist.[914] Dasselbe sei anzunehmen, sofern eine bilaterale Schiedsklausel einen Verweis auf eine Schiedsordnung enthält, welche ein Mehrparteienschiedsverfahren vorsieht.[915] Zur Beurteilung des Charakters der Schiedsvereinbarung sei dabei auf den Zeitpunkt ihres Abschlusses abzustellen.[916]

Vor allem die Variante, das Einverständnis mit der Mehrparteienschiedsgerichtsbarkeit im Wege der Auslegung festzustellen, stößt im übrigen Schrifttum

[912] K. P. Berger, RIW 1993, 702, 705; Diesselhorst, Mehrparteienschiedsverfahren, S. 136; Henze, Aktienrecht, Rn 1026; Hohner, DB 1979, 581, 583; Markfort, Mehrparteienschiedsgerichtsbarkeit, S. 106 ff.; Massuras, Mehrparteienschiedsgerichtsbarkeit, S. 278 ff.; Oswald, Mehrparteienschiedsgerichtsbarkeit, S. 18, 32; Raeschke-Kessler/K. P. Berger, Recht und Praxis, Rn 776 ff.; Reiner, ICC-Schiedsgerichtsbarkeit, S. 91; Schlosser, Schiedsgerichtsbarkeit, Rn 560 ff.; Stein/Jonas – Schlosser, ZPO, § 1034 Rn 20; Weber, Schiedsklauseln in Gesellschaftsverträgen, S. 54; wohl auch Wagner, Prozessverträge, S. 592 f.

[913] Berg, FS Glossner, S. 27; Hohner, DB 1979, 581, 583; Laschet, FS Bülow, S. 119; Markfort, Mehrparteienschiedsgerichtsbarkeit, S. 110; Massuras, Mehrparteienschiedsgerichtsbarkeit, S. 334 f.; Oswald, Mehrparteienschiedsgerichtsbarkeit, S. 34; Trittmann, ZGR 1999, 340, 356 f. In diesem Sinne wohl auch Timm/Witzorrek, EWiR § 248 AktG 1/96, 481, 482.

[914] K. P. Berger, RIW 1993, 702, 705 f.; ders., Wirtschaftsschiedsgerichtsbarkeit, S. 222 f.; Massuras, Mehrparteienschiedsgerichtsbarkeit, S. 304 (‚grundsätzliche Vermutung'); Markfort, Mehrparteienschiedsgerichtsbarkeit, S. 115; Raeschke-Kessler/K. P. Berger, Recht und Praxis, Rn 790 f.; Schlosser, Schiedsgerichtsbarkeit, Rn 561(der dies jedoch nicht notwendigerweise annimmt); Weber, Schiedsklauseln in Gesellschaftsverträgen, S. 56 f. Vgl. auch Bender, DB 1998, 1900, 1902, der es ausreichen lässt, wenn aus dem Wortlaut der Schiedsvereinbarung deutlich wird, dass Streitigkeiten jeder Art dem Schiedsgericht vorzulegen sind und kein Ausschluss der Beschlussmängelstreitigkeiten erklärt wird.

[915] Markfort, Mehrparteienschiedsgerichtsbarkeit, S. 110 f.; Raeschke-Kessler/K. P. Berger, Recht und Praxis, Rn 775.

[916] Markfort, Mehrparteienschiedsgerichtsbarkeit, S. 110.

auf Kritik. So wird hierin eher eine ergebnisorientierte Fiktion als eine Willenserklärung gesehen.[917] Von der Kenntnis einer Tatsache könne man nicht ohne weiteres auch auf ein diesbezügliches Einverständnis schließen.[918] Gerade Standardklauseln ließen – mangels hinreichenden Warneffekts – keineswegs zu, die Möglichkeit von Mehrparteienschiedsverfahren vorherzusehen,[919] wobei man insbesondere einem Aktionär nicht unterstellen könne, die aus der Verfahrenskonzentration sowie der erweiterten Rechtskrafterstreckung resultierende Problematik der Schiedsrichterbestimmung bei Erwerb seines Anteils zu durchschauen.[920] Davon abgesehen bedeute die Akzeptanz eines Mehrparteienschiedsverfahrens nicht gleichzeitig auch die Einwilligung in die Kollektivierung des Benennungsrechts, da die Zusammenfassung mehrerer Verhandlungen einer Beibehaltung der prozessualen Rechtspositionen nicht im Wege stehe.[921] Im Übrigen sei selbst bei einem in der gesellschaftsrechtlichen Schiedsklausel entsprechend formulierten und klar zum Ausdruck kommenden Zusatz nicht gänzlich zweifelsfrei, ob ein ‚geteiltes' Benennungsrecht auch tatsächlich dem Willen des Gesellschafters entspricht, zumal diesem letztlich nichts anderes übrig bleibt, als sämtliche Modalitäten zu akzeptieren, will er an der Gesellschaft beteiligt sein.[922] Problematisch sei dieser Weg jedenfalls angesichts der Entscheidung der französischen Cour de Cassation, wonach auf das Gleichbehandlungsgebot vor Entstehen der Streitigkeit gerade nicht verzichtet werden kann.[923]

Stellenweise argumentiert man schließlich mit gesetzessystematischen Gesichtspunkten. So wird in der privatautonomen Aufgabe des Anspruchs auf eine alleinige Schiedsrichterbestellung auch ein Verzicht auf die Geltung des Gebots der überparteilichen Rechtspflege gesehen, dem gleichwohl § 1034 II ZPO

---

917 Berg, FS Glossner, S. 27. Ähnlich auch Oswald, Mehrparteienschiedsgerichtsbarkeit, S. 34, der ausführt, dass sich die Auslegung des Hauptvertrages nicht auf die Schiedsvereinbarung auswirken kann.

918 Schröder, Schiedsgerichtliche Konfliktbeilegung, S. 263.

919 Diesselhorst, Mehrparteienschiedsverfahren, S. 148; Hohner, DB 1979, 581, 583; Lionnet, Schiedsgerichtsbarkeit, S. 210; Nicklisch, FS Glossner, S. 225; Oswald, Mehrparteienschiedsgerichtsbarkeit, S. 36; Weber, Schiedsklauseln in Gesellschaftsverträgen, S. 54; wohl auch Schlosser, Schiedsgerichtsbarkeit, Rn 561.

920 Schröder, Schiedsgerichtliche Konfliktbeilegung, S. 263 f.

921 Vgl. Diesselhorst, Mehrparteienschiedsverfahren, S. 143 f.; Schröder, Schiedsgerichtliche Konfliktbeilegung, S. 264. Ähnlich auch Oswald, Mehrparteienschiedsgerichtsbarkeit, S. 35 f.

922 Schröder, Schiedsgerichtliche Konfliktbeilegung, S. 264 f., der diesen Aspekt angesichts der durch § 23 V AktG bewirkten Transparenz der Satzungsklauseln sowie der letztlich nicht zu verleugnenden Akzeptanz relativiert.

923 Diesselhorst, Mehrparteienschiedsverfahren, S. 143, 145. Zur Entscheidung des Cour des Cassation siehe oben Dritter Teil, D. III. 3. b. (4).

Rechnung trage. Folglich stünde diese Vorschrift, welche der freiwilligen Akzeptanz von Nominierungsregelungen Grenzen ziehe, der Zulässigkeit eines solchen Verzichts entgegen, so dass er von der Rechtsordnung auch nicht anerkannt werden könne.[924]

(b) Legitimation durch das Institut der Streitgenossenschaft

An anderer Stelle wird auf das Erfordernis eines Willensakts jedes Beteiligten dann verzichtet, wenn die Voraussetzungen einer notwendigen Streitgenossenschaft vorliegen. Eine gemeinsame Benennung des Schiedsrichters durch sämtliche Streitgenossen sei diesen insofern auch zumutbar, als ihre Interessen naturgemäß gleichgerichtet seien.[925] Die bereits angesprochene Entscheidung des Cour de Cassation sei auf diese Fallgestaltung im Übrigen nicht übertragbar.[926] Während hierbei z.T. nicht näher zwischen einfacher und notwendiger Streitgenossenschaft differenziert wird,[927] beschränken andere die Pflicht zur gemeinsamen Schiedsrichterbestellung auf den Fall der notwendigen Streitgenossenschaft gemäß § 62 ZPO[928] bzw. noch konkreter auf eine notwendige Streitgenossenschaft aus materiell-rechtlichen Gründen (Abs. 1 Alt. 2).[929] Dann nämlich handele es sich bei den Beteiligten einer Seite um eine ‚Verwaltungs- oder Verfügungsgemeinschaft' mit identischen Streitgegenständen, bei der die materiell-rechtliche Pflicht zum prozessualen Zusammenwirken bestehe. Zwar steht das Recht zur Geltendmachung eines Beschlussmangels den gemäß § 245 AktG Klagebefugten nicht in Rechtsgemeinschaft, sondern vielmehr eigenständig zu, so dass die Variante des § 62 I Alt. 2 ZPO bei dem gesellschaftsrechtlichen Be-

[924] Kornblum, Schiedsrichterliche Unabhängigkeit, S. 259; Schröder, Schiedsgerichtliche Konfliktbeilegung, S. 265; vgl. auch Koussoulis, ZZP 107 (1994), 195, 205.

[925] Bender, DB 1998, 1900, 1902 (mit Verweis auf Schlosser, Schiedsgerichtsbarkeit, Rn 561 ff.); Nicklisch, FS Glossner, S. 228; ähnlich auch Lüke/Wax – Münch, MüKo-ZPO, § 1035 Rn 37.

[926] Bender, DB 1998, 1900, 1902.

[927] Vgl. Diesselhorst, Mehrparteienschiedsverfahren, S. 58; Habscheid, Mehrparteienschiedsgerichtsbarkeit, S. 185 f.; Laschet, FS Bülow, S. 92; Schwab/Walter, Schiedsgerichtsbarkeit, S. 97.

[928] Lüke/Wax – Münch, MüKo-ZPO, § 1035 Rn 37; Stein/Jonas – Schlosser, ZPO, § 1034 Rn 25e; Weber, Schiedsklauseln in Gesellschaftsverträgen, S. 56; H. Westermann, FS Fischer, S. 861.

[929] Nicklisch, FS Glossner, S. 228; Oswald, Mehrparteienschiedsgerichtsbarkeit, S. 51; Schwab, FS Habscheid, S. 291 ff.; ders., BB 1992, Beilage 125, S. 18. Dieser Ansatz baut sich auf die Untersuchungen von Kisch, Beiträge zum Schiedsverfahren, S. 47, auf.

schlussmängelverfahren ausscheidet.[930] Allerdings wird insoweit das Bestehen einer Verpflichtung zur gemeinschaftlichen Schiedsrichterwahl angesichts der prozessual bedingten Streitgenossenschaft im Sinne von § 62 I Alt. 1 ZPO angenommen.[931]

Der Verwendung der Rechtsfigur der Streitgenossenschaft wird entgegengehalten, dass eine subjektive Klagehäufung im Schiedsverfahren ohnehin nur bei einer vertraglichen Bindung aller Beteiligten an eine einheitliche Schiedsklausel möglich sei. In diesem Fall wäre ein Mehrparteienschiedsverfahren aber regelmäßig gerade beabsichtigt, so dass bereits die allseitige Einwilligung für eine hinreichende Legitimation sorge.[932] Daneben könne den §§ 59 ff. ZPO wegen der prozessrechtlichen Parteiautonomie keine eigenständige Bedeutung beigemessen werden. Den Parteien stünde nämlich die Befugnis zu, eine entsprechende Streitgenossenschaft selbst dort zuzulassen, wo sie gesetzlich nicht vorgesehen sei.[933] Ein entscheidender Faktor seien hierbei – neben der anhand des geltend gemachten Anspruchs zu bestimmenden Interessenlage – auch die berechtigten Erwartungen einer Partei nach einer effizienten schiedsrichterlichen Streiterledigung.[934] Die Pflicht zum prozessualen Zusammenwirken könne sich ferner etwa aus der aktienrechtlichen Treuepflicht und denkbarerweise eben auch aus der Klagebefugnis gemäß § 245 AktG ergeben, so dass sie also keineswegs auf die gesetzliche Verbindung der Beteiligten und vor allem nicht auf zwischen diesen bestehende materielle Rechte beschränkt sei.[935] Insbesondere das Rechtsinstitut der einfachen Streitgenossenschaft existiere lediglich aufgrund Zweckmäßigkeitserwägungen und könne auch unter diesem Aspekt keine verbindliche Aussage über die Beschränkung der Waffengleichheit im Rahmen der Schiedsrichternominierung treffen.[936]

---

[930] So zu Recht Lüke/Blenske, ZGR 1998, 253, 283 (Fn 175); Schröder, Schiedsgerichtliche Konfliktbeilegung, S. 269 f.; Wagner, Prozessverträge, S. 592.

[931] Ebenroth/Bohne, BB 1996, 1293, 1397; Günther, EWiR § 1025 ZPO 1/95, 519, 520; OLG Karlsruhe ZIP1995, 915, 917. Dagegen stellt Bender, DB 1998, 1900, 1902, wohl auf den Fall des § 62 I Alt. 2 ZPO ab. Undifferenziert hinsichtlich § 62 I ZPO: Petermann, BB 1996, 277, 278; Zilles, BB 1999, Beilage 4, S. 5.

[932] Markfort, Mehrparteienschiedsgerichtsbarkeit, S. 114; Reiner, ICC-Schiedsgerichtsbarkeit, S. 90 f., der in diesem Zusammenhang auch Probleme bei internationalen Schiedsfällen befürchtet (S. 90); vgl. insoweit auch Weber, Schiedsklauseln in Gesellschaftsverträgen, S. 56.

[933] Markfort, Mehrparteienschiedsgerichtsbarkeit, S. 114; Schröder, Schiedsgerichtliche Konfliktbeilegung, S. 272; ähnlich auch Nicklisch, FS Glossner, S. 225.

[934] Massuras, Mehrparteienschiedsgerichtsbarkeit, S. 327, der damit vor allem die Streitgenossenschaft aus materiell-rechtlichen Gründen als (alleinigen) Anknüpfungspunkt kritisiert.

[935] Schröder, Schiedsgerichtliche Konfliktbeilegung, S. 272 f.

[936] Schröder, Schiedsgerichtliche Konfliktbeilegung, S. 271.

Was im Übrigen die notwendige Streitgenossenschaft aus prozessrechtlichen Gründen angeht, so sei eine einvernehmliche Schiedsrichterbestellung bereits deswegen nicht möglich, weil diese Vorschrift eine gemeinsame Klageerhebung nicht zur Bedingung mache, vielmehr Einzelklagen weiterhin zulässig seien, so dass das Einigungsverfahren letztlich ungeklärt sei.[937] Davon abgesehen widerspräche eine prozessuale Pflicht zur Einigung auf ein Schiedsgericht der grundsätzlichen Selbständigkeit der Streitgenossen.[938]

(c) Erfordernis einer prozessualen Verfügungsbefugnis

Ein weiterer Ansatz nimmt dagegen Abstand von jedweden prozessrechtlichen Instituten und stellt vielmehr die Schiedsgerichtsbarkeit als rechtsprechende Ordnung in den Vordergrund. Die Ernennung des Schiedsrichters wird dabei als – zumindest mittelbare – Verfügung über das von der konkreten Streitigkeit betroffene Recht qualifiziert.[939] Die Beantwortung der Frage nach der Zulässigkeit einer gemeinschaftlichen Schiedsrichterbenennung orientiere sich dementsprechend an jener prozessualen Verfügungsbefugnis. So sei ein Mehrparteienschiedsverfahren vor allem dann zu bejahen, wenn mehrere Personen ein bestimmtes materielles Recht nur gemeinschaftlich ausüben dürfen, da in einem solchen Fall auch ein gemeinsames prozessrechtliches Auftreten geboten sei.[940] Beispielhaft wird dabei auf die Ausübung des Rücktrittsrechts gemäß § 356 BGB a.F. (= § 351 BGB n.F.) sowie den Ausschluss eines Gesellschafters durch die übrigen Gesellschafter im Sinne von § 737 S. 2 BGB verwiesen.

Sofern jedoch die Ausübung der Verfügungsbefugnis durch lediglich einen Rechtsträger ausreicht – wie etwa beim Miteigentum gemäß § 1011 BGB –, lasse sich die gemeinschaftliche prozessuale Verfügung auf den einheitlichen Verfügungserfolg für alle Beteiligten zurückführen.[941] Gleiches gelte im Übrigen bei Rechten, die auf den Erlass eines Gestaltungsurteils gerichtet sind, da insoweit die Rechtsstellung aller übrigen Träger dieses Gestaltungsrechts beeinflusst werde.[942] Zur letzteren Fallgruppe dürfte dann auch die erweiterte Rechtskraft-

---

[937] Lüke/Blenske, ZGR 1998, 253, 283; Oswald, Mehrparteienschiedsgerichtsbarkeit, S. 51; Wagner, Prozessverträge, S. 592.

[938] Lüke/Blenske, ZGR 1998, 253, 283 f.

[939] Koussoulis, ZZP 107 (1994), 195, 206 f. Vgl. auch Kisch, Beiträge zum Schiedsverfahren, S. 47.

[940] Koussoulis, ZZP 107 (1994), 195, 207.

[941] Koussoulis, ZZP 107 (1994), 195, 207. Vgl. auch Schröder, Schiedsgerichtliche Konfliktbeilegung, S. 272.

[942] Koussoulis, ZZP 107 (1994), 195, 207 f.

erstreckung im Rahmen der gesellschaftsrechtlichen Beschlussmängelstreitigkeiten zu zählen sein.

(d) Legitimation durch Interessenkongruenz

Schließlich sieht eine Auffassung allein in dem Merkmal der Interessenkongruenz das entscheidende Kriterium für die Zulässigkeit eines kollektiven Ernennungsrechts.[943] Sofern danach weder das Klageziel noch unterschiedliche Klagegründe Interessengegensätze unter den Beteiligten entstehen lassen, sei die Waffengleichheit selbst bei einer gemeinschaftlichen Schiedsrichterbenennung nicht gefährdet. Die prinzipiell auf das Zweipersonenschiedsgerichtsverfahren zugeschnittenen §§ 1034, 1035 ZPO könnten dann zulässigerweise teleologisch reduziert werden, so dass eine Vereinbarung, welche das Mehrparteienschiedsverfahren regelt, rechtlich unbedenklich sei.[944] Im Rahmen der gesellschaftsrechtlichen Beschlussmängelstreitigkeiten lägen diese Voraussetzungen ohne weiteres vor.[945]

Doch auch diesem Ansatz wird in der Literatur mit Misstrauen begegnet. So wird angeführt, dass – selbst im Falle der Interessendivergenz – den Beteiligten lediglich ein Recht auf Bestellung eines neutralen Beisitzers zustehe, so dass unterschiedliche Interessen streng genommen keine Rolle spielen dürften, zumal sich sogar in einem Zweiparteienschiedsverfahren oftmals auf einen Einzelschiedsrichter geeinigt werde.[946] Letztlich bliebe unklar, wie eine Definition der maßgeblichen Interessen zu bewerkstelligen sei, denn selbst bei formaler Gleichheit wären latente Interessengegensätze nicht ausgeschlossen.[947] Zumindest aber bestünde die Gefahr der unlauteren Verfahrensmanipulation durch die

---

943 So vor allem Schröder, Schiedsgerichtliche Konfliktbeilegung, S. 274 ff. Daneben heben das Merkmal der Interessenkongruenz zumindest hervor: Bender, DB 1998, 1900, 1902; BGH ZIP 1996, 830, 834; Diesselhorst, Mehrparteienschiedsverfahren, S. 64, 144, 156; Lüke/ Wax – Münch, MüKo-ZPO, § 1035 Rn 37; Massuras, Mehrparteienschiedsgerichtsbarkeit, S. 327 f., 335; Nicklisch, FS Glossner, S. 228; Schlosser, Schiedsgerichtsbarkeit, Rn 572, 576, 580; Stein/Jonas – Schlosser, ZPO, § 1034 Rn 11 f.; Weber, Schiedsklauseln in Gesellschaftsverträgen, S. 56.

944 Schröder, Schiedsgerichtliche Konfliktbeilegung, S. 267, 274 ff., 293, 298.

945 Schröder, Schiedsgerichtliche Konfliktbeilegung, S. 293, 294. Vgl. i.Ü. die Ausführungen zur Frage der Interessengleichheit bei Gesellschaftern einer Verfahrenspartei; siehe oben C.VI.3.a)(3)(a).

946 Markfort, Mehrparteienschiedsgerichtsbarkeit, S. 106 f.; Reiner, ICC-Schiedsgerichtsbarkeit, S. 93, 95 f.

947 Berg, FS Glossner, S. 33; Lüke/Blenske, ZGR 1998, 253, 280; Oswald, Mehrparteienschiedsgerichtsbarkeit, S. 47 ff.; Reiner, ICC-Schiedsgerichtsbarkeit, S. 94; siehe auch oben Dritter Teil, D. III. 3. a. (1) und (2) sowie Dritter Teil, D. III. 3. b. (5).

Berufung auf vermeintliche Interessengegensätze.[948] Ungeklärt sei schließlich, wie zu verfahren ist, wenn eine gemeinsame Schiedsrichterbestellung aufgrund gegensätzlicher Interessen nicht zustande gebracht wurde.[949]

(e) Stellungnahme

(i) Kritik an dem Merkmal der homogenen Beziehungen

Die soeben dargestellten Ansätze kann man so zusammenfassen, dass sie sich eines bestimmten Kriteriums bedienen, anhand dessen die Zumutbarkeit und mithin Zulässigkeit der gemeinschaftlichen Schiedsrichterbestellung gefolgert wird. Während die Anknüpfung an ein durch die potentiell Beteiligten geäußertes Einverständnis mit einem kollektiven Ernennungsrecht allein auf die Parteiautonomie abstellt und dabei demgemäß jedes Mal eine Einzelfallbetrachtung vorzunehmen ist, ziehen die übrigen Ansätze homogene rechtliche Beziehungen zwischen den Verfahrenspersonen heran. Diese werden dann – mehr oder weniger konkret – entweder anhand eines prozessualen Rechtsinstituts, der prozessualen Verfügungsbefugnis oder einer hinsichtlich des Klageziels und des Klagegrundes bestehenden Interessenkongruenz definiert. Diese Vorgehensweise ermöglicht jedenfalls eine abstrakte Einteilung der zulässigen und unzulässigen Mehrparteienschiedsverfahren und sorgt für eine insoweit bestehende Transparenz, wie sie stellenweise bei der Auslegung der Schiedsvereinbarungen vermisst wird.

Letzten Endes kann den wie auch immer gearteten Rechtsbeziehungen der Beteiligten hinsichtlich der Erfolgsaussichten einer gemeinsamen Schiedsrichternominierung jedoch allenfalls eine Indizwirkung beigemessen werden, da bei einem auf Freiwilligkeit basierenden Auswahlverfahren eine Einigung keineswegs garantiert ist. Vielmehr bedarf es lediglich einer Person, die ‚nicht mitspielen will', um eine einvernehmliche Lösung scheitern zu lassen. Diese Gefahr wird dann auch von sämtlichen Ansätzen gesehen; man schlägt für diesen Fall zumeist die Bestellung des Parteischiedsrichters oder eben des gesamten Schiedsrichtergremiums durch einen neutralen Dritten vor[950] bzw. will das verbundene Schiedsverfahren gänzlich für unzulässig erklären.[951] Letztere Variante

---

[948] Markfort, Mehrparteienschiedsgerichtsbarkeit, S. 107; Reiner, ICC-Schiedsgerichtsbarkeit, S. 96.

[949] Berg, FS Glossner, S. 33.

[950] Siehe hierzu oben Dritter Teil, D. III. 2. b. (2).

[951] Massuras, Mehrparteienschiedsgerichtsbarkeit, S. 335; zumindest bei der notwendigen Streitgenossenschaft aus materiell-rechtlichen Gründen: Kisch, Beiträge zum Schiedsverfahren, S. 48; Schwab, FS Habscheid, S. 193. Die Unzulässigkeit des Schiedsverfahrens zieht auch BGH ZIP 1996, 830, 834, in Betracht.

bezieht sich allerdings auf die bilateral bedingten Mehrparteienschiedsverfahren und stellt – will man an einer schiedsgerichtlichen Konfliktbeilegung festhalten[952] – bei den hier zu behandelnden Beschlussmängelstreitigkeiten angesichts der mit § 248 I S. 1 AktG verbundenen Besonderheiten keine Alternative dar. Aber auch die Ersatznominierung lediglich eines Parteischiedsrichters ist aus den genannten Gründen[953] abzulehnen, so dass letztlich und richtigerweise sämtliche Schiedsrichter ‚fremdernannt' werden müssen.

An dieser Stelle wird deutlich, welches Charakteristikum der Mehrparteienschiedsgerichtsbarkeit überhaupt einer Legitimation bedarf. Es ist jedenfalls nicht – wie es an vielen Stellen im Schrifttum den Anschein hat – die gebotene Kompromissbereitschaft der Streitgenossen, denn die damit möglicherweise verbundene Schwächung des Anspruchs auf gleiche Mitwirkung realisiert sich nur, sofern wenigstens ein Beteiligter einen Kompromiss eingeht und auf diese Weise ein Zugeständnis macht. Hierzu – und darin dürften sich alle einig sein – besteht aber gerade keine Verpflichtung. Die Beeinträchtigung besteht vielmehr allein darin, dass die Beteiligten bei einer nicht zustande gekommenen Einigung (auf lediglich einer oder eben beiden Seiten) allesamt ihr Recht auf Einflussnahme bei der Schiedsrichterauswahl verlieren. Demzufolge fordert diese latente Gefahr des allseitigen Verlusts der Einflussnahme bei der Schiedsrichterbestellung – und nur die – eine besondere Rechtfertigung.

Vor diesem Hintergrund zeigt sich auch die Schwäche jener Ansätze, die auf homogene Rechtsbeziehungen verweisen, da sie im Falle einer Nichteinigung ad absurdum geführt werden. Es ist dann nämlich der Fall eingetreten, der angesichts der Übereinstimmung der rechtlichen Interessen aller Beteiligten gerade nicht eintreten sollte. Der damit zu akzeptierende Verzicht auf Einflussnahme bei der Konstituierung des Schiedsgerichts kann unterdes nicht mit dem Verweis auf eine ‚eigentliche' Interessenkongruenz gerechtfertigt werden. Demzufolge müssen dahingehende Versuche – sei es mit Hilfe des Instituts der Streitgenossenschaft, sei es unter Zugrundelegung der prozessualen Verfügungsbefugnis oder einer (vermeintlichen) prozessualen Interessenkongruenz – als untauglich abgelehnt werden.

---

[952] So führen Lüke/Blenske, ZGR 1998, 253, 288 f., zu Recht aus, dass die Unzulässigkeit des Prozesses und der damit einhergehende Verweis auf ein staatliches Verfahren dem in der Schiedsvereinbarung geäußerten Willen der Beteiligten widerspräche; ebenso: Labes/ Lörcher, MDR 1997, 420, 421; Raeschke-Kessler/K. P. Berger, Recht und Praxis, Rn 790 f.; Schlosser, RIW 1994, 723, 726. Vgl. auch K. P. Berger, RIW 1993, 702, 708, der insoweit auf den Grundsatz des ‚effet utile' verweist. Nichts anderes kommt i.Ü. durch § 1034 II ZPO zum Ausdruck.

[953] Siehe oben Dritter Teil, D. III. 2. b. (2).

(ii) Legitimation des möglichen Verlusts des Benennungsrechts

Fraglich ist somit, wie der allseitige Verlust des Benennungsrechts zu rechtfertigen ist. Dabei sind diejenigen Beteiligten als Maßstab heranzuziehen, die bei der Konstituierung des Schiedsgerichts einigungswillig und daher kompromissbereit waren bzw. sich als Gegenseite auf einen Schiedsrichter verständigen konnten und dies aufgrund von Gegensätzlichkeiten auf der anderen Seite hinfällig wurde. Denn das Verhalten dieser Personen trug in keiner Weise dazu bei, dass ihnen wegen der nunmehr erforderlichen generellen Ersatzbestellung der Anspruch auf Einflussnahme bei der Schiedsrichterernennung entzogen wird. Ihre Rechtspositionen sind demgemäß besonders schützenswert und ohne weiteres jedenfalls nicht entziehbar.

Ein sicherer Weg der Legitimation wäre zweifellos die vorherige Einwilligung sämtlicher Klagebefugten des Inhalts, dass im Falle der Unmöglichkeit einer Einigung das gesamte Schiedsrichtergremium durch eine neutrale Instanz bestellt wird. Dass die Schiedsrichternominierung nicht notwendigerweise durch die Verfahrensparteien zu erfolgen hat, sondern auf diesen Anspruch durchaus verzichtet werden kann, wurde bereits deutlich gemacht.[954] Für diese Lösung spricht vor allem die Tatsache, dass es zu der Mehrparteienschiedsgerichtsbarkeit noch keine gefestigte Rechtsprechung gibt und eine klare Regelung in der Schiedsvereinbarung eine geringe Angriffsfläche für eine juristische Überprüfung bietet.[955] Allerdings wird es in der Praxis an dieser Klarheit wohl regelmäßig fehlen, so dass eine Auslegung der Schiedsklausel erfolgen muss, welche der oben beschriebenen Kritik begegnen wird.[956]

Vereinzelt werden dagegen auch die Grundsätze von Treu und Glauben herangezogen. Sofern die Mehrparteienstruktur hinreichend vorhersehbar sei, könne die Partei, die im Gegensatz zur Gegenseite zu einer Schiedsrichterbestellung imstande war, auf ihr Ernennungsrecht nicht bestehen. Die mit der Ersatzbestellung verbundene Einschränkung der Parteiautonomie folge dabei zwangsläufig aus der von den Parteien im Moment des Vertragsabschlusses bewusst in Kauf genommenen Komplexität und Vielschichtigkeit ihres Vertragswerks.[957] Abgesehen von dem Umstand, dass man auch nach diesem Ansatz um eine Auslegung der Schiedsvereinbarung nicht umhin kommen kann, ist diese Variante ohne Frage eine konsequente Umsetzung des Gebots der Waffengleichheit. Spe-

---

[954] Siehe oben Dritter Teil, D. III. 1.

[955] So wird die vorherige Einwilligung auch stellenweise in der Literatur zur internationalen Schiedsgerichtsbarkeit favorisiert; vgl. die Nachweise bei K. P. Berger, RIW 1993, 702, 707.

[956] Siehe oben Dritter Teil, D. III. 3. b. (6) (a).

[957] K. P. Berger, RIW 1993, 702, 708.

ziell bei den Beschlussmängelstreitigkeiten werden die Billigkeitserwägungen zudem noch von dem Institut der gesellschaftsrechtlichen Treuepflicht unterstützt. Die Einschlägigkeit dieses Rechtsinstituts wurde bereits im Zusammenhang mit dem Zwang zur Bestellung eines Schiedsrichters gezeigt.[958] Anders als dort kommt es hierbei nicht zu der Problematik der Beweisführung, da es nicht erforderlich ist, ein unlauteres Verhalten bei der Schiedsrichterernennung nachzuweisen. Die gesellschaftsrechtliche Treuepflicht dient vielmehr dazu, die auf ihr Ernennungsrecht bestehende Verfahrenspartei in ihre Schranken zu weisen, wobei die Gründe für das Scheitern der Einigung seitens der Gegenpartei keine Rolle spielen.

Indessen ist es fraglich, ob es jener Billigkeitserwägungen überhaupt bedarf, um den allseitigen Verlust des Ernennungsrechts zu legitimieren. So kann an dieser Stelle auf den Rechtsgedanken des § 1034 II ZPO zurückgegriffen werden, in welchem – wie bereits gezeigt – das durch die Besonderheiten der privatautonomen Schiedsrichterbestellung zu fordernde Gebot der Waffengleichheit zum Ausdruck kommt und zwar dergestalt, dass ein bestehendes Übergewicht – auf Antrag einer Partei – zu korrigieren und dies von der bevorteilten Seite hinzunehmen ist. Ebenso wie bei dem Regelfall des § 1034 II ZPO kommt es auch im Falle der Nichteinigung innerhalb einer Verfahrenspartei dazu, dass die Gegenseite dadurch, dass nur sie und nicht auch die andere Seite einen Schiedsrichter bestellen konnte, mehr Einfluss auf die Zusammensetzung des Schiedsrichtergremiums ausübt. Auch hier stellt sich also das Problem der Waffengleichheit, so dass beide Fälle miteinander vergleichbar sind.

Dass diesem Ergebnis die Regelung des § 1035 III S. 3 Alt. 1 ZPO nicht entgegen steht, wonach lediglich der Parteischiedsrichter ersatzweise bestellt wird, wenn die entsprechende Partei nicht rechtzeitig eine eigene Wahl trifft, ergibt sich – wie gezeigt[959] – daraus, dass die Schutzwürdigkeit der Verfahrensparteien im Zweiparteienverfahren anders zu beurteilen ist als im Mehrparteienverfahren. Der Rechtsgedanke des § 1035 III S. 3 Alt. 1 ZPO kann also nicht auf die Mehrparteienschiedsgerichtsbarkeit übertragen werden, da dort an dem Gebot der Waffengleichheit in jedem Fall festgehalten werden muss. An der in § 1034 II ZPO vorgeschriebenen Korrektur des Benennungsverfahrens im Falle eines Ungleichgewichts ist – nicht zuletzt wegen der Missbrauchsgefahr – folglich selbst angesichts redlicher Beteiligter festzuhalten, die sich entweder einigen konnten oder zumindest kompromissbereit waren.[960]

Demgemäß wird die insoweit mögliche Einschränkung des Benennungsrechts durch das Prinzip der Waffengleichheit bzw. durch das hieraus folgende Gebot zur Sicherstellung derselben gerechtfertigt. Der individuelle Anspruch auf die

---

[958] Siehe oben Dritter Teil, D. III. 3. b. (5).

[959] Siehe oben Dritter Teil, D. III. 2. b. (2).

[960] Siehe auch schon oben Dritter Teil, D. III. 2. b. (2).

persönliche Mitwirkung bei der Schiedsrichterbestellung wird insoweit überlagert, ohne dass es einer gesonderten Einwilligung der Betroffenen bedarf.

Die Durchsetzung des Gebots der Waffengleichheit lässt sich im Übrigen auf zwei verschiedenen Wegen bewerkstelligen: Es kann Schiedsvereinbarungen geben, die im Falle einer fehlenden Einigung auf einer Seite die Ersatzbestellung lediglich des Parteischiedsrichters anordnen oder in anderer Weise bei der Ausgestaltung des Auswahlverfahrens gegen das Gebot der Waffengleichheit verstoßen. Diese Bestimmungen können dann durch einen Antrag im Sinne des § 1034 II ZPO (analog) außer Kraft gesetzt werden. Daneben kann die Schiedsklausel von vornherein eine generelle Ersatzbestellung im Falle der partiellen Nichteinigung vorsehen. Ihre Zulässigkeit folgt dann bereits aus dem Rechtsgedanken des § 1034 II ZPO, der auf die Sicherstellung der Waffengleichheit abzielt. Eine weitere Rechtfertigung bzw. Legitimation des damit inhaltlich vorgeschriebenen (Ersatz-) Benennungsverfahrens ist – wie gesagt – nicht erforderlich.

(7) Stimmverbot für den oppositionierenden Gesellschafter

Innerhalb einer Verfahrenspartei kann es – wie bereits mehrfach angedeutet – dazu kommen, dass ein das Klageziel dieser Partei in Wirklichkeit oppositionierender Gesellschafter sich allein deswegen jener Seite anschließt, um die Schiedsrichterauswahl in seinem Interesse – und somit konträr zu dem Interesse ‚seiner' Partei – zu beeinflussen. Mit anderen Worten könnte ein den Beschluss tragender Gesellschafter der Klägerseite beitreten, um dort auf die Bestellung eines der Beklagtenseite loyal gegenüberstehenden Schiedsrichters hinzuwirken. Umgekehrt wäre es einem bei der Beschlussfassung unterlegenen Anteilseigner unbelassen, in ähnlicher Weise die Schiedsrichterbenennung auf der Beklagtenseite zu sabotieren.

Die hiervon ausgehende Gefahr kann sich indessen nur dann realisieren, wenn entweder jedem Beteiligten ein eigener Anspruch auf Bestellung eines Schiedsrichters zusteht oder zumindest eine Mehrheitsentscheidung innerhalb der Verfahrensparteien zulässig ist. Lediglich in diesen beiden Fällen besteht die Aussicht auf eine erfolgreiche Beeinträchtigung der Waffengleichheit, da sich dann nämlich die jeweiligen taktischen Vorzüge in der Person des Schiedsrichters niederschlagen können. Da aus dem Gleichbehandlungsgebot jedoch weder ein originäres individuelles Recht jedes Beteiligten auf Benennung eines Schiedsrichters seiner Wahl ableitbar ist[961] noch diesbezüglich Mehrheitsentscheidungen zulässig sind,[962] kommt es schlimmstenfalls zu keiner Einigung und mithin zu einer Drittbestellung und zwar einer, die das gesamte Schiedsrichtergremium

---

[961] Siehe oben Dritter Teil, D. III. 3. b. (2).

[962] Siehe oben Dritter Teil, D. III. 3. b. (4).

umfasst.[963] Damit würde der Gesellschafter aber letztlich weder sich noch der von ihm favorisierten Verfahrenspartei einen Gefallen tun, so dass es auch nicht erforderlich ist, sabotierende Gesellschafter einem Stimmverbot zu unterwerfen.[964]

Abgesehen davon, dass diesem Weg praktische Schwierigkeiten dergestalt begegnen, dass die ‚Schein-Klägerschaft' schwer nachweisbar ist,[965] wäre auch dem ‚einsichtigen' Klagebefugten, der seinen Fehler bei der Abstimmung wieder ungeschehen machen will, der nötige Handlungsspielraum entzogen.[966] Letzteres ist speziell unter dem Gesichtspunkt der Funktion des gesellschaftsrechtlichen Beschlussmängelrechts als verobjektivierte Rechtmäßigkeitskontrolle bedenklich.

4. Verhältnis der Prozessparteien zu am Verfahren unbeteiligten Gesellschaftern

Fraglich ist, inwieweit sich die Schiedsrichterbestellung der Verfahrensparteien im Verhältnis zu den am Verfahren unbeteiligten Gesellschaftern auswirkt. Es bestehen jedenfalls Bedenken hinsichtlich der von dem Schiedsrichtergremium zu wahrenden Neutralität. Stellenweise wird die Zusammensetzung der Schiedsrichter dementsprechend nur dann für unproblematisch gehalten, sofern sie auf einem einvernehmlichen Willen beruht.[967] Alternativ erwägt man – von vornherein – eine Schiedsrichterbestellung durch einen neutralen Dritten.[968]

Hierzu ist zunächst anzuführen, dass es bei der Ernennung zweier Parteischiedsrichter sowie eines Obmanns angesichts der naturgemäß gegensätzlichen Klageziele grundsätzlich zur Ausgewogenheit des Gremiums kommen wird, ganz unabhängig davon, ob sich sämtliche Klagebefugte einer Verfahrenspartei zuordnen und bei der Bestellung mitwirken. Im Übrigen gilt hinsichtlich der Praxisrelevanz des kollusiven Zusammenwirkens das zu oben – im Rahmen des § 1036 II ZPO – Gesagte.[969] Ferner muss gelten, dass wer sich – etwa aus Furcht vor Missbrauch bzw. Inkompetenz – bei der Anfechtungsklage auf sämtliche

963 Siehe oben Dritter Teil, D. III. 2. b. (2).

964 In diese Richtung geht indes Ch. Berger, ZHR 164 (2000), 295, 309 f.

965 Siehe auch schon oben Dritter Teil, D. III. 3. b. (5).

966 Ähnlich – allerdings in anderem Zusammenhang – auch Schröder, Schiedsgerichtliche Konfliktbeilegung, S. 254.

967 Bork, ZHR 160 (1996), 374, 380 f.; Jänich, LM 8 (1996), Bl. 6 f.; Lüke/Blenske, ZGR 1998, 253, 267 ff.

968 Bork, ZGR 160 (1996), 374, 382 f.; Ebbing, NZG 1998, 281, 286 f.; Schlosser, JZ 1996, 1020, 1021; Schmidt, ZHR 162 (1998), 265, 287; Vetter, DB 2000, 705, 707; wohl auch Trittmann, ZGR 1999, 340, 353; vgl. i.Ü. auch K. P. Berger, RIW 2001, 7, 14.

969 Siehe unter Dritter Teil, C. II. 2. e.

Prozessparteien bzw. bei der Nichtigkeitsklage zumindest auf die Beklagtenvertreter[970] nicht verlassen will, selbst aktiv werden muss; denn – zumindest aus Klägersicht – hat niemand einen Anspruch darauf, dass ein Dritter vor Gericht auf seine Kosten und sein Risiko die eigenen Rechtsansichten vorbringt bzw. einen bestimmten Schiedsrichter ernennt.[971]

Dessen ungeachtet erscheint es jedoch als unbedenklich, wenn an einigen Stellen im Schrifttum erwogen wird – ähnlich wie im Rahmen der Schiedsrichterablehnung gemäß §§ 1036 ff. ZPO –, den nicht verfahrensbeteiligten Betroffenen das Recht zuzugestehen, in entsprechender Anwendung des § 1034 II ZPO eine Ernennung der Schiedsrichter durch das staatliche Gericht verlangen zu können.[972] Im Übrigen steht jenen Gesellschaftern stets die Möglichkeit der streitgenössischen Nebenintervention zu, so dass sie jedenfalls hierdurch eine im Sinne des § 1034 II ZPO unzulässige Zusammensetzung des Schiedsgerichts korrigieren können. Schließlich bleibt immer noch die Aufhebungsmöglichkeit nach § 1059 II Nr. 1 d) oder Nr. 2 b) ZPO, so dass sich die Schiedsrichterernennung letztlich nicht nachteilig auf hieran Unbeteiligte auswirken muss.[973]

Demgemäß ist es weder erforderlich, sämtliche materiell-rechtlich Betroffenen bei der Zusammensetzung des Schiedsrichtergremiums zu beteiligen noch von Anfang an die Bestellung durch eine neutrale Instanz zu bestimmen.

5. Schiedsrichterbestellung und künftige Anteilseigner

Es ist denkbar, die konkrete Schiedsrichterbestellung von Anfang an in der Schiedsklausel zu regeln, um auf diese Weise ein späteres Einigungsverfahren und damit u.U. eine zeitliche Verzögerung des Verfahrens zu vermeiden. Dem Gebot der Waffengleichheit ist in diesem Fall jedenfalls dann hinreichend Rechnung getragen, sofern dieser Klausel bei ihrer Einführung – sei es bereits in der Gründungssatzung, sei es durch nachträglichen Beschluss – sämtliche klagebefugten Gesellschafter zugestimmt haben. Dies würde nämlich gerade einer – im Falle eines konkreten Beschlussmängelverfahrens im Rahmen des Bestellungsverfahrens so wünschenswerten – allseitigen Einigung entsprechen.[974]

Zweifel an einer Zulässigkeit dieser antizipierten Schiedsrichternominierung kommen jedoch unter dem Gesichtspunkt des Anteilserwerbs auf, da diesem Vorgang jedenfalls nicht ohne weiteres unterstellt werden kann, die Vorausset-

---

[970] Aus Klägersicht besteht insoweit die Möglichkeit einer zweiten Nichtigkeitsklage; vgl. oben Dritter Teil, D. III. 3. a. (3).

[971] So zu Recht Schröder, Schiedsgerichtliche Konfliktbeilegung, S. 300.

[972] K. P. Berger, RIW 2001, 7, 14; Ebbing, NZG 1998, 281, 287; Schlosser, JZ 1996, 1020, 1022; ders., Neue Recht, S. 209; kritisch dagegen Trittmann, ZGR 1999, 340, 353 f.

[973] So auch Schröder, Schiedsgerichtliche Konfliktbeilegung, S. 302 f.

[974] In diesem Sinne auch Schröder, Schiedsgerichtliche Konfliktbeilegung, S. 235 f.

zungen einer einverständlichen und gleichen Schiedsrichterbestellung zu erfüllen. Denn der Anteilserwerb beschränkt sich nicht nur auf die Akzeptanz der in der Satzung aufgeführten Schiedsrichter im Falle eines Beschlussmängelverfahrens. Es hängen damit vielmehr sämtliche Beziehungen des künftigen Gesellschafters zu der Gesellschaft inklusive aller Rechte und Pflichten zusammen, so dass die Bestimmungen der Schiedsklausel nur einen geringen Teil des ‚Rechtspakets' ausmachen, welches der Interessent in seiner Gesamtheit zu akzeptieren hat, will er sich an der Gesellschaft beteiligen.

In aller Regel wird die Person des Schiedsrichters daher – wenn überhaupt – lediglich eine untergeordnete Rolle spielen, von welcher der potentielle Anteilseigner seine Entscheidung nicht abhängig macht. Faktisch steht dann aber jenen Gesellschaftern, die bereits an der Gesellschaft beteiligt waren, als die Schiedsklausel eingeführt wurde und diese demgemäß von ihrem Willen getragen wird, das alleinige Ernennungsrecht zu, was jedoch als Verstoß gegen den Gleichbehandlungsgrundsatz zu werten ist.[975]

Sofern bei der Gesellschaft also Anteilsveräußerungen vorgesehen sind – was in den meisten Fällen zu bejahen sein wird –, stellt die Schiedsrichterbenennung durch die Schiedsklausel einen Fall des § 1034 II ZPO dar und muss demzufolge als untaugliche Variante abgelehnt werden.

6. Fazit

Die Untersuchungen zur Schiedsrichterbenennung im Mehrparteienschiedsverfahren haben gezeigt, dass aufgrund nicht auszuschließender Interessengegensätze sowohl zwischen den als auch innerhalb der Verfahrensparteien an dem Gebot zur Gleichbehandlung bzw. zur Sicherstellung der Waffengleichheit unbedingt festzuhalten ist. Schützenswert sind insofern auch die am Verfahren unbeteiligten sowie künftige Gesellschafter. Der (Partei-) Schiedsrichter muss also notwendigerweise dem Willen sämtlicher Ernennungsberechtigten entsprechen, denen folglich eine gleichwertige Rechtsposition einzuräumen ist. Sofern eine Einigung jedoch auf einer oder beiden Verfahrensseiten – aus welchen Gründen auch immer – nicht zustande kommt, folgt aus dem in § 1034 II ZPO zum Ausdruck kommenden Gebot zur Waffengleichheit und nicht zuletzt auch aus der im Beschlussmängelverfahren bestehenden Gefahr der missbräuchlichen Einflussnahme auf die Schiedsrichterbestellung, dass das gesamte Schiedsrichtergremium durch einen neutralen Dritten ersatznominiert werden muss.

---

[975] Vgl. auch Kornblum, Schiedsrichterliche Unabhängigkeit, S. 237, 243; Schröder, Schiedsgerichtliche Konfliktbeilegung, S. 236, die geltend machen, dass – vor dem Hintergrund der Zulässigkeit von Mehrheitsentscheidungen bei der Aufnahme von Schiedsklauseln – der zukünftige Gesellschafter im Zeitpunkt des Anteilserwerbs noch keinerlei Kenntnis von der Individualisierung des Schiedsrichters habe und daher hierin keine diesbzgl. Billigung zu erblicken sei, zumal der Anteilserwerb ein ‚Medium der Einflussnahme' sei.

Angesichts dieser Prinzipien verbleiben lediglich einige wenige Möglichkeiten eines Ernennungsverfahrens, von welchen wiederum einige aufgrund praktischer Erwägungen ausscheiden. So etwa die Variante, dass der bzw. alle Schiedsrichter von sämtlichen Prozessbeteiligten bestimmt wird bzw. werden,[976] da eine diesbezügliche Einigung angesichts der konträren Interessen – vor allem in externer Hinsicht – regelmäßig nicht zu erwarten ist.[977] In der Praxis würde es demgemäß auf eine Ersatzbestellung hinauslaufen, so dass letztlich einer der wesentlichen Vorteile der privatautonomen Schiedsrichterbestellung nicht zum Tragen käme. Letzterer Aspekt gilt des Weiteren für die Schiedsvereinbarung, welche von vornherein die Bildung des Schiedsgerichts durch neutrale Dritte vorsieht, wenngleich es aufgrund des fehlenden und u.U. erfolglosen Einigungsprozesses zu einer Zeitersparnis kommen mag.[978] Hierin sollte dennoch lediglich eine subsidiäre ‚Notlösung' gesehen werden.[979] Zweifel bestehen schließlich auch, sofern jeder Verfahrensbeteiligte jeweils einen Schiedsrichter ernennt. Selbst wenn wegen des drohenden Ungleichgewichts im Falle einer zahlenmäßigen Verschiedenheit bei den Prozessparteien für eine Kompensation – etwa durch Aufstockung des ‚Schiedsrichterkontingents' der unterlegenen Seite – gesorgt wird, macht diese Lösung allenfalls bei einer personalistischen Gesellschaft Sinn.[980] Im Übrigen wird dieser Weg wohl eher zur Arbeitsunfähigkeit des Gremiums führen.[981]

Demgemäß wird die Ausgestaltung des Ernennungsverfahrens darauf hinauslaufen, dass die Beteiligten auf beiden Verfahrensseiten einen Schiedsrichter bzw. eine gleiche Anzahl von Schiedsrichtern einverständlich ernennen und sie oder die von ihnen ernannten Personen sich anschließend auf einen weiteren Schiedsrichter als Obmann einigen, wobei wohl der in § 1035 III S. 2 ZPO be-

---

976 So der Vorschlag von Nicklisch, FS Glossner, S. 227. Die Ernennung eines Einzelschiedsrichters hält auch Oswald, Mehrparteienschiedsgerichtsbarkeit, S. 19, für denkbar.

977 So auch Hoffmann, FS Nagel, S. 166; Schröder, Schiedsgerichtliche Konfliktbeilegung, S. 237 f., 251 f.; kritisch auch Massuras, Mehrparteienschiedsgerichtsbarkeit, S. 322 f.

978 Vgl. Massuras, Mehrparteienschiedsgerichtsbarkeit, S. 319. Zweifelnd auch Weber, Schiedsklauseln in Gesellschaftsverträgen, S. 61.

979 So auch Kornblum, Schiedsrichterliche Unabhängigkeit, S. 252; Laschet, FS Bülow, S. 108; Markfort, Mehrparteienschiedsgerichtsbarkeit, S. 95 f.; Schröder, Schiedsgerichtliche Konfliktbeilegung, S. 239; Weber, Schiedsklauseln in Gesellschaftsverträgen, S. 60.

980 Vgl. K. P. Berger, RIW 2001, 7, 14, der auf ein Urteil des LG München I (5 HKO 10579/99 v. 2.12.1999, S. 11) verweist, in welchem das individuelle Benennungsrecht bei einer ‚übersichtlichen Anzahl von Gesellschaftern' für praktikabel erachtet wurde.

981 Siehe auch schon oben Dritter Teil, D. III. 3. b. (2).

schriebenen Variante des Dreierschiedsgerichts der Vorzug zu geben ist.[982] Unter zeitlichen Aspekten kann mit der Zusammensetzung des Schiedsrichtergremiums bei der Anfechtungs- und Nichtigkeitsklage erst nach Ablauf einer Monatsfrist im Sinne des § 246 III S. 2 AktG begonnen werden, da bis dahin den Prozessbefugten die Möglichkeit der Teilnahme zu gewähren ist. Den dann feststehenden Prozessparteien ist anschließend für die Einigung auf einen Schiedsrichter hinreichend Zeit zu gewähren, wobei im Falle des Fehlens einer entsprechenden Bestimmung gemäß § 1035 III S. 3 ZPO von einem Monat auszugehen ist.[983] Tritt indessen ein Klagebefugter einer Partei bei, nachdem diese einen Schiedsrichter bestimmt hat, so muss sich jener Nebenintervenient mit dieser Entscheidung abfinden. Für den Fall einer fehlenden Einigung auf einen Schiedsrichter empfiehlt sich die Festsetzung der neutralen Instanz, welche die Ersatzbestellung vorzunehmen hat. So könnte diese Aufgabe beispielsweise dem Landgericht im Sinne des § 246 III S. 1 AktG, dem Präsidenten des Oberlandesgerichts oder aber einer schiedsrechtlichen Organisation wie etwa der Deutschen Institution für Schiedsgerichtsbarkeit e.V. übertragen werden.[984] Sollte bis dahin ein Schiedsrichter durch eine Verfahrenspartei ernannt sein, so ist dies für den Ablauf des weiteren Verfahrens unerheblich.

IV. Weitere Regelungen

Angesichts der unverbindlichen Stellungnahme des Gesetzgebers sowie der skeptischen Haltung der Rechtsprechung hinsichtlich der Schiedsgerichtsbarkeit auf dem Gebiet der gesellschaftsrechtlichen Beschlussstreitigkeiten erscheinen zusätzliche Regelungen – neben der Anordnung der Verfahrenskonzentration sowie der Ausgestaltung des Benennungsverfahrens – als angezeigt, selbst wenn ihnen mangels rechtlich zulässiger Alternativen eine lediglich deklarative Funktion zukommt.

Ausgehend von dem System der §§ 241 ff. AktG sollte auf die im Rahmen der Anfechtungsklage einzuhaltende Monatsfrist gemäß § 246 I AktG hingewiesen werden. Gleichermaßen muss deutlich werden, dass es die Gesellschaft ist, gegen welche sich die Beschlussmängelklagen richten, wobei diese bei der AG entsprechend § 246 II S. 2 AktG bzw. bei der GmbH durch den oder die Ge-

---

[982] So dann auch Ch. Berger, ZHR 164 (2000), 295, 304; Bredow, DStR 1996, 1653, 1654; Lutter/Hommelhoff, GmbHG, Anh. § 47 Rn 81 f.; Schröder, Schiedsgerichtliche Konfliktbeilegung, S. 240, 252 ff.; Trittmann, ZGR 1999, 340, 356.

[983] Vgl. auch Bredow, DStR 1996, 1653, 1655; Lutter/Hommelhoff, GmbHG, Anh. § 47 Rn 81; Schröder, Schiedsgerichtliche Konfliktbeilegung, S. 324; Schwab/Walter, Schiedsgerichtsbarkeit, S. 101.

[984] So die Vorschläge bei Bredow, DStR 1996, 1653, 1655; Schröder, Schiedsgerichtliche Konfliktbeilegung, S. 324; Zilles, BB 1999, Beilage 4, S. 3; vgl. i.Ü. Schwab/Walter, Schiedsgerichtsbarkeit, S. 93.

schäftsführer vertreten wird. Regelungsbedürftig ist in diesem Zusammenhang auch der Fall, in welchem sowohl Mitglieder des Vorstands als auch des Aufsichtsrats bzw. der einzige Geschäftsführer oder einer von mehreren nur gemeinsam vertretungsberechtigten Geschäftsführern Klage erheben bzw. erhebt. An den herkömmlichen Vertretungsmodalitäten kann dann nicht mehr festgehalten werden. Vielmehr sollte einem durch Mehrheitsbeschluss bestellten, gesellschaftsfremden Dritten die Aufgabe der Prozessführung für die Gesellschaft übertragen werden.[985]

Aus Gründen des Rechtsschutzes ist es darüber hinaus ratsam, dem Vorstand bzw. den Geschäftsführern ausdrücklich die Pflicht aufzuerlegen, die Erhebung der Beschlussmängelklage unverzüglich bekannt zu machen.[986]

Schließlich sollte das Schiedsverfahren die Möglichkeit eines Beitritts im Wege der streitgenössischen Nebenintervention zu jeder Zeit[987] sowie eine Begrenzung der Verfahrenskosten entsprechend § 247 AktG mitsamt der Kostentragungspflicht der Gesellschaft hinsichtlich einer den sich dort ergebenden Betrag übersteigenden Summe vorsehen.[988]

V. Anordnung der erweiterten Rechtskrafterstreckung

Sofern jene vorbezeichneten Verfahrensmodalitäten, die sich nicht notwendigerweise aus dem System der schiedsrechtlichen Verfahrensregelungen ergeben, wenngleich sie aus dem Institut der Rechtskrafterstreckung in ihrer speziellen Ausgestaltung zu fordern sind, hinreichend Beachtung finden, ist es in Anlehnung an § 248 I S. 1 AktG möglich, sämtliche Gesellschafter durch eine weitere Bestimmung in der Schiedsvereinbarung der Rechtskraft des Schiedsspruchs zu unterwerfen.[989] Es ist dann nämlich jeglichen Bedenken hinsichtlich der Gewährleistung ausreichenden Rechtsschutzes, der Gefahr missbräuchlichen prozessualen Verhaltens sowie der Verfahrensökonomie bzw. Verfahrenseinheitlichkeit der Boden entzogen. Folglich müssen sämtliche Anteilseigner das stattgebende Urteil des Beschlussmängelverfahrens gegen sich gelten lassen.

---

[985] Vgl. hierzu auch Hachenburg - Raiser, GmbHG, Anh. § 47 Rn 197; Kropff/Semler – Hüffer, MüKo-AktG, § 246 Rn 64; Zilles, BB 1999, Beilage 4, S. 4.

[986] Vgl. auch oben Dritter Teil, C. II. 2. c.

[987] Siehe oben Dritter Teil, C. II. 2. c.

[988] Siehe oben Dritter Teil, C. II. 2. d.

[989] So auch Lachmann, Schiedsgerichtspraxis, Rn 1398.

E. Ergebnis und Entwurf einer Schiedsklausel

Zusammenfassend ist zu konstatieren, dass es auch in einem Schiedsverfahren zu der in § 248 I S. 1 AktG angeordneten Rechtskrafterweiterung kommen kann. Im Mittelpunkt steht dabei die inhaltliche Ausgestaltung der Schiedsvereinbarung, an welcher die Zulässigkeit der erweiterten Rechtskraft zu beurteilen ist.

Als wirksam vereinbart gilt die satzungsmäßige Schiedsklausel nur dann, wenn sämtliche Gesellschafter zugestimmt haben. Eine Mehrheitsentscheidung ist hierbei angesichts des Anspruchs auf den gesetzlichen Richter gemäß Art. 101 I S. 2 GG nicht möglich. Ungeachtet ihrer fehlenden Mitwirkung bei der Aufnahme einer Schiedsklausel sind sowohl die Gesellschaft als solche als auch ihre Organe hieran gebunden. Eine besondere Beachtung der Formvorschrift nach § 1031 ZPO ist indessen nicht erforderlich, da die dort geforderten Voraussetzungen in den gesellschaftsrechtlichen Formalien ihre Entsprechung finden, welche in hinreichender Weise die Funktion des § 1031 ZPO erfüllen. Allein die nachträgliche Aufnahme einer Schiedsklausel im Rahmen der AG macht die Anordnung einer separate Beschlussfassung erforderlich, welche im Aktiengesetz nicht vorgesehen ist. Wegen der aktienrechtlichen Satzungsstrenge gemäß § 23 V AktG verbietet sich bei der AG zudem eine Bestimmung im Sinne des § 1051 III ZPO, wonach das Schiedsgericht zu einer Entscheidung nach Billigkeit ermächtigt wird.

Allein durch eine Analogie zu § 248 I S. 1 AktG lässt sich die erweiterte Rechtskrafterstreckung im Schiedsverfahren nicht bewirken. Ursächlich hierfür ist das privatautonom eingesetzte sowie privatautonom gestaltbare Schiedsverfahren, bei welchem die für § 248 I S. 1 AktG erforderliche Verfahrenskonzentration nicht vollumfänglich gewährleistet ist. Gleiches gilt für ein gleichberechtigtes Ernennungsverfahren bei der Zusammensetzung des Schiedsgerichts. Sofern diesen beiden Gesichtspunkten durch die Schiedsklausel Genüge getan wird, stehen der Zulässigkeit der – rechtsgeschäftlichen – Anordnung einer erweiterten Rechtskrafterstreckung keinerlei Bedenken entgegen. Eine solche Schiedsklausel könnte im Gesellschaftsvertrag einer GmbH etwa wie folgt lauten:

(1) Alle Streitigkeiten, die die Wirksamkeit oder Anfechtbarkeit sowie das Zustandekommen von Gesellschafterbeschlüssen betreffen („Beschlussmängelklagen"), werden von einem Schiedsgericht unter Ausschluss des ordentlichen Rechtswegs endgültig entschieden.

(2) Die Beschlussmängelklage ist gegen die Gesellschaft, vertreten durch die Geschäftsführer, zu richten. Ist die Vertretung der Gesellschaft durch die Geschäftsführer nicht möglich, weil der oder die Geschäftsführer selbst Klage erheben, bestimmen die Gesellschafter entsprechend § 46 Nr. 8 GmbHG einen gesellschaftsfremden Dritten als Vertreter. Mehrere Be-

schlussmängelklagen sind vor dem gleichen, nach Maßgabe des Absatz 5 zusammengesetzten Schiedsgericht zu erheben. Mehrere Anfechtungsprozesse oder Nichtigkeitsprozesse sind zur gleichzeitigen Verhandlung und Entscheidung zu verbinden. Nichtigkeits- und Anfechtungsprozesse können verbunden werden. Die Geschäftsführer haben gegenüber Beschlussmängelklagen vor einem ordentlichen Gericht die Einrede des Schiedsvertrags zu erheben.

(3) Die mündliche Verhandlung der Beschlussmängelklage findet frühestens nach Ablauf einer Monatsfrist seit Klageerhebung statt. § 246 I, III S. 2 AktG bleibt unberührt.

(4) Die Geschäftsführer haben die Erhebung der Beschlussmängelklage und den Termin zur mündlichen Verhandlung unverzüglich den Gesellschaftern schriftlich bekannt zu machen. Die Gesellschafter sind darauf hinzuweisen, dass es ihnen freisteht, sich an dem Verfahren und an der sich nach Ablauf der Monatsfrist gemäß Absatz 3 anschließenden Schiedsrichterbenennung zu beteiligen.

(5) Nach Ablauf der Monatsfrist gemäß Abs. 3 bestellen der oder die Kläger gemeinsam und einverständlich innerhalb einer weiteren Monatsfrist einen Schiedsrichter. In der gleichen Frist bestellen die Geschäftsführer – gegebenenfalls zusammen mit den der Gesellschaft im Wege der Nebenintervention beigetretenen Gesellschaftern – gemeinsam und einverständlich einen Schiedsrichter. Die auf diese Weise ernannten Schiedsrichter benennen wiederum gemeinsam und einverständlich einen dritten Schiedsrichter („Obmann“). Kann sich eine der Verfahrensparteien oder können sich beide Verfahrensparteien auf ihren Schiedsrichter innerhalb der Monatsfrist nicht einigen, so wird das gesamte Schiedsrichtergremium vom Präsidenten des Oberlandesgerichts [...] bestellt. Können sich die beiden von den Verfahrensparteien ernannten Schiedsrichter nicht auf einen Obmann einigen, so wird der Obmann vom Präsidenten des Oberlandesgerichts [...] bestellt.

(6) Das Schiedsgericht gewährt zu jedem Zeitpunkt des Verfahrens Beitritt und Nebenintervention durch die Gesellschafter und Geschäftsführer.

(7) Die Kostenentscheidung des Schiedsgerichts erfolgt nach Maßgabe des § 247 AktG. Kommt es dabei zu einer Herabsetzung des Gebührenstreitwerts gemäß § 247 II AktG, trägt die Gesellschaft die unter Zugrundelegung des ursprünglichen Gebührenstreitwerts verbliebenen Kosten.

(8) Soweit der Beschluss durch rechtskräftiges Urteil für nichtig erklärt oder die Unwirksamkeit des Beschlusses durch rechtskräftiges Urteil festgestellt ist, wirkt das Urteil für und gegen alle Gesellschafter und Geschäftsführer, auch wenn sie nicht Partei sind.

Vierter Teil Abschließende Würdigung

Die Untersuchungen ergeben insgesamt ein positives Bild von der Zuweisung gesellschaftsrechtlicher Beschlussmängelklagen an ein Schiedsgericht.

Im Rahmen der objektiven Schiedsfähigkeit kann davon ausgegangen werden, dass die Beschlussmängelstreitigkeiten als vermögensrechtliche Ansprüche in aller Regel unter § 1030 I S. 1 ZPO subsumierbar und mithin objektiv schiedsfähig sind. Die grundsätzlich zu bejahende Einschränkbarkeit des § 1030 I S. 1 ZPO wirkt sich auf die Beschlussmängelstreitigkeiten nicht aus. Die pauschale Aussage, dass Beschlussmängelstreitigkeiten einer Kapitalgesellschaft allesamt vermögensrechtlicher Natur sind, lässt sich rechtlich nicht herleiten. Obwohl die Beschlussmängelstreitigkeiten in der Regel einen vermögensrechtlichen Schwerpunkt aufweisen, bleibt aufgrund ihrer Vielgestaltigkeit zumindest die theoretische Möglichkeit nichtvermögensrechtlicher Schwerpunkte. Sofern der Streitgegenstand einen nichtvermögensrechtlichen Einschlag aufweist, kann sich dessen objektive Schiedsfähigkeit gleichwohl nicht gemäß § 1030 I S. 2 ZPO, sondern ebenfalls nur nach § 1030 I S. 1 ZPO richten. Denn es hat sich herausgestellt, dass das Merkmal der Vergleichsbefugnis im Sinne von § 1030 I S. 2 ZPO zumindest nach der zu favorisierenden Theorie der objektiven Verfügbarkeit bei kapitalgesellschaftsrechtlichen Beschlussmängelstreitigkeiten zu widersprüchlichen Ergebnissen führen würde.

Die subjektive Schiedsfähigkeit ist gänzlich zu bejahen. Zwar gehen die §§ 1029 ff. ZPO von der Identität der Parteien, die die Schiedvereinbarung treffen, und der Parteien die anschließend prozessieren, aus. Eine solche Identität liegt bei der GmbH und AG naturgemäß nicht vor. Allerdings sind die §§ 1029 ff. ZPO im Wege der Analogie einschlägig, so dass es eines Rückgriffs auf § 1066 ZPO nicht bedarf. Die subjektive Schiedsfähigkeit muss dann sowohl bei den Parteien der Schiedsabrede, d.h. der Gesellschaftergesamtheit, als auch den späteren Prozessparteien vorliegen, was insgesamt zu bejahen ist.

Es zeigt sich schließlich, dass es auch im Schiedsverfahren zu einer erweiterten Rechtskrafterstreckung im Sinne von § 248 I S. 1 AktG kommen kann.

Hierzu bedarf es zunächst einer wirksam eingeführten Schiedsklausel. Mit der Kernbereichslehre ist die Zustimmung sämtlicher Gesellschafter erforderlich. Andernfalls würde das Recht des Minderheitsgesellschafter auf den gesetzlichen Richter gemäß Art. 101 I S. 2 GG unzulässig beeinträchtigt. Die Formvoraussetzungen gemäß § 1031 ZPO sind indes angesichts der Formbedürftigkeit der Gründungssatzung nach §§ 2 I S. 1 GmbHG, 23 I S. 1 AktG unproblematisch erfüllt. Bei der nachträglichen Einführung einer Schiedsklausel gilt dies nur noch für das Recht der GmbH, da § 53 II S. 2 GmbHG auch insofern eine notarielle Beurkundung vorschreibt. Dieselbe Funktion würde bei der AG jedoch die separate Beschlussfassung übernehmen, so dass es auch dort auf die weiteren Voraussetzungen des § 1031 ZPO nicht ankommen braucht. Die Bindung neuer

Gesellschafter an die bereits existierende Schiedsklausel folgt im Übrigen aus dem Rechtsgedanken gemäß § 404 BGB. Die Formvorschrift des § 1031 ZPO ist auch in diesem Fall nicht einschlägig. Der Einführung einer Schiedsklausel steht letztlich auch grundsätzlich nicht das Prinzip der aktienrechtlichen Satzungsstrenge gemäß § 23 V AktG entgegen. Denn ein staatliches Verfahren wird in den §§ 241 ff. AktG keineswegs garantiert, so dass eine Schiedsklausel mit dem aktienrechtlichen Regelwerk vereinbar ist. Allerdings verbietet § 23 V AktG die Ermächtigung des Schiedsgerichts, gemäß § 1051 III ZPO nach Billigkeit zu entscheiden.

Zur erweiterten Rechtskrafterstreckung gemäß § 241 I S. 1 AktG kann es nicht durch eine bloße Analogie kommen. Dieser Weg scheitert an der Vergleichbarkeit der Interessenlage bei staatlichen und privaten Gerichten. Das Schiedsverfahren vermag die erforderliche Verfahrenskonzentration im Sinne von § 246 III, 249 II AktG nicht zu gewährleisten. Ferner stellt sich das Problem der Mehrparteienschiedsgerichtsbarkeit. Wird gleichwohl die Verfahrenskonzentration durch eine entsprechend gefasste Schiedsklausel erreicht und wird dem Gebot der Waffengleichheit bei der Schiedsrichterbenennung hinreichend Genüge getan, so lässt sich die erweiterte Rechtskrafterstreckung jedenfalls auf rechtsgeschäftliche Weise erreichen. Die Attraktivität der Schiedsgerichtsbarkeit bleibt somit in ausreichendem Maße gewahrt, so dass sie weiterhin eine echte Alternative zur staatlichen Gerichtsbarkeit darstellt.

Somit bleibt zu hoffen, dass die hier erzielten Ergebnisse alsbald höchstrichterliche Bestätigung erlangen, dass sich also auf einen – ohnehin nicht abzusehenden – Legislativakt nicht versteift wird. Dann nämlich würde nicht nur der noch bestehende Zustand der Rechtsunsicherheit beendet werden, sondern es käme gleichermaßen zu der gesetzgeberisch intendierten Deregulierung der Justiz sowie einer Flexibilisierung der gesellschaftsrechtlichen Streitbeilegung.

Literaturverzeichnis

Anbuhl, Günther
Außervertragliche Schiedsgerichtsanordnung (§ 1048 ZPO), Dissertation Würzburg 1952 (zit.: Anbuhl, Außervertragliche Schiedsgerichtsanordnung)

Barber, Horst
Objektive Schiedsfähigkeit und ordre public in der internationalen Schiedsgerichtsbarkeit, Frankfurt am Main 1994, zugleich Dissertation Münster 1993 (zit.: Barber, Schiedsfähigkeit und ordre public)

Bartl, Harald / Fichtelmann, Helmar / Schlarb, Eberhard / Schulze, Hans-Jürgen
Heidelberger Kommentar zum GmbH-Recht, 5. Auflage Heidelberg 2002 (zit.: Bartl/Fichtelmann/Schlarb/Schulze – [Bearbeiter], GmbHG)

Baum, Andrea
Vermögensrechtliche und nichtvermögensrechtliche Streitigkeiten im Zivilprozess, Dissertation Bonn 2000 (zit.: Baum, Streitigkeiten im Zivilprozess)

Baumbach, Adolf / Hueck, Alfred
Aktiengesetz, 18. Auflage München1968 (zit.: Baumbach/Hueck, AktG)

dieselb.
GmbH-Gesetz, 17. Auflage München 2000 (zit.: Baumbach/Hueck – [Bearbeiter], GmbHG)

Baumbach, Adolf / Lauterbach, Wolfgang / Albers, Jan / Hartmann, Peter
Zivilprozessordnung, 62. Auflage München 2004 (zit.: Baumbach/Lauterbach/Albers/Hartmann - [Bearbeiter], ZPO)

Baums, Theodor
Empfiehlt sich eine Neuregelung des aktienrechtlichen Anfechtungs- und Organhaftungsrechts, insbesondere der Klagemöglichkeiten von Aktionären? in: Ständige Deputation des Deutschen Juristentages (Hrsg.): Verhandlungen des 63. Deutschen Juristentag in Leipzig 2000, Band I Gutachten, München 2000 F1-F263 (zit.: Baums, DJT Gutachten)

Baur, Fritz
Rechtshängig – Schiedshängig, in: Festschrift für Hans Fasching, Wien 1988 S. 81-92 (zit.: Baur, FS Fasching)

Becker, Michael
Typologie und Probleme der (handelsrechtlichen) Gestaltungsklagen unter besonderer Berücksichtigung der GmbH-rechtlichen Auflösungsklage (§ 61 GmbHG), ZZP 97 (1984), 314-337

Bender, Gregor
Schiedsklagen gegen Gesellschafterbeschlüsse im Recht der Kapitalgesellschaften nach der Neuregelung des Schiedsverfahrensrechts, DB 1998, 1900-1904

Benkard, Georg
Patentgesetz, Gebrauchsmustergesetz – Kommentar, 9. Auflage München 1993 (zit.: Benkard – [Bearbeiter] , PatG)

Berg, Albert Jan van den
The ICC Arbitration Rules and Appointment of Arbitrators in Cases Involving Multiple Defendants, in: Festschrift für Ottoarndt Glossner, Heidelberg 1994 S. 19-38 (zit.: Berg, FS Glossner)

Berger, Christian
GmbH-rechtliche Beschlussmängelstreitigkeiten vor Schiedsgerichten, ZHR 164 (2000), 295-320
Berger, Klaus Peter
Das neue deutsche Schiedsverfahrensrecht, DZWir 1998, 45-54
ders.
Das neue Recht der Schiedsgerichtsbarkeit, Köln 1998 (zit.: K. P. Berger, Neue Recht)
ders.
Das neue Schiedsverfahrensrecht in der Praxis – Analyse und aktuelle Entwicklungen, RIW 2001, 7-20
ders.
Internationale Wirtschaftsschiedsgerichtsbarkeit, Berlin New York 1992, zugleich Dissertation Köln 1991 (zit.: K. P. Berger, Wirtschaftsschiedsgerichtsbarkeit)
Böcker, Christian
Das neue Recht der objektiven Schiedsfähigkeit, Aachen 1998, zugleich Dissertation Mainz 1998 (zit.: Böcker, Objektive Schiedsfähigkeit)
Borges, Georg
Die Anerkennung und Vollstreckung von Schiedssprüchen nach dem neuen Schiedsverfahrensrecht, ZZP 111 (1998), 487-513
Bork, Reinhard
Anmerkung z. LG Mönchengladbach, Beschluss v. 15.1.1986 – 7 O 221/85, JZ 1987, 100-101
ders.
Das Anerkenntnis im aktienrechtlichen Beschlussanfechtungsverfahren, ZIP 1992, 1205-1212
ders.
Der Begriff der objektiven Schiedsfähigkeit, ZZP 100 (1987), 249-272
ders.
Doppelsitz und Zuständigkeit im aktienrechtlichen Anfechtungsprozess, ZIP 1995, 609-616
ders.
Gerichtsstandsklauseln in Satzungen von Kapitalgesellschaften, ZHR 157 (1993), 48-64
ders.
Zur Schiedsfähigkeit von Beschlussmängelstreitigkeiten, ZHR 160 (1996), 374-385
Bosch, Wolfgang
Anfechtung von Gesellschafterbeschlüssen in der GmbH vor dem Schiedsgericht, WiB 1996, 718,-720
ders.
Rechtskraft und Rechtshängigkeit im Schiedsverfahren, Tübingen 1991, zugleich Dissertation Konstanz 1989 (zit.: Bosch, Rechtskraft und Rechtshängigkeit)
Bötticher, Eduard
Wesen und Arten der Vertragsstrafe sowie deren Kontrolle, ZfA 1970, 3-61
Bredow, Günther
Die Zukunft der Schiedsklausel für GmbH-Beschlussmängelklagen, DStR 1996, 1653-1655
Bucher, Andreas
Das Kapitel 11 des IPRG über die internationale Schiedsgerichtsbarkeit, in: Festschrift für Walter Moser, Zürich 1987 S. 193-234 (zit.: Bucher, FS Moser)

Bumiller, Ursula / Winkler, Karl
Freiwillige Gerichtsbarkeit – Kommentar, 7. Auflage München 1999 (zit.: Bumiller/ Winkler, FGG)
Busse, Rudolf
Patentgesetz, 5. Auflage Berlin New York 1999 (zit.: Busse, PatG)
Diesselhorst, Malte
Mehrparteienschiedsverfahren, Frankfurt am Main Berlin Bern New York Paris Wien 1994, zugleich Dissertation Trier 1993
Ebbing, Frank
Anmerkung zu OLG Hamm, Beschl. v. 7.3.2000 – 15 W 355/99, NZG 2000, 1184-1185
ders.
Satzungsmäßige Schiedsklauseln, NZG 1999, 754-757
ders.
Schiedsvereinbarungen in Gesellschaftsverträgen, NZG 1998, 281-320
Ebenroth, Carsten Thomas / Bohne, Michael
Die schiedsgerichtliche Überprüfung von Gesellschafterbeschlüssen in der GmbH, BB 1996, 1393-1398
Ebenroth, Carsten Thomas / Müller, Andreas
Anfechtung von GmbH-Beschlüssen, DB 1992, 361-365
Epping, Manja
Die Schiedsvereinbarung im internationalen privaten Rechtsverkehr nach der Reform des deutschen Schiedsverfahrens, München, 1999, zugleich Dissertation München 1998/99 (zit.: Epping, Schiedsvereinbarung)
Erman, Walter
Handkommentar zum Bürgerlichen Gesetzbuch, 2. Band, 10. Auflage Münster 2000 (zit.: Erman – [Bearbeiter], BGB)
Fischer, Robert
Anmerk. zu BGH LM Nr. 1 zu § 199 AktG a.F., LM, Band 26/1951, § 199 AktG a.F., Nr. 1 Bl. 2 (zit.: Fischer, LM 26 (1951), Bl. 2)
Gadow, W. / Heinichen, E. / Schmidt, Eberhard / Schmidt, W. / Weipert, O. / Fischer, Robert
Aktiengesetz – Großkommentar, Band 3, 3. Auflage Berlin 1973 (zit.: Gadow – [Bearbeiter], GK-AktG)
Geimer, Reinhold
Anmerk. zu BGH, Urt. v. 29. März 1996 – II ZR 124/95, DZWir 1997, 119-120
ders.
Internationales Zivilprozessrecht, 3. Auflage Köln 1997
Geißler, Markus
Die Kassation anfechtbarer Gesellschafterbeschlüsse im GmbH-Recht, GmbHR 2002, 520-529
Geßler, Ernst / Hefermehl, Wolfgang / Eckhardt, Ulrich / Kropff, Bruno
Aktiengesetz, Band 1, 1984, Band 3, 1994, Band 4, 1994, München (zit.: Geßler/ Hefermehl/Eckhardt/Kropff - [Bearbeiter], AktG)
Gierke, Otto von
Deutsches Privatrecht I, Leipzig 1895 (zit.: Gierke, Deutsches Privatrecht)
Großmann, Adolf
Unternehmensziele im Aktienrecht, Köln 1980, zugleich Dissertation Bochum 1979 (zit.: Großmann, Unternehmensziele)

Günther, Walter
Kurzkommentar zu OLG Hamm, Urt. v. 8. Dezember 1986 – 8U 73/86, EWiR § 45 GmbHG 1/87, 371-372
ders.
Kurzkommentar zu OLG Karlsruhe WM 1995, 666, EWiR § 1025 ZPO 1/95, 519-520
Habscheid, Walther
Das neue schweizerische Recht der internationalen Schiedsgerichtsbarkeit nach dem Bundesgesetz über das Internationale Privatrecht, RIW 1988, 766-772
ders.
Zum Problem der Mehrparteienschiedsgerichtsbarkeit, in: Claude Reymond / Eugène Bucher (Hrsg.): Schweizer Beiträge zur Internationalen Schiedsgerichtsbarkeit, Zürich 1984 S. 173-190 (zit.: Habscheid, Mehrparteienschiedsgerichtsbarkeit)
Hachenburg, Max
Gesetz betreffend die Gesellschaft mit beschränkter Haftung, Band 1, 8. Auflage 1992, Band 2, 8. Auflage 1997, Band 3, 8. Auflage 1997, Berlin New York (zit.: Hachenburg – [Bearbeiter], GmbHG)
Henn, Günter
Handbuch des Aktienrechts, 7. Auflage Heidelberg 2002 (zit.: Henn, Aktienrecht)
Henze, Hartwig
Aktienrecht – Höchstrichterliche Rechtsprechung, 4. Auflage Köln 2000 (zit.: Henze, Aktienrecht)
ders.
Aspekte und Entwicklungstendenzen der aktienrechtlichen Anfechtungsklage in der Rechtsprechung des BGH, ZIP 2002, 97-108
ders.
Zur Schiedsfähigkeit von Gesellschafterbeschlüssen im GmbH-Recht, ZGR 1988, 542-557
Hoffmann, Bernd von
Mehrparteienschiedsgerichtsbarkeit und Internationale Handelskammer, in: Festschrift für Heinrich Nagel, Münster 1987 S. 112-122 (zit.: Hoffmann, FS Nagel)
Hoffmann-Becking, Michael
Münchener Handbuch des Gesellschaftsrechts, Band 4: Aktiengesellschaft, 2. Auflage München 1999 (zit.: Hoffmann-Becking – [Bearbeiter], MüHdB-AG)
Hohner, Georg
Zur Besetzung von Schiedsgerichten bei mehr als zwei Prozessbeteiligten, DB 1979, 581-583
Holzner, Nelson
Die objektive Schiedsfähigkeit von Immaterialgüterrechtsstreitigkeiten, Baden-Baden 2000, zugleich Dissertation Kiel 2000 (zit.: Holzner, Immaterialgüterrechtsstreitigkeiten)
Hommelhoff, Peter
Der aktienrechtliche Organstreit, ZHR 143 (1979), 288-316
Honsell, Heinrich / Vogt, Nedim Peter / Schnyder, Anton K.
Internationales Privatrecht – Kommentar, Basel Frankfurt am Main 1996 (zit.: Honsell/Vogt/Schnyder – [Bearbeiter], IPRG)
Hüffer, Uwe
Aktiengesetz, 5. Auflage München 2002 (zit.: Hüffer, AktG)

Immenga, Ulrich
Die personalistische Kapitalgesellschaft, Bad Homburg 1970, zugleich Habilitationsschrift Bielefeld 1970 (zit.: Immenga, Personalistische Kapitalgesellschaft)

Jäger, Axel
Anmerkung zu OLG Karlsruhe, Urt. v. 16. Februar 1995 – 19 U 169/94, WiB 1995, 1000-1001

Jänich, Volker M.
Anmerkung zu BGH, Urt. v. 29. März 1996 – II ZR 124/95, LM, Band 8/1996, § 248 AktG 1965, Nr. 3 Bl. 5-7 (zit.: Jänich, LM 8 (1996), Bl.)

Jansen, Paul
FGG – Gesetz über die Angelegenheiten der freiwilligen Gerichtsbarkeit, Zweiter Band, 2. Auflage Berlin 1970 (zit.: Jansen, FGG)

Junge, Werner
Das Unternehmensinteresse, in: Festschrift für Ernst von Caemmerer, Tübingen 1978 S. 547-557 (zit.: Junge, FS Caemmerer)

Keidel, Theodor / Kuntze, Joachim / Winkler, Karl
Freiwillige Gerichtsbarkeit – Kommentar, 15. Auflage München 2003 (zit.: Keidel/ Kuntze/Winkler – Winkler, FGG)

Kisch, Wilhelm
Beiträge zum Schiedsverfahren (Klagerücknahme, Klagänderung, Widerklage, Klageverbindungen), Mannheim Berlin Leipzig 1933 (zit.: Kisch, Beiträge zum Schiedsverfahren)

Kees, Jörg
Grenzen der Zulässigkeit von Schiedsgerichtsklauseln in Vereinssatzungen, Hamburg 1960, zugleich Dissertation Hamburg 1959 (zit.: Kees, Schiedsgerichtsklauseln)

Klein, Franz
Abgabenordnung – Kommentar, 7. Auflage München 2000 (zit.: Klein – [Bearbeiter], AO)

Kleinmann, Werner
Schiedsklauseln in Vereins- und Gesellschaftssatzungen, BB 1970, 1076-1079

Kornblum, Udo
Probleme der schiedsrichterlichen Unabhängigkeit, München 1968, zugleich Habilitationsschrift Frankfurt am Main 1968 (zit.: Kornblum, Schiedsrichterliche Unabhängigkeit)

Kornmeier, Udo
Die Schiedsvereinbarung in der GmbH-Satzung, DB 1980, 193-197

ders.
Die Verfahrensordnungen in der internationalen Schiedsgerichtsbarkeit, RIW 1980, 381-386

ders.
Schiedsfähigkeit und materiell Vergleichsbefugnis, ZZP 94 (1981), 27-49

ders.
Vergleichsbefugnis und Schiedsfähigkeit – dargestellt am Beispiel GmbH-rechtlicher Nichtigkeits- und Anfechtungsklagen, Göttingen 1982, zugleich Dissertation Bochum 1982 (zit.: Kornmeier, Vergleichsbefugnis und Schiedsfähigkeit)

Koussoulis, Stelios
Fragen zur Mehrparteienschiedsgerichtsbarkeit, insbesondere zur Bestellung der Schiedsrichter, ZZP 107 (1994), 195-210

Kreindler, Richard
Das neue deutsche Schiedsverfahrensrecht, in: Festschrift für Otto Sandrock, Heidelberg 2000 S. 515-535 (zit.: Kreindler, FS Sandrock)
Kropff, Bruno / Semler, Johannes
Münchener Kommentar zum Aktiengesetz, Band 1, 2. Auflage 2000, Band 7, 2. Auflage 2001, München (Weiterführung des Geßler/Hefermehl/Eckhardt/Kropff – Kommentars) (zit.: Kropff/Semler – [Bearbeiter], MüKo-AktG)
Labes, Hubertus / Lörcher, Torsten
Das neue deutsche Recht der Schiedsgerichtsbarkeit, MDR 1997, 420-425
Lachmann, Jens-Peter
Handbuch für die Schiedsgerichtspraxis, 2. Auflage Köln 2002 (zit.: Lachmann, Schiedsgerichtspraxis)
Lange, Dieter / Wiessner, Siegfried
Die Schiedsfähigkeit internationaler Antitrust-Streitigkeiten, RIW 1985, 757-765
Larenz, Karl / Wolf, Manfred
Allgemeiner Teil des Bürgerlichen Rechts, 8. Auflage München 1997 (zit.: Larenz/Wolf, BGB)
Laschet, Franz
Die Mehrparteienschiedsgerichtsbarkeit, in: Festschrift für Arthur Bülow, Köln Berlin Bonn München 1981 S. 85-128 (zit.: Laschet, FS Bülow)
Lindacher, Walter
Schiedsgerichtliche Kompetenz zur vorläufigen Entziehung der Geschäftsführungs- und Vertretungsbefugnis bei Personengesellschaften, ZGR 1979, 201-221
Lionnet, Klaus
Handbuch der internationalen und nationalen Schiedsgerichtsbarkeit, Stuttgart München Hannover Berlin Weimar Dresden 1996 (zit.: Lionnet, Schiedsgerichtsbarkeit)
Loidl, Volker
Die GmbH ohne erwerbswirtschaftliche Zielsetzung, Köln 1970, zugleich Dissertation Mannheim 1969
Loritz, Karl-Georg
Probleme der Rechtskraft von Schiedssprüchen im deutschen Zivilprozessrecht, ZZP 105 (1992), 1-19
Lousanoff, Oleg de
Die Wirksamkeit von Schiedsklauseln in Gesellschaftsverträgen, in: Böckstiegel, Karl-Heinz (Hrsg.): Schiedsgerichtsbarkeit in gesellschaftsrechtlichen und erbrechtlichen Angelegenheiten, Schriftenreihe der Deutschen Institution für Schiedsgerichtsbarkeit, Band 11, Köln 1996 S. 7-29 (zit.: Lousanoff, Wirksamkeit von Schiedsklauseln)
Lüke, Gerhard / Wax, Peter
Münchener Kommentar zur Zivilprozessordnung, 2. Auflage München 2000 (zit.: Lüke/Wax – [Bearbeiter], MüKo-ZPO)
Lüke, Wolfgang / Blenske, Holger
Die Schiedsfähigkeit von Beschlussmängelstreitigkeiten, ZGR 1998, 253-304
Luther, Martin
Das Drei-Mann-Schiedsgericht bei der Entscheidung von Streitigkeiten zwischen drei oder mehr Vertragspartnern, in: Festschrift für Ernst von Caemmerer, Tübingen 1978 S. 571-582 (zit.: Luther, FS Caemmerer)

Lutter, Marcus
Die Eintragung anfechtbarer Hauptversammlungsbeschlüsse im Handelsregister, NJW 1969, 1873-1879
ders.
Theorie der Mitgliedschaft, AcP 180 (1980), 84-159
Lutter, Marcus / Hommelhoff, Peter
GmbH-Gesetz, 15. Auflage Köln 2000 (zit.: Lutter/Hommelhoff, GmbHG)
Mankowski, Peter
Der Schiedsspruch mit vereinbartem Wortlaut, ZZP 114 (2001), 37-76
Markfort, Rainer
Mehrparteien-Schiedsgerichtsbarkeit im deutschen und ausländischen Recht, Köln Berlin Bonn München 1994, zugleich Dissertation Münster 1994 (zit.: Markfort, Mehrparteienschiedsgerichtsbarkeit)
Massuras, Konstadinos
Dogmatische Strukturen der Mehrparteienschiedsgerichtsbarkeit, Frankfurt am Main Berlin Bern New York Paris Wien 1998, zugleich Dissertation Hannover 1998 (zit.: Massuras, Mehrparteienschiedsgerichtsbarkeit)
Mertens, Hans-Joachim
Satzungs- und Organisationsautonomie, ZGR 1994, 426-441
Meyer-Cording, Ulrich
Betriebsstrafe und Vereinsstrafe im Rechtsstaat, NJW 1966, 225-231
ders.
Die Vereinsstrafe, Tübingen 1957, zugleich Habilitationsschrift Köln 1957
Michalski, Lutz
Kommentar zum Gesetz betreffend die Gesellschaft mit beschränkter Haftung (GmbH-Gesetz), 1. Auflage München 2002 (zit.: Michalski – [Bearbeiter], GmbHG)
Musielak, Hans-Joachim
Kommentar zur Zivilprozessordnung, 3. Auflage München 2002 (zit.: Musielak – [Bearbeiter], ZPO)
Nicklisch, Franz
Mehrparteienschiedsgerichtsbarkeit und Streitbeilegung bei Großprojekten, in: Festschrift für Ottoarndt Glossner, Heidelberg 1994 S. 221-239 (zit.: Nicklisch, FS Glossner)
Nitschke, Manfred
Die körperschaftlich strukturierte Personengesellschaft, Habilitationsschrift Bielefeld 1970 (zit.: Nitschke, Personengesellschaft)
Noack, Ulrich
Fehlerhafte Beschlüsse in Gesellschaften und Vereinen, Köln Berlin Bonn München 1989, zugleich Dissertation Tübingen 1988 (zit.: Noack, Fehlerhafte Beschlüsse)
ders.
Gesellschaftervereinbarungen bei Kapitalgesellschaften, Tübingen 1994, zugleich Habilitationsschrift Tübingen 1993 (zit.: Noack, Gesellschaftervereinbarungen)
Nußbaum, Arthur
Anmerkung zu OLG Stuttgart, JW 1927, 1111-1113
Osterthun, Birthe
Das neue deutsche Recht der Schiedsgerichtsbarkeit, TranspR 1998, 177-187

Oswald, Sven
Probleme der Mehrparteienschiedsgerichtsbarkeit, Hamburg 1998, zugleich Dissertation Hamburg 1998 (zit.: Oswald, Mehrparteienschiedsgerichtsbarkeit)
Papmehl, Markus A.
Die Schiedsfähigkeit gesellschaftsrechtlicher Streitigkeiten, Frankfurt am Main Berlin Bruxelles New York Oxford Wien 2001, zugleich Dissertation Heidelberg 2000 (zit.: Papmehl, Schiedsfähigkeit)
Petermann, Dirk
Die Schiedsfähigkeit von Beschlüssen im Recht der GmbH, BB 1996, 277-283
Pfaff, Dieter
Grenzbewegungen der Schiedsfähigkeit – Patentnichtigkeit im Schiedsverfahren, in: Festschrift für Heinrich Nagel, Münster 1987 S. 278-293 (zit.: Pfaff, FS Nagel)
Priester, Hans-Joachim / Dieter Mayer
Münchener Handbuch des Gesellschaftsrechts, Band 3: GmbH, München 1996 (zit.: Priester/Mayer – [Bearbeiter], MüHdB-GmbH)
ders.
Nonprofit-GmbH - Satzungsgestaltung und Satzungsvollzug, GmbHR 1999, 149-157
Raeschke-Kessler, Hilmar
Gesellschaftsrechtliche Schiedsverfahren und das Recht der EU, SchiedsVZ 2003, 145-154
Raeschke-Kessler, Hilmar / Berger, Klaus Peter
Recht und Praxis des Schiedsverfahrens, 3. Auflage Köln 1999 (zit.: Raeschke-Kessler/K.-P. Berger, Recht und Praxis)
Rebmann, Kurt / Säcker, Franz Jürgen / Rixecker, Roland
Münchener Kommentar zum Bürgerlichen Gesetzbuch, Band 1, 4. Auflage 2001, Band 2, 4. Auflage 2001, Band 10, 3. Auflage 1998, München (zit.: Rebmann/ Säcker/Rixecker – [Bearbeiter], MüKo-BGB)
Reichert, Jochen / Harbarth, Stephan
Statutarische Schiedsklauseln – Einführung, Aufhebung und umwandlungsrechtliche Behandlung, NZG 2003, 379-385
Reiner, Andreas
Handbuch der ICC-Schiedsgerichtsbarkeit, Wien 1989, zugleich Dissertation Wien 1989 (zit.: Reiner, ICC-Schiedsgerichtsbarkeit)
Reuter, Dieter
Verbandszweck und Rechtsfähigkeit im Vereinsrecht, ZHR 151 (1987), 237-257
Röhricht, Volker / Graf von Westphalen, Friedrich
Handelsgesetzbuch, Köln 1998 (zit.: Röhricht/Westphalen – [Bearbeiter], HGB)
Roth, Günter
Schiedsklauseln in Gesellschaftsverträgen, in Festschrift für Heinrich Nagel, Münster 1987 S. 318-328 (zit.: Roth, FS Nagel)
Roth, Günter / Altmeppen, Holger
GmbHG - Kommentar, 4. Auflage 2003 (zit.: Roth/Altmeppen, GmbHG)
Rowedder, Heinz / Fuhrmann, Hans / Koppensteiner, Hans-Georg / Rasner, Henning / Schmidt–Leithoff, Christian / Rittner, Fritz / Wiedmann, Harald / Zimmermann, Klaus / Schaal, Hans-Jürgen
Gesetz betreffend die Gesellschaften mit beschränkter Haftung (GmbH), 3. Auflage München 1997 (zit.: Rowedder – [Bearbeiter], GmbHG)

Rüede, Thomas / Hadenfeldt, Reimer
Schweizerisches Schiedsgerichtsrecht, 2. Auflage Zürich 1993
Saenger, Ingo
Minderheitenschutz und innergesellschaftliche Klagen bei der GmbH, GmbHR 1997, 112-121
Schick, Werner
Die Schiedsfähigkeit von Rechtsstreitigkeiten über Gesellschafterbeschlüssen im GmbH-Recht, Dissertation Münster 1992 (zit.: Schick, Schiedsfähigkeit)
Schilken, Eberhard
Zivilprozessrecht, 4. Auflage Köln Berlin Bonn München 2002 (zit.: Schilken, ZPO)
Schlosser, Peter
Anmerkung zu BGH, Urt. v. 29. März 1996 – II ZR 124/95, JZ 1996, 1020
ders.
Bald ein neues Recht der Schiedsgerichtsbarkeit in Deutschland?, RIW 1994, 723-728
ders.
Das neue Recht der Schiedsgerichtsbarkeit, in: Gottwald, Peter (Hrsg.): Revision des EuGVÜ – Neues Schiedsverfahrensrecht, Bielefeld 2000 S. 163-209 (zit.: Schlosser, Neue Recht)
ders.
Das Recht der internationalen privaten Schiedsgerichtsbarkeit, 2. Auflage Tübingen 1989 (zit.: Schlosser, Schiedsgerichtsbarkeit)
ders.
Notwendige Reformen des deutschen Rechts der Schiedsgerichtsbarkeit, ZIP 1987, 492-500
Schmidt, Karsten
Die Beschlussanfechtungsklage bei Vereinen und Personengesellschaften, in: Festschrift für Walter Stimpel, Berlin New York 1985 S. 217-243 (zit.: Schmidt, FS Stimpel)
ders.
Gesellschaftsrecht, 4. Auflage Köln Berlin Bonn München 2002
ders.
Neues Schiedsverfahrensrecht und Gesellschaftsrechtspraxis, ZHR 162 (1998), 265-289
ders.
Nichtigkeitsklagen als Gestaltungsklagen, JZ 1988, 729-737
ders.
Schiedsfähigkeit von GmbH-Beschlüssen, ZGR 1988, 525-541
ders.
Schiedsklagen gegen Hauptversammlungsbeschlüsse?, AG 1995, 551-554
ders.
Schiedsklauseln in Gesellschaftsverträgen der GmbH & Co. KG, GmbHR 1990, 16-20
ders.
Schiedsklauseln und Schiedsverfahren im Gesellschaftsrecht als prozessuale Legitimationsprobleme, BB 2001, 1857-1864
ders.
Statutarische Schiedsklauseln zwischen prozessualer und verbandsrechtlicher Legitimation, JZ 1989, 1077-1084

Scholz, Franz
Kommentar zum GmbH-Gesetz, Band 1, 9. Auflage 2000, Band 2, 8. Auflage 1995, Köln (zit.: Scholz- [Bearbeiter], GmbHG)
Schricker, Gerhard
Zur Geltung von Schiedsverträgen bei Anspruchsabtretung, in: Festschrift für Karlheinz Quack, Berlin New York 1991 S. 99-109 (zit.: Schricker, FS Quack)
Schröder, Matthias
Schiedsgerichtliche Konfliktbeilegung bei aktienrechtlichen Beschlussmängelklagen, Köln Berlin Bonn München 1999, zugleich Dissertation Tübingen 1998 (zit.: Schröder, Schiedsgerichtliche Konfliktbeilegung)
Schubert, Werner / Schmiedel, Burkhard / Krampe, Christoph
Quellen zum Handelsgesetzbuch von 1897, Band 2, Frankfurt am Main 1987 (zit.: Schubert/Schmiedel/Krampe, Quellen zum Handelsgesetzbuch)
Schulthess, Hans Conrad
Der verfahrensrechtliche ordre public in der internationalen Schiedsgerichtsbarkeit in der Schweiz, Dissertation Zürich 1981 (zit.: Schulthess, Ordre Public)
Schulze, Jörn-Christian
Grenzen der objektiven Schiedsfähigkeit im Rahmen des § 1030 ZPO, Frankfurt am Main Berlin Bern Bruxelles New York Oxford Wien 2003, zugleich Dissertation Regensburg 2002 (zit.: Schulze, Grenzen der objektiven Schiedsfähigkeit)
Schütte, Hans-Edgar
Die Einsetzung von Schiedsgerichten durch die Satzungen juristischer Personen des Privatrechts, Regensburg 1969, zugleich Dissertation Regensburg 1969 (zit.: Schütte, Einsetzung von Schiedsgerichten)
Schütze, Rolf
Schiedsgericht und Schiedsverfahren, 3. Auflage Nördlingen 1999
Schwab, Karl Heinz
Die Gleichheit der Parteien bei der Bildung des Schiedsgerichts, BB 1992, Beilage 15, S. 17-19
ders.
Mehrparteienschiedsgerichtsbarkeit und Streitgenossenschaft, in: Festschrift für Walther Habscheid, Bielefeld 1989 S. 285-295 (zit.: Schwab, FS Habscheid)
ders.
Wandlungen der Schiedsfähigkeit, in: Festschrift für Wolfram Henckel, Berlin New York 1995 S. 803-816 (zit.: Schwab, FS Henckel)
Schwab, Karl Heinz / Walter, Gerhard
Schiedsgerichtsbarkeit, 6. Auflage München 2000 (zit.: Schwab/Walter, Schiedsgerichtsbarkeit)
Semler, Johannes
Die Überwachungsaufgabe des Aufsichtsrats, Köln Berlin Bonn München 1980, zugleich Dissertation Bochum (zit.: Semler, Aufsichtsrat)
Smid, Stefan
Schiedsgericht und Rechtserkenntnis, DZWir 1995, 397-404
Soergel, Hans Theodor
Bürgerliches Gesetzbuch, Band 1, 13. Auflage München 2000 (zit.: Soergel – [Bearbeiter], BGB)

Stein, Friedrich / Jonas, Martin
Kommentar zur Zivilprozessordnung, Band 1, 22. Auflage 2003, Band 3, 21. Auflage 1997, Band 4/1, 21. Auflage 1998, Band 7/2, 21. Auflage 1994, Band 9, 22. Auflage 2002 Tübingen (zit.: Stein/Jonas – [Bearbeiter], ZPO)
Stober, Rolf
Staatsgerichtsbarkeit und Schiedsgerichtsbarkeit, NJW 1979, 2001-2008
Stumpf, Herbert
Vor- und Nachteile des Verfahrens vor Schiedsgerichten gegenüber dem Verfahren vor Ordentlichen Gerichten, in: Festschrift für Arthur Bülow, Köln Berlin Bonn München 1981 S. 217-227 (zit.: Stumpf, FS Bülow)
Thomas, Heinz / Putzo, Hans
Zivilprozessordnung, 25. Auflage München 2003 (zit.: Thomas/Putzo, ZPO)
Tieves, Johannes
Der Unternehmensgegenstand der Kapitalgesellschaft, Köln 1998, zugleich Dissertation Heidelberg 1997 (zit.: Tieves, Unternehmensgegenstand)
Timm, Wolfram
Beschlussanfechtungsklage und Schiedsfähigkeit im Recht der personalistisch strukturierten Gesellschaften, in: Festschrift für Hans-Joachim Fleck, Berlin New York 1988 S. 365-381 (zit.: Timm, FS Fleck)
ders.
Die Mitwirkung des Aufsichtsrats bei unternehmensstrukturellen Entscheidungen, DB 1980, 1201-1207
ders.
Vergleichs- und Schiedsfähigkeit der Anfechtungsklage im Kapitalgesellschaftsrecht, ZIP 1996, 445-450
Timm, Wolfram / Witzorrek, Dagmar
Kurzkommentar zu BGH, Urt. v. 29. März 1996 – II ZR 124/95, EWiR § 248 AktG 1/96, 481-482
Trittmann, Rolf
Die Auswirkungen des Schiedsverfahren-Neuregelungsgesetzes auf gesellschaftliche Streitigkeiten, ZGR 1999, 340-364
Trotha, Thilo von
Zur Formproblematik bei Schiedsabreden von GmbH-Gesellschaftern, DB 1970, 1367-1273
Vetter, Jochen
Schiedsklauseln in Satzungen von Publikumsgesellschaften, DB 2000, 705-709
Voit, Wolfgang
Privatisierung der Gerichtsbarkeit, JZ 1997, 120-125
Vollmann, Marion
Minderheitenschutz im aktienrechtlichen Beschlussmängelrecht, Frankfurt am Main Berlin Bern New York Paris Wien 1997, zugleich Dissertation Frankfurt am Main 1996 (zit.: Vollmann, Minderheitenschutz)
Vollmer, Lothar
Die Wirkungen rechtskräftiger Schiedssprüche bei gesellschaftsrechtlichen Gestaltungsklagen, BB 1984, 1774-1778
ders.
Satzungsmäßige Schiedsklauseln, Bad Homburg Berlin Zürich 1970, zugleich Dissertation Münster 1968

ders.
Unternehmensverfassungsrechtliche Streitigkeiten, ZGR 1982, 15-44
Völker, Christian
Zur Dogmatik des ordre public, Berlin 1998, zugleich Dissertation Reutlingen 1997 (zit.: Völker, Ordre public)
Wagner, Gerhard
Prozessverträge, Tübingen 1998, zugleich Habilitationsschrift Göttingen 1997
Wallenhorst, Marcus
Schranken der Anfechtungsbefugnis von Aktionären, Frankfurt am Main 1996, zugleich Dissertation Göttingen 1995 (zit.: Wallenhorst, Schranken der Anfechtungsbefugnis)
Walter, Gerhard
Die Vollstreckbarerklärung als Voraussetzung bestimmter Wirkungen des Schiedsspruchs, in: Festschrift für Karl Heinz Schwab, München 1990 S. 539-559 (zit.: Walter, FS Schwab)
ders.
Internationales Zivilprozessrecht der Schweiz, 2. Auflage Bern Stuttgart Wien 1998 (zit.: Walter, IPRG)
Walter, Gerhard / Bosch, Wolfgang / Brönnimann, Jürgen
Internationale Schiedsgerichtsbarkeit in der Schweiz, Kommentar zu Kapitel 12 des IPR-Gesetzes, Bern 1991 (zit.: Walter/Bosch/Brönnimann, IPRG)
Weber, Dolf
Die praxisgerechte inhaltliche Ausgestaltung von Schiedsklauseln in Gesellschaftsverträgen, in: Böckstiegel, Karl-Heinz (Hrsg.): Schiedsgerichtsbarkeit in gesellschaftsrechtlichen und erbrechtlichen Angelegenheiten, Schriftenreihe der Deutschen Institution für Schiedsgerichtsbarkeit, Band 11, Köln 1996 S. 49-63 (zit.: Weber, Schiedsklauseln in Gesellschaftsverträgen)
Weidemann, Rolf
Schiedsgerichtsbestimmungen bei Handelsgesellschaften, Dissertation Bonn 1956 (zit.: Weidemann, Schiedsgerichtsbestimmungen)
Weigand, Frank-Bernd
Das neue deutsche Schiedsverfahrensrecht: Umsetzung des UNCITRAL-Modellgesetzes, WiB 1997, 1273-1278
Wellmann, Carl
GmbH-Satzung und Schiedsgerichtsklausel, BB 1961, 695-696
Westermann, Harm Peter
Schiedsfähigkeit von gesellschaftsrechtlichen Fragen, in: Böckstiegel, Karl-Heinz (Hrsg.): Schiedsgerichtsbarkeit in gesellschaftsrechtlichen und erbrechtlichen Angelegenheiten, Schriftenreihe der Deutschen Institution für Schiedsgerichtsbarkeit, Band 11, Köln 1996 S. 31-47 (zit.: H. P. Westermann, Schiedsfähigkeit)
Westermann, Harry
Gesellschaftsrechtliche Schiedsgerichte, in: Festschrift für Robert Fischer, Berlin New York 1979 S. 853-865 (zit.: H. Westermann, FS Fischer)
Wieczorek, Bernhard / Schütze, Rolf
Zivilprozessordnung und Nebengesetze – Großkommentar, 3. Auflage Berlin New York 1995 (zit.: Wieczorek/Schütze – [Bearbeiter], GK-ZPO)

Wiedemann, Herbert
Gesellschaftsrecht Band I, Grundlagen, Münster 1980 (zit.: Wiedemann, Gesellschaftsrecht)
Wieser, Eberhard
Die Vollstreckbarkeit im weiteren Sinn, ZZP 102 (1989), S. 261-272
Wolany, Josef
Rechte und Pflichten des Gesellschafters einer GmbH, Köln 1964 (zit.: Wolany, Rechte und Pflichten)
Wunderer, Regina
Der deutsche ‚Ordre Public d'Arbitrage International' und Methoden seiner Konkretisierung, Frankfurt am Main Berlin Bern New York Paris Wien 1993, zugleich Dissertation Heidelberg 1992 (zit.: Wunderer, Ordre Public)
Wünsch, Horst
Schiedsgerichtsbarkeit in Handelssachen, Graz 1968, zugleich Habilitationsschrift Graz 1968 (zit.: Wünsch, Schiedsgerichtsbarkeit)
Zilles, Stephan
Vereinbarung des Schiedsverfahrens über Beschlüsse von GmbH-Gesellschaftern, BB 1999, Beilage 4, S. 2-7
Zöller, Richard
Zivilprozessordnung , 24. Auflage Köln 2004 (zit.: Zöller – [Bearbeiter], ZPO)
Zöllner, Wolfgang
Die Schranken mitgliedschaftlicher Stimmrechtsmacht bei den privatrechtlichen Personenverbänden, München 1993, zugleich Habilitationsschrift München 1960 (zit.: Zöllner, Schranken mitgliedschaftlicher Stimmrechtsmacht)
ders.
Kölner Kommentar zum Aktiengesetz, Band 1, 2. Auflage 1986/1988, Band 5/2, 2. Auflage 1988, Köln (zit.: Zöllner – [Bearbeiter], KK-AktG)
ders.
Zur Problematik der aktienrechtlichen Anfechtungsklage, AG 2000, 145-157
Zöllner, Wolfgang / Noack, Ulrich
Geltendmachung von Beschlussmängeln im GmbH-Recht, ZGR 1989, 525-544

Abkürzungsverzeichnis

a.A.	andere Ansicht
AcP	Archiv für die civilistische Praxis
a.E.	am Ende
a.F.	alte Fassung
AG	Aktiengesellschaft (auch Zeitschrift)
AGBG	Gesetz zu den Allgemeinen Geschäftsbedingungen
AktG	Aktiengesetz
Anh.	Anhang
Anmerk.	Anmerkung
AO	Abgabenordnung
ArbGG	Arbeitsgerichtsgesetz
Art.	Artikel
BayObLG	Bayerisches Oberstes Landesgericht
BayObLGZ	Entscheidung des Bayrischen Obersten Landesgerichts
BB	Der Betriebs-Berater
BegRegE	Begründung Regierungsentwurf
Beschl.	Beschluss
BeurkG	Beurkundungsgesetz
BGB	Bürgerliches Gesetzbuch
BGBl.	Bundesgesetzblatt
BGE	Entscheidungen des schweizerischen Bundesgerichts
BGH	Bundesgerichtshof
BGHZ	Entscheidungen des Bundesgerichtshofes in Zivilsachen
Bl.	Blatt
BörsenG	Börsengesetz
BRAGO	Bundesrechtsanwaltsgebührenordnung
BT-Drucks.	Bundestagsdrucksache
BVerfG	Bundesverfassungsgericht
BVerfGE	Entscheidung des Bundesverfassungsgerichts
bzgl.	bezüglich
bzw.	beziehungsweise
Cir.	Circuit Court of Appeals
CPO	Civilprozessordnung
DB	Der Betrieb
ders.	derselbe
d.h.	das heißt
diesbzgl.	diesbezüglich
dieselb.	dieselben
DJT	Deutscher Juristentag
DStR	Deutsches Steuerrecht
DZWir	Deutsche Zeitschrift für Wirtschaftsrecht
E.	Erwägung
EGBGB	Einführungsgesetz zum Bürgerlichen Gesetzbuch
EGZPO	Einführungsgesetz zur Zivilprozessordnung
Einl.	Einleitung
e.V.	eingetragener Verein

EWiR	Entscheidungen zum Wirtschaftsrecht
F.2d	Federal Reporter, 2d Series
f. (ff.)	folgende
FGG	Gesetz über die Angelegenheiten der freiwilligen Gerichtsbarkeit
Fn	Fußnote(n)
FS	Festschrift
GG	Grundgesetz
GK	Großkommentar
GKG	Gerichtskostengesetz
GmbH	Gesellschaft mit beschränkter Haftung
GmbHG	Gesetz betreffend die Gesellschaften mit beschränkter Haftung
GmbHR	GmbH-Rundschau
grds.	grundsätzlich
Grdz.	Grundsätzliches
GVG	Gerichtsverfassungsgesetz
GWB	Gesetz gegen Wettbewerbsbeschränkungen
HGB	Handelsgesetzbuch
h.M.	herrschende Meinung
Hrsg.	Herausgeber
HS	Halbsatz
ICC	International Chamber of Commerce
Inc.	incorporated
InsO	Insolvenzordnung
IPR	Internationales Privatrecht
IPRG	schweizerisches internationales Privatrecht
i.Ü.	im Übrigen
i.V.m.	in Verbindung mit
JuS	Juristische Schulung
JW	Juristische Wochenschrift
JZ	Juristenzeitung
KK	Kölner Kommentar
KWG	Gesetz über das Kreditwesen
LM	Nachschlagewerk des Bundesgerichtshofes (Loseblattsammlung), herausgegeben von Lindenmaier, Möhring u.a.)
MDR	Monatszeitschrift für Deutsches Recht
MüHdB	Münchener Handbuch
MüKo	Münchener Kommentar
m.w.N.	mit weiteren Nachweisen
n.F.	neue Fassung
NJW	Neue Juristische Wochenzeitschrift
NJW-RR	NJW-Rechtsprechungs-Report Zivilrecht
Nr.	Nummer
NZG	Neue Zeitschrift für Gesellschaftsrecht
oHG	offene Handelsgesellschaft
OLG	Oberlandesgericht
OLGE	Entscheidung des Oberlandesgerichts
PatG	Patentgesetz

PublG	Gesetz über die Rechnungslegung von bestimmten Unternehmen und Konzernen (Publizitätsgesetz)
RG	Reichsgericht
RGBl.	Reichsgesetzblatt
RGZ	Entscheidungen des Reichsgericht in Zivilsachen
RIW	Recht der Internationalen Wirtschaft, Außenwirtschaftsdienst des Betriebsberaters
Rn	Randnummer(n)
S.	Seite(n), Satz
SchiedsVZ	Zeitschrift für das Schiedsverfahren
SchKonk	schweizerisches Konkordat über die Schiedsgerichtsbarkeit
S.Ct.	Supreme Court Reporter
S.Ct.S.	Supreme Court Southern Reporter
sog.	sogenannte(r)
ständ. Rspr.	ständige Rechtsprechung
TranspR	Transportrecht
u.a.	unter anderen, unter anderem
Übers.	Übersicht
UmwG	Umwandlungsgesetz
UNCITRAL	United Nations Commission on International Trade Law
Urt.	Urteil
U.S.	United States Reports
usw.	und so weiter
v.	von, vom, versus
VersR	Versicherungsrecht
vgl.	vergleiche
Vorb.	Vorbemerkung
WiB	Wirtschaftsrechtliche Beratung
WM	Zeitschrift für Wirtschafts- und Bankrecht
z.	zu, zum
z.B.	zum Beispiel
ZfA	Zeitschrift für Arbeitsrecht
ZGR	Zeitschrift für Unternehmens- und Gesellschaftsrecht
ZHR	Zeitschrift für das gesamte Handelsrecht und Wirtschaftsrecht
ZIP	Zeitschrift für Wirtschaftsrecht und Insolvenzpraxis
zit.	zitiert
ZPO	Zivilprozessordnung
ZR	Zivilrecht
z.T.	zum Teil
ZZP	Zeitschrift für Zivilprozess

Kolibri 360 GmbH
Ferdinand-Jühlke-Straße 7
99095 Erfurt, Deutschland
produktsicherheit@kolibri360.de

Druck:
CPI Druckdienstleistungen GmbH
im Auftrag der
Kolibri 360 GmbH
Ferdinand-Jühlke-Str. 7
99095 Erfurt